香港

Jan Morris

HONGKONG

Geschichte und Zukunft der letzten britischen Kronkolonie

Aus dem Englischen übersetzt
von Hans-Georg Grusdt

BASTEI
LÜBBE

BASTEI-LÜBBE-TASCHENBUCH
Band 60 306

1. Auflage 1991
2. Auflage 1994

Deutsche Erstveröffentlichung
Die englische Originalausgabe erschien im Viking Verlag
unter dem Titel HONG KONG
© 1988 and 1989 by Jan Morris
© der deutschen Ausgabe 1991 by Gustav Lübbe Verlag GmbH,
Bergisch Gladbach
Printed in Germany
Umschlaggestaltung: Dieter Kreuchauff
Umschlagfoto: Image-Bank (John Bryson)
Satz: KCS GmbH, 21244 Buchholz / Hamburg
Druck und Bindung: Clausen & Bosse, Leck
ISBN 3-404-60306-0

INHALT

Chinesische Namen sind im allgemeinen, jedoch nicht ausschließlich, nach dem System Pinyin transkribiert.

Sha Tau Kok

Ping Chau

Taiping Wan

(Mirs Bay)

250 m

250 m

500 m

Plover Cove
Reservoir

Tolo Channel

Tap Mun Chau

250 m

Tai Po

Tolo Harbour

250 m

T E R R I T O R I E S

250 m

Sai Kung

High Island Res.

500 m

Sha Tin

Kwai Chung

250 m

250 m

500 m

Kowloon
Peak

250 m

Kai Tak
Airport

Hang Hau Town

am Shui Po

ecutters I.

KOWLOON

Lei Yui
Mun

m Sha Tsui

Victoria Harbour

Junk
Bay

Tathong Channel

ctoria
Peak

Central
District

Chai Wan

250 m

HONG KONG   ISLAND

500 m

erdeen

Shek O

Deep Water Bay

Repulse Bay

e Lamma Channel

Stanley

Po Toi Islands

HONG KONG and
the New Territories

0   5 km

0   5 miles

I.
PROLOG

Der Reisende in China sieht viel Wundersames. Von Harbin im rauhen Norden bis Urumchi in der Wüste von Xinjiang, von der Grenze zur Sowjetunion bis zum indischen Grenzland zeichnen sich alle Wege durch Sehenswertes und Ungewöhnliches aus. Es gibt zerbrechlich und auch massiv wirkende Landschaften, Klimata unbegrenzter Abstufungen, scheußliche Städte, großartige Ströme. Es gibt Pagoden und Porzellanbrücken, gewaltige Dämme, Akrobaten, Kamele, flammend rote Banner, unvorstellbar trostlose Dörfer und glanzvolle Touristenhotels. Ehrwürdige Dschunken segeln vorüber, Dampflokomotiven fauchen auf Bahnhöfen, schwarze Limousinen rollen durch gewaltige Einfahrten zu Ämtern mit unvermeßlicher Macht. Aber das Erstaunlichste von allem liegt am Südende der chinesischen Landmasse, gerade unterhalb des Wendekreises des Krebses, wo der Zhu Jiang oder Perlfluß sich seinen Weg durch die Provinz Guangdong zum Südchinesischen Meer bahnt. An jedem Abend um zehn Uhr fährt ein Schiff, die *Xinghu,* von Guangzhou aus (Kanton, wie es gewöhnlich umschrieben wird) den Flußlauf hinunter, und eine Passage zu buchen erinnert mich an einen Theaterabend. Noch vom Kai aus sieht man eines dieser eleganten Touristenhotels, den Weißen Schwan, wo man einen geeigneten Platz für das Abendessen findet, ehe die Vorstellung beginnt, und die Beamten an den Kaitoren winken jeden unbeteiligt durch, wie es die Platzanweiser im Theatergang auch tun. Die Formalitäten sind nur kurz, und kaum hat man seine braungetäfelte Kabine betreten (eine mit Blumen verzierte Thermosflasche mit heißem Tee steht als Labsal neben der Koje), so fühlt man den Puls der

Maschinen, das Schiff vibriert, und durch das Bullauge sieht man die Lichter der Stadt entschwinden.

Man ist wahrscheinlich der einzige Europäer an Bord, und die chinesischen Mitreisenden sehen alle gleich aus. Energische alte Damen in hochgeschlossenen schwarzen Kleidern, Kinder mit auffallend großen Augen, erschöpft wirkende Mütter und starke ängstliche Väter — alle versunken unter einem gleichermaßen schlenkernden Gepäck, bewegen sie sich in einer Art uniformem Trott fort und sehen weniger wie wirkliche Menschen, sondern eher wie eine in Bewegung geratene Zahlentabelle aus. Die meisten von ihnen lassen sich unter Deck nieder, um zu plaudern, Karten zu spielen, zu essen oder zu schlafen, und wenn man nach oben geht, während das Schiff den Wasserweg hinunterdampft, findet man sich in der Dunkelheit fast allein. Hier gibt es kaum ein Geräusch, nur das Sausen des Windes und das Stampfen der Turbinen tief unten, aber überall huschen Lichter unbekannten Ursprungs vorbei, Lichter von Sampans oder von Frachtbooten, Lichter von Fischern, Scheinwerferlicht von irgendwoher, die Vierzigwattlampen der Städte und Dörfer entlang beider Ufer der Flußmündung, die immer schwächer werden und sich weiter und weiter entfernen, je breiter der Fluß in Nähe des Meeres wird.

Es ist wie die Stille in einem Theatersaal, die der Ouvertüre folgt. Die Dunkelheit wird tiefer, einige Figuren lehnen sich schemenhaft hier und dort entlang der Decks über die Reling, und wie im ersten Rang einer anderen Show fühlt man ein Kribbeln der Erwartung. Man mag vielleicht versucht sein, in die Kabine zu gehen, um zu schlafen, will man aber ein Buch schreiben, dann ist es vorzuziehen, an Deck auszuharren und die Kälte zu verdrängen, bis der Morgen heraufdämmert.

Natürlich nickt man trotz allem ein, aber nach vermeintlichen ein oder zwei Augenblicken fällt einem auf, daß die

Motoren gestoppt haben und das Schiff reglos und still in einem dicken weißen Nebel liegt. Ab und zu sind Nebelhörner zu hören. Jetzt ist gar nichts zu sehen, es sei denn, aus der Dunkelheit taucht ein einsamer Sampan auf und tuckert vorbei, oder man kann die vagen Umrisse eines passierenden Frachtschiffes gerade noch ausmachen. Das Schiff *Xinghu* scheint erstarrt zu sein. Das Wasser ist ganz still. Der Nebel bewegt sich effekthaschend in Wirbeln, so wie es die Nebel in Fernseh-Videos tun. Man mag sich irgendwo oder auch nirgendwo befinden.

Aber dann beginnt sich der Nebel wie ein Theatervorhang zu heben, langsam wird er von See her hochgerollt, und man wird gewahr, daß man bereits außerhalb eines anderen Hafens vor Anker liegt. Als erstes zeigen sich die Schiffe, eines nach dem anderen. Hunderte von Schiffen, Schiffe aller Größen, Schiffe aller Formen, umgeben von Leichtern und anscheinend nicht im Wasser, sondern im Nebel selbst schwimmend. Dann tauchen links und rechts Gebäude auf, die noch immer von den Lichtern der vergangenen Nacht gesprenkelt erscheinen − nicht jene blassen Lichter der Flußmündung, sondern helle, üppige Lichter in Bauten aus Beton, Stahl und Spiegelglas, mit Werbungen und einem Wald aus Antennen darauf.

Der Nebel steigt, und die Gebäude werden höher und höher, ein jedes folgende immer noch höher als das davorstehende, sich gegenseitig zusammendrückend, sich gegenseitig über die Schultern blickend, riesige, saubere, weiße, silber- oder gar goldfarbene Gebäude mit Mengen von bullaugenförmigen Fenstern oder mit gewaltigen Querträgern, mit schartenförmig gezackten Dächern und spitzen Türmen − über die Anhöhen der Stadt hinweg, bis dahinter grüne Berghänge erscheinen, und überall gibt es weiße Villen, sich windende Straßen und auf den Höhen weiße Kuppeln, dazu die aufgehende Sonne, die geradewegs die Fenster eines Appartement-Hauses auf einem der Höhenrücken durchleuchtet und plötzlich das gesamte Bauwerk in Flammen zu setzen scheint und über dem Wasser weiß und rot aufleuchtet.

So wird, sobald die Nebelschwaden verdampft sind, gleichsam mit einem Fanfarenstoß ein letztes Phänomen Chinas präsentiert; eine futuristische Metropole wie etwas aus einem anderen Zeitalter oder aus einer anderen Empfindungswelt, angeordnet um einen Hafen, der phantastisch mit Schiffen bestückt ist – die geschäftigste, die reichste und die tatsächlich außergewöhnlichste aller chinesischen Städte, die nach der neuen Orthographie Xianggang heißt.

Es ist tatsächlich mehr als eine Stadt, eine Gruppe von etwa 235 Felsen und Inseln, vorgelagert einer geduckt wirkenden bergigen Halbinsel. Die Inseln südlich und westlich, bucklig oder langgestreckt, liegen still und verzaubert im Dunst entlang der sich undeutlich blau abhebenden Küste Chinas; nach Norden zu bildet eine Kette von Festlanderhebungen einen Schutzwall – die Berge von Kowloon, oder die Neun Drachen. Hat man Glück, so zeigt sich das Meer, wenn sich der Nebel aufgelöst hat, in einem einmaligen Smaragdgrün, und schaut man mit genügend forschenden Augen, so sollte es leicht gelingen, sich die Örtlichkeit so vorzustellen, wie sie war, als sie vor 150 Jahren erstmals in die Weltgeschichte eintrat.

In jenen Tagen bildeten die Ladronen oder Piraten-Inseln zusammen mit der benachbarten Halbinsel einen Teil des San On Distrikts der Provinz Guangdong. Dies war kein so bedeutender Winkel des Qing- oder Mandschu-Reiches, das von sich selbst glaubte, einmalig und allen anderen Königreichen der Erde göttlich überlegen zu sein, dessen Hauptstadt das 1500 Meilen entfernte Beijing (Peking) war – eine wenigstens

18

14tägige Reise auch für den schnellsten Boten. Die ursprünglichen Bewohner des Distrikts waren wahrscheinlich gar keine Chinesen, sondern Ureinwohner vom Stamme der Yao, die hier und dort mystische Monolithen hinterlassen haben und der Überlieferung nach einer Rassenmischung zwischen einem Hund und einer Prinzessin entstammen. Weder auf den Inseln des Archipels noch auf der Halbinsel hatte es je eine Niederlassung gegeben, die größer war als ein kleiner Marktflecken oder ein vorsorglich befestigtes Dorf.

Die Gegend besaß wenige Naturschätze, und etwa 80 Prozent des Landes, sowohl auf den Inseln, als auch auf dem Festland, waren für den Ackerbau zu felsig. Das fast tropische Klima war anstrengend.

Von seiner besten Seite konnte es, besonders im Herbst, ideal sein, aber es konnte auch furchtbar heiß und feucht werden, und manchmal war der Himmel wochenlang wolkenverhangen. Es gab oft heftige Taifune, und außer Malaria, Cholera, Typhus und Beulenpest waren die Menschen dort einem noch größeren Schrecken ausgesetzt, der Zhu Mao Bing oder »Borsten-Krankheit«, bei der den Opfern spitze Borsten wie Schweineborsten (gelegentlich auch so etwas wie Fischschuppen) durch ihre Haut wuchsen.

Nur Eingeweihten erkennbar durchstreiften wilde Tiere die Berge und suchten die Wasserläufe auf. Es gab Leoparden, Tiger, Dachse, chinesische Ottern, Schuppentiere, Wildkatzen und Wildschweine; aber es gab auch krabbenfressende Mungos, eine seltene Abart der Wassermolche, 200 Arten von Schmetterlingen und 32 Schlangenarten, einschließlich der Blumentopfschlange, der Weißlippen-Viper und der Felsen-Python, die bis zu 4,8 Meter lang wurde und einen Hund in einem Stück verschlingen konnte. Es gab Fische, wie Goldfaden, Eidechsen-Fisch, Big-Eye und Quakfisch, sowie eine

Reihe giftiger Wasserschlangen. Das Vogelleben war zahlreich und vielfältig (der schwarz-weißfüßige Eisvogel kam sonst nirgendwo in der Welt vor). Zu den Wildpflanzen gehörten viele Orchideenarten, und unter den Bergsträuchern wuchs der seltene und kostbare Weihrauch.

In diesen Teilen sind nur zwei Ereignisse von mäßig historisch herausragender Bedeutung zu vermelden. Eines war die Große Aussiedlung im siebzehnten Jahrhundert, als die Mandschus während eines Krieges gegen Taiwan alle Einwohner der San-On-Küstenregion, etwa 16 000 Personen, tiefer ins Inland brachten und die Zerstörung der Ernte und allen Eigentums entlang der Meeresküste befahlen − ein frühes Beispiel für eine Taktik »der verbrannten Erde«. In der lokalen Folklore erinnerte man sich noch viele Generationen lang an dieses Vorkommnis. Das andere war die Flucht des Kind-Kaisers Duan Zong, des vorletzten Herrschers der Song-Dynastie, auf die Kowloon-Halbinsel im Jahre 1277. Durch usurpatorische Mongolen südwärts gedrängt, verbrachten er und sein geflohener Hofstaat sowie seine halbverhungerte Armee ein Jahr in diesem Distrikt, ehe er im Alter von neun Jahren in den Tod getrieben wurde; die Inschrift auf dem Felsblock eines Berggipfels gedenkt dieses traurigen Ereignisses.

Obgleich dieses Territorium abgelegen und ohne Bedeutung war, bestanden während der ersten Jahrzehnte des neunzehnten Jahrhunderts schon vereinzelte Gemeinwesen auf den Inseln und in den fruchtbaren Ebenen der Halbinsel. Es gab Reisfarmer, Salzproduzenten, Fischer, Steinbrucharbeiter, Weihrauchsammler. Es gab auch nicht wenige Piraten, die zwischen der Unzahl von Inseln im Delta der großen Flußmündung günstige Schlupfwinkel fanden (daher der Name Ladrones, was in Portugiesisch »Piraten« heißt) und die dort gelegentlich in großer Anzahl operierten − als der Piratenführer

Zhang Baozi sich 1810 den Behörden ergab, übergab er ihnen 270 Dschunken und 1200 Gewehre.

Die Einwohner gehörten vier chinesischen Rassen an: den Punti oder Kantonesen, den Hoklos, den Hakkas oder »fremden Familien« und den Ausgestoßenen, genannt Tankas oder »Eier-Menschen« (vielleicht weil ihre Boote eiförmige Schutzdächer besaßen). Sie lebten größtenteils in verstreuten Gemeinwesen, sprachen ihre eigenen Sprachen und waren einander im allgemeinen nicht freundlich gesinnt. Die mächtigen landbesitzenden Familien der Region waren jedoch alle Kantonesen und in den fünf großen Familienclans Tang, Hau, Pang, Liu und Man zusammengefaßt, von denen jeder über seine eigenen Dörfer herrschte und die vererbten Ländereien gemeinsam besaß.

Das Gebiet wurde von Nam Tan aus regiert, gelegen an der Nordwestküste der Deep Bay, der »Tiefen Bucht«. Dort hatte der Distriktschef seinen *yamen* oder Amtssitz. Über mehrere Stufen der Hierarchie war er dem Vizekönig von Guangdong verantwortlich und wurde durch Truppen und Kriegsschiffe unterstützt. Es gab ein befestigtes Hauptquartier in der Stadt Kowloon in Nähe der Südspitze der Halbinsel, und auf den Inseln fand man mehrere kleinere Forts und Marinebasen als Teil der Küstenverteidigung des Guangzhou-Deltas, unter deren Kanonen die rundlichen Kriegsdschunken ankerten und um deren Mauern herum die Marketender und Prostituierten ihre Hütten aufstellten. Abgesetzt gegen die kahlen, grünen, nur allzu oft vom Sprühregen gewaschenen Höhen, müssen all diese Außenposten wie die eigentlichen Embleme weitgespannter Herrschaft erschienen sein, so einsam dort unter den nur zur Hälfte kartographisch erfaßten Inseln des Archipels. Auf alten Bildern sieht das Hauptfort der Stadt Kowloon aus, als sei es eine Frontbefestigung inmitten feindlichen Territoriums, eine Befestigung auf einem Hügel, von dem aus eine baufällige Straße wie ein Fluchtweg hinunter zum nahen Kai führte. Die Regierung scheint, um es gelinde auszudrücken, sehr oberflächlich gewesen zu sein. Beamte besuchten die abgelegenen Siedlungen sehr selten und waren zudem notorisch bestechlich. Es gab häufige Kriege zwischen den Clans und Fehden zwischen den Dörfern, von denen einige ihre eigenen uniformierten und mit Artillerie ausgerüsteten Armeen besaßen.

Aber obwohl es in diesem Gebiet oft unruhig zuging und es in der Tat von den erlesenen Finessen des chinesischen Establishments weit entfernt war, schienen die Menschen auf örtlicher Ebene ihr Leben angemessen eingerichtet zu haben. Die Klasse der gelehrten Beamten- und Oberschicht, die jahrhundertelang den Ton in der konfuzianischen Zivilisation angegeben hat, war in diesem Gebiet dünn gesät, es gab nicht viel Bildung, aber die Dorfvorsteher und Dorfältesten waren einflußreich, die Vereinigungen der Bewohner waren rührig, die örtliche Tradition war fest gegründet und die Menschen, die einen eklektischen Bereich buddhistischer und taoistischer Gottheiten verehrten, ganz abgesehen von den zahllosen Geistern und Totems der Naturreligionen, sie alle vereinigten sich in der Beachtung der konfuzianischen Ethik. Aufzeichnungen wurden auf Tafeln in Tempeln und Ahnenhallen bewahrt. Stammbäume wurden geführt. Ausführliche Gesetze zum Landbesitz wurden durchgesetzt. Die Gesetze des *feng shui*, »Wind und Wasser«, die uralte chinesische Geomantik von Platzwahl und Entwurf, wurde peinlich genau beachtet. Reisende Theatergruppen fuhren über die Dörfer und, wie es ein Distriktverwalter im Jahre 1744 überrascht niederschrieb, »hat sich die Kultur sogar bis zu diesem entlegenen Platz an der See ausgebreitet — das Buch der Lieder wird hier schon bei Sonnenaufgang gelesen«.

Viele Menschen, besonders die Tankas, die von allen anderen verachtet wurden, lebten auf Booten. Charakteristisch für die Region war aber, daß viel mehr Menschen in den etwa ein Dutzend von Mauern umschlossenen Dörfern innerhalb von Famlienclans wohnten. Der lokale kantonesische Dialekt war als »Dialekt der Dörfer mit Mauern« bekannt. Diese waren offensichtlich durch die Führer der Clans und der Vereinigungen durchaus gut verwaltet, waren blau gefliest, besaßen einen Wassergraben vor der Mauer, hatten gelegentlich auch Türme und wiesen enge, symmetrische Straßen um den Tempel und die Ahnenhalle herum auf. Solange sie ihre Steuern zahlten, blieben sie von der kaiserlichen Regierung im allgemeinen unbehelligt. In der Nacht schlug der Dorfwächter alle halbe Stunde seine beruhigenden Gong, der in der Morgendämmerung in einem langen, alle weckenden Wirbel verklang. Während des Tages waren die Arbeiter, fast alle auch mehr oder weniger Landbesitzer, außerhalb, um auf den Feldern der Kommune zu arbeiten. Auf den Bergen darüber schauten die Gräber der Ahnen, geschützt durch ordentlich gepflanzte Bäume, von Stellen hinunter, die durch die Geomanten oder Erdwahrsager peinlich genau berechnet waren.

So war das Territorium in keiner Weise primitiv oder gar verlassen, als es in der ersten Hälfte des neunzehnten Jahrhunderts der übrigen Welt bekannt wurde. Es war auch keineswegs abgeschieden. Im Gegenteil führte ein ständiger Schiffsverkehr durch den Archipel oder ankerte in dem herrlichen, tiefen Hafen zu Füßen der Halbinsel. Zerrissene Segel der Sampans, stolze Banner der kaiserlichen Kriegsschiffe, versteckte Masten der Piraten und die hohen Aufbauten der Frachtdschunken — sie alle waren bei ihren Fahrten auf den Wasserstraßen ständig zu sehen. Ein großer Anteil des Handels der Perlflußmündung nahm diesen Weg zu den nördlichen chinesischen Provinzen sowie nach Taiwan oder Japan, und als die 30er Jahre des neunzehnten Jahrhunderts begannen, waren die Einheimischen auch mit einer ihnen fremden Art des Schiffbaues vertraut, dem Schiffbau einer anderen Technologie, einer anderen Kultur – mit Schonern, Briggs und hochragenden Schiffen mit voller Betakelung, die dem Archipel schicksalhafte Zeichen einer anderen, westlich gelegenen Welt brachten.

Guangzhou war der einzige Hafen Chinas, der Verbindungen zu jener anderen Welt unterhielt. Das Reich des Himmels in Beijing stufte alle Fremden als Barbaren ein – eigentlich als ausländische Barbaren – und alle fremden Staaten lediglich als tributpflichtig, so daß es keine diplomatischen Kontakte zwischen China und anderen Mächten und nur sehr wenige Verbindungen gab. Die Mandschus selbst waren ursprünglich keine Chinesen, kamen sie doch im siebzehnten Jahrhundert aus der Mandschurei, doch dies unterband nicht ihren Fremdenhaß, und sie behandelten alle anderen Nicht-Chinesen mit einer unbeschreiblichen Mischung von Verachtung und Bevormundung.

Guangzhou im Süden hatte als Haupthafen Chinas jedoch schon jahrhundertelang Kontakt mit den Ländern Südostasiens, mit Indien und mit den Arabern. Seit dem sechzehnten Jahrhundert, als es den Portugiesen gestattet wurde, eine Handelskolonie in Macao am Westufer der Mündung des Perlflußes zu gründen, stand die Stadt auch mit Europa in Kontakt. Alle Völker im Westen träumten davon, die märchenhaften Reichtümer Chinas anzuzapfen, und viele Jahre lang war es einigen von ihnen erlaubt worden, »Faktoreien« oder Lagerhäuser entlang den Flußufern in Guangzhou einzurichten, der einzigen chinesischen Stadt, in der es Fremden erlaubt war, zu leben. Sie verkauften Wollwaren, Baumwollartikel, Pelze und einige Fertigprodukte, und sie kauften Seide, Kunstgegenstände, den emetischen Rhabarber und riesige Mengen von Tee. Während der Handelssaison im Winter lebten sie in einer eng begrenzten Enklave entlang des Flußufers außerhalb der Stadtmauern — in der direkten Umgebung des Platzes, auf dem jetzt unser Hotel Weißer Schwan steht. Im Sommer zogen sie sich in bequemere Unterkünfte in das portugiesische Macao zurück. Die Beamten des Drachenkaisers behandelten sie bestenfalls herablassend gönnerhaft, im ärgsten Fall mit einer rituellen Verachtung und bezeichneten sie als Teufel und Dämonen.

Gegen Ende der 30er Jahre unterhielten Kaufleute aus vier fremden Mächten Faktoreien in Guangzhou — Briten, Amerikaner, Franzosen und Holländer. Von diesen Geschäftsleuten waren die Briten bei weitem die zahlreichsten, hartnäckigsten und erfolgreichsten, für die China, wenn auch nur kaufmännisch betrachtet, quasi eine Erweiterung ihres äußerst profitablen indischen Empires war. Sie gaben sich mit dynamischem Vertrauen. Die Macht einer neuen Technologie stand hinter ihnen, und sie glaubten sich selbst auf der Siegerstraße. Insbesondere der Sieg in den Napoleonischen Kriegen hatte ihrer Nation unbestreitbar die Vorherrschaft im Osten beschert. Sowohl die französische wie auch die holländische Konkurrenz waren praktisch ausgeschaltet, und die Bestallung von Singapur zu einer Außenstelle der britischen Ostindienkompanie schien die Öffnung des gesamten Chinesischen Meeres für ihren Handel und Einfluß zu versprechen.

Die Kompanie hatte kurz zuvor ihr offizielles Monopol im anglo-chinesischen Handel aufgegeben, und nunmehr operierten einige dreißig britische Firmen vom Flußufer in Guangzhou aus. Wenigstens theoretisch wurden sie durch einen Haupthandelsbevollmächtigten überwacht, der durch die britische Regierung eingesetzt und den Chinesen als »Auge der

Barbaren«[1] bekannt war. Zu diesem Zeitpunkt hatte sich die Art ihres Handels geändert, und sie waren nunmehr von verbotenen Geschäften mit indischem Opium abhängig – dem »Dreck der Fremden«, wie die Chinesen es bezeichneten, dabei jedoch eifrig ihre Pfeifen anzündend, denn obgleich in China verboten, war Opium sehr gefragt.

Der Anbau und Verkauf von Opium wurde offiziell in Britisch-Indien organisiert. Händler brachten riesige Mengen den Perlfluß hinauf und verkauften sie mit ansehnlichem Gewinn an chinesische Händler. In der Tat gab es auch nicht viel, was britische Händler den Chinesen verkaufen *konnten*, die sonst bei den meisten Dingen selbstgenügsam waren und westliche Neuerungen verächtlich ablehnten, so daß der Opiumhandel mit rastloser Energie fortentwickelt wurde. Die illegal an China verkauften Drogen hatten den doppelten Wert aller legalen Waren zusammengenommen, und ohne diese Drogen hätten die britischen Importe chinesischen Tees nur in Bargeld bezahlt werden können. Opium wurde, so sagt man, nicht nur der Hauptexportartikel des indischen Empire, sondern tatsächlich die bedeutendste internationale Handelsware der Welt.

Manch eine Gaunerei war im Spiel, weil dieser Handel selbst in Guangzhou verboten war; aber Opium hin oder her, in jedem Falle waren die Beziehungen zwischen den Chinesen und den Fremden, insbesondere den Briten, zweifelhaft. Der Drogenhandel war nur ein Symptom. Das waren die frühen Jahre einer schicksalhaften Konfrontation zwischen Ost und West, zwischen Weltreichen, zwischen Kulturen, und jede Seite machte sich die andere Seite durch fremdartige Verhal-

---

1 Oder, wie im Falle des ersten Amtsinhabers, Lord William Napier of Maristoun, als »Fleißiges Scheusal«, eine angenäherte Transkription der Schriftzeichen für seine Amtsbezeichnung.

tensweisen zum Feind. Die Westvölker hatten auf Expansion gesetzt, kommerziell, politisch, sogar geistig; die Chinesen waren entschlossen, ihren eigenen Status quo zu bewahren. Eine Seite war zutiefst konservativ und lethargisch, die andere nachdrücklich radikal und aggressiv.

Es gab eine Vielzahl von Nadelstichen, Frustrationen und Ungereimtheiten. Einerseits waren die Händler durch Gesetze der chinesischen Regierung strikt eingeschränkt, die es ihnen zum Beispiel verboten, die chinesische Sprache zu erlernen, ihre Frauen nach Guangzhou zu bringen, sich zu bewaffnen, die Stadt innerhalb der Mauern zu betreten, sich in Sänften tragen zu lassen, mit irgendwelchen chinesischen Geschäftsleuten, außer den amtlich bestellten, Geschäfte zu tätigen oder ohne ausdrückliche Genehmigung Bootsfahrten zum Vergnügen zu machen. Andererseits war das gesamte Rechtsverhältnis durch gegenseitige Korruptionen durchlöchert, und die Chinesen drückten im allgemeinen nicht nur bei Verstößen gegen die Niederlassungsgesetze ein Auge zu, sondern auch bei dem allzu offensichtlichen Handel mit Narkotika. Die Händler forderten ständig mehr kommerzielle Freiheiten, die Chinesen wiederholten ihre Mahnungen, daß die Fremden Barbaren nur geduldet seien und demütig dankbar für das sein sollten, was sie hatten. – »Zittere und gehorche«, wie es die kaiserlichen Erlasse gewöhnlich ausdrückten. »Opponiere nicht!« Britische Versuche, diplomatische Beziehungen und normale Handelspraktiken in ganz China herzustellen, wurden arrogant zurückgewiesen. Vermögen wurden auf beiden Seiten gemacht, aber auch Feindschaften und Freundschaften.

Das, vielleicht abgesehen von ein oder zwei Krisen, war ungefähr die Situation während eines halben Jahrhunderts. Aber in China wuchs die Angst vor den schwächenden Auswirkungen des Opiums auf die Bevölkerung. 1839 kam Lin Zexu, ein Mandarin von ungewöhnlicher Rechtschaffenheit, als kaiserlicher Hochkommissar des Reiches des Himmels nach Guangzhou. Er hatte besondere Weisungen, den Opiumhandel auszumerzen, und damit war das heimliche alte Gleichgewicht zerschlagen. Außer dem Verbot aller Opiumimporte forderte Lin die Übergabe der 20 291 Kisten mit Drogen, die die Händler vorrätig hatten.

Er wußte wenig darum, welche historischen Kräfte er freisetzte. Der Haupthandelsbevollmächtigte, Kapitän Charles Elliot von der kgl. britischen Marine[2], entschied zum Schmach der Händler, daß die Kisten zu übergeben waren, die dann öffentlich vernichtet wurden. Dies war jedoch keinesfalls das Ende der Angelegenheit. Die wütenden Geschäftsleute zogen sich aus Guangzhou zurück auf ihre Schiffe, die sie als Notquartiere in der Mündung des Flußdeltas geankert hatten (ihre »Teufels-Schiffe«, wie die Chinesen sie nannten). Lin untersagte es allen chinesischen Bürgern, sie mit Lebensmitteln und Wasser zu versorgen. Elliot antwortete, indem er die Royal Navy veranlaßte, das Feuer auf drei chinesische Kriegsdschunken zu eröffnen, und so war der Casus belli gegeben.

Das wurde in London begrüßt. Lord Palmerston, der Außenminister in Lord Melbournes liberaler Regierung in London, sah den Rest der Welt etwa so, wie es die Chinesen auch taten, und sein politisches Hauptziel war die Förderung des britischen Handels, wo immer die Briten das wünschten. Die beiden hauptsächlichen britischen Kaufleute in Guangzhou, die Schotten William Jardine und James Matheson, hatten ihn schon lange zu einer Handlung gedrängt, die die Chinesen in das Einvernehmen des internationalen Handels zwingen sollte – eine »Vorwärts-Politik«, wie das Schlagwort in jenen Tagen

---

2 Zuvor Kommandant eines Lazarettschiffes und Sklavenprotektor in Britisch Guyana.

lautete, die durch die Drohung mit militärischer Gewalt gestützt werden sollte. Jardine hatte sich nach Britannien zurückgezogen, wurde dort ins Parlament gewählt und griff die Affäre der Opiumkisten auf. Für Palmerston entwarf er einen Kriegsplan zur Demütigung des Reiches des Himmels.

Palmerston willigte ein. Die Kanonenbootpolitik war gutgeheißen. Gladstone in der Opposition warnte, daß der Ausbruch eines Krieges mit China unter solch einem Vorwand Großbritannien auf ewig entehren würde – »wir ... verfolgen Absichten, die sich weder mit Recht noch mit Religion vereinbaren lassen« –, aber er war selbst innerhalb seiner eigenen Partei isoliert. Die britischen Marinegeschwader stürmten die Forts, die die Zugänge nach Guangzhou schützten, und besetzten zur gleichen Zeit, viel weiter im Norden an der Mündung des Yangtze, die Inseln von Zhoushan. Die Chinesen waren gezwungen zu verhandeln, und ohne durch London ermächtigt gewesen zu sein, erreichte der vernünftige Kapitän Elliot mit einem von ihm selbst entworfenen Abkommen eine Aussetzung der Feindseligkeiten.

Sein hauptsächliches Ziel war es, in all dem Aufruhr ein Stück von China physisch in Besitz zu nehmen – eine territoriale Basis unter britischer Souveränität, wo britische Händler ihre Geschäfte mit China unbeeinträchtigt von den absurden Diktaten Beijings oder den Wortverdrehungen von Guangzhou arrangieren konnten. Das war keine neue Idee. Die Briten machten viel Gebrauch von Macao, dem einzigen ausländischen Stützpunkt an der chinesischen Küste, und hatten schon oft nach einer ähnlichen Enklave für sich selbst getrachtet. Eine ständige militärische Präsenz der Briten, so wurde argumentiert, würde die Chinesen bald zur Besinnung bringen und ihr Land allen Segnungen des freien Handels und der Christianisierung öffnen. Palmerston hatte selbst die Beschaffung »einer oder mehrerer genügend großer und geeignet gelegener Inseln« vor der chinesischen Küste verlangt – Taiwan oder Zhoushan waren im Gespräch –, während ein paar Extremisten sogar Guangzhou selbst in Betracht zogen.

Elliots Vorstellungen waren maßvoll. Unter den verstreuten Inseln der Ladronen-Kette gab es eine kleine, bergige und baumlose Granitinsel, die den Briten als Hongkong bekannt war. Die Bedeutung des Namens wurde unterschiedlich interpretiert als Weihrauchhafen, Dufthafen oder Tantchen Heung, im Gedanken an eine legendäre Piratin; so wie die Briten den Namen aussprachen und transkribierten, soll er der Aussprache der Tanka-Leute entsprechen, die ihnen als erste die Insel bezeichneten –, als aber andere Chinesen den Namen aussprachen, klang es in westlichen Ohren mehr nach Hernkong oder gar Shiankang.

Der Ort war britischen Seeleuten bekannt, weil ein Wasserfall an seiner südwestlichen Küste, der leicht von See auszumachen war, eine brauchbare Frischquelle bot. Diese Inseln auf 114° 10' östlicher Länge und 22° 15' nördlicher Breite wurde nun seitens des Haupthandelskommissars verlangt, und die gedemütigten Chinesen willigten in ihrer Übergabe ein.

Ihre Fläche betrug 26 Quadratmeilen, und sie war von Kowloon auf dem Festland nur durch eine Wasserstraße von einer Meile Breite getrennt. Ihre Form ähnelte einer zerfurchten Krabbe mit vielen Scheren. Ihre Landbesitzer gehörten zum Tang-Clan, und sie hatte nicht mehr als 6000 oder 7000 Einwohner, von denen viele auf Booten lebten. Die Entfernung der Insel nach Guangzhou betrug nicht einmal 100 Meilen, und die Straße von Kowloon stellte einen ausgezeichneten Tiefwasserhafen zur Verfügung. Von hier aus, so dachte Elliot, könnten das britische Empire und seine Kaufleute all ihre Geschäfte mit dem Chinesischen Reich abwickeln, sie könnten ihren Handel entlang der chinesischen Küste unterhalten und überwachen und eine ständige Außenstelle britischer Autorität im Fernen Osten errichten. Am 26. Januar 1841 landete eine britische Marinegruppe an der nordwestlichen Küste der Insel und hißte den Union Jack. Sofort folgten Jardine, Matheson und verschiedene andere Firmen aus Guangzhou, Landauktionen wurden durchgeführt, und die neue Besitzung wurde zum Freihafen erklärt.

Allen britischen und fremden Staatsbürgern wurde der Schutz der britischen Gesetze gewährt; die Chinesen unterlagen den Gesetzen und Bräuchen Chinas, »mit Ausnahme jeglicher Art von Folterungen«.

Wider allen Erwartungen war Palmerston jedoch nicht zufrieden. Er meinte, daß Elliot einen britischen Sieg zu weit umfassenderen Forderungen hätte nutzen sollen, um damit vielleicht ganz China den westlichen Aktivitäten zu öffnen. Wer hatte jemals von Hongkong gehört? War es doch nicht mehr als ein öder Felsen mit kaum einem Haus darauf. Königin Victoria und ihr Gatte waren über diesen Erwerb sehr belustigt, obwohl sie von dem »unerklärlicherweise merkwürdigen Verhalten des Chas. Elliot« überrascht waren und meinten, ihre Tochter sollte eigentlich, zusätzlich zu Princess Royal auch den Titel »Prinzessin von Hongkong« tragen. Die königliche Marine betrachtete ihre Siege jedoch als verschenkt, und die britischen Kaufleute im Chinageschäft setzten die neue Besitzung sarkastisch herab. »Eine Straße in gigantischem Ausmaß ist bereits weit fortgeschritten«, spottete ihre Zeitung, die *Canton Press,* »wenn sie von einem vorgesehenen Amt zu einer geplanten Verkehrsstraße führt. Jetzt benötigen wir nur noch Häuser, Bewohner und Handel, um diese Niederlassung zu einer der wertvollsten unserer Besitzungen zu machen.« Elliot verließ das Chinesische Meer in Schande. Er wurde fortgejagt, um die Aufgaben eines britischen Geschäftsträgers in der nagelneuen Republik Texas wahrzunehmen.[3]

Aber die Sache war entschieden. Tatsächlich verwarfen beide Seiten das Abkommen sofort, und Kämpfe flammten wieder auf. 1842, mit dem Vertrag von Nanking, das Hongkong als *fait accompli* akzeptierte, endete der erste anglo-chinesische Krieg auf eine Palmerston viel genehmere Weise. Der Vertrag erzwang nicht nur Handelsrechte und Privilegien für britische Kaufleute in fünf chinesischen Vertragshäfen und sah eine Entschädigung für alles verlorengegangene Opium vor, er vermied auch, die Frage des künftigen Drogenhandels anzuschneiden, von dem die Britische Regierung behauptete, er falle nicht in ihre Kompetenz. Der Vertrag begründete, wenigstens im Prinzip, die üblichen offiziellen Beziehungen zwischen zwei Staaten – und er bestätigte die Übergabe von Hongkong durch das Chinesische Reich an das britische Empire.

> Da offensichtlich notwendig und wünschenswert, daß britische Staatsangehörige einen Hafen haben sollten, den sie bei Bedarf anlaufen können, um ihre Schiffe auszurüsten und wo sie zu diesem Zweck ihre Vorräte halten können, übergibt Seine Majestät der Kaiser von China Ihrer Majestät der Königin von Großbritannien die Insel Hongkong in den immerwährenden Besitz Ihrer Britannischen Majestät, Ihrer Erben und Nachfolger, um durch Gesetze und Weisungen regiert zu werden, die Ihre Majestät, die Königin von Großbritannien, zu erlassen beliebt.

---

3 Obwohl er später nacheinander Gouverneur von Bermuda, Trinidad und St. Helena war und (1875) als Admiral starb, wird seiner in der Kolonie, die er gründete, nicht gedacht, und sein Eintrag im Dictionary of National Biography erwähnt Hongkong nicht.

Außer Macao, das portugiesischer Oberhoheit niemals förmlich unterstellt worden war, und einigen Grenzstreifen im hohen Norden, die Rußland überlassen wurden, war es das erste Stück chinesischen Bodens, das je Fremden Barbaren übergeben wurde. Es wird erzählt, daß Höflinge beobachten konnten, wie der Kaiser Dao Guang (»Glorreiche Rechtschaffenheit«) vor der Unterzeichnung des Übergabedokuments des Nachts durch den Palast wanderte, ungläubig »unmöglich, unmöglich« murmelte und wiederholt seufzte.

Gladstones »schändlicher« Krieg hatte es geschafft, ein paar weitere Türen zum Reich der Mitte zu öffnen und eine britische Kolonie an seinem Rand zu errichten. Hongkong wurde am 26. Juni 1843 formell britisches Besitztum, und der Gründungsgouverneur, Sir Henry Pottinger, sprach seine Überzeugung aus, daß die Insel sehr bald »ein gewaltiges Zentrum des Handels und Wohlstandes« sein würde. Die britischen Chinakaufleute erkannten auch recht schnell diese Möglichkeiten. »Hongkong«, jubelte ein Leitartikel jetzt in ihrer Zeitung — »tiefes Wasser und ein Freihafen für ewig!«

20 Jahre später, nach einem weiteren und noch fanatischeren Konflikt mit den Mandschus, vergrößerten die Briten ihren Besitz. Der Vertrag von Peking beendete den Zweiten anglo-chinesischen Krieg im Jahre 1860 und brachte ihnen die Südspitze der Halbinsel Kowloon (die sie gut kannten, weil sie dort gerne Kricket spielten) und ein nahegelegenes Inselchen, die Stonecutters-Insel, drei Quadratmeilen insgesamt, was ihnen eine sichere Kontrolle des Hafens und seiner Seezugänge erlaubte. Zunächst wurde den Chinesen eine ständige Verpachtung abgerungen, aus der später eine absolute Abtretung wurde — mit der Ausnahme, so wird berichtet, daß die Briten sich verpflichteten, den zu Ehren des armen kleinen Song-Kai-

sers auf einem Hügel am Meer errichteten Gedenkstein weder zu beschädigen noch zu entfernen.

40 Jahre später stellten sie weitere Forderungen. Dies war jetzt die Hochblüte des Imperialismus, und verschiedene andere Mächte griffen selbst nach Teilen Chinas. Die Franzosen pachteten die Qinzhou-Bucht im Süden. Die Deutschen errichteten ein Protektorat über die Jiaozhou-Bucht an der Küste nahe Beijing. Die Russen besetzten Lushun im Norden und benannten es in Port Arthur um. Die Japaner erwarben Taiwan. Die Briten gaben nun vor, Angriffe durch diese Rivalen zu befürchten, und erzwangen 1898 zwei weitere Konzessionen. Hoch im Norden wurde ihnen das Territorium von Wei-hai-wei für die Dauer der Besetzung Port Arthur's durch die Russen verpachtet. In Hongkong erwarben sie den Rest der Halbinsel Kowloon und ihr angrenzendes Hinterland mit allen Felsen und Inseln des Archipels, die unmittelbar um Hongkong herum lagen. Diese Erweiterungen der Kolonie nannten sie zuerst New Territory, später dann New Territories.

Dieses Mal forderten sie nicht die direkte Abtretung. Man kam überein, daß die New Territories den Briten durch das Chinesische Reich für einen Zeitraum von 99 Jahren verpachtet würden. Die Pacht sollte 1898 beginnen und 1997 auslaufen. So wurde mit einem Federstrich die nachfolgende Geschichte Hongkongs verfügt, weil es mit Ablauf des zwanzigsten Jahrhunderts und der Entwicklung der Kolonie immer klarer wurde, daß Hongkong ohne die New Territories nicht lange überleben konnte. Es wurde somit zum zeitlich begrenzten Besitz, − dem einzigen im britischen Empire − bei dem das Enddatum bereits festgelegt war. Gerade so, wie der letzte Vizekönig von Indien, Lord Mountbatten, auf seinem Kalender die Tage abzählte, die dem Raj noch blieben, so hätte man 1898 in Britisch-Hongkong, wäre man sich der Wahrheit

Das Zhu-Jiang(Perlfluß)-Delta

bewußt gewesen, damit beginnen können, die Jahre bis zum Vertragsablauf abzustreichen.

Fürs erste aber gaben die New Territories der Kolonie Substanz und Sicherheit, vergrößerten ihre gesamte Landfläche von 32 auf 390 Quadratmeilen – beträchtlich größer als Madeira, aber beträchtlich kleiner als die Faröer-Inseln – und alle jene Tangs, Pangs und Lius, alle jene Sippen der Dorfbewohner und die Bootsleute waren ihrer Bevölkerung hinzuzurechnen. Trotzdem wurde Hongkong viele Jahre lang Pottingers Prophezeiung niemals gerecht, und es schien manchmal, als ob Lord Palmerston von vornherein recht hatte. Die Kolonie schleppte sich dahin. Obwohl unternehmerische Kaufleute große Reichtümer ansammelten, war China nach der Einstellung des Opiumhandels nie wieder ein solches Füllhorn. Außerdem entwickelte sich der weltoffene Vertragshafen Shanghai an der Mündung des Yangtse zu einem weit reicheren und geschäftigeren Platz als Hongkong. In den 20er und 30er Jahren unseres Jahrhunderts fanden Besucher die Kolonie ziemlich langweilig. Auch die Japaner, die sie im Zweiten Weltkrieg besetzten, hatten mit ihr nicht viel im Sinn.

Was schließlich Hongkong auf die eigenen Füße stellte, war die kommunistische Revolution Chinas im Jahre 1949. Die Revolution selbst sorgte für einen Zustrom flüchtender Industrieller nach Hongkong, und als im Jahr darauf die Revolutionsregierung den Krieg gegen die Vereinten Nationen in Korea begann, veränderten sich die Funktionen der Kolonie durch die Unterbrechung allen westlichen Handels mit China. Bis dahin hatte sich das Territorium im Einklang mit seinen Gründern vornehmlich als Umschlagplatz gesehen, über den der Handel mit China praktisch und wirksam abgewickelt werden konnte. Der Freihafen Hongkong war einer der geschäftigsten der Welt, aber der Platz produzierte nur sehr wenig selbst und war, obwohl als Kronkolonie verwaltet und in den königlichen Listen stolz aufgeführt (»Unsere am weitesten ostwärts gelegene Besitzung«), aus wirtschaftlicher Sicht im wesentlichen ein Anhängsel des eigentlichen China. Im Jahre 1950 machte der westliche Boykott aller chinesischen Waren jedoch Schluß mit der alten Zweckbestimmung und nötigte Hongkong, andere Möglichkeiten zu finden, den Lebensunterhalt zu verdienen.

Das tat es in spektakulärer Weise und verwandelte sich während der nächsten Dekaden in das immense Produktions- und Finanzzentrum, dessen Hochhäuser, Schiffe und Lichter so erstaunten, als wir, ein paar Seiten zuvor, von Guangzhou kommend, eintrafen. Ein endloser Flüchtlingsstrom vom chinesischen Festland stellte billige und willige Arbeitskräfte, und europäischer, chinesischer und amerikanischer Unternehmungsgeist fanden sich zusammen, um ein neues Hongkong zu schaffen: einen phantastisch produktiven Stadtstaat, durchaus nicht nur eine britische Kolonie, in dessen Banken und Kapitalanlagegesellschaften Geldmittel aus allen Ecken der kapitalistischen Welt flossen und aus dessen Hafen ein erstaunlicher Strom an Produkten hinausgeschickt wurde, die innerhalb der eigenen, kleinen, vollgestopften und unwahrscheinlich eng begrenzten Räume gefertigt worden waren. Die Bevölkerung der Kolonie, 1955 auf 2,4 Millionen geschätzt, betrug 1988 5,6 Millionen — 98 Prozent davon Chinesen, der Rest ein kaleidoskopischer Mischmasch von Rassen und Sprachen. Es war ein einmaliges Phänomen in der Geschichte. Im zwölften Jahrhundert hatte ein Magier-Dichter mit Namen Bai Yueshan ein Hongkong mystisch vorausgesehen, beleuchtet »durch eine Unmenge von Sternen in tiefer Nacht und zehntausend Schiffe, die im Hafen hin- und herfahren«; und, wie jeder Passagier weiß, der morgens mit der *Xinghu* fährt, war dies alles bis zum Ende der 80er Jahre wahr geworden.

Im Jahre 1898, dem Jahr, als Hongkong seine Zukunft durch Unterschrift aufgab, war das britische Empire auf dem Gipfel seiner Macht. Das diamantene Jubiläum von Königin Victoria hatte man ein Jahr zuvor als gewaltige Feier ihrer weltweiten Herrschaft begangen, und ein weiteres Jahr sollte noch vergehen, ehe das Unheil des Burenkrieges gegen England die imperiale Sicherheit ankratzen sollte. Im Jahre 1898 beherrschte Großbritannien nahezu ein Viertel der Landmasse der Erde, ein Viertel der Weltbevölkerung und kontrollierte alle Meere. Es war das größte Herrschaftsgebiet, das die Welt je gekannt hat, und sein Selbstvertrauen war übertrieben groß.

Kein Zweifel, daß die Briten in solch einer Zeit anmaßender Selbstsicherheit die Verpachtung der New Territories als gleichbedeutend mit einer Abtretung ansahen. 1997 war so weit entfernt, die Chinesen waren allgemein verwirrt, und das britische Empire war es nicht gewöhnt, wie Victoria anläßlich der Abtretung von Helgoland an die Deutschen mit Schärfe bemerkte, »aufzugeben, was man besaß«. Was das Empire in Hongkong geschaffen hatte, schien für chinesische Vorhaben undurchführbar zu sein: es war kein Brite, sondern der chinesische Revolutionär Sun Yat-sen, der sich nun laut darüber wunderte, wieviel die Engländer in 75 Jahren auf einem kahlen Meeresfelsen schaffen konnten, eine Leistung, die Chinesen nicht in einem Jahrtausend erreicht hatten!

Die Idee der Selbstverwaltung, die bald den Charakter des Empires verändern sollte, hat sich nie in Hongkong festgesetzt, das bis in unsere Zeiten immer eine Kolonie ursprünglichster Prägung ohne alle demokratischen Institutionen blieb. Im Verlauf der Jahre, in denen China sich selbst sporadisch durch Revolution und Reform neu belebt, über die Ungerechtigkeit fremder Intervention gebrütet hat und die Macht der Briten selbst geschwächt wurde, sollte das nahende Jahr 1997 einem Ort, der schon ausreichend unsicher und paradox war, noch zusätzliche Paradoxität und Ungewißheit bereiten. Zu Beginn der 80er Jahre war das britische Empire, versteht man es als eine Art Gattung, verschwunden. Hongkong war ein letztes posthumes Wunder, mit einer Bevölkerung, die ungefähr fünfunddreißigmal größer ist als die Bevölkerung, aller anderen verbleibenden überseeischen Besitzungen zusammen, und sein

Abgang erhält eine symbolische Faszination. Es war wie ein Wettlauf gegen die Zeit – als ob Hongkong auf schlecht erklärbare Weise irgend etwas beweisen könne, irgendeinen bestimmten Akt vollziehen könne, ehe es aus den Händen des kapitalistischen Westens in jene der immer unberechenbaren Chinesen übergeht. Es könnte etwas über den Kapitalismus selbst aussagen, oder es könnte der Bedeutung des verlorenen Empires ein Abschiedstestament bieten.

Jetzt, wo ich das niederschreibe, ist der Augenblick fast gekommen. Hongkongs letztes Jahrzehnt als britische Besitzung hat begonnen, und wir beobachten schon seine Metamorphose, sowohl bezüglich seiner Identität als auch hinsichtlich der Schreibweise Xianggiang. Im Jahre 1984 wurde zwischen Großbritannien und der Volksrepublik China ein neues Abkommen geschlossen, in dem die Rückkehr des gesamten Gebietes von Hongkong unter chinesische Souveränität im Schicksalsjahr 1997 festgelegt wird:

> 1. Die Regierung der Volksrepublik China erklärt, daß es das Trachten des gesamten chinesischen Volkes ist, das Gebiet Hongkong (einschließlich der Insel Hongkong, Kowloon und der New Territories, hier nachfolgend mit Hongkong bezeichnet) wiederzuerlangen, und daß sie entschieden hat, die Regierungsgewalt über Hongkong mit Wirkung vom 1. Juli 1997 wieder auszuüben.
> 2. Die Regierung des Vereinigten Königreiches erklärt, daß sie Hongkong mit Wirkung vom 1. Juli 1997 der Volksrepublik China übereignet.

Die Briten stimmten zu, sich nicht nur aus den New Territories zurückzuziehen, was sie ohnehin mußten, sondern auch von der Insel Hongkong und der Halbinsel Kowloon, die ihnen ja theoretisch für unbegrenzte Dauer übereignet waren. Die Chinesen stimmten zu, Xianggiang als besonderer Verwaltungszone einen halbautonomen Status zu geben und ihr für ein weiteres halbes Jahrhundert nach Rückkehr in das chinesische Mutterland zu gestatten, ihre kapitalistische Lebensweise fortzusetzen — »Ein Land, zwei Systeme«, wie sie es mit ihrer Vorliebe für Zahlensymbolik ausdrückten. In der Zwischenzeit würden sie eine neue Verfassung, das Grundgesetz, erarbeiten, das im Jahre 1997 in Kraft treten solle. Die beiden Mächte würden in Form regelmäßiger Konsultationen zusammenarbeiten, um eine freundschaftliche Übergabe vorzubereiten. Dieses Übereinkommen wurde nur zwischen London und Beijing getroffen. Die Bevölkerung von Hongkong nahm an den Verhandlungen nicht teil, wie sie auch an früheren Verträgen zwischen den Mächten, die ihr Schicksal bestimmten, keinen Anteil hatte.

So kommt das Ende näher, und Hongkong erwartet es nervös, ohne zu wissen, was es bringen wird. Alles was es jetzt tut, unterliegt dem überwältigenden Faktum 1997 und der dominierenden Prüfung durch die Volksrepublik. Vom Beginn bis zum Ende wird die britische Kolonie Hongkong 156 Jahre lang existiert haben. Vor langer Zeit wurde gesagt, daß die Viktorianer durch ihren Erwerb eine Kerbe in den Körper China geschnitten haben, wie ein Holzfäller, der eine Kerbe in eine große Eiche schlug, um sie gleich darauf zu fällen. Aber die Eiche ist nie gefallen, und Hongkong fühlte sich in der Tat auch nicht mehr als fremdes Mark an der chinesischen Küste: die Kerbe war zu alt und es selbst ist zu sehr chinesisch, seine Angelegenheiten sind zu unentwirrbar mit denen Chinas verbunden, und seine Rückkehr in eine große Gegenwart, wie drohend und verwirrend die Umstände auch sein mögen, scheint nur natürlich.

Seit 30 Jahren habe ich hin und wieder über Hongkong

geschrieben, und jetzt komme ich, vornehmlich als Erforscher des britischen Imperialismus, wieder darauf zurück. Hongkong ist ein erstaunlicher Epilog des Empire, und es ist pikant zu vermerken, daß seine Rückgabe an China fast genau ein Jahrhundert nach jenem imperialen Höhepunkt, der Jubiläumsfeier am 22. Juni 1897, stattfinden wird. In diesem Buch unternehme ich es, die letzte der großen britischen Kolonien zu porträtieren, so, wie sie sich in ihren letzten Jahren darstellt, und indem sich thematische und analytische Kapitel mit historisch beschriebenen Kapiteln abwechseln, werde ich versuchen, die imperiale Verbindung umfassend darzustellen, um etwas aus Hongkongs Vergangenheit und auch der Gegenwart wachzurufen und zu untersuchen, warum solch eine imperiale Ungereimtheit so lange überleben konnte.

Der Symbolismus des Ortes und der Gegenwart geht jedoch über *Pax Britannica* hinaus — Hongkong war selten eine sehr charakteristisch britische Besitzung. Ihre Angelegenheiten reflektieren nicht nur den Niedergang einer historischen Gattung — sie ist auch die letzte große *europäische* Kolonie —, sondern die sich verschiebenden Bestrebungen von Kommunismus und Kapitalismus, das Wiederaufleben des neuen Asien und die kommende Macht der Technologie. So, wie sie sich darauf einstellt, sich schließlich aus dem britischen Imperium zurückzuziehen, ist sie der Welt ein Spiegel, oder vielleicht dem Geomanten ein Kompaß.

Was auch immer Hongkong zustößt, seine gegenwärtige Inkarnation geht dem Ende entgegen, und wie beim Hinscheiden von Ahnen stellt auch hier sein Hinscheiden einige letzte, nachklingende, unklare Fragen. Ist das alles? Ist irgend etwas bewiesen worden? Wie waren Wind und Wasser? Ist das Bild jener Schiffe und Sterne alles, was das britische Hongkong der Geschichte hinterläßt, oder gibt es noch andere Botschaften?

II.
CHRONOLOGIE

Britisches Empire	Hongkong	China
1841 Britische Flagge über Insel Hongkong	1841 Britische Flagge gehißt	1841 Besetzung Hongkongs durch die Briten
1842 Insel Hongkong im Vertrag von Nanking erworben	1842 China tritt Hongkong nach den Verträgen von Nanking ab	1842 Nach den Verträgen von Nanking Übergabe Hongkongs an Großbritannien
1842 Ende des Ersten Afghanischen Kriegs	1843 Gouverneur wird Sir Henry Pottinger	1842 Öffnung der Vertragshäfen für den Außenhandel
1843 Annexion von Sindh	1844 Gouverneur wird Sir John Davis	
1843 Annexion von Natal	1848 Gouverneur wird Sir George Bonham	
1845–48 Sihk-Kriege	1849 Reise der *Keying*	
1851 Weltausstellung in London	1850 Bevölkerung: 33 000	1850–64 Taiping-Aufstand gegen Mandschus
1856–60 Zweiter anglo-chinesischer Krieg	1854 Gouverneur wird Sir John Bowring	1856–60 Zweiter anglo-chinesischer Krieg
1856 Annexion von Oudh	1859 Gouverneur wird Sir Hercules Robinson	
1857 Aufruhr in Indien	1857 Affäre um das vergiftete Brot	
1858 Ende der Ostindienkompanie		

1860 Erstes Abkommen von Peking: Erwerb von Kowloon und der Stonecutters Insel	**1860** Bevölkerung: 94 000	**1860** Besetzung Beijings durch Briten und Franzosen
1867 Gründung des Dominions Kanada	**1860** Nach dem Ersten Pekinger Vertrag Erwerb Kowloons und der Stonecutters Insel von China	**1860** Übergabe der Grenzgebiete an Rußland
1867 Annexion der Siedlung Malakastraße	**1865** Gründung der Hongkong Bank und der Shanghai Bank	**1861–72** Aufbau der Waffenindustrie
	1866 Gouverneur wird Sir Richard MacDonnell	
	1869 Besuch des Prinzen Alfred	

1874 Ashanti-Krieg	**1870** Bevölkerung: 124 000	**1872–94** Entwicklung einer Industrialisierung
1874 Annexion der Fidschi-Inseln	**1872** Gouverneur wird Sir Arthur Kennedy	**1876** Unabhängigkeitserklärung Koreas
1877 Königin Victoria wird zur Kaiserin von Indien proklamiert	**1877** Gouverneur wird Sir Pope-Hennessy	**1877** Übergabe der Ryukyu-Inseln an Japan
1878-81 Zweiter Afghanischer Krieg		
1878 Besetzung von Zypern		

1880–81 Erster Burenkrieg

1882 Besetzung von Ägypten

1884 Annexion von Neu Guinea

1885 Gordon stirbt in Khartum

1886 Annexion von Ober-Burma

1887 Annexion von Zululand

1887 Goldenes Jubiläum von Königin Victoria

1880 Bevölkerung: 160 000

1881 Besuch durch König Kalakaua von Hawaii

1883 Gouverneur wird Sir George Bowen

1887 Gouverneur wird Sir William Des Voeux

1888 Eröffnung der Straßenbahn zum *Peak*

1881 Cixi wird alleinige Regentin Chinas

1887 Formelle Übergabe Macaos an Portugal

1890 Deklaration Sansibars als Protektorat

1893–96 Ashanti-Kriege

1895 Deklaration Ostafrikas als Protektorat

1895 Einfall von Jameson in Transvaal

1896–98 Wiedereroberung des Sudan

1897 Diamantenes Jubiläum von Königin Victoria

1898 Verpachtung der New Territories von Hongkong durch China aufgrund des zweiten Pekinger Vertrags

1899–1902 Zweiter Burenkrieg

1890 Bevölkerung: 198 000

1891 Gouverneur wird Sir William Robinson

1894 Beulenpest

1898 Gouverneur wird Sir Henry Blake

1898 Pachtung der New Territories nach dem Zweiten Pekinger Vertrag

1894-95 Krieg gegen Japan

1895 Übergabe Taiwans und der Pescadoren an Japan

1897–98 Jiaozhou-Bucht durch Deutschland, Lushum (Port Arthur) durch die Russen, Quizhou-Bucht durch Frankreich, Wei-hai-wei durch Großbritannien erworben

1900–03 Annexion
von Nordnigeria
1901 Annexion von
Ashanti
1901 Königin Victoria
stirbt, Nachfol-
ger ist Edward
VII.
1901 Gründung des
Commonweath
von Australien
1907 Neuseeland wird
Dominion mit
eigener Regie-
rung

1900 Bevölkerung:
263 000
1904 Gouverneur
wird Sir Mat-
thew Nathan
1907 Gouverneur
wird Sir Frede-
rick Lugard

1900–01 Intervention
der Westmächte
im Boxerauf-
stand
1904 Belagerung Port
Arthurs durch
die Japaner
1905 Russen überge-
ben Port Arthur
an die Japaner
1908 Cixi stirbt

1910 Edward VII.
stirbt, ihm folgt
Georg V.
1910 Gründung der
Union von
Südafrika
1914–18 Erster Welt-
krieg
1919 Massaker von
Amritsar

1910 Bevölkerung:
436 000
1912 Gouverneur
wird Sir Henry
May
1912 Eröffnung der
Universität
Hongkong
1912 Fertigstellung
der Bahnlinie
Kowloon–
Guangzhou
1919 Gouverneur
wird Sir Regi-
nald Stubbs

1911 Abschaffung der
Mandschu-
Dynastie durch
Revolution
1912 Gründung der
Kuomintang
1915 Besetzung der
Bucht von Jiao-
zhou durch die
Japaner
1917 Krieg mit
Deutschland
1919 Bewegung
»Neue Kultur«

1920 Britisch Ost- afrika wird zur Kolonie Kenia	1920 Bevölkerung: 600 000	1920 Gründung der Kommunisti- schen Partei
1920 Palästina, Irak, Tanganjika wer- den Mandatster- ritorien	1922 Streik der See- leute	Chinas
	1925 Generalstreik	1925 Sun Yat-sen
	1925 Gouverneur wird Sir Cecil Clementi	stirbt
1921 Gandhi gründet Bewegung des passi- ven Widerstandes		1926 Beginn des Bür- gerkriegs gegen die Kommuni-
1922 Washingtoner Mari- neabkommen		sten
1926 Generalstreik in Großbritannien		1928 Chiang Kai-shek wird Präsident
1928 Streiks in Indien		
1932–34 Bewegung für bürgerlichen Ungehorsam in Indien	1930 Bevölkerung: 840 000	1930 Rückzug Groß- britanniens aus Wei-hai-wei
1936 Kipling stirbt	1930 Gouverneur wird Sir Wil- liam Peel	1933 Besetzung der Mandschurei durch Japan
1936 Georg V. stirbt, ihm folgt Edward VIII.	1935 Gouverneur wird Sir Andrew Calde- cott	1934 Langer Marsch der Kommuni- sten
1936 Edward VIII. dankt ab, ihm folgt Georg VI.	1937 Gouverneur wird Sir Geffry Northcote	1937 Einnahme Bei- jings durch die Japaner u. Vor- dringen nach Süden
1939 Ausbruch des Zweiten Welt- kriegs		1938 Einnahme Guangzhous durch die Japa- ner u. Einsetzen einer Marionet- tenregierung in Nanking
		1939 Besetzung Hai- nans durch die Japaner

1940	Evakuierung von Dünkirchen	1940	Bevölkerung: 1,6 Millionen	1943	Aufhebung der Konzessionen in den Vertragshäfen durch die Westmächte
1940	Schlacht um Großbritannien	1941	Gouverneur wird Sir Mark Young		
1941	Besetzung Hongkongs durch die Japaner	1941	Besetzung Hongkongs durch die Japaner	1945	Aufflammen des Bürgerkriegs zwischen Kommunisten und Kuomintang
1942	Schlacht um El Alamein	1945	Befreiung Hongkongs von den Japanern		
1944	Invasion der Normandie	1945	Bevölkerung: 610 000	1949	Errichtung der kommunistischen Volksrepublik unter Mao Zedong und Zhou Enlai. Flucht Chiang Kai-sheks nach Taiwan
1945	Befreiung Hongkongs	1947	Gouverneur wird Sir Alexander Grantham		
1947	Unabhängigkeitserklärung Indiens	1949	Kommunisten schließen Grenze nach China		
1948	Unabhängigkeitserklärung Burmas				
1948	Unabhängigkeitserklärung Ceylons				
1948	Rückzug Großbritanniens aus Palästina				

1950 Eintritt Groß-
     britanniens in
     den Koreakrieg
1952 Georg VI. stirbt,
     ihm folgt Elisa-
     beth II.
1956 Intervention von
     Suez
1956 Unabhängig-
     keitserklärung
     des Sudan
1957 Unabhängig-
     keitserklärung
     Ghanas

1950 Bevölkerung:
     2 Millionen
1951 UN-Embargo
     gegen Handel
     mit China
1952 Aufstände in
     Kowloon
1953 Beginn des
     öffentlichen
     Wohnungsbau-
     programmes
1956 Immigranten-
     welle
1958 Gouverneur
     wird Sir Robert
     Black
1959 Eröffnung des
     ausgebauten
     Flugplatzes Kai
     Tak

1950 Anerkennung
     des Kommuni-
     stischen Regimes
     durch Großbri-
     tannien
1950 Freundschafts-
     vertrag mit der
     UdSSR
1950 Besetzung Tibets
1950–53 China
     kämpft im
     Koreakrieg
1959 Großer Schritt
     nach Vorn

1960–68 Unabhängig-
     keitserklärung
     Zyperns, Ugan-
     das, Tanganjikas,
     Kenias, Sansi-
     bars, Niassa-
     lands, Maltas,
     Gambias, Bri-
     tisch Guineas,
     Mauritius', Nige-
     rias

1960 Bevölkerung:
     3 Millionen
1962 Zustrom chine-
     sischer Immi-
     granten
1964 Gouverneur
     wird Sir David
     Trench
1965–75 Hongkong
     ist Ruhe- und
     Erholungszen-
     trum für US-
     Truppen
1966 Eröffnung des
     Lion-Rock-
     Tunnels
1967 Prokommuni-
     stische Auf-
     stände

1966 Kulturrevolution
1967 Plünderung der
     britischen Bot-
     schaft

1973 Beitritt Großbritanniens zum Gemeinsamen Europäischen Markt	1970 Bevölkerung: 4 Millionen	1971 Aufnahme Chinas in die UN
	1971 Gouverneur wird Sir Murray MacLehose	1973 Anerkennung Chinas durch die USA
	1972 Eröffnung des Hafentunnels »Cross-Harbour«	1975 Viererbande kommt an die Macht
	1973 Fertigstellung der »First New Town«	1976 Zhou Enlai stirbt
	1974 Einsetzung der Antikorruptions-Kommission	1976 Mao Zedong stirbt
		1978 Deng Xiaoping kommt an die Macht
	1974 Verurteilung Godbers	1978 Zulassung der ersten ausländischen Touristen seit 1966
	1979 Eröffnung der U-Bahn	
1982 Falkland-Krieg	1980 Bevölkerung: 5,2 Millionen	1980 Verhaftung der Viererbande
1982 Eröffnung der Verhandlungen mit China	1982 Gouverneur wird Sir Edward Youde	1982 Eröffnung der Wirtschaftssonderzone Shenzhen
1984 Anglo-chinesisches Abkommen über Hongkong	1984 Abkommen mit Großbritannien über die Zukunft Hongkongs	1982 Eröffnung der Gespräche mit Großbritannien über Hongkong
	1985 Wahl deer ersten Mitglieder eines Legislativrates	1984 Abkommen mit Großbritannien über die Zukunft Hongkongs
	1987 Gouverneur wird Sir David Wilson	
1997 Rückzug Großbritanniens aus Hongkong	1997 Hongkong kehrt zur Souveränität Chinas zurück	1997 Rückgabe Hongkongs an China

III.

AUSWIRKUNGEN UND EINDRÜCKE

1. Das Chinesische – die Grundlage Hongkongs

Hongkong liegt in China, gehört vielleicht sogar vollkommen dazu, und nach nahezu 150 Jahren britischer Herrschaft liegen die Hintergründe für all seine Wunder im Chinesischsein – 98 Prozent, wenn man es auf die Bevölkerung bezieht, kaum weniger, betrachtet man es metaphysisch.

Es mag vom Deck eines einlaufenden Schiffes oder beim Landeanflug eines Jets auf die Stadt nicht danach aussehen, aber geographisch betrachtet ist der größte Teil des Territoriums noch immer das ländliche China. Die kahlen Berge, die die Masse der New Territories ausmachen, die steil abfallenden Inseln und Felsen, ja sogar einige der kahlen Berge der Insel Hongkong selbst, die sich direkt über dem lärmenden Hafen erheben, sind praktisch so, wie sie schon in den Tagen der Mandschus, der Ming oder der neolithischen Yao angetroffen wurden. Tatsächlich ist der letzte Leopard schon geschossen (1931), der letzte Tiger entdeckt (man sagt 1967), aber der geheimnisvolle Wassermolch gedeiht noch immer als *trituroides hongkongensis*, es gibt noch immer Zibetkatzen, Pythonschlangen, röhrende Hirsche und Stachelschweine, und in den sumpfigen Gebieten wimmelt es von Seevögeln. Die vorherrschenden Farben der Landschaft sind chinesische Farben, Braun- und Grautöne, gelbbraune Farben. Das im allgemeinen trübe Licht, das man in China erwartet. Es gibt dem gesamten Gebiet den Eindruck des Verschwommenen, der Überraschung und der Ungewißheit. Selbst die Gerüche sind chinesische Gerüche – nach Öl, mit einem Schuß Entenkot und Benzin.

Tausende von Menschen in Hongkong leben immer noch auf hölzernen Dschunken, kochen ihre Mahlzeiten beim Zischen und Flackern ihrer Gaslampen zwischen Takelwerk und Netzen. Weitere Tausende bewohnen Hüttenstädte, errichtet aus Stecken, Segeltuch und Wellblech, die durch die Lebhaftigkeit der Einheimischen einen geschäftigen Eindruck machen. Die Menschen bauen immer noch Früchte an, züchten Fische, betreiben Entenfarmen, versorgen Austernbänke; einige bauen immer noch Reis an, aber nur sehr wenige pflügen ihre Felder noch mit Wasserbüffeln. Das Dorfleben ist unverändert traditionsgebunden. Die Tangs und Pangs sind einflußreich. Die Geomanten sind immer noch beschäftigt. Halbmondförmige Gräber sprenkeln noch immer die Höhen an den Stellen, die das *feng shui* festgelegt hat, und gelegentlich sind ihnen noch immer die hohen braunen Urnen mit der Asche der Familienmitglieder beigefügt. Die Tempel der Tin Hau, der Königin des Himmels, oder des Hung Shing, des Gottes der südlichen Seen, stehen immer noch weihrauchumwirbelt auf dem Küstenvorland.

Aber die große Mehrzahl von Hongkongs chinesischen Bürgern lebt in Stadtteilen, die sich dicht an dicht in den Ebenen drängen. Meistens sind sie in turmartigen Wohnblocks zusammengepfercht und haben sich dort mit allen üblichen Bekundungen des modernen, nichtkommunistischen Chinesen umgeben: den grellen, fröhlichen Schildern, den lauten Vorderseiten der Geschäfte, dem dichten Wald der Fernsehantennen, den Fahnen, den Reihen aufgehängter, fettig glänzender Enten, der Wäsche an den Masten, den schwankenden Fahrrädern, den Massen von Topfpflanzen auf den Balkonen, den segeltuchbespannten Buden der Verkäufer von Küchenkräutern, Küchengeschirr, Antiquitäten oder Früchten, den sprudelnden Kesseln der Garküchen, in denen Krebsscherensuppe kocht, den fantastischen Fassaden der Restaurants in Karmesinrot und Gold, dem Flimmern der Fernsehschirme in Schaufenstern, den Tabletts mit klebrigen Kuchen in Konditoreien, der Fülle an Masten, Stangen und Plakaten an Häuserfronten, den geschnitzten und vergoldeten Drachen, den riesigen kunstvollen Postern, den Teeläden mit ihren glänzenden Kannen, den Küchengerüchen und dem Duft von Gewürzen, Weihrauch, Öl, der lauten Rundfunkmusik und den Lautsprecherstimmen, der fast im Rufton abgewickelten Konversation, die typisch ist, wenn Chinesen sich auf der Straße treffen, dem nicht enden wollenden Geklapper von Löffeln, Münzen, Mah-Jongg-Steinen, Abaki, Hämmern und Elektrobohrern.

Es mag Besuchern exotisch erscheinen, ist aber im Grunde eine einfache und praktische Ausdrucksform. So wie für den Chinesen ein Jahr, in dem sich nichts Besonderes ereignet hat, ein zufriedenstellendes Jahr ist, so scheint mir ihr eigentlicher Charakter einer Alltagsnatur zuzugehören, die eine kräftige und verläßliche Grundlage bietet, sozusagen Bambus und Matte, auf denen man den Aufbau des Erstaunens errichtet.

2. Auferlegte Ästhetik des Westens

Der Westen hat, ursprünglich mittels des britischen Empire und später durch die Vertretung der internationalen Finanzwelt, dazu beigetragen, daß ein Stadtstaat eigener Prägung entstand, in dem jener unverwüstliche und hausbackene Stil der Chinesen durch eine weit aggressivere Ästhetik überdeckt wurde. Die Kapitalisten Hongkongs sind gewaltige Erbauer gewesen, sie haben aus dem großen Hafen, den Bergen und deren kleineren Häfen eines der aufregendsten aller Weltstadtprojekte geschaffen — aus meiner Sicht das schönste Panorama

Asiens. Mehr als 5½ Millionen Menschen, nahezu die doppelte Bevölkerung Neuseelands, leben hier auf knapp 1000 Quadratkilometer Boden, von dem wenigstens die Hälfte rauhe Berglandschaft ist. Zwangsläufig wohnen sie dichtgedrängt in städtischen Siedlungen, die in der grellen Beleuchtung Hongkongs ebenso aufsehenerregend wirken, wie es die Aufbauten der Klipper getan haben müssen, als sie erstmals entlang den Wasserstraßen auftauchten.

Die Tangs und die Lius mögen noch immer in ihren Dörfern leben, aber auf allen Seiten sind sie von massiven neuen Städten umgeben, die auf völlig modernistische Art aus dem Nichts geschaffen wurden. Wo immer die Berge es erlauben, führen geschäftige Straßen durch das gesamte Festland der New Territories. Gruppen von Wohntürmen durchbrechen die Silhouette, kleinstädtische Siedlungen dehnen sich aus, und blauglasierte Ziegel weichen dem Vormarsch des Betons. Sogar auf den Außeninseln, wie Hongkong den Rest des Archipels bezeichnet, erheben sich Appartementhäuser und Kraftwerke über die Moore. Weil ebenes Gelände in den meisten Teilen Hongkongs äußerst rar ist, wurde ein dynamischer Städtebau nach vorwiegend linearen Mustern kreiert, der sich an den Küsten entlangzog, Schluchten und enge Pässe erklomm und sich oftmals zu schier unglaublicher Fülle zusammenpressen ließ. Etwa 80 Prozent der Menschen leben auf 8 Prozent des Landes und Teile von Kowloon, mit mehr als 250 000 Einwohnern je Quadratmeile[4], sind wahrscheinlich die am dichtesten besiedelten Orte in der ganzen Menschheitsgeschichte. Ein erstaunliches Wirrwarr von Straßen macht die Topographie noch undurchsichtiger. In den 80er Jahren wurde der Archi-

---

4 Das entspricht 96 525 Einwohnern je Quadratkilometer.

tekt I. M. Pei beauftragt, einen neuen Bürokomplex in Hongkong zu entwerfen. Er sagte, daß er allein neun Monate gebraucht habe, um einen Zugang zur Baustelle ausfindig zu machen.

In all diesem liegt nicht viel Formgebung, vielleicht mit Ausnahme der Formgebung durch die Umgebung selbst. Die Zwillingsstädte am Hafen stehen für den Strudel ganz Hongkongs, das einzige, was viele Fremde je zu sehen bekommen. Im Norden, an der Küste des Festlandes, drückt sich ein dichtbesiedelter Komplex von Stadtteilen, Kowloon genannt, an die Berge und leitet seine gesamte Kraft durch die Tunnels eben dieser Berge hinüber in die New Territories. Die Südküste der eigentlichen Insel Hongkong, der Ort, an dem die Briten ursprünglich siedelten, wird offiziell Victoria genannt, jetzt aber einfach als Zentrum bezeichnet. Obgleich dies in der Tat die Hauptstadt Hongkongs ist, die die meisten seiner wesentlichen Institutionen beherbergt, so beginnt sie dennoch, sich entlang der gesamten Nordküste der Insel vorzukämpfen, und folgt auf ihrem Weg den Spuren der Dschunkenbesatzungen, die, ehe die Briten überhaupt herkamen, bei ungünstigen Winden gezwungen waren, ihre Fahrzeuge durch diese Wasserstraße zu ziehen. Die Existenz des Territoriums dreht sich um diese beiden Ballungszentren: Man spricht von der Kowloon-Seite oder der Hongkong-Seite, und an einem Durchschnittstag des Jahres 1987 passierten über 115 000 Fahrzeuge den Unterwassertunnel von einer Seite zu anderen.

Die Kolonie hatte einst ein herkömmliches Stadtzentrum. Setzen Sie sich jetzt mit mir in die Botanischen Gärten, diesen Annehmlichkeiten des britischen Empires, denen man sich nicht entziehen kann, die selbst hier dem Fortschritt getrotzt haben und immer noch schattige Boulevards, Blumenrabatten und einen meist schmutzigen kleinen Zoo mitten im Zentrum bieten. Von diesem Ausblick hätten wir vor 50 Jahren auf einen würdevollen Festplatz hinunterschauen können, den Statue Square [Platz der Statuen]. Wie etwa die Piazza d'Italia in Triest, öffnete er sich dem Hafen zu, und nach Westen verlief eine Uferpromenade, die nach ihrem Original in Macao die Praya genannt wurde. Die steilen, grünen Berge der Insel erhoben sich unmittelbar hinter dem Platz, der von bedeutsamen Bauwerken umstanden war – dem Gouverneurspalast, in dem der Gouverneur lebte, der Stadthalle in edlem, klassischem Stil, der Anglikanischen Kathedrale, dem Obersten Gerichtshof, der Hongkong und Shanghai Bank. Die Wirkung wurde durch die Schiffe, die hinter dem Nordende des Platzes in beiden Richtungen fuhren, und durch die Präsenz von vier sinnbildhaften Unerläßlichkeiten des Empire unterstrichen: einer königlichen Marinewerft, einen Kricketplatz, dem Hongkong-Klub und einer Statue der Königin Victoria.

Das ist alles Vergangenheit. Heute verstellen Bürogebäude unseren Blick auf den Statue Square. Dort unten überlebte lediglich das Phantom des einstigen Platzes, überlagert und zerstückelt vom Handelsgeist. Selbst das Ufer ist durch Landgewinnung zurückgedrängt worden. Die noch übriggebliebene Promenade ist lediglich Stückwerk zwischen den Landungsbrücken, und ein drei Stockwerke hohes Parkhaus versperrt die Sicht zum Hafen. Der Kricketplatz wurde zu einem städtischen Garten mitsamt Schildkrötenteich verschönert. Wolkenkratzer lassen einen Blick auf den Gouverneurspalast und die Kathedrale kaum zu, der Hongkong-Klub ist in vier Stockwerken eines 24stöckigen Büroblocks untergebracht. Die Statue der Königin Victoria ist verschwunden.

Das ist der Zustand des städtischen Hongkong. Es ist durch die Natur eingeengt, aber vom Instinkt her unwiderstehlich rastlos. Außer dem Hafen besitzt es jetzt kein richtiges Zentrum. Wie wir später sehen werden, ist das gesamte Territorium neuerdings ein riesiger Übungsplatz für den Entwurf von Sozialbauten geworden, aber kein Gesamtplan für die Hafenstädte hat je Erfolg gehabt: Sir Patrick Abercrombie hat einen solchen Plan in der Blütezeit britischer Städteplanung nach dem Zweiten Weltkrieg vorgelegt, aber er ist, wie so viele seiner Pläne, nie realisiert worden.

Vorschläge, die Promenade zu verlängern, sind im Verlauf der Jahre vornehmlich durch die Militärs wiederholt vereitelt worden, die ihre Kasernen und Werften nicht aus dem Weg räumen wollten; alles, was von dieser Idee erhalten blieb, ist die schreckliche Schnellstraße, die auf Pfeilern entlang des Vorlandes verläuft.

Heute findet man hohe Betonbauten hinter dem Statue Square, entlang des gesamten Ufers, mitten durch den Hafen und die Berghänge hoch hinauf, die ohne erkennbare Planung oder Logik errichtet wurden. Sie scheinen auch keine Perspektive zu haben. Wenn wir also unseren Blickwinkel ändern, fügt sich ein Gebäude dem anderen nicht bereitwillig an, es gibt nur eine Gruppe hier und einen Klecks dort, gelegentlich nur einen einzelnen Turm aus Glas oder Beton. Über das Wasser hinweg ragen sie monoton hinter dem Kowloonufer empor, kantig und stalinistisch. Wegen der Nähe des Flugplatzes hat man dort ihre Höhe auf zwölf Stockwerke begrenzt. In den entfernten Bergen treten sie entlang der Hänge wie plötzliche Auswüchse weißen Kalksandsteins hervor. Viele sind noch mit Bambusgerüsten umkleidet, vielen weiteren droht ein bevorstehender Abbruch. Schauen wir wiederum den Berg hinunter, hinter den armen Gouverneurspalast, dem Opfer inmitten seiner Gärten, so können wir die Ansammlung blauweißer Sonnensegel sehen, dazwischen immer wieder Planierraupen und die schwer arbeitenden, strohhutbedeckten Figuren der Bauleute, die uns anzeigen, wo die Fundamente eines weiteren Wolkenkratzers gelegt werden, der zweifelsfrei noch größer, noch großartiger und noch extravaganter wird als der letzte vor ihm.

3. Architektonisches Gemisch

Ebensowenig wie es für Hongkong einen städtischen Grundriß gibt, existiert eine Hongkong-Architektur. Selbst die Einheitsmodelle des Britischen Empire im Osten haben in dieser Kolonie nur sehr spärlich Fuß gefaßt. Die alten chinesischen Häuser hier und dort sind in den meisten Fällen eben nur alte chinesische Häuser, während die euro-amerikanischen Blocks, von einigen neueren Überraschungen abgesehen, normale modernistische Mittelmäßigkeit darstellen[5].

Die Briten haben ihre Flagge zuerst am Nordwestende der Insel Hongkong gehißt, an einer Stelle, die Possession Point genannt wird. Heute liegt sie um einiges vom Wasser entfernt und ist durch unterschiedliche chinesische Miet- und Appartementhäuser sowie Büros bebaut, und keine Tafel markiert die Stelle. Nur eine Gasse in der Nähe heißt Possession Street. Wir dürfen annehmen, daß die Kolonisten in dieser Gegend ihre ersten Behelfshäuser errichteten, die Hütten, die in Hongkong noch immer Mattenschuppen genannt werden, deren Wände aus Bambuspfählen und deren Dächer aus Bambusmatten bestanden. Das erste feste europäische Gebäude in Hong-

---

5 Fünf Ausnahmen sind es wert, für Architekturbegeisterte festgehalten zu werden: Das Shui-Hing-Gebäude, Nathan Road, Kowloon, von Gio Ponti; die Hauptverwaltung der Hongkong und Shanghai Bank, Zentrum, von Norman Foster; der Börsenblock, Zentrum, von Remo Riva; das Bond Center, von Paul Rudolph und die Bank von China, Zentrum, von I. M. Pei.

kong war jedoch ein anständiges Lagerhaus aus Granit, das ohne offizielle Genehmigung von Jardine und Matheson gebaut wurde, während das erste richtige europäische Wohnhaus der nahegelegene Bungalow mit Veranda von James Matheson war, der seinerzeit boshaft als »halb Südwales und halb einheimische Produktion« bezeichnet wurde und der in einer Plantage kränkelnder Kokosnußpalmen lag.

Alsbald wurden Gebäude in einem neomediterranen Stil errichtet, den man von Macao kopiert hatte. Entlang der Inselstrände baute man Büros und Lagerhäuser mit plattengedeckten Dächern und Arkaden, Sonnensegeln und Jalousien, die im Verlauf der Jahre ausfransten bzw. abblätterten und so dem Ort ein authentisches Warmwetteraussehen verliehen. Im Jahre 1879 meinte die Reisende Isabella Bird, daß es wie in Genua aussah. Der junge Kipling, der zehn Jahre später ankam, wurde an den Stil in Kalkutta erinnert. Nur sehr wenige dieser Gebäude sind noch erhalten. Eingebettet zwischen den Gebäudetürmen kann man gelegentlich die halbverfallenen Überreste einer Kolonnade sehen, darüber Fenster mit Balkonen, etwa wie bei einer *piano nobile,* und mit durchhängenden Jalousien.

Die späteren Viktorianer bauten viktorianisch, ohne in ihrer selbstsicheren Art auf das Klima oder Vorangegangenes Rücksicht zu nehmen. Sie errichteten einige grandiose klassische Gebäude und einige reizende Beispiele mit Balustraden und Spitzbögen, ein Stil, den sie gewöhnlich indo-sarazenisch nannten. Wie bei ihren Meisterstücken in Indien erstellten sie keine Wunderwerke, aber für eine gewisse Zeit verliehen sie dem Ort einige Monumentalität. Die Gebäude um den Statue Square, die Büros der Schiffsagenten mit ihren Reihen von venezianischen Bögen, die pompösen Banken, die rein gotische Universität — wenn die Globetrotter der Jahrhunderte in den Hafen von Hongkong segelten, gaben ihnen diese Gebäude das Gefühl, einen Außenposten des mächtigen Imperiums zu betreten. »Ein kleines England in den östlichen Meeren« schrieb der künftige König Georg V. auf Weisung seines Tutors pflichtgemäß, aber wenig überzeugend, als er und sein Bruder Eddy im Jahre 1881 Hongkong besuchten.

Aber majestätisch, wirklich elegant oder gewachsen hat es nie gewirkt, nicht einmal eine gewisse Identität hat es sich erworben. Ein Reporter der *Illustrated London News*, der den Bau der Anglikanischen Kathedrale verfolgte, nannte sie »einen häßlichen Haufen, der den orientalischen Eindruck des Ortes ziemlich verwischt«, während *Die Enzyklopädie des britischen Empire* in der Ausgabe 1900 kühl vermerkt, daß »die Architektur Hongkongs einen Charakter besitzt, der ein wenig gemischter Natur ist«. Gemischt ist er in der Tat geblieben, dazu eine tragische Lektion in versäumten Gelegenheiten — denn welch eine wunderbare Stadt hätte man an dieser Stelle bauen können, mit Bergen und der Insel im Rücken und davor das Chinesische Meer! Zu spät: mit seinem nahenden Ende als Stadtstaat ist Hongkong mehr denn je ein topographisches Wunder, ein architektonischer Mischmasch.

4. Tatkraft und Gepränge stellen sich zur Schau

Die Grundlagen sind also einfach und praktisch, die Planung ist rudimentär, die Architektur hat einen etwas gemischten Charakter; trotzdem ist Hongkong erstaunlich schön. Teilweise ist dies durch seine Lage bedingt, wo Land und See sich so außergewöhnlich ergänzen; hauptsächlich jedoch ist dies durch den Eindruck unwiderstehlicher Aktivität bedingt. Hongkong gleicht einem Kessel, der brodelnd, zischend, pfeifend und diskutierend von einem Labyrinth von Unterführungen und Überführungen durchzogen ist, Wolkenkratzern, die überall ins Blickfeld springen, Fähren, die das Wasser aufwühlen, Luftkissenfahrzeugen, die es durchpeitschen, große Jets, die zur Landung ansetzen, ganzen Schiffsflotten, die immer auf Reede liegen, Doppeldecker-Bussen und bimmelnden Straßenbahnen, mit, wie es scheint, einem Auto für jeden Quadratzentimeter Straßendecke, mit einem Fußgänger für jeden Quadratzentimeter Bürgersteig, mit Drahtseilbahnen, die die Berghänge hinauf- und herunterkriechen, und mit kleinen gnomengesichtigen Polizisten, die auf Motorrädern umherflitzen — alles in allem ein derart pulsierendes Leben und ein Sinn für Bewegung und Unternehmung, die so herausfordernd sind, daß die eigenen Sinne durch den bloßen Glanz menschlichen Treibens überwältigt werden.

Oder ob das etwa die Macht menschlicher Habgier ist? Ob man es will oder nicht, diese Schönheit ist die Schönheit des kapitalistischen Systems. Mehr als der gewöhnliche Anteil der Energie dieser Stadt wird für den Gelderwerb aufgewendet, und niemand hat je etwas anderes geheuchelt: wie eine Journalistin des *Hong Kong Weekly*, die sich »Veronica« nannte, es 1907 freimütig formulierte, wird einem »viel Geld und Protektion in dieser Kolonie immer eine Stelle in hohen Ämtern garantieren, vorausgesetzt, man strebt dies an«. Was die Briten in ersten Linie herführte, war eher die Aussicht auf Reichtum als die Demonstration von Stolz und Macht, in der klassischen Umkehrung des geflügelten Wortes, daß der Handel der Flagge folgt. Selbst in Zeiten, als die Verbreitung des Evangeliums ein mächtiges Motiv des Imperialismus war, haben die Kaufleute von Hongkong den Grundsatz des Laissez-faire mit größter Gewissenhaftigkeit beachtet. — »Wir haben allen Respekt«, so schrieb James Matheson selbst, »vor Menschen, die strikten religiösen Grundsätzen folgen, aber wir fürchten, daß sehr fromme Leute sich für den Drogenhandel nicht eignen.«

Heute steht auf dem Statue Square nur ein einziger Finanzier in Bronze, aber selbst in der Blütezeit des Empire, als Königin Victoria noch auf ihrem Sockel stand und sich die Amtsträger der Gewalt würdevoll um sie scharten, waren die imposanten Gebäude im Zentrum diejenigen der Hongkong und Shanghai Bank, der daneben gelegenen Chartered Bank und des Hong-kong-Klubs, der mehrstöckigen Hochburg der Geschäftswelt. In dieser Stadt haben es die Kaufleute und die Finanziers immer angestrebt, die Herren zu sein. Auch scheuten sie sich nie, dies mit einer notorischen Eitelkeit, einem theatralischen Flair und einer legendären Gastfreundschaft Fremden gegenüber zu zeigen. Als James Pope-Hennessy in den 60er Jahren über Hongkong schrieb, titulierte er sie giftig Half-Crown-Kolonie und verwandelte in seinem Buch[6] das einzige bekannte Gedicht, das je in Englisch über den Ort geschrieben wurde, »Hongkong« von W. H. Auden:

> Seine führenden Köpfe sind weise mit Witz,
> ihre Anzüge maßgeschneidert mit Sitz;
> manch eine Parabel kommt aus ihrer Mitte,
> geschliffen, zu der Handelsstadt Sitte.
>
> Nur treten die Diener ganz plötzlich auf,
> mit leiser Bewegung, dramatisch im Verlauf;
> hier im Osten bauten unsere Bankiers als Exempel
> der Muse der Komik einen würdigen Tempel.[7]

---

6 *Half-Crown Colony*, London, 1969. Die Half-Crown, [Halb-Krone] ist eine ehemalige britische Münze. In Anspielung auf die »Kronkolonie« – ein Wortspiel. [Anm. d. Übers.]

7 Aus *»Journey to a War«*, London 1939. Auden war mit Christopher Isher-

Der Muse der Komik vielleicht, wenigstens in den Augen der bilderstürmerischen Poeten von 1930, aber auch der epischen Muse, gab es doch oftmals etwas Heroisches bei der Protzerei Hongkongs. In seinen frühen Jahren verdienten die Besatzungen der Klipper aus Hongkong weit mehr als andere Seeleute und manifestierten diese Tatsache großartig durch polierte Teile, durch glänzende Farbanstriche, die weißgescheuerten Decks und kunstvolle Verzierungen ihrer Schiffe. Die Reichen von heute machen etwa dasselbe, der Wohlstand ist tatsächlich auffallend verbreitet. Seine Auswirkung auf den Charakter der Stadt ist auf keinen Fall auf das Geschäftszentrum und die teuren Wohnbezirke begrenzt, wo die Hochfinanz überwiegt und bei allen ein Gefühl eines städtischen Konzerns aufkommen läßt, einer internationalen Niederlassung des Geldadels. Im Gegenteil, ein Gefühl befriedigender Habgier herrscht fast überall vor, weil nahezu jeder hier mehr Geld verdient: der chinesische Taxifahrer verdient bei weitem mehr als sein Kollege in Guangzhou, der australische Journalist verdient hier weit mehr als seine Kollegen in Sidney. Chinesische Dollarmillionäre, obwohl schwierig festzustellen, können gewiß zu Tausenden gezählt werden. Ein Fremder mag einige Jahre in Hongkong verbringen und als reicher Mann nach Hause gehen. Im Jahre 1987 gab ein britischer Anwalt eine Party, um seine erste Million Pfund zu feiern, die er durch einen einzigen Gerichtsfall verdient hatte.

Die protzigsten Plutokraten sind die Chinesen. Ein pinkfarbener Rolls-Royce kann nur einem chinesischen Magnaten

---

wood unterwegs, um den Krieg in China zu beobachten, und schrieb über ihren Aufenthalt in Hongkong, daß sie ständig in Eile seien, sich schnell in den Smoking werfen und in Taxis davonrasen mußten, um, wenn auch verspätet, Verabredungen noch einzuhalten.

gehören[8]. Der junge Mann, der mit lauter Stimme vielstellige Investitionssummen über die Telefonzentrale in der Kaffeestube durchgibt, ist unausweichlich ein chinesischer Makler. Die Villen mit dem überschwenglichsten Exhibitionismus, diejenigen mit den Prunkgärten, den feierlichen Eingangsportalen und den großen roten Drachen als Wachen davor gehören alle chinesischen Industriemagnaten. Aber ungeachtet der Rasse ist das freizügige Zurschaustellen des Wohlstandes charakteristisch für alle, die in der Geschäftswelt Rang und Namen haben. Und das wirkt sich unabdingbar auf die allgemeine Atmosphäre aus.

So kann man die Boote, Yachten und glänzenden Motordschunken, mit denen die Wohlhabenden ihren Freizeitvergnügen nachgehen, jeden Sonntagmorgen vor Reede dümpeln sehen, bei Queen's Pier im Zentrum oder im Hafen von Aberdeen an der Südküste der Insel. Einige zeigen die Flagge großer Banken oder Kaufhäuser, andere gehören weniger bedeutenden Konzernen, sogar Anwaltsgemeinschaften in Hongkong unterhalten Freizeitdschunken. Einige sind einfache Familien- oder Hobbyboote. Wer immer sie auch besitzt, sie haben wahrscheinlich eine chinesische Bootsbesatzung in schmucken Uniformen, Sonnensegel über ihren hohen Achterdecks und weißgedeckte Tafeln mit ausgelegtem Besteck, mit Flaschen und

---

8 In Hongkong gibt es mehr Rolls-Royces pro Kopf als sonst irgendwo in der Welt und in einer größeren Anzahl als in irgendeinem anderen Land, ausgenommen die Vereinigten Staaten, Großbritannien und Saudi-Arabien. Als das Peninsula-Hotel eine Flotte von acht Wagen kaufte, war das der größte Auftrag für diese Marke, der je erteilt wurde; die Wagen sind inzwischen dreimal ersetzt worden. Die gegenwärtigen Silver Spirits, die 1987 zwölf Millionen Hongkongdollar kosteten, besitzen Room-Service-Telefone, damit die eintreffenden Gäste ihre Bestellungen bereits auf dem Wege vom Flugplatz aufgeben können.

Kühlern. Ab geht es, eins nach dem anderen, manchmal mit einem Rennboot im Schlepp. Lachen klingt über das Wasser. Mädchen liegen zum Sonnenbad ausgestreckt auf dem Vorderdeck. Die Eigner im Blazer und in weißen Hosen stoßen mit einem Glas gekühlten Sekts schon mit ihren Gästen an, die höchstwahrscheinlich Besucher aus Übersee sind und nach dem Flug noch Schwierigkeiten mit der Zeitanpassung haben, denen aber die Sonne und die ganze Fülle der Eindrücke eine rote Gesichtsfarbe verleihen.

Wenn die Reichen von Hongkong nicht in einem vornehmen Appartement wohnen, bevorzugen sie Häuser in Hanglage im Marbella- oder Hollywood-Stil, mit Schwimmbädern aus Marmor und Innenhöfen. Sie lieben es, sich bei öffentlichen Anlässen zu zeigen — bei Cocktailparties sonnengebräunt und reichlich mit Diamanten geschmückt, bei Rennen protzig in Pelz gehüllt (Hongkong nennt sich schamlos die Hauptstadt der Welt im Pelzkauf) —, bei Wohltätigkeitsauktionen übersprudelnd zu bieten und, für sie vielleicht am typischsten, auf den Yachten und lackierten Dschunken in den Sonntagmorgen hineinzusegeln. All das wird gewissenhaft auf den Seiten des *Hong Kong Tatler* beschrieben, der in seiner Beilage erfolgreiche Finanziers porträtiert, auf seinen Grundstücksseiten attraktive, ausgezeichnet umgebaute Bauernhäuser in der Umgebung von Grasse oder fabelhafte Golfanlagen an der Küste Südspaniens anbietet und gut illustrierte Berichte von gesellschaftlichen Ereignissen bringt.

Ich blättere in ein paar typischen Ausgaben der späten 80er Jahre. Dr. und Frau Henry Li, Sir Y. K. Pao, Lady Kadoorie, Mr. Simon Keswick und Mr. Hu Fa-kuang beglückwünschen den Ehrenwerten H. M. G. Forsgate zur kürzlichen Verleihung des Komturkreuzes des Ordens des britischen Empire. Mr. Stanlay Ho, Mr. Teddy Yip und Dr. Nuno da Cunha e

Tavora Forena heißen Mr. Henry Kissinger bei einer Abendgesellschaft willkommen. Wer sind diese netten Leute, die ihre Drinks an Bord der Yacht *Bengal I* genießen? Nun, sagt das Magazin, das sind Mitglieder der 100köpfigen Elite Hongkongs, die von dem japanischen Milliardär Masakazu Kobayashi in Repulse Bay eingeladen wurden. »Er kam, er sah, er trank einen Cocktail«, spöttelt der *Tatler* über einen Besuch des Direktors für Hongkong-Angelegenheiten der Volksrepublik China, und hier sieht man ihn mit einer riesigen Blume im Knopfloch. M. und Madame François Heriard-Dubreuil von Remy-Martin Cognac überreichen den Remy X. O. Pokal an Mr. Wong Kwoon Chung und die Miteigentümer des Siegerpferdes *Joker* (Trainer Kau Ping Chi, Jockey B. Raymond). Ja, tatsächlich, hier auf der Rückseite die Gesellschafter der Beresford Crescale (Ferner Osten) bei einer Party an Bord der Brigantine *Wan Fu,* zu bewundern auf dem Achterdeck bei einem Trinkspruch auf die Welt mit tiefgekühlten Drinks im Sonnenschein.

Es gibt immer Besuchs»größen«, die solche Gelegenheiten zieren. Für viele vornehme Durchreisende ist Hongkong in puncto nützlicher Geselligkeiten kaum mehr als eine beträchtliche Verlängerung der Achse New York—London—Paris, aber jeder Große und Berühmte kommt früher oder später doch einmal nach Hongkong. Ich spazierte einst durch die Botanischen Gärten, als Prinz Bernhard der Niederlande mit einem munteren Gefolge von Höflingen auftauchte, die alle wie ältliche englische Obristen in einem britischen Film des Zweiten Weltkrieges aussahen. Überrascht durch ihr plötzliches Auftauchen, erkannte ich die königlichen Gesichtszüge nicht sofort. Ich blieb stehen und fragte diese eindrucksvolle Brigade, wer sie seien. Sie aber hielten mich wohl für eine Extremistin und eilten vorbei.

5. Renntage

Natürlich ist nicht alles Vergnügen — es wird dem Fremden bald offenbar, daß in Hongkong nur wenige elegante Ereignisse reines Vergnügen sind. Man betrachtet sie nahezu immer im Hinblick auf die große Chance, und tatsächlich haben auch die Hälfte der Parties, über die der *Tatler* berichtet, kommerzielle Funktionen, um Klienten zu werben, Geschäftsverbindungen zu pflegen oder um freimütig für ein Produkt Reklame zu machen. Das Geschäftsleben ist ein Glücksspiel, und sowohl Briten als auch Chinesen haben Glücksspiele immer gemocht (die Chinesen haben früher sogar auf Kandidaten für die Aufnahmeprüfungen der kaiserlichen Verwaltung gewettet). So ist die Kronkolonie seit Anbeginn einer der Hauptschauplätze für die Verbindung zwischen Geschäft und Vergnügen gewesen. Demzufolge ist das Aushängeschild des plutokratischen Stils von Hongkong die Rennbahn gewesen.

Seit 1871 ist in der Kolonie das Glücksspiel nur in Form von Pferdewetten erlaubt gewesen. Die Chinesen waren immer eifrig bemüht, diese puritanische Verordnung zu umgehen. Hinter verschlossenen Türen wetteten sie unablässig auf Mah-Jongg, zogen zu Klubs und Spielkasinos an toleranteren Orten — früher waren dies die Stadt Kowloon oder das Dorf Shenzhen auf dem Festland hinter der chinesischem Grenze, heute ist es Macao, dessen Spielkasinos alle Hongkong gehören. Sie wetten auf alles und sind von Vorbedeutungen und Zahlen geradezu besessen. Reiche Chinesen zahlen gern 250 000 HK-Dollar für Autos mit ihren Glückszahlen, die der Staat für Wohltätigkeitszwecke auf Auktionen verkauft.

Und der Mietwagen-Service »Ruf-einen-Rolls« sendet, wenn es gewünscht wird, einen Silver Shadow oder Silver Spur mit Glückszahlen-Nummer, um Sie am Sonnabendnachmittag zum Pferderennen in Happy Valley hinauszufahren. Sogar der Preis, 668 HK-Dollar, ist ein gutes Omen: die beiden Sechsen und die Acht sind eine berühmt günstige Kombination. Mehrere Millionen Einwohner würden einen mieten, wenn sie es sich nur leisten könnten, denn die Rennen haben die Masse der Hongkonger so fest in ihrer Gewalt wie sonst nichts. Als im Jahre 1986 300 Kriminalbeamte in 40 Gruppen gegen die Drogenhändler und Kredithaie im ganzen Territorium gleichzeitig vorgingen, wählten sie den besten Augenblick allgemeiner Ablenkung, den Start des Drei-Uhr-Rennens in Happy Valley.

Die Rennstrecke ist fast so alt wie Hongkong selbst. Sie nimmt ein Tal zwischen den Bergen der Insel ein, das die ersten Siedler besonders attraktiv fanden, das sich aber später als ein für Europäer ungesunder Wohnort erwies und statt dessen für Erholungszwecke verwendet wurde (und für Beerdigungen auf den Friedhöfen ringsumher an den Hängen). Es gibt jetzt eine zweite Rennstrecke in Shatin, in den New Territories, aber Happy Valley, noch immer von den Friedhöfen einzusehen, bleibt der Hauptsitz des Königlichen Jockeyklubs Hongkong und damit auch einer der symbolischen Treffpunkte der Stadt.

Man sagte, daß die Kolonie durch den Jockeyklub, die Hongkong und Shanghai Bank und den Gouverneur[9] regiert würde, und der Klub ist immer noch sehr einflußreich. Zu seinen zwölf Kämmerern gehören ausnahmslos Mitglieder der alten britischen Geschäftshäuser, die ihre Ponys und Pferde auf dieser Bahn schon seit 140 Jahren laufen ließen und Repräsentanten des jüngeren, aber gleichermaßen mächtigen chinesischen

---

9 In dieser Reihenfolge

Geldadels. Sein Sekretär ist heutzutage gewöhnlich ein britischer General im Ruhestand. Nach dem Gesetz ist der Jockeyklub verpflichtet, all seine Einnahmen wohltätigen Zwecken zur Verfügung zu stellen. Er hat im wesentlichen das Polytechnikum Hongkong finanziert, und überall in Hongkong stößt man auf Kliniken, Schulen und andere angesehene Körperschaften, die ihr Geld durch seine Totalisatoren erhalten.

Aber an einem Renntag (zweimal in der Woche während der Saison) macht Happy Valley nicht gerade den Eindruck eines Ortes der Wohltätigkeit. Die Einrichtungen für einen Start sind außergewöhnlich verschwenderisch. Sogar die Pferde haben in ihren Trainingsställen hinter der Rennstrecke Boxen mit Klimaanlagen und Schwimmbädern. Ein riesiger Fernsehschirm in der Mitte der Rennbahn zeigt den gesamten Ablauf jedes Rennens, damit kein Wetter auch nur einen Meter der Handlung versäumt, und überall auf den Tribünen summen die Computer und flimmern die Bildschirme. Nichts macht einen billigen oder improvisierten Eindruck, und das ist auch nur richtig so, denn mir wurde gesagt, daß an einem Nachmittag in Happy Valley oft soviel Geld gewettet wird, wie an einem Tag auf allen Rennstrecken Englands zusammengenommen gesetzt wird.

Die Räumlichkeiten des Jockeyklubs selbst sind großartig. Man fährt mit einem leisen Fahrstuhl hinauf, und in jedem Stockwerk scheint es ein anderes Restaurant zu geben – jedes mit anderem Namen, jedes vollgepackt mit chinesischen und europäischen Rennplatzbesuchern, die in dem einen *coq au vin* mit Chambertin hinunterstürzen, in einem anderen Schwalbennestersuppe mit Brandy genießen, während ihre wachsamen Augen zwischen den Rennkarten und den ringsumher an den Wänden montierten Schirmen des Kabelfernsehens hin- und herwandern. Hongkongs augenfälliger Geruch nach Geld ist allgegenwärtig — wie immer angereichert vom Duft der Parfums, des Zigarrenrauchs und der schweren Speisen und hervorgehoben durch kleine Menschengruppen, die abseits der Bars und Restaurants zusammenstehen und hier und dort, tief versunken in bestimmt nicht leichtfertiger (und in offenkundig hartherziger) Konversation, gesehen werden.

Andere Klubs haben ihre eigenen Plätze auf den Tribünen, der Hongkong-Klub, der Amerikanische Klub, der Lusitano-Klub, und hoch über allen befinden sich die privaten Logen der sehr, sehr Einflußreichen, wo die größten Kaufleute und ihre Gäste, vielleicht ein Senator zu Besuch aus den Vereinigten Staaten oder ein Fernsehstar aus London, ein paar italienische Magnaten, einige japanische Bankiers und ein schottischer Graf ein köstliches Mittagessen einnehmen, Bedingungen diskutieren, Geschäfte abschließen, Anzüglichkeiten austauschen, Nuancen genießen und sich dann und wann vertagen, um den Rennen in einer Atmosphäre undurchdringlicher Exklusivität zuzuschauen, teils durch Alkohol und auch durch den vorherrschenden Sinn für Macht in Stimmung gebracht. Ich habe selbst einmal in solch einer Loge zu Mittag gegessen und fühlte mich schamlos privilegiert; öfter aber bin ich draußen auf den Korridoren herumgeschlichen und habe diesen Ereignissen nur einen flüchtigen Blick durch halboffene Türen schenken können — eine weit anregendere Erfahrung.

Wie Hongkong selbst, ist auch Happy Valley an einem Renntag ein bitterer, brillanter und einnehmender Ort, nicht im geringsten überheblich oder lebensmüde. Die Spannung, die jeden Rennplatz gegen Ende eines Rennens erfaßt, scheint sich auf Happy Valley wie ein besonderer Schauer auszuwirken, der wie ein Sturm aus den Bergen über die Tribünen fegt. Das chinesische Proletariat unten mag es stoisch hinnehmen, auch die reichen Chinesen darüber wahren in den meisten Fällen ihre ruhige Selbstkontrolle, aber die Europäer sind anders. Bedeutende Finanziers und Damen in Seide springen bei der Spannung des Einlaufs hoch, die Herren rufen bedeutungslose Ermunterungen, wie: »Nun los, Champion Joker«, die Damen hüpfen manchmal wie Teilnehmer an einem Fernsehquiz in Amerika auf und nieder.

In einer Stadt, die an all ihren Arbeitstagen so eifrig dem Profit nachjagt, ist dies schon ein wunderliches Spektakel — wer würde denken, daß eine Gelegenheitswette so viel bedeutet? —, und es hinterläßt bei Nichtfachleuten einen beunruhigend fanatischen Eindruck. Wenn man solches Temperament besitzt, sollte man tunlichst nicht durch den Feldstecher die Gesichter der gewinnenden Eigentümer oder der erfolgreichen Trainer betrachten, wenn das Siegerpferd in den Führring gebracht und der große Goldpokal überreicht wird. Gelegentlich wird man arg schockiert durch die böswillige Zufriedenheit, die ihre Mienen auszusenden scheinen, wenn sie sich triumphierend nach ihren Rivalen umschauen.[10]

6. Brutalität — ein Hongkonger Brauch

Wir sprechen von Eindrücken, und zweifelsfrei hat ein Eindruck des Skrupellosen, der in bloße Anrüchigkeit mündet, Beobachter Hongkongs immer betroffen gemacht. Nur wenige Außenstehende haben es je als schön erachtet. Bulwer-Lytton, Kolonialminister der mittviktorianischen Zeit, sagte, daß seine Berichte aus Hongkong »Haß, Bosheit und Hartherzig-

---

10 Aber schließlich, wie ein Bewohner Hongkongs vermerkte, nachdem er das Manuskript dieser Passage gelesen hatte, ist »nur das Auge des Betrachters häßlich«.

keit in jeder nur denkbaren Variation« erkennen ließen, während die *Times* im Jahre 1859 beobachtete, daß der bloße Name der Kolonie »nicht ungeeignet als euphonisches Synonym für einen Ort sei, den man feinen Ohren gegenüber nicht erwähnen sollte«. Der Ort sei schließlich durch Drogenhandel groß geworden, und Probleme der öffentlichen Ordnung, Körperverletzungen und Unmoral haben seiner Obrigkeit immer zu schaffen gemacht.

Piraterie, zusammen mit der Schmuggelei, war das erste Fundament des Verbrechens in Hongkong und die Lebensweise vieler Jahre. Regelrechte Schlachten zwischen der königlichen Marine und Piratenflotten waren nicht unüblich. Während Piratenkapitäne unglaublich blutgierig sein konnten, sahen sie sich selbst zuweilen in einem romantischen Licht. »Chef des Seegeschwaders« proklamierte das Banner oben am Masttop eines solchen Briganten des neunzehnten Jahrhunderts, »der von den Reichen nimmt, nicht von den Armen«. Bis in die 30er Jahre befuhren Dampfschiffe nach Guangzhou und anderen chinesischen Häfen die See nur mit stacheldrahtgeschützten Aufbauten, mit Maschinengewehren auf den Brücken und mit Passagieren, die in ihren Kabinen eingeschlossen waren. Die letzten Piraten wurden aus diesen Gewässern erst vertrieben, als die Kommunisten die Festlandhäfen übernommen hatten, und bis dahin hatte sich die Tradition gewandelt: Im Jahre 1948 wurde im Luftraum zwischen Hongkong und Macao ein Catalina-Flugboot Hongkongs als erstes Flugzeug entführt. Vier bewaffnete Piraten überfielen es. In der Auseinandersetzung wurde der Pilot erschossen, das Flugzeug stürzte ab, und 26 Menschen wurden getötet.

Einige der weitestverbreiteten Verbrechergeschichten des Territoriums waren tollkühne Piratenstücke. Da gab es einen Fall im Jahre 1878, als eine Verbrecherbande einen ganzen Block in der Stadt abriegelte, die bewaffnete Polizei abwehrte, ein Geschäft ausraubte und über den Hafen in einem Dampfboot entkam. Im Jahre 1864 gab es einen Massenausbruch von 100 Gefangenen aus der Gefangenenhulk[11] Royal Saxon — fast die Hälfte der Insassen, von denen einige nie wieder gefaßt wurden. Da entdeckte man 1921 achteinhalb Tonnen persischen Opiums, das durch einen bewaffneten Sampan in einer Klippenhöhle der unbewohnten Insel Kau Yi Tsai bewacht wurde. Da gab es 1865 die Räuber, die in mehreren Wochen einen Tunnel bis in die Gewölbe der Zentralbank Westindiens gruben und mit einem Vermögen in Goldbarren entkamen. Das Jahr 1912 verzeichnet den Attentatsversuch auf den neuen Gouverneur, Sir Henry May, nachdem er gerade sein aus Fiji kommendes Schiff verlassen wollte, um sein Amt anzutreten. Seine Exzellenz wurde aus unmittelbarer Nähe angegriffen, als er in einer Sänfte von acht Trägern mit weißen Gamaschen und Federhüten die Kaianlagen durch ein Spalier salutierender Soldaten und begleitet von Sikh-Polizisten entlanggetragen wurde. Das Beste aber war der Fall des vergifteten Brotes im Jahre 1857.

Das war die dramatische Verwirklichung jenes viktorianischen Lieblingsschockers, genannt Gelbe Gefahr. Ein chinesischer Patriot namens Cheong Ah Lum entschied sich als Reaktion auf die Welle des Fremdenhasses, die damals China überschwemmte, die maßgebenden britischen Bewohner Hongkongs auszulöschen. Da er der geachtetste Bäcker der Insel war, hatte er gute Aussichten, das zu bewerkstelligen. Durch Mischen von Arsenik in seinen Brotteig verschaffte er in der Tat etwa 400 Briten schwere Verdauungsstörungen (da

---

11 Abgetakelter Schiffsrumpf, als Gefängnis genutzt. [Anm. d. Übers.]

er zuviel zugesetzt und dadurch Erbrechen verursacht hatte, gelang es ihm nicht, sie zu töten). Verständlicherweise ergriff Panik die Kolonie, war doch das britische Empire gerade auch den Schrecken des Indischen Aufstandes ausgesetzt gewesen. Aber der Anschlag wurde aufgedeckt, und Cheong Ah Lum wurde nach China deportiert, obgleich er (durch einen Richter und Geschworene, die alle etwas von seinem Arsenik geschluckt hatten) mangels Beweisen von der Anklage des Mordes freigesprochen wurde. Mit Schaudern kehrte die britische Gesellschaft zur Normalität zurück. Der Gouverneur, Sir John Bowring, komponierte selbst eine Dankeshymne, die in der Kathedrale gesungen werden sollte. Noch nach Jahren wurde den Besuchern Cheong Ah Lums Bäckerei als Horrorkabinett vorgeführt, und ein Stück des vergifteten Brotes, durch das Arsenik gut konserviert, wurde bis in die 30er Jahre in einem Büroschrank des Oberrichters aufbewahrt.

7. Verbrechen und Korruption liegen in der Luft

Man mag irgendeine lokale Zeitung aufschlagen und wird feststellen, daß das Verbrechen im Hongkong von heute zwar im allgemeinen weniger spektakulär, aber ebenso überraschend sein kann. Sein Beigeschmack ist immer da, genau wie der Stachel des Profits. Oft verschmelzen beide miteinander und bestätigen so, meine ich, die Überzeugung idealistischer Marxisten, daß der Kapitalismus an sich ein Delikt sei.

Obwohl die Rate des Schwerverbrechens nach internationalem Standart bemerkenswert niedrig ist, die Straßen im allgemeinen sicher sind und Vandalismus kaum anzutreffen ist, so gibt es doch all die allgemeinen Verstöße, die man in einer Stadt erwartet, besonders in einer Hafenstadt, die so lebhaft wie diese ist: Erpressung von Schutzgeldern, Pornographie, Prostitution, ungesetzliche Glücksspiele, Schmuggelei, Gewalttätigkeiten dieser oder jener Art. Die taktischen Einheiten der Polizeikräfte in Hongkong führen alle paar Monate eine intensive Verbrechensbekämpfung durch, richten Straßensperren ein, stoppen und befragen Tausende von Bürgern und führen Razzien in Nachtklubs, Tanzhallen und Mah-Jongg-Schulen durch. Aber obgleich immer ein paar Dutzend Festnahmen erfolgen, ist die große Masse des organisierten Verbrechens kaum davon betroffen.

Besonders der Drogenhandel ist immer in Schwung. Noch bis in die 30er Jahre hat die Regierung Hongkongs eine Opiumfarm oder Agentur verpachtet und das Rauchen von Opium war hier bis 1940 noch legal – ein außergewöhnliches Überbleibsel der alten imperialen Sitten. Das darauf folgende Verbot aller Narkotika hat zu einem unaustilgbaren Schwarzmarkt für Heroin, Kokain und Marihuana geführt. Im Jahre 1987 wurden 57 Menschen wegen Mordes oder Totschlags strafrechtlich verfolgt, 570 wegen Vergewaltigung und unzüchtigen Handlungen, aber mehr als 10 000 waren entweder als Dealer oder als Besitzer wegen Drogenvergehen angeklagt – ein Durchschnitt von 40 Delikten für jeden Amtstag der Gerichte. Am anderen Ende der Verbrechensskala tauchen aus den Geschäften im Big Business immer wieder die vorherrschenden Fälle von Betrügereien auf.

Viele der Verbrechen werden durch die Triaden organisiert, Geheimgesellschaften, die als subversive politische Organisationen in Mandschu-China ihren Ursprung hatten, sich aber zu riesigen, weiten Verästelungen der Gaunerei entwickelt haben. Triaden sind in Hongkong fast seit Gründung der Kolonie tätig gewesen. Da 1997 nahe bevorsteht, intensivieren sie offensichtlich ihre Aktivitäten, solange es noch geht. Man spricht jetzt davon, daß es in der Stadt noch fünfzig verschiedene Banden mit insgesamt wenigstens 100 000 Mitgliedern gibt, die sich durch geheime Eide und Rituale aneinanderbinden und, wie bei der Mafia, viele kriminelle Unternehmungen betreiben. In ihren Reihen soll sich so manch ein hochgebildeter und beruflich angesehener Bürger befinden. Aber sie können primitiv brutal sein: ein Geschäftsmann wurde 1987 durch Killer einer Triade erstochen, nachdem ihm einige Tage zuvor der abgeschlagene Kopf eines Hundes als Warnung übersandt wurde.

Die größten Triaden sind viel zu prominent, um vollkommen verborgen arbeiten zu können, und spielen in chinesischen Kommunalangelegenheiten eine mehr oder weniger offene Rolle, etwa so, wie die IRA in einigen Teilen Nordirlands. Sie sollen viele Schulen infiltriert haben, und junge Männer treten ihnen als Beweis ihrer Männlichkeit bei, oder sie laufen durch ihre eigene Drogenabhängigkeit als Mittäter in eine Falle. Die größte Gesellschaft, die Sun Yee On oder 14K Triade, die sich nach der kommunistischen Revolution aus China in die Kolonie verlegte, hat, so glaubt man, mindestens 25 000 Mitglieder. Einige Hongkong-Triaden haben besonders im Heroingeschäft auch international Macht erlangt, mit Ablegern in den Niederlanden, in Belgien, Kanada, in den Vereinigten Staaten und mit Agenten in jeder überseeischen, chinesischen Gemeinschaft. Eine der aktivsten entlang den Drogenrouten soll die Tai-Huen-Chai-Triade sein, die »Leute des großen Kreises«, die in Hongkong durch ehemalige chinesische Heeresangehörige gegründet und dann während der Kulturrevolution der 60er Jahre geächtet wurde.

Die Triaden dienen selten der Unterhaltung, aber in Hongkong können selbst die unbedeutendsten Verfehlungen wundervoll abenteuerlich sein. Die Zeitungen Hongkongs widmen den lokalen Berichten aus dem Gerichtssaal ganze Seiten, so wie es die englischen oder amerikanischen Provinzzeitungen vor einem halben Jahrhundert taten. Ich beobachtete sie nur ein paar Tage lang. Die nachstehenden Fälle habe ich mehr oder weniger willkürlich herausgegriffen:

Ein Häusermakler, der vorgab, der Eigentümer von zwei Häusern zu sein, vermietet sie an zwölf verschiedene Kunden und zieht von jedem Vorauszahlungen ein.

Ein Bordellmanager, der sich mit einer völlig nackten Angestellten auf dem Außensims des zweiten Stockwerkes seines Hauses versteckte, wird durch die Polizei gestellt.

Eine Polizeiinspektorin, die beschuldigt wurde, aus einem Laden fünf Kosmetikartikel und eine Geburtstagskarte gestohlen zu haben, gab an, sie habe an einen wichtigen Fall gedacht, mit dem sie beschäftigt war, und dabei das Zahlen vergessen.

Ein 69 Jahre alter Hausmeister, dem unzüchtige Belästigungen kleiner Mädchen zur Last gelegt wurden, gab an, daß ihm das Tätscheln von Kindern Glück beim Wetten bringt.

Zwei Männer erhalten Geldstrafen für das Schmuggeln von Fellen von Riesenpandas aus China auf einem Sampan.

Geheimpolizisten, die sich als Bauarbeiter getarnt hatten, werden durch einen anderen Kriminalpolizisten beim Glücksspiel auf der Baustelle ertappt.

Ein Mann, der seinen Mercedes zum Verkauf anbietet, wird gebeten, ihn zu einem Hotel in Kowloon zu bringen, wo er Verkaufspapiere unterschreiben soll. Dort wird er gefesselt und geknebelt zurückgelassen, während die Bösewichter den Wagen an einen anderen weiterverkaufen.

Aber weltbekannt ist Hongkong für kriminelle Bestechlichkeit. Soweit es die Korruption anlangt, ist das Territorium immer nahe am Wind gesegelt, und Bestechung, die auch beschönigend als »*cumshaw*«, »*squeeze*«[12], Teegeld, Steakgebühren, Provision oder Unterhaltungsausgaben bezeichnet wird, ist immer als Gegebenheit hingenommen worden, ob es sich um die Bestechung eines Ortspolizisten durch einen Straßenverkäufer handelt, damit er mit seinem Stand bleiben darf, oder ein Bauunternehmer einer zuständigen Regierungsstelle ein paar tausend Dollar hinüberschiebt. Seit den Tagen der Kompradoren, der chinesischen Vermittler, die für die ersten britischen Kaufleute dolmetschten und unterhandelten, ist Hongkong wesentlich durch Makler, Agenten und Vermittler regiert worden, und von der Provision zur Korruption ist es nur ein sehr kleiner Schritt. Außerdem ist es selbst eine blendende, verlockende Stadt − gerade der richtige Ort, um diejenigen zu verführen, die, wie Conrad einst über korrupte Funktionäre im Osten schrieb, »nicht dumm genug sind, um einen Erfolg zu pflegen«.

Wenn man sich all das nur schwierig vorstellen kann, während man an einem linden Sommerabend von irgendeiner netten Feier nach Hause bummelt, bei der Mr. X, der bekannte Anlageberater, so besonders nett war, wo Mr. Y, der Grundstücksmillionär, sich so freundlich erkundigte, ob er einem bei seiner Arbeit in irgendeiner Weise behilflich sein könne, wo man von jedem ausgesprochen reizenden Trainer aus Happy Valley für den folgenden Sonntag auf seine Dschunke eingeladen wurde, dann sollte man nach oben, über den Statue Square hinweg schauen, zwischen dem Obersten Gerichtshof und dem Hilton Hotel, zum obersten Stockwerk des Parkhochhauses an der Murray Road. Wie sehr sich das Dinner auch in die Länge gezogen haben mag, dort wird sicherlich ein Licht bren-

12 etwa »erpreßtes Geld« [Anm. d. Übers.].

nen, weil dies das Hauptquartier der Unabhängigen Gesellschaft gegen Korruption ist, einer Körperschaft, die 1974 in ziemlicher Verzweiflung gegründet wurde, um in der Kolonie gegen *squeeze, cumshaw* und Teegeld zu kämpfen.

Ihre Macht ist beträchtlich. Sie kann ohne Zustimmung der Behörden agieren, um jegliche öffentliche oder private Institution zu überprüfen, sie kann Verdächtige ohne Gerichtsverfahren für unbegrenzte Zeit festsetzen und empfängt unablässig Informationen über das Privatleben eines jeden einzelnen, vom Gouverneur an abwärts. Im Jahre 1988 nahmen ihre Agenten den Vorsitzenden der Börse unter Korruptionsverdacht fest. Ihre Verhöre sollen sehr strikt sein, und höchstwahrscheinlich wird jetzt irgendein armer Teufel dort oben verhört. Makler und Vermögensverwalter gehören natürlich zu den Verdächtigen, und man wäre aber überrascht über die Zahl der Jockeyklub-Trainer, die auch schon in das Parkhaus der Murray Road eingeladen wurden.

8. Sexuelle Freizügigkeit – ein Anziehungspunkt Hongkongs

Viele Fremde, besonders vielleicht die Japaner und Amerikaner einer bestimmten Altersstufe, sehen Hongkong primär als Ort sexueller Freiheit, an dem eine Geschäftsreise durch ein Abenteuer in der Stadt schon mal etwas schlüpfrig wird, und angemalte Mädchen in Oben-ohne-Bars sind immer bereit, nach Einbruch der Dunkelheit für Entspannung zu sorgen.

In der Tat ist die Stadt zweideutig und lasziv. Geschwätz über Sexualität gibt es im Überfluß. Ein Richter wird in einem Bordellviertel gesehen, eine weitbekannte chinesische Dame wird in Macao mit einem einflußreichen Verwaltungsbeamten getroffen. Tatsächliche oder eingebildete unerlaubte Beziehungen sind Hauptthemen der Konversation, und mehrere tausend Leute, einschließlich Gott weiß wer, sollen auf der Liste der Homosexuellen bei der Kriminalpolizei stehen. Das ist immer so gewesen. Von Beginn an scheint Hongkong lasziver als die meisten derartigen Kolonialsiedlungen gewesen zu sein, teilweise vielleicht des Klimas wegen, teilweise weil europäische Männer immer von heiratsfähigen chinesischen Frauen angezogen wurden, teilweise weil die ersten Siedler oftmals Männer mit vitalem Appetit und flexibler Moral waren, und teilweise, weil die Luft in Hongkong auf irgendeine Weise zu suggerieren scheint, daß beim Sex, wie bei den meisten anderen Dingen, alles möglich sei.

Sogar in der viktorianischen Blütezeit, so scheint es, konnten Engländer unter Duldung der Gesellschaft mit chinesischen Frauen flirten, was mit afrikanischen oder indischen Frauen nicht der Fall war. Die Londoner *»Graphic«* berichtete 1872 amüsiert über die Antwort eines Engländers, der in Hongkong das Schiff verließ und von einem hübschen chinesischen Mädchen gefragt wurde, ob sie ihm die Wäsche machen könnte: »Ja und mich auch, wenn du es möchtest, meine Süße!« Viele Europäer des neunzehnten Jahrhunderts hielten sich chinesische Geliebte. Ihren Beziehungen entsprang eine eurasische Gesellschaft, die immer noch existiert, obgleich ihre Mitglieder sich heutzutage einfach als Chinesen fühlen. Sie brachte einige herausragende Bürger hervor, insbesondere Sir Robert Ho Tung, der der erste Millionär Hongkongs gewesen sein soll.

In der Geschichte der Kolonie lesen wir sehr frühzeitig von florierenden Bordellen in der Gegend neben der Hollywood Road und westlich des Zentrums, in denen manchmal Chinesinnen, aber oft auch Europäerinnen und Amerikanerinnen angestellt waren. »Wolken und Regen« war der chinesische

Slangausdruck für den Geschlechtsverkehr, das englische Äquivalent war »honey« [Honig]. Die Beehive Inn[13], ein weithin bekanntes Bordell in der Mitte des neunzehnten Jahrhunderts, hatte ein Schild aushängen, das besagte:

> In diesem Bienenkorb sind alle wonnig;
> und zuckersüß schmeckt unser Honig;
> bist nüchtern du, tritt ein, probier's.
> Hast Bargeld, dir verkaufen wir's.

Und als im Jahre 1851 eine australische »Schauspielerin« ein Etablissement in Lyndhurst Terrace eröffnete, kündigte sie es so in der Presse an: »Bei Mrs. Randall — eine geringere Menge guter HONIG in kleinen Gläsern«. Selbst die Kirchgänger unter den Kolonisten, führende Geschäftsleute und höhere Regierungsbeamte schämten sich nicht, diese Häuser zu besuchen, die auch Touristen öfter gezeigt wurden. Als Kipling 1888 Hongkong besuchte, verbrachte er eine Nacht damit, die Bordelle zu besichtigen, und schrieb frei darüber in *From Sea to Sea*. Er nannte es »Leben in einer Großen Hölle« und war besonders beunruhigt, Engländerinnen unter den Huren[14] zu entdecken. In den 30er Jahren war die in Rußland geborene Ethel Morrison die bekannteste der zeitgenössischen Puffmütter und eine vertraute Figur der Gesellschaft Hongkongs. Als sie starb, gab es für sie einen Gedenkgottesdienst in der Anglikanischen Kathedrale.

Die vornehmsten Bordelle sind gegenwärtig im Happy Val-

---

13 beehive = Bienenkorb [Anm. d. Übers.]
14 Arglos wie er war, schockierte ihn ihre auffallende Verwendung der Sprache — »sehr viele Männer haben eine weiße Frau fluchen gehört, aber einigen wenigen, zu denen ich auch gehörte, war diese Erfahrung versagt. Es ist schon eine arge Entdeckung...«

ley zu finden, die ordinäreren zogen in den Westteil, so daß der Stadtteil Kennedy Town für eine oder zwei Generationen in das Vokabular der Marine aufgenommen wurde (obgleich die Schiffe Ihrer Majestät besonders durch ein mobiles Korps, die »Midnight Fairies« [Mitternachtselfen] bedient wurden, die gewöhnlich im Schutze der Dunkelheit über die Reling kletterten). Später verlegten die Rotlichter wiederum ihren Schauplatz, und für eine gewisse Zeit wurde der Name Wanchai, bis dahin ein heruntergekommener Distrikt um die Lockhart Road, das Synonym der Soldaten und Seeleute für »krakeelen«:

> Dort unten Wanchai ist ein Ort von Klasse.
> Da ist ein Weg, das ist die Lockhart-Straße;
> Chinesenmädchen mit Mandelaugen stehn hier,
> die rufen: Artillerist, ach bleib bei mir![15]

Während der Kriege in Korea und Vietnam, als Hongkong das Zentrum für Ruhe und Rekreation (R & R) der US-Streitkräfte wurde, war Wanchai wie ein wildes befreites Las Vegas. Entlang der ganzen Lockhart Road und die dunkleren Seitenstraßen hinunter boten Mädchen ihre Dienste an Lokaltüren an, Musik ertönte über die Bürgersteige hinweg, Soldaten und Seeleute torkelten betrunken auf den Streifen, pfiffen das Wolfssignal, das derzeitige Signal des Machismo, des Männlichkeitswahns, und wurden durch Barmixer, Gastwirte, Puffmütter und Huren gleichermaßen ausgenommen. Bis zum heutigen Tage gibt es viele Amerikaner, die der Name Hongkong an *Die Welt der Suzie Wong* erinnert, Richard Masons Roman über eine Prostituierte mit goldenem Herzen in einem Hotel am

---

15   Zitiert in Paul Gillingham's *At the Peak*, Hongkong 1983.

Wasser in Wanchai, der den Stoff für einen bekannten Film lieferte[16] und der den Augen der jetzt weit entfernt wohnenden Veteranen einen nostalgischen Ausdruck verleiht.

Heute konzentriert sich Hongkongs Nachtleben auf Kowloon jenseits des Wassers, und in Wanchai ist ein relativer Friede eingekehrt – auch Suzie Wongs Hotel, der Luk Kwok, hat sich zum beliebten Familiengasthaus gewandelt. Es ist der Bezirk um die Nathan Road, der jetzt öfter die Geschäftsleute nach Feierabend, heutzutage meistens Japaner, und auch Seeleute auf den Plan ruft (obwohl es noch immer keinen Mangel an Mitternachtselfen unter den Sampan-Leuten gibt). Dort sind die Oben-ohne-Bars am freizügigsten, und Honig wird ganz offenkundig zum Kauf angeboten.

Ein prächtiger Schmuck von Neonreklamen gewaltigen Ausmaßes taucht die ganze Gegend in einen farbenprächtigen Schein. Wie in einer gespenstischen Diskothek marschieren die gewaltigen chinesischen und englischen Reklameschilder hintereinander die Nathan Road weit hinauf, den Bergen entgegen. Laut Gesetz müssen diese Schilder wie alle anderen Werbeflächen unbeweglich angebracht sein, um Verwechslungen bei Schiffs- und Flugzeugkapitänen zu unterbinden. Diese unverwandte Unbeweglichkeit der Schilder und die gigantische Leere, mit der ihre roten, goldenen und purpurnen Farben die Straße hinunterstarren, scheint die kühl überlegte Art aller hinter ihnen befindlichen Vergnügungen noch zu unterstreichen.

---

16 »Geistloses, vom Szenenaufbau abhängiges romantisches Melodrama ohne viel Gusto«, sagt *Halliwell's Filmführer.*

9. Festlichkeiten – allen Rassen und Klassen gemeinsam

So herz- und lieblos Hongkong gelegentlich zu sein scheint, so ist es doch im großen und ganzen ein bemerkenswert fröhlicher Ort, und ein allgemeiner Sinn für Vergnügen ist bei allen Rassen und bei allen Abstufungen des Reichtums und der Armut vorhanden.

Der wesentliche Beitrag der Chinesen zu den allgemeinen Freuden ist zweifelsohne das Essen. Bei ihrer Bereitschaft, fast alles zu essen und es auf jede nur erdenkliche Weise zuzubereiten, haben die Chinesen Hongkong zu einem ständigen Fest für Feinschmecker gemacht. Dort soll es nahezu 30 000 Eßlokale mit und ohne Lizenz geben, mit anderen Worten: eins für jeweils 200 Einwohner. Man kann hier natürlich auch europäisch essen. In den großen Hotels kann man elegant französisch speisen, herkömmlich italienisch unter den üblichen Fischernetzen und Abbildungen des Vesuv, amerikanisch mit gebratenen Hähnchenschenkeln auf Plastiktabletts, oder man kann auch eine angenehme Nachahmung der altenglischen Art in Restaurants wie Bentley's finden, einem naturgetreuen Ableger seines Londoner Originals, ebenso in Jimmy's Kitchen, wo die chinesischen Kellner mit ihren schwarzen Krawatten fast wie Relikte aus den alten Stadtküchen aussehen.

Aber viel fröhlicher und mit einer unendlich größeren Vielfalt kann man chinesisch speisen, denn Einwanderer aus allen Teilen Chinas huldigen ihrer eigenen regionalen Küche delikat oder kräftig, gewürzt nach Szechwaner Art oder in mongolischen Feuertöpfen brutzelnd. Es gibt chinesische Spezialitätenrestaurants, die nur Zuspruch durch Gourmets oder Hypochonder finden, wo Seeohren, Schlangen oder Haifischflossen auf jeweils spezielle Art gekocht werden und darauf geachtet wird, daß ältere Kunden nur die linke Vordertatze eines Bären serviert bekommen — da der Bär diese Tatze am häufigsten leckt, soll dies das beste Mittel gegen Rheumatismus sein. Es gibt Restaurants, die sich besonders um Ausländer bemühen, Restaurants, die mehr oder weniger den Charakter von Klubs haben, moderne Restaurants, die eine Art *nouvelle Cantonese* anbieten, und ausgezeichnete, teure Restaurants, in denen der Geldadel gerne seinen Reichtum zur Schau trägt. Mir aber kann nichts mehr Spaß machen, als blind in irgendeine der großen volkstümlichen chinesischen Speisehallen zu gehen, Hallen, wie zum Karneval geschmückte Bahnhöfe, Zentren des Essens, Paläste der Schlemmerei, die überall im Territorium gedeihen.

Wir wollen eine der größten, eine der lautesten, eine der frechsten zu einem der belebtesten Augenblicke wählen — der Mittagszeit am Sonnabend. Ihr Grundriß ist verwirrend, weil es Restaurants auf mehreren Stockwerken gibt, Räume, die sich zu weiteren Räumen öffnen, quadratische und runde Räume, mit Balkonen und mit Treppenaufgängen, die hierhin und dorthin führen, mit gewaltigen Kandelabern, die wir aus Spielhallen kennen, und über und über mit Lebensmitteln beladenen Dschunkenmodellen. Dort scheint es ein paar tausend Tische zu geben, an denen Chinesen in lärmender Freude im Familienkreis sitzen. Vom Säugling bis zum Greis ist die ganze Palette vertreten. Niemand ist allein. Niemand ist still. Die Geräusche sind ohrenbetäubend. All das Reden und Gelächter vermischt sich mit dem Klappern des Geschirrs, den Rufen der Kellner von einer Seite des Raumes hinüber zur anderen, dem gelegentlichen Schreien der Säuglinge, dem Brodeln der Woks, der großen chinesischen Kochtöpfe, und der chinesischen Musik, die aus versteckten Lautsprechern grölt.

Wir gehen hinein, *ausgesprochene* Europäer, ganz unter uns, sprechen kaum ein Wort eines der chinesischen Dialekte, kennen kaum den Unterschied zwischen einem *dim sum* und einer Pekingente, sind gewißlich vollkommen unfähig, die Fünf Großen Getreidesorten zu benennen (Weizen, Sesam, Gerste, Bohnen, Reis), die nach einem chinesischen Sprichwort den Gaumen testen. Wenn wir ohne feste Vorstellung die riesige Speisekarte studieren (in Gold und scharlachrot gebunden), ist es, als säße man auf dem Rand eines Strudels, wobei Nachbarn am Nebentisch ermunternd nicken und vielleicht Erläuterungen geben und wir selbst verwirrt und harmlos über die Masse der Chinesen hinweg lächeln. Wir bestellen stumm und verwirrt bei einem Kellner, der kein Englisch spricht, und wie durch ein Wunder kommt unser Essen, siedend heiß und undefinierbar, grüne verschlängelte Gemüse, Meeresfrüchte in Soße, ein Flechtkorb mit Teigwaren, Keulen eines fetten, aber wohlschmeckenden Vogels. Im Handumdrehen schlürfen wir munter darauf los, alle Hemmungen in bezug auf chinesische Gebräuche sind verflogen.

Abgesehen vom Sex, ist dieses das einzige allgemeine chinesische Vergnügen, zu dem die Europäer in Hongkong Zugang gefunden haben und hinter dem das Mah-Jongg-Spiel noch weit zurückbleibt. Andererseits gibt es kaum eine europäische Gewohnheit, die von den Chinesen nicht auch eifrig übernommen wurde. Da die imperialen Briten sich hier wie überall mit einem ausdauernden Enthusiasmus dem Sport hingaben, handelt es sich meistens um Betätigungen im Freien.

Wir wissen, daß die britischen Kaufleute in den 40er Jahren des neunzehnten Jahrhunderts, als man Hongkong kaum als Stadt bezeichnen konnte, gewohnheitsmäßig schon vor dem Frühstück Zweimeilenspaziergänge machten, um ihren Kreislauf auf Trab zu bringen. Vierzig Jahre später wurde Kipling bei einer Zehnmeilenwanderung bei schrecklich nassem Wetter mitgeschleift, die von einer Seite der Insel auf die andere führte (»hinter uns reckten sich die Berge in den Nebel, den immerwährenden Nebel...«). Der Pferdesport war aufgrund der schroff bergigen Landschaft auf der Insel Hongkong nie populär. Nachdem jedoch die New Territories hinzukamen, wurde die unausbleibliche koloniale Jagd eingeführt, die Fanling-Jagd, bei der die Zibetkatze und der Rotfuchs Südchinas über das steinige Ödland mit allem waidmännischen Zubehör wie Jagdklubmützen, Hörnern, Jagdbechern[17] und importierten englischen Jagdhunden gehetzt wurden.

Die Briten segelten natürlich – sie taten das seit den Tagen der Guangzhou-Faktoreien. Auf den menschenleeren Inseln wanderten und kletterten sie und beobachteten Vögel. Sie spielten Golf. In den Marschen der Halbinsel schossen sie Schnepfen und Krickenten. Sie schwammen an den Badestränden der Insel Hongkong, die sie mit der Zeit in kleinere Erholungsorte mit angedeutet mediterranem Charakter umwandelten. Auf dem Kricketfeld zwischen dem Obersten Gerichtshof und dem Hongkong-Klub spielten sie Kricket. Kurz gesagt, sie taten alles, was man von Briten zu tun erwartete, um auch in fremder Umgebung richtige Briten zu bleiben.

Eine Geschichte erzählt von einem chinesischen Herrn, der zwei Engländern bei einem schweißtreibenden Tennismatch zusah und daraufhin fragte, warum sie keine Kulis mieteten, um sie für sich spielen zu lassen. Gewiß können wir uns vorstellen, wie verdutzt chinesische Bewohner die ersten Kolonisten beobachteten, als die fremden Teufel auf Pferden um die Rennbahn jagten, unnötigerweise steile Hänge hinaufkletterten oder die Wassergeister durch Tauchübungen in der kalten und nas-

---

17 Trinkgefäß, das dem Reiter beim Aufsitzen gereicht wurde. [Anm. d. Übers.]

sen See beunruhigten. Inzwischen jedoch setzen die Chinesen nicht nur auf Pferde, sondern reiten selbst im Happy Valley, und letztlich gehen die Einheimischen allen jenen imperialen Freizeitvergnügen zumindest ebenso eifrig nach, vielleicht mit Ausnahme von Kricket und Rugby. Heute kann kein Ereignis mehr an *mens sana in corpore sano* erinnern, als eine Gruppe junger Chinesen aus Hongkong, die irgendwo auf den außenliegenden Inseln herumwandern. An jedem schönen Wochenende laufen sie dort zu Hunderten und tragen dabei tadellose Anoraks und gute, saubere Stiefel, alle sind wie aus dem Ei gepellt, alles blitzt, alle lächeln, alle tragen Walkman-Radios, alle von einem *mens sana*. So marschieren sie schwungvoll und ausgelassen die Landwege entlang, schwenken manchmal Fähnchen und singen. Sie wirken wie Figuren auf einem Propagandaplakat. Obwohl diese spezielle Art von Begeisterung tatsächlich von China auf Hongkong übergriff und die eigentliche Inspiration für dieses tüchtige Marschieren wahrscheinlich Maos Langer Marsch war, muß man doch daran denken, daß die alten britischen Kolonisten, die ihren Zweimeilenmarsch vor dem Morgen-Kedgeree[18] machten, es wohl gern als ihr eigenes Vermächtnis gesehen hätten.

10. Ein Spaziergang von zwei Meilen

Wenn wir schon von Zweimeilenspaziergängen reden: für mich selbst gibt es immer noch kein größeres Vergnügen in Hongkong, als die bekannteste aller dieser Promenaden: der Spaziergang um den Victoria-Gipfel, der das Massiv der Insel

---

18 Reisgericht mit Fisch, Eiern, Zwiebeln etc. [Anm. d. Übers.]

Hongkong krönt. Das britische Empire war Experte solcher Vergnügen, und ein klassisches Beispiel ist der Rundweg um den Gipfel, durch seine laubenartigen Teile von Jasmin und wildem Indigo, Seidelbast, Rhododendron und glänzenden Wachsbäumen. Ein Abschnitt diese Weges heißt Harlech Road, ein weiterer Teil Lugard Road, die beide eigentlich kaum mehr sind als ein Saumpfad. Hier und da liegen Villen entlang des Weges halb versteckt in Gebüschen, die Autos sind diskret in Parkbuchten abgestellt, und der rote Suzuki-Kleinbus der Königlichen Post rollt gelegentlich vorbei. Aber meistens gleicht die Promenade bis zum heutigen Tag einem abgelegenen Landweg mit der Üppigkeit subtropischen Bewuchses, geeignet für einen stillen Spaziergang an einem Sonntagnachmittag, oder noch besser zur fabelhaften Anregung vor dem Frühstück.

Gelegentlich trifft es zu, daß der Weg durch den Nebel wie ausradiert scheint, alles tropft vor Feuchtigkeit, und dann scheint niemand als man selbst dort oben am Leben zu sein. Aber am frühen Morgen ist im allgemeinen alles frisch und voll Tau. Schmetterlinge schaukeln über den Weg, Gabelweihen und Elstern stoßen aus der Höhe herab, in den Bäumen scheint das Gezirpe der Zikaden wie ein Wolkenbruch von überall her zu kommen. Geht man weiter, so enthüllt sich unten eine gewaltige Aussicht. Jetzt sieht man das von Inseln übersäte blaugrüne südliche Meer. Schiffe durchkreuzen majestätisch den Lamma-Kanal. Nach einer weiteren halben Meile schaut man auf das Delta des Perlflusses. Dort liegen die Flotten der Handelsschiffe auf Reede vor Anker, und ein Tragflügelboot zieht fort nach Macao oder Guangzhou. Die Berge Guangdongs schimmern blau in der Ferne. Dann, wenn man vielleicht gerade ein wenig schwerer zu atmen beginnt, sieht man durch eine plötzliche Lücke die Stadt selbst fast senkrecht unter sich, die sich am Morgen zu regen beginnt. Die Morgensonne spiegelt sich über dem Wasser in den Fenstern von Kowloon, die Fähren laufen schon ein und aus, und der Verkehr eilt tief unten über die Überführung und die Straße. Aus dieser Höhe sieht dies alles wie ein anderes Land aus.

Aber viel besser als die Ausblicke sind die Menschen. An einem schönen Morgen, bald nach Tagesanbruch, sind die Harlech Road und die Lugard Road voll mit Menschen, die Sport treiben, wie man selbst. Da gibt es Jogger mit Stirnbändern, die, rhythmisch atmend, vorbeiziehen, trainierte und muskulöse junge Chinesen, schlaksige unermüdliche Amerikaner. Es gibt höfliche chinesische Herren mit Spazierstöcken, die beim Vorübergehen lächeln und sich leicht verbeugen, und elegante europäische Damen, die ihren Hunden Bewegung verschaffen. Daneben beleibte Engländer, die etwas zuviel schwitzen und so aussehen, als täten sie das alles auf Anordnung ihres Arztes. Einmal habe ich einen zähen, untersetzten, älteren Japaner getroffen, der bis zur Hüfte entblößt war und einen langen dünnen Spazierstock wie einen Taktstock hielt.

Der Gipfelpfad folgt der 400-Meter-Höhenschichtlinie so genau, als ob seine alten britischen Erbauer, bewußt oder unbewußt, den Regeln des *feng shui* gefolgt wären. Er stört niemals den Charakter des Berghanges, scheint ihn niemals zu stören. Es ist daher nur recht, daß zu den meisten der hingebungsvollen Morgenpilger die Dutzende jener älteren Chinesen und Chinesinnen gehören, die hinaufgehen, um Tai Ji Quan – die Große Endgültige Faust – zu üben, die genau festgelegte Position der Gliedmaßen, die kontrollierten lautlosen Verdrehungen, dieser Ausdruck innerer Bedachtsamkeit, der mir manchmal das spukhafteste Merkmal des chinesischen Geheimnisses zu sein scheint.

11. Berührungspunkte zweier Kulturen

Daß es ein Geheimnis ist, dem würden die meisten Europäer in Hongkong zustimmen. Die überwältigende Mehrheit spricht keine chinesische Sprache und hat von chinesischem Verhalten und chinesischen Absichten keine Ahnung. Wie es einst durch A. A. S. Barnes, einen britischen Offizier mit langer Dienstzeit unter chinesischen Soldaten[19], beschrieben wurde:

»Der Chinee (sic) ist keinem anderen Menschen auf Erden ähnlich und kann daher von keinem bekannten Standpunkt aus beurteilt werden, nicht einmal von seinem eigenen, sollte sich ein solcher finden lassen.«

Nun, im Hongkong von heute überschneiden sich die Kulturen unausweichlich, was zum Teil einfach ein Aspekt des allgemeinen Vertrautwerdens von Ost und West, aber teilweise auch kennzeichnend für diesen Ort ist. Hier sind Chinesen und Barbaren enger als irgendwo sonst zusammengedrängt worden. Die Chinesen waren niemals wirklich unterwürfig und haben sich selbst immer als wenigstens gleichgestellt betrachtet. Die Briten sind nie sehr anpassungsfähig gewesen und nahmen an, daß ihre eigenen Wege a priori die besten waren. Trotzdem ist das Ergebnis in gewissen Kreisen der Gesellschaft Hongkongs eine ironische Mischung von Manieren, Bräuchen und selbst des äußeren Erscheinungsbildes gewesen.

Eine nicht ausgewogene Mischung, muß man sagen, denn nur wenige Europäer in Hongkong haben sich je dem Chinesischen zugewandt oder sich auch nur nach außen bemerkbar

19 Komponist des Hornsignals *O Chinesen, kommt und dient der Königin, kommt Chinesen, dient der Königin!*

dem Orient genähert. Ausgenommen sind vielleicht die Geschäftsmethoden. Mit der Ordnung einer britischen Kolonie, die sie ja ist, war die Region nie auf dem multi-ethnischen Hippiepfad der 60er Jahre, und keine jungen Anhänger fanden ihre Gurus in den taoistischen Tempeln von Hongkong. Die Einwanderer, so unterschiedlich im Körperbau, so andersartig in der Mentalität, finden es unpassend, sich die chinesische Lebensweise zu eigen zu machen — man stelle sich nur eine solide europäische Hausfrau in einem *cheong-sam*, dem engen, geschlitzten Kleid, das elegante Chinesinnen so unnachahmlich tragen, vor. Die meisten von ihnen haben es jedoch gelernt, mit Stäbchen zu essen, fast alle haben es gelernt, chinesische Lebensmittel zu verwenden, die Kultivierteren unter ihnen haben einen Geschmack für die chinesische Kunst entwickelt, und nicht wenige haben chinesische Männer oder Frauen. Die Prinzipien des *feng shui* werden durch viele europäische Einwohner, wenn auch ein wenig zurückhaltend, anerkannt, und ein paar chinesische Wörter haben in den örtlichen englischen Dialekt Eingang gefunden: zum Beispiel *taipan* (wörtlich oberste Klasse, also großer Manager oder Chef der Gesellschaft), *hong* (eine Kaufmannsfirma), *gweilo* (wörtlich ein Geist oder Teufel, also ein Fremder), oder *cumshaw* (von dem aber einige Philologen glauben, es käme von »come ashore«, der Ruf, mit dem fremde Seeleute an Land gelockt und verführt wurden). Nur die gröbsten der rotnackigen Einwanderer lassen heutzutage die Chinesen ihre rassistische Engstirnigkeit spüren.

Die Chinesen selbst, besonders die Chinesen der gebildeten Klassen, absorbieren das Europäertum geschickt und klug. Am Ende des neunzehnten Jahrhunderts stellte der chinesische Reformer Zhang Zhidong den Grundsatz auf: »Chinesisch lernen für das Wesentliche, europäisch lernen für das Praktische«, und er wird immer noch befolgt, wie es ein Studentenlied an der Chinesischen Universität Hongkong ausdrückt:

Chinas sich weiter entwickelnde Kultur
dankbar wir bewahren,
Ost und West durch gleichen Anteil nur
künftig Stärkung erfahren.

Wenigstens 400 praktische englische Wörter sind im örtlichen kantonesischen Vokabular aufgenommen worden, und manch ein westlicher Einfluß hat sich bis zur perfekten Natürlichkeit assimiliert. Eines Tages spazierte ich durch den unablässigen Höllenlärm eines typisch chinesischen Marktes eine der belebtesten Geschäftsstraßen, die Tsim Sha Tsui auf der Kowloonseite hinunter, als ich eine bekannte Musik hörte, die von einem Plattenspieler in einem der Geschäfte kam. Es war das Allegro aus Mendelssohns Klavierkonzert, und dort, inmitten der karmesinroten Banner und der Neon-Schriftzeichen, der drängenden Masse der Chinesen und des unversöhnlichen chinesischen Verkehrs, klang seine übermütige Zuversicht durchaus angebracht.

Niemand ist in einem Rolls-Royce mehr zu Hause als eine reiche Chinesin aus Hongkong, die sich, in einen Pelz gehüllt, mit großer Zufriedenheit auf dem Rücksitz zurücklehnt und sich von ihrem Chauffeur herrschaftlich den Berg hinauf zu ihrer Villa auf dem Gipfel kutschieren läßt, – dem Victorianischen fast ebenbürtig, wie auch die Frau eines emporgekommenen Millionärs aus Lancashire, die sich auf dem Rücksitz eines Landauers zu ihrem Landsitz heimkutschieren läßt. Niemand kann erhabener nach Ivy League aussehen als ein junger chinesischer Bankkaufmann, Absolvent der Harvard Business School, mit seinen Händen in den Hosentaschen, hochgehaltenem Kopf, einem Siegelring am Finger und dem Gehabe unangreifbarer Sicherheit. Chinesische Richter sehen mit ihren Perücken und dem Hermelin des Obergerichts sehr gut aus, und es ist auch etwas an der britischen Marineuniform mit ihren schnittigen Jerseyjacken und den flotten runden bandbesetzten Mützen, das dem chinesischen Körperbau genau entgegenkommt. Ich beobachtete einmal eine chinesische Familie, die sich vor meinen Augen einen unbedeutenden Aspekt westlicher Zivilisation aneignete. Im Coffee-Shop eines Holiday Inn aßen sie zum ersten Mal in ihrem Leben Austern mit einer Gabel.

Chinesische Magnaten Hongkongs sind nie säumig gewesen, wenn es darum ging, britische Titel anzunehmen, so daß die Namen exotisch klingender Ritter – Sir Robert Ho Tung, Sir Sik-nin Chau, Sir Run-Run Shaw – schon seit langem zur Ritterschaft des Imperiums zählen. Westliche Vornamen sind auch häufig. Ursprünglich waren sie durch Schullehrer verliehen, die die chinesischen Namen nicht unterscheiden konnten. Als ich mir eines Morgens das Schwarze Brett der Universität Hongkong ohne besonderen Grund anschaute, entdeckte ich chinesische Studenten, die Angela, Philomene, Karen, Belinda, Selina, Jackie, Denise, Silvia, Cindy, Tracey, Ivy und Queenie hießen.[20]

Vor noch nicht so langer Zeit war die europäische Kultur im eigentlichen Sinne in Hongkong kaum anzutreffen. Die chinesischen Bewohner waren also bezüglich der westlichen Kunst fast so unwissend, wie die Westler es hinsichtlich der chinesischen waren. Bücher waren knapp, Musik war noch seltener,

---

20 Ihnen wurde mitgeteilt, daß Exemplare von »*The Love Song of J. Alfred Prufrock*« [Das Liebeslied von J. Alfred Prufrock] im Hauptbüro abgeholt werden konnten.

es gab bis 1962 kein richtiges Theater, und das einzige Museum war im Rathaus versteckt.[21] Hongkong stand niemals auf der Tourneeliste von Berufsschauspielern, Autoren und Musikern, die ihren Weg nach Indien, Singapur oder gar nach Shanghai fanden. In jeder Hinsicht war es eine bedrückende Spießbürgerkolonie. Der Maler Louis Chan sagte, daß in den 30er Jahren, als er ein junger Mann war, niemand in Hongkong etwas über eine Kunstrichtung wußte, die moderner war als der Impressionismus, und als der Komponist Ravel 1938 starb, kommentierte die *South China Morning Post*: »Ein Schreiber vieler ausgezeichneter Werke. Ravels Name wurde dem Publikum in Hongkong kürzlich wegen der Popularität des Bolero bewußt, nachdem dieser in einem Film mit George Raft in der Hauptrolle aufgenommen worden war.«[22]

Heute, fast am Ende der Karriere der Kolonie als Vorposten des Westens, liegen die Dinge anders. Das Spießbürgertum lebt noch in Hongkong, und es geht ihm gut − die höchst einträglichen Fernsehsender des Territoriums scheinen mir im ganzen das Schlimmste zu sein, was ich je angesehen habe −, aber heutzutage ist das Territorium wenigstens einer der Vorposten westlicher Zivilisation. Es ist immer eine Zurschaustellung der kapitalistischen Wirtschaft gewesen: jetzt bietet es seinen chinesischen Bewohnern eine übergestülpte westliche Kultur − eine machtgefütterte Kultur, wie es der Autor David Bonavia beschrieben hat.[23]

---

21 Ein Bericht der Carnegie Foundation aus dem Jahre 1937 sagte, daß Hongkong die schlechtesten Museen des britischen Empire besäße, »mit Ausnahme der kleineren Pazifikinseln und der rückständigeren afrikanischen Territorien«.

22 »Es ist kaum glaublich«, schrieb Harold Ingram tapfer in seinem 1952 offiziell veröffentlichten *Hong Kong*, »daß eine Kolonie irgendeiner Macht, außer Großbritannien, die Kultur so indifferent betrachten könnte.«

23 In »*Hong Kong 1997: The Final Settlement*«, Hongkong 1985.

Die Philharmonie Hongkongs wird durch die Regierung unterstützt, wie auch die Akademie der bildenden Künste, die sich gleichermaßen den westlichen und chinesischen Formen widmet. Das Kunstfestival in Hongkong brachte Teilnehmer aus aller Welt; kaum eine Woche verstrich ohne irgendeine kulturelle Eröffnung, ein Spiel, ein Konzert, eine Ausstellung – Skulpturen von Henry Moore – unter kolossalen Kosten hinübergeholt und entlang des Kowloonufers aufgestellt, ein Besuch von Michael Jackson, das Schweizer Possenspiel-Maskentheater, ein Konzert des St. Louis Symphonieorchesters. Der Börsenblock, das Heim der Börse von Hongkong, ist mit Bildern von Sidney Nolan und überlebensgroßen Bronzebüffeln von Elizabeth Frink geschmückt. Das Kulturcenter am Tsim Sha Tsui nimmt die schönste Strecke des gesamten Kowloonufers ein.[24] Viele chinesische bildende Künstler drücken sich sowohl in westlichen als auch in orientalischen Stilarten aus. Natürlich gibt es auch unzählige chinesische Konzerte, Ausstellungen und Opern, die von Jahr zu Jahr mehr werden, aber sie werden von nur wenigen Europäern besucht. Man sollte sich jedoch die gedankenverlorenen ernsten Gesichter der jungen Chinesen im Rathaus oder dem Kunstcenter Hongkong anschauen, wenn Kiri Te Kanwa Mozart singt oder das Manhattan Ballet auftritt.[25]

Unter den Magnaten, den Reichsten der Reichen Hongkongs, hat, so scheint es mir manchmal, eine Art von Osmose

---

24 Beschrieben in einer offiziellen Broschüre als »hochtechnologischer Nagel im Sarg des schon lange toten Klischees, daß Hongkong eine kulturelle Wüste sei«.

25 Man lese auch die Kritiken, um authentische kulturelle Umsetzungen zu erhalten: »Es gab Augenblicke bei Beethoven und Schumann, in denen die Bilder jenen festen Rahmen vermissen ließen, in dem sie den größten Genuß geboten hätten.«

eingesetzt. Fremde und Chinesen teilen sich die höchsten Stellen in Wirtschaft und Finanz, und es ist ein spöttischer Tribut an die Individualität des Ortes, der durch so viele Generationen scharfsinniger Handelspraxis noch geschliffener wurde, daß, was auch immer ihre private Einstellung sei, die Nachfahren des Reiches des Himmels sich so verhalten wie die Fremden Barbaren.

Auch solche Anzüge helfen natürlich − jene wundervoll geschnittenen Anzüge in englischem Stil, die durch Auden schon vor so langer Zeit bildhaft bewundert wurden, die von Chinesen und Europäern gleichermaßen getragen werden und auf diese Art öffentlich verkünden, daß all ihre Träger in gewisser Weise Mitglieder eines Klubs sind. Dann gibt es noch die Sprache. Nur wenige der Fremden werden wahrscheinlich chinesisch sprechen, aber die Chinesen sprechen alle Englisch mit Oxford- oder Harvardakzent, der *lingua franca* des Geschäftslebens in Hongkong. Die Manierismen beider Seiten sind merkwürdigerweise gleich − sich selbst herabzusetzen und zurückhaltend zu sein. Die gleichen Scherze mögen nicht immer beide Seiten belustigen, aber gemeinsam haben sie das joviale, tolerante Lachen, mit dem sie wechselseitig den Mangel an Humor berücksichtigen.

Am aufschlußreichsten ist aber, daß sie einen Sinn für ständige, wachsame Kalkulation zu teilen scheinen. Durch Vererbung haben sie wenigstens alle an dieser chinesischen Küste eine lange, lange Zeit Geld verdient. Sie kennen alle Regeln des Profits, sind über alle legalen Schlupflöcher unterrichtet und sind nicht nur aller Lieferanten, Kunden, diplomatischer Erneuerer oder Regierungskontrolleure überdrüssig, sondern auch ihrer selbst, gleichgültig ob Chinese oder Gweilo.[26] Sie verstehen sich untereinander sehr gut, und so bilden sie eine feine Gesellschaft.

---

26 Kantonesisch für: Ausländer

12. Das Wagnis des Kulturschocks

Ob es irgendwelche unterschwelligen rassischen Vorurteile und Abneigungen gibt, die nur auf Ereignisse warten, um sie auszulösen, kann ich nicht sagen. Ich weiß nur, daß ich selbst niemals auch nur die Spur einer ethnisch begründeten Feindseligkeit seitens eines Chinesen in Hongkong gespürt habe, während die meisten Europäer, die ich kenne, eine Bewunderung, ja oftmals eine verblüffende Bewunderung für die Chinesen bekennen. In den meisten Häusern Hongkongs vermischen sich die Rassen niemals, aber gewöhnlich beruht das auf einem Mangel an Gelegenheit, auf der Sprachbarriere, den unterschiedlichen Schwellen der Langeweile, einfacher Scheu oder dem Zwang, das »Gesicht« zu wahren – die in allen Situationen vorhandene Scheu der Chinesen davor, sich selbst zu verlieren, oder andere dazu zu bringen.[27]

Das war nicht immer so. Über einen langen Zeitraum der Geschichte Hongkongs hinweg trennte ein tiefes gegenseitiges Mißtrauen die beiden Gesellschaften. Die Trennungslinie wurde nur durch die sehr Reichen, die Heiligen oder die wahrhaft Naiven überschritten. Als im Jahre 1858 der gutmütige Entertainer Albert Smith Hongkong besuchte, freundete er sich so leicht mit den Chinesen an, daß sie ihn bei seiner Abreise am Kai mit dämonenverjagender Musik und Bannern, auf denen sein Lob stand, verabschiedeten.[28]

---

27 Ein Lehrer bittet zum Beispiel einen Schüler, ihm eine Frage zu stellen; der Schüler weigert sich zunächst aus Furcht, er könnte sein Gesicht verlieren, sollte er eine törichte Frage stellen, oder er könnte den Lehrer dazu bringen, sein Gesicht zu verlieren, wenn dieser die Antwort nicht weiß, willigt aber schließlich ein, weil der Lehrer sein Gesicht verlöre, stellte er sie nicht. (Aus einem Essay von Joseph Agassi und I. C. Jarvie in *Hongkong: »A Society in Transition«*, London, 1969)

28 Festgehalten in Nigel Camerons *»Hong Kong: The Cultured Pearl«*, Hong-

Ein Gouverneur der 1850er Jahre beschrieb die sozialen Verflechtungen der Rassen als »völlig unbekannt«; ein Gouverneur der 1860er Jahre sagte, daß es sein ständiges Bemühen sei, die Europäer und Amerikaner vor der Kränkung und Unannehmlichkeit der Vermischung mit den Chinesen zu bewahren; ein Gouverneur der 1920er Jahre sagte, daß sich die chinesischen und europäischen Gemeinschaften in verschiedenen Welten bewegten und »beide haben keine richtige Vorstellung vom Lebensstil oder den Gedankengängen der anderen«. Dasselbe Kauderwelsch, in dem sich, wenn es überhaupt dazu kam, die Rassen austauschten, war gleichzeitig auch die Schranke zwischen ihnen. Pidgin English bedeutete nichts weiter als »business English« [Geschäftsenglisch] und wurde in Guangzhou ersonnen, in den Tagen, in denen es den nichtswürdigen Fremden verboten war, chinesisch zu lernen, und seine komischen und kindlichen Phrasen — »Missee likee more tea? Massa likee whisky now?« — führten dazu, daß die Briten paradoxerweise noch verächtlicher dachten und die Chinesen ständig im Nachteil waren.

Als ich in den 50er Jahren zum ersten Mal nach Hongkong kam, bemerkte ich, daß die Briten gewohnheitsmäßig zu Chinesen in einem einschüchternden, herrschenden Ton sprachen: einige Jahre zuvor, während der japanischen Besatzung, haben britische Zivilinternierte trotz schrecklicher Krankheitsrisiken in ihrem Lager nur widerwillig Abwässergräben gezogen, weil, wie es der Gesundheitsoffizier des Lagers ausdrückte, »der

kong 1978. Smith, Chirurg, dramatischer Kritiker, Satriker, Pantomine, Lyriker und Romanschriftsteller (*The Struggles and Adventures of Christopher Tadpole at Home and Abroad*), erzielte mit einer Unterhaltung über seinen Aufstieg zum Mont Blanc einen anhaltenden Erfolg, als er im Hongkong-Klub gastierte. Aber leider war die Wirkung seines Besuches in der Kolonie nur kurzlebig. Er starb 1860 im Alter von vierundvierzig Jahren.

typische Hongkongbewohner niedere Arbeit noch immer als Geburtsrecht der Chinesen betrachte...« Diese Einstellung war tief verwurzelt – sie war sogar institutionalisiert, da die Rassen durch das Verwaltungssystem seit Generationen separat gehalten waren und außerdem persönliche Bevorzugung zur Entfremdung beitrug.

Der voreingenommenere Brite betrachtete die Chinesen als unverbesserlich unehrlich. Der einfache Chinese glaubte, die Briten seien dämonisch schlecht. Britische Ärzte, so wisperte man 1894 während der Pest, hätten die Augen chinesischer Säuglinge entfernt, um sie zu Medizin zu verarbeiten, und die alle zehn Jahre wiederkehrende Volkszählung von 1921 sei nichts weiter als ein Versuch, geeignete Kinder zu finden, die unter jedem der neunundneunzig Pfeiler einer geplanten Hafenbrücke vergraben werden sollten. Sogar 1963 besagte noch ein Gerücht, daß die Regierung nach Kleinkindern suche, um sie unter den Fundamenten des neuen Plover-Cove-Dammes zu opfern.

Furcht und Widerwille sind nicht mehr offensichtlich, aber gelegentlich kommt mir die Verbindung beider Rassen unnatürlich beziehungsweise erzwungen vor. Gelegentlich sind die Symptome absolut liebenswert. Wie erfreulich ist es zum Beispiel, zu entdecken, daß das *Journal of the Royal Asiatic Society* [Königlichen Asiatischen Gesellschaft] durch Mr. Y. F. Lam von Ye Olde Printerie gedruckt wurde. Wie belustigend ist es, das Hongkonger Derivat der Londoner U-Bahn »Mind the Doors, please« [bitte auf die Türen achten] im »Mylerdoors, Central next stop, Mylerdoors«! zu erkennen. Welch eine angenehme Überraschung, die Kinder einer in einem ehrwürdigen Fort der Mandschu untergebrachten Grundschule in Lantau zu hören, die eifrig chinesische Worte nach der Melodie des *Red River Valley* singen »Remember the Red River Valley, and the cowboy that loved you so true«.

Aber manchmal können Disharmonie oder Ungereimtheiten auch beunruhigen. Traurig, aber auch erschreckend ist das Auftreten eines anglisierten jungen chinesischen Bankiers, der betrunken ist, den Slang der Londoner oberen Klassen spricht, von den alten Zeiten in England redet, den Rennpferden in Newmarket, den Bällen in Oxford, aber dann und wann, wenn man seinen Argumenten nicht folgt, sein Gesicht zum stilisierten Ausdruck der Bosheit verzieht, die wir von chinesischen Bösewichtern in alten Filmen kennen − oder von Fotografien aus der Zeit der Kulturrevolution. Und beunruhigend kann auch der oft erfahrene Kontrast zwischen westlichem Äußeren und orientalischer Wirklichkeit sein.

Nicht weit entfernt von jener Schule in dem alten Fort wurde ich einmal auf einer Küstenstraße durch das Entladen lebender Schweine vom chinesischen Festland aufgehalten. Die Schweine werden in engen zylindrischen draht- oder korbgeflochtenen Käfigen transportiert, in die sie so hineingezwängt werden, daß der Maschendraht sie oftmals grausam verletzt, manchmal wird ein geklapptes Ohr zerdrückt oder der Draht schneidet in ein Bein, so daß sie grotesk daliegen, zusammengedrückt, verrenkt und oftmals in Schmerzen. An jenem Morgen auf Lantau schrieen die Schweine ganz herzzerreißend, als man sie eilig in Karren warf und schnell zum Schlachten brachte. Ich stand hilflos und traurig neben der Straße. In diesem Augenblick kam aus der entgegengesetzten Richtung eine Reihe junger Mädchen in fast übertriebenen englischen Schuluniformen, Blazer mit Wappen, weiße Faltenröcke, auf ihren Rücken kleine geschmackvolle Ranzen. Sittsam und mit Grübchen zogen sie vorbei, ihre Gesichter drückten Schulstolz und Gemeinschaftssinn aus. Während sie so niedlich vorbeigingen, nahmen sie von den verurteilten Tieren, die in ihren Folterkammern schrieen, auch nicht die geringste Notiz.

Solche Momente des Kulturschocks können den Westler in Hongkong immer noch aus der Fassung bringen. Trotz aller Verschmelzung der Rassen kann die Wirkung des Ortes immer noch traumatisch sein, und Ortsfremde brauchen oftmals Zeit für die Anpassung. Die amerikanische Handelskammer hat ein Buch für die Neuankömmlinge[29] veröffentlicht, in dem Frau Dr. Mildred McCoy, Psychologin an der Universität Hongkong, vier Reaktionsstufen festlegt, die der Fremde zu erwarten hat. Zuerst fühlen sie eine angenehme Euphorie, das Spektakel Hongkong ist so aufregend und interessant, und viele seiner Aspekte sind so beruhigend vertraut. Dann werden sie spannungsgeladen und verwirrt, wenn sie erkennen, wie fremd das Territorium wirklich ist und sich ein Gefühl wachsender Isolation einstellt. Dann, wenn sie empfinden, daß ihre eigene ethnische Identität herausgefordert wird, gehen sie durch eine Periode der Reizbarkeit, schimpfen viel und sind Chinesen gegenüber feindselig. Nun, falls alles gut abläuft, entspannen sie sich schließlich in ihrer Umgebung, akzeptieren die notwendigerweise fremde Art, entwickeln eine neue Toleranz, eine größere Objektivität und, so meint Dr. McCoy, »ein Geschick, Situationen zu meistern«.

13. Der Druck ständigen Wandels

Es ist zweifelsfrei erforderlich, Situationen zu meistern. Der Druck Hongkongs ist stark. Ein weiteres Handbuch für die Einweisung von Neuankömmlingen hat den Untertitel: »Wie man in einer schwierigen Stadt überlebt«[30]. Da ist etwas, was

---

29 »*Living in Hong Kong*«, Hongkong 1986.
30 »*Coping with Hongkong*« von Bryan Apthorp, Hongkong 1984.

den unbarmherzigen Opportunismus des Territoriums belebt und erschöpft, etwas, das sich selbst in ständig neuer Verwunderung ausdrückt — gewaltige neue Einkaufszentren, mächtige neue Tunnel, enorme Kraftwerke, große blaue Stauseen, immer teurere Wohnblocks, Hotels, Büros — das neue Gebäude der Hongkong und Shanghai Bank, das wohl teuerste Verwaltungsgebäude, das je konstruiert wurde — die Bank von China daneben, der höchste Wolkenkratzer außerhalb Amerikas, — Discovery Bay [Entdeckerbucht] auf Lantau mit dem Spitznamen »Disco Bay«, der Welt erstes, eine Milliarde Dollar teures Wohnprojekt, für 25 000 Bewohner entworfen, die eine eigene Luftkissenbootverbindung zum Zentrum erhalten.

Fast nichts scheint für die Dauer gebaut zu sein. Man sagt, daß in der Geschichte keine Stadt so schnell gewachsen sei wie Hongkong in den letzten 30 Jahren, und der Ort hat wenig Zeit für die Nachwelt. Die qualvollen Bemühungen der Konservatoren, wenigstens eine Handvoll historischer Bauten zu bewahren, sind fehlgeschlagen: Kaleidoskopartig verändert sich das Aussehen des Territoriums von einem Jahr zum nächsten und Generation um Generation versinken die Wahrzeichen im Staub — die Gebäude aus der viktorianischen Zeit und der Zeit König Edwards VII. sind bis heute nahezu alle verschwunden, und die Nemesis des Abrisses nähert sich schnell den stolzen neuen Wolkenkratzern des vergangenen Jahrzehnts.

Ein Gebäude, Euston genannt, war jahrelang das Paradestück der Stadt, eine der drei gotischen Burgimitationen, die in den 30er Jahren von dem namengebenden Millionär Eu Tong-sen gebaut wurden. Jedem zu Besuch kommenden Magnaten wurde Euston gezeigt, jedes Bilderbuch enthielt es, es stand prachtvoll wie ein weiterer Gouverneurspalast über der Bonham Street, war mit Türmen und Zinnen versehen, und hängende Gärten auf verschiedenen Ebenen fanden sich rückwärts auf dem dahinter ansteigenden Gelände. Im Jahre 1985 wollte ich mich nach dem Zustand dieser berühmten Torheit umsehen und stellte fest, daß sie verschwunden war. Die World Development Company zusammen mit der Metro Realty Company hatten gerade ihre Abrißarbeiten beendet, und nur noch Teile der Gartengrotten waren übriggeblieben – ein klassischer Ziergiebel hier, eine Plinthe dort, eine einzelne Nymphe oder Göttin mit einer Urne in der Hand. Große Lastkraftwagen rumpelten staubaufwirbelnd durch die zerfallene Torauffahrt, und als ich in einem Laden in der Nähe über das Bauwerk sprach, schienen die Leute dort die Existenz von Euston schon fast vergessen zu haben, so, als hätten sie es eines taoistischen Gebots wegen willkürlich aus ihrem Gedächtnis getilgt.

Sollten alte Gebäude tatsächlich überleben, so sehen sie manchmal bemitleidenswert, manchmal lächerlich anachronistisch aus. In Tsim Sha Tsui steht der Signalhügel, von dem aus den Schiffen, die im Hafen lagen, bis 1933 durch das Herunterfallen eines hohlen Kupferballes von einem Mast dreizehn Uhr angezeigt wurde. Ein Zeichen von Ordnung und Leistungsfähigkeit in einem modernen imperialen Seehafen. Heute gibt es die Signalstation immer noch mit ihrem Gittermast daneben, aber alles ist umzäunt und von Grundstücken umgeben. Der Hügel hat eine Luft, die anheimelnd an Brackwasser erinnert. Chinesische Jungen beobachten Vögel in den Gehölzen, die an seinen Hängen gewachsen sind. Chinesische Liebespaare schäkern in dem kleinen Pavillon in der Nähe des Gipfels. Dort stehen zwei Kanonen auf einer Brustwehr, die vor langer Zeit aufgestellt wurden, um den Hafen zu überwachen. Aber eine davon ist nunmehr auf das New-World-Einkaufscenter gerichtet, und die andere könnte, würde man sie abfeuern, die Lobby des Regent Hotels zerstören (fünf Sterne, de luxe). Manchmal scheint es, als sei hier nur das Vergängliche dauerhaft. Nichts ist verwurzelt. Jeder versucht weiterzuziehen, in größere Appartements, in besserbezahlte Stellungen, in bessere Wohnbezirke, oft genug ganz aus dem Territorium. Die Nationalblume Hongkongs ist die Bauhinie, eine sterile Kreuzung, die keine Samen hervorbringt.

14. Fragwürdige Antworten

Während ich hier schreibe, lebt ein Chinese auf dem Bürgersteig in der Sung Wang Toi Road, in der Nähe des Flugplatzes. Jeder in der Nachbarschaft kennt ihn, ein hochgewachsener, sehr brauner, netter, aber ausgemergelter Mann mit einem kurzen schwarzen Bart und hoher Stirn. Er trägt immer einen Stock, mit dem er unablässig um seinen Platz auf dem Bürgersteig flott herumstolziert. Sein Name ist Tse Pui-ying, und er ist geistesgestört. Jeder kennt ihn, aber niemand darf sich ihm nähern — macht man den geringsten Versuch, droht er sofort mit seinem Stock, verflucht einen oder wirft Steine. Er hat keinen Ausweis, er hat keine Adresse. Er verbringt all seine Tage damit, die Gossen nach Lebensmitteln abzusuchen und die Flugzeuge zu beobachten, die über ihm mit ohrenbetäubendem Lärm kommen und fortfliegen.

Er ist einer der armen Bewohner, die für immer ihren Mitbewohnern und der eigenen Menschlichkeit durch die unbarmherzige Individualität Hongkongs entfremdet sind. Eine andere war die Frau eines umherziehenden Goldfischhändlers, die kurz in den Nachrichten erwähnt wurde, weil sie, als sie vor der unmittelbar bevorstehenden Räumung ihrer elenden Mietwohnung stand, noch unter der Einwirkung einer langwierigen nachgeburtlichen Depression und den Folgen einer Abtreibung leidend, ihre beiden Kinder erhängte, sich die Pulsadern aufschnitt und aus einem Fenster des fünften Stocks in den Tod sprang.

Es gibt Tage, an denen ich meine, daß all das zuviel ist, daß der Ort eine grausame Parodie seiner selbst geworden ist. Der Todestag dieser Frau war ein solcher Tag, und einen weiteren, obwohl weniger herzzerreißenden erlebte ich kurz danach, als zwei Dinge die lokalen Nachrichten beherrschten. Als erstes kaufte Mr. Rupert Murdoch, der in der ganzen Welt Zeitungen, Magazine, Fernseh- und Rundfunkstationen besitzt, »den profitabelsten Zeitungsverlag der Welt, der das modernste Computersystem der Welt benutzt«, was sich bald zu einer Kontrolle über die *South China Morning Post* entwickeln sollte – denn in Hongkong, bemerkte die *Post* selbst weise, »steht alles zum Verkauf... hat alles seinen Preis«. Dann hat die Tochter des Aufsichtsratsvorsitzenden der Hongkong und Shanghai Bank einen australischen Theaterdirektor in der Kathedrale der Unbefleckten Empfängnis geheiratet, und all die Reichen Hongkongs, alle Mächtigen, alle Vornehmen (»Regierungsbeamte, Richter, Wirtschaftsführer und andere Persönlichkeiten«) wurden, blumengeschmückt und mit grauen Zylindern, in Minibussen zu einem Empfang nach Skyhigh, dem Wohnsitz des Vorsitzenden auf einem hohen Berggipfel gefahren, der wie bei einem spanischen Schloß ein Pförtnerhäuschen besitzt und aus der Ferne wie eine Festung aussieht. Die alltäglichen Vorkommnisse und Vorhaben des Stadtstaates, die Selbstmorde, die armseligen geringfügigeren Verbrechen, die Beschlagnahmungen geschmuggelten Heroins, die Skandale über Versicherungsraten oder den Zustand des Wohnungswesens, das traurige Überhandnehmen der Verkehrsunfälle in Tuen Mun, die Debatten über 1997..., wurden durch diese großen Ereignisse in den Hintergrund gedrängt.

Dies sind vertraute Herausforderungen Hongkongs, das liberale Besucher seit Generationen abgeschreckt hat. Reihen von Reformern haben versucht, hinsichtlich des Zustandes dieser Kolonie — seines reaktionären politischen Systems, seiner sozialen Ungerechtigkeit und seiner unschönen Zielsetzungen — das Gewissen der Welt wachzurütteln, besonders das der Briten. Jeder denkt wohl manchmal so. — Hongkong besitzt weit mehr Menschen mit Mitleid, als man vom ersten Eindruck her glauben möchte — und nahezu jeden wird es von Zeit zu Zeit frösteln, denkt er an den Kontrast zwischen der Pracht der Villen wie Skyhigh, das Verschleudern des Geldes durch Milliardäre und die Härten des Lebens der Armen Hongkongs am Fuß des Berges in einer derartigen Zusammenballung.

Die Stadt ist abnorm. Bis in unsere Zeiten war sie vorwiegend eine Stadt der Flüchtlinge mit allen Kennzeichen einer Flüchtlingsgesellschaft — das fast an Neurose grenzende einseitige Besessensein vom Geldverdienen und das immerwährende Gefühl der Unsicherheit, das alles nur noch angespannter und nervöser macht. Erst kürzlich, wie wir es gleich sehen werden, hat das Entstehen einer neuen, gebildeten chinesischen Mittelklasse, in der Kolonie geboren und aufgewachsen, den Eindruck erweckt, daß Hongkong sich einer neuen Art eines sozialen Gleichgewichts nähert und zu einer wirklichen, ausgewogenen Stadt wird — aber bei dem schnell nahenden 1997 ist es vielleicht zu spät.

Trotzdem glaube ich selbst, daß ein Ort einen eigenen Sinn für Freiheit erwirbt, wo fast ein jeder, reich oder arm, jeden Alters, jeder Rasse, so offen und über eine so lange Zeit seiner großen Chance hinterher war. Hongkong ist kein Ort des Pathos und vielleicht nicht die richtige Umgebung für gottesfürchtige Menschen. Es ist immer die schamlose Verkörperung des freien Unternehmertums gewesen, oder, wie es mir ein Regierungsbeamter in den 70er Jahren erklärte, die Manifestation »viktorianischer Wirtschaftsgrundsätze, den einzigen, die jemals richtig funktionierten«. »Wir sind ganz einfach Händler«, sagte Sir Alexander Grantham, Gouverneur Hongkongs von 1947 bis 1957, »die mit ihrer täglichen Tour und normalen Arbeit vorankommen wollen. Das mag nicht sehr nobel sein, aber auf jeden Fall stört es keinen anderen.« Trotzdem ist die erste Reaktion des Fremden auf dieses Territorium, Dr. McCoys Phase der Euphorie, gerechtfertigt. Es gibt nur wenige Orte in der Welt, wo ein so großer Anteil der Bevölkerung wenigstens tut, was er tun möchte und wo immer er es möchte. In einer Umfrage 1982 unter chinesischen Bewohnern bekannten sich nur 2 Prozent zu einer »absoluten Abneigung« gegenüber Hongkong. Ich hätte damals selbst zu den 2 Prozent gehört, aber die Jahre haben meine Antworten verändert.

Gelegentlich gehe ich am frühen Abend gern zu einem der Hafengebiete der Stadt, beobachte die Lichter der vorbeifahrenden Schiffe und teile das Vergnügen der Paare, die die Piers entlangspazieren oder bei hereinbrechender Dunkelheit auf einer Bank ihr gebratenes Hähnchen verzehren. Die Luft ist wahrscheinlich schwer und feucht, der Himmel ist erleuchtet vom Widerschein der Lichter einer großen Stadt, der die Sterne verhüllt. Es spielt keine Rolle, wo ich bin, auf der Seite Kowloons oder Hongkongs; um mich herum, über den kleinen Bereich der Stille hinaus, den ich mir auf der Bank oder dem Poller geschaffen habe, vereinigen sich die gewaltige, endlose Geschäftigkeit des Ortes, das Brausen des Verkehrs, das Passieren der Schiffe, das Kommen und Gehen der Fähren zu einer gigantischen Wahrnehmung gemeinschaftlicher Energie. Größtenteils, ich weiß es sehr wohl, ist es nicht Energie, die einer sehr erhabenen Zweckbestimmung dient, trotzdem berührt mich dieses unablässige Rollen und Bewegen. Ich sitze da, kaue an meinem Hähnchen, trinke mein San-Miguel-Bier aus der Dose und bin mehr oder weniger überwältigt.

Unter allen verschiedenen Geräuschen des Abends wird besonders eines nicht überhört, das Bum, Bum, Bum irgendwo unten am Wasser, auf der anderen Seite des Hafens, hinter mir in den Einbuchtungen der Stadt oder weit weg irgendwo drüben im dunklen Land. Es ist das Geräusch eines Preßlufthammers, des Leitmotivs Hongkongs. Er mag helfen, ein Gebäude abzureißen, er mag mitwirken, ein anderes zu errichten, und in einer oder der anderen Gestalt hat er Bedeutung und Aussehen der Stadt diktiert, seit sich die ersten Planer an dieser Küste vor 150 Jahren ansiedelten.

IV. 1840ER JAHRE:
AUF DEM KÜSTENVORLAND

In den 1840er Jahren kam Königin Victorias Empire erst so richtig in Schwung. Den Stützpunkten in Indien und in der Karibik, die ihm das achtzehnte Jahrhundert hinterlassen hatte, den Niederlassungen in Kanada und Australien hatte es seit dem Ende der Napoleonischen Kriege neue Besitzungen in vielen Teilen der Welt hinzugefügt − Singapur (1820), Assam (1826), Aden (1839), Neuseeland (1840), Sarawak (1841), Sindh (1843), Natal (1843). Die Briten waren in siegreiche (gegen die Sikhs) und unheilvolle (gegen die Afghanen) Kriege verwickelt, ihre Marine hatte sich vom Atlantik bis zu den Meeren im Osten ausgebreitet, und sie begannen, sich selbst an den zu Kopf steigenden Zauber des Imperialismus zu gewöhnen.

Zwar war man aufgeregt, jedoch kaum überrascht, als die Dschunke *Keying* im Frühjahr 1848 unter britischer Flagge die Themse hinaufsegelte und in Gravesend festmachte, das erste derartige Schiff, das nach Umrundung des Kaps der Guten Hoffnung die westliche Welt besuchte. Sie bot schon einen eindrucksvollen Anblick, war sehr groß und an ihrem Bug mit aufgemalten Augen verziert. Außerdem waren ihr Bug und Heck so hoch und der Rumpf so gerundet, daß sie fast halbkreisförmig im Wasser zu liegen schien. Die *Illustrated London News* sagte, sie sah »archaisch oder altertümlich« aus, und berichtete, daß sie einen Passagier, »einen Mandarin von Rang«, mitführte.

Sie kam (dank ungünstiger Winde und einer wenig kooperativen Besatzung zufällig über New York) von der neuen und noch unvollkommen entwickelten Kolonie Hongkong, die irgendwo hinter Indien lag. Hongkong schien in der Tat ein winziger und wahrscheinlich gut festgeklebter Edelstein im Diadem des Imperiums zu sein. Sein Status war unklar, sein Ruf verschwommen, seine Lage, wenigstens für die meisten Menschen, ungenau. Die Kolonie war nicht eine der großen imperialen Festungen, wie Malta oder Gibraltar, zu denen sich vornehme Flottenkapitäne mit Stolz versetzen ließen. Sie war nicht eines der berühmten Handelszentren, wie Bombay oder das schnell emporkommende Singapur. Es wurde in einem der zweifelhaften Kolonialkriege erworben und lebte, so sagte man, auf verrufene Art. Ihre seltenen Erwähnungen in den Nachrichtenspalten standen allgemein immer im Zusammenhang mit Streitereien und Unzufriedenheit. Wenn sie, wie die Besserwisser argumentierten, der Schlüssel zu großen neuen Märkten im weltabgeschiedenen chinesischen Reich war, so zeigte sie bislang wenig davon, und in der Tat tauchten immer wieder Gerüchte auf, daß die Regierung plane, dieses Gebiet aufzugeben. »Die Königin«, so Ihre Majestät 1844 in einer Notiz zum Thema an ihren Außenminister, »verfolgt diese Angelegenheit mit großem Interesse... bittet Lord Aberdeen, sie immer auf dem laufenden zu halten...«

Sogar die Herkunft der Dschunke *Keying* war den meisten der belustigten Briten unklar, einschließlich Charles Dickens und dem Herzog von Wellington, der in den East India Docks an Bord ging, und hätten sie es gewußt, so hätte es ihnen wohl kaum zugesagt. Das Schiff war nach einem chinesischen Staatsmann, Qi-ying, benannt, der Unterzeichner der sechs Jahre zuvor geschlossenen Verträge von Nanking war. Qi-ying hatte die neue Kolonie zweimal besucht, hatte sich überschwenglich freudig von dem gezeigt, was er fand, machte ihren Ansiedlern übertriebene Komplimente und kehrte dann aber heim, um dem Drachenkaiser zu berichten, daß das nur eine Persiflage war, um die ignoranten Barbaren unter Kontrolle zu halten.

Die Kolonisten dagegen, obwohl sie von Qi-ying persönlich bewirtet worden waren (der *Friend of China* beschrieb ihn freundlich, er erinnere an eine große, gekochte weiße Rübe), wurden durch seine Diplomatie gewiß nicht getäuscht und glaubten in ihm den Repräsentanten einer durch und durch dekadenten und hoffnungslos untauglichen Zivilisation zu sehen; es war also eine Maßnahme ihres eigenen zynischen Opportunismus und nicht im großen und ganzen das, was das britische Empire vorzugsweise an sich selbst bewunderte, warum sie ihr Schiff nach ihm benannt hatten, es mit einer Mannschaft besetzten, die teils aus Briten und teils aus Chinesen bestand, und es auf eine Reise um die Welt schickten, die eigentlich eine Werbekreuzfahrt war.

Damit wird ausgedrückt, was Hongkong, 10 000 Kilometer entfernt am anderen Ende des Empire, schon *sui generis* war: ein abgelegener und nicht allzu brauchbarer Einzelgänger des Empiresystems, keiner anderen Kolonie vergleichbar und in gewisser Weise ebenso sehr ein Teil des Mandschu-Reiches wie auch des Empires der Königin Victoria.

Sah man Hongkong in der Mitte der 40er Jahre von See aus und besonders mit den Augen eines Malers, so wirkte es sehr ermutigend. Die Berge der Insel waren in jenen Tagen fast baumlos, und gegen ihre braune Öde hoben sich die bedeutenderen Gebäude der noch jungen Kolonie weiß und selbstbewußt am Nordufer ab. Eine Handvoll Lagerhäuser und Handelsbüros war entlang den Kais aufgereiht, ihre Wände stiegen jäh aus dem Wasser empor, sie hatten eigene Piers, und ihre Boote hingen an Bootskränen. Hier und dort gab es behaglich aussehende Bungalows, die, wie es ein zeitgenössischer Reporter ausdrückte, »in einem anglo-irgendwas Stil mit Veranden« gebaut waren, sowie ein paar entzückende Villen, die entlang der Ufer und auf den Hängen der Berge dahinter aufgetaucht waren und dem Schauplatz eine erste Andeutung jenes trägen, unbekümmerten Anblicks gaben, den die imperialen Aquarellmaler so lieben.

Im Hafen gab es auch immer Schiffsverkehr, um die Komposition noch zu steigern. Vieles davon war der küstennahe Schiffsverkehr, der hier durchkam, chinesische Dschunken und Sampans nutzten die Wasserstraße, wie sie es immer getan hatten, aber es gab auch Kriegsschiffe, Opiumklipper, schwere indische Frachtschiffe, amerikanische Walfänger, Gigs, die schnellen vielblättrigen Ruderboote, die Tausendfüßler genannt wurden und wie venezianische Galeeren aussahen, mit denen der Passagierverkehr nach Macao unterhalten wurde. In der Mitte der Dekade kamen noch die ersten wenigen Raddampfer mit ihren hohen Schornsteinen hinzu.

So sah das Ganze aus gewisser Entfernung nicht so schlecht aus, und die Künstler, die ihre Staffeleien an Bord ihrer vor Anker liegenden Schiffe aufstellten, taten ihr Bestes, um es zu idealisieren. Erst wenn man an Land ging und vielleicht einen sauberen und fertigen kolonialen Seehafen erwartete, wurde einem bewußt, wie unfertig und verstreut der Ort noch war und wie unendlich weit entfernt von der Heimat. Victoria, der Hauptort, dehnte sich in Teilen etwa eine Meile entlang der Küste in einem Wirrwar von Geordnetem und Zufälligem aus – hier ein paar nette Häuser oder gut organisierte Verwaltungsgebäude, daneben Ödland oder ein wüstes Durcheinander – an einer Ecke eine Baptistenkirche oder die katholische Kapelle der Empfängnis, an einer anderen eine verkommene Kneipe. Unordentliche, aus Matten bestehende Hütten gab es überall. Lager und Depots waren dort angelegt, wo immer die Militärbehörden es für notwendig hielten. Die Queen's Road, die Hauptstraße der Ansiedlung, war noch kaum mehr als ein einfacher Landweg, bei trockenem Wetter dick mit Staub bedeckt, bei nassem Wetter ein knöcheltiefer Morast, und seine vereinzelt gegebene Schönheit war mit Lagerhäusern, Mattenschuppen und übel hergerichteten Seemannskneipen durchsetzt.

Noch beunruhigender für den unbefangenen Neuankömmling muß es jedoch gewesen sein, daß die Straßen von Victoria voller Chinesen waren – Hausierer mit Packpferden, Jungen vom Land auf Wasserbüffeln, Kulis mit langen Schulterstäben, Betrunkene, Bettler und Müßiggänger. Die Chinesenstadt begann schon nach wenigen hundert Metern die Queen's Road hinunter, ein Durcheinander von Hütten und Buden, baufälligen Theatern, Opiumhöhlen, Schulen, richtigen und improvisierten Tempeln, Entenverschlägen, Schweineställen, Spielhallen, Imbißbuden und all dem Wirrwarr an Beiwerk zum Leben der Chinesen – ein furchtbarer Schock für die nichtangepaßten europäischen Empfindsamkeiten. Bis 1845 gab es eine Bevölkerungsverschiebung von etwa 20 000 Chinesen auf die Insel, zu denen nicht nur vermögende Kaufleute gehörten, sondern auch Künstler und Handwerker aller Art, Tausende von Tanka-Bootsleuten, und Lamqua, der weithin bekannte Porträtmaler aus Macao (dessen Schild ihn als Maler der edlen Gesichter auswies), und auch, so schien es wenigstens, die Hälfte des Pöbels aus Guangzhou.

Die Briten fanden die Nähe dieser bunten Menge schrecklich ungesund. Die erste Dekade der Kolonie bestand aus Höhen und Tiefen – Taifunen, Feuern, Vertrauensschwankungen –, aber die Siedler waren hauptsächlich über Krankheiten beunruhigt. Ganz abgesehen von den giftigen Ausdünstungen der Chinesenstadt, hatte das *Handbuch für Hongkong* selbst das Klima des Territoriums offiziell als »ungefähr das ungesündeste auf dem Angesicht dieser Erde« definiert. Einige meinten, die Felsen der Insel selbst strahlten schädliche Einflüsse aus. Malaria und Ruhr waren endemisch, es gab häufig Epidemien von Typhus und Cholera, und besonders in der militärischen Garnison war die Todesrate erschreckend hoch. Im Jahre 1842 wurde über ein Kontingent schottischer Soldaten bissig geschrieben, es sei nicht mehr als ein »Haufen ausgemergelter, sterbender Burschen«, und im Jahre 1848 starb einer von fünf europäischen Soldaten.

Kein Wunder, daß nur wenige dieser ersten Beobachter etwas Gutes über den Ort zu sagen hatten. Robert Montgomery Martin, einer der frühen Fiskalbeamten der Kolonie, kam 1844 an und tat sie fast sofort als »klein, öde, ungesund und wertlos« ab und meinte, sie sollte an China zurückgegeben werden. Robert Fortune, Autor von *»Three Years Wanderings in China«* sprach geringschätzig von ihren verkümmerten Bäumen, dem Fehlen der Vögel und dem Überfluß an Wildziegen und fürchtete, daß sie »unter dem Blickwinkel eines Handelsplatzes« mit Sicherheit ein Mißerfolg sei. Orlando Bridgeman, ein Subalternoffizier des 98. Regiments, meinte, sie sei »ein scheußlicher Ort — sie käme noch nach Sierra Leone, weil sie ungesunder, weniger unterhaltsam und weiter von England entfernt sei«. Zweifellos mußte Hongkong sich erst noch als Aktivposten der Krone beweisen. Sie bestand immer noch aus der Insel Hongkong selbst, und im Jahre 1845 hatten sich weniger als 600 Europäer, darunter etwa 90 Frauen, entschlossen, ihr Glück oder ihr Leben in der Kolonie zu riskieren.

Es war nicht wie in anderen Kolonien: das Vorhandensein dieser weit größeren chinesischen Gemeinschaft, die ja selbst auch eine Gemeinschaft von Siedlern war, mit ihren Gerüchen und Geräuschen, ihrer Mißachtung jeglicher Intimsphäre und mit ihrem beunruhigend gleichgültigen Wesen führte dazu, daß das noch unentwickelte Hongkong nicht so ganz britisch empfand, jedenfalls nicht so britisch, wie die meisten Städte im

Empire. Die Chinesen unterschieden sich stark von den anpassungsfähigen Bengalen, den naiven Afrikanern, den charmanten Malayen oder den offen feindlichen Paschtunen [oder Pathanen]. Sie infiltrierten alles mit einer besonderen Art selbstgenügsamer Kalkulation und schienen überhaupt niemandes Untertanen zu sein. Von ihren mehreren hundert Millionen Landsleuten waren sie nur durch das Wasser getrennt, und alle waren in der Überzeugung groß geworden, daß jeder jemals geborene Chinese jedem Ausländer überlegen war.

Die Briten waren natürlich genau entgegengesetzter Überzeugung und dazu meistens noch von einer tiefen Verachtung für alles Chinesische beseelt. Der wahre Zweck der Kolonie war es, den Dünkel und die Verblendung des Reiches des Himmels zu durchlöchern, und die Benennung ihrer Hauptstadt nach der Königin von England würde, wie es von ihrer ersten Zeitung, dem »*Friend of China*« behauptet wurde, »einen glorreichen Sieg über den Aberglauben, den Stolz und die Voreingenommenheit der Chinesen einleiten«.

Die Siedler nahmen sich entsprechend vor, in ihrer eigenen genügend unordentlichen Enklave auf diesem Küstenvorland sehr britisch zu leben. Als Anfang benannten sie vieles in Victoria nach ihrer Monarchin und ihren Ministern um. Es gab einen Victoria-Gipfel, Victoria-Hafen, die Queen's Road, die Royal Battery, während die kleineren, nur durch Saumpfade über die Berge hinweg erreichbaren Siedlungen an der Südküste der Insel entsprechend nach Lord Stanley, dem Kolonialminister, und Lord Aberdeen, dem Außenminister, benannt wurden. Chinesische Niederlassungen waren im Zentrum von Victoria untersagt, und das benachbarte Marktviertel war besonders den Chinesen vorbehalten, die kürzlich den Briten während des Krieges geholfen hatten — also in der Tat den Kollaborateuren.

Standardeinrichtungen des kolonialen Lebens waren bald nach dem Muster von Kronkolonien wie Jamaika, Bermuda oder Mauritius eingerichtet. Hongkong wurde durch einen Gouverneur regiert, dem ein durch ihn selbst berufener dreiköpfiger Rat zur Seite stand. Unterstützt wurde er durch eine richtige kleine Hierarchie hoher Verwaltungsbeamter – einen General als Kommandeur der Garnison, einen Kommodore, verantwortlich für die Einrichtungen der Marine, einen Kolonialsekretär und einen Kolonialbeamten für die Finanzen, einen Geistlichen, einen chinesischen Sekretär, einen Grundbuch- und Standesbeamten des Obersten Gerichtshofs, einen Oberrichter, einen Hauptrechnungsprüfer und einen Generalstaatsanwalt. (Sie waren aber nicht immer so erhaben, wie ihre Titel lauteten, gab es doch zu jener Zeit keinen professionellen Kolonialdienst: Unter Pottingers Regierung war der chinesische Sekretär ein Geistlicher aus Pommern, der Finanzbeamte ein ehemaliger Marinemaat, und 1849 ließ der Grundbuch- und Standesbeamte alles stehen und liegen und beteiligte sich am Goldrausch in Kalifornien.)

Der Gouverneur war der absolute Herrscher. Direkt befolgte er die Weisungen der britischen Regierung, indirekt die Entscheidungen des Parlaments in Westminster und theoretisch den Willen der Königin. Da es aber bis zu einem Jahr dauerte, bis auf eine Mitteilung aus Hongkong eine Antwort aus London kam, galt in unmittelbaren Angelegenheiten das, was er sagte. Darüber hinaus war er nicht nur der Gouverneur. Nachdem Palmerston sich erst einmal mit der Tatsache Hongkong abgefunden hatte, sah er es hauptsächlich als eine vor dem Festland liegende Station, von der aus der Handel der neuen Vertragshäfen – Guangzhou, Amoy (jetzt Xiamen), Foochow (Fuzhou), Ningpo (Ningbo) und Shanghai überwacht werden konnte. Bis zum Jahre 1844 operierten etwa 50 britische Firmen und weitere etwa 20 indische in den Häfen, die natürlich alle der Aufmerksamkeit des Empire empfohlen waren. Lord Aberdeen ging noch weiter und nahm Hongkong, die einzige britische Besitzung östlich von Singapur, als Militär- und Verwaltungszentrum für den gesamten Fernen Osten in Aussicht. Der Gouverneur war daher von Amts wegen auch der Generalbevollmächtigte und ordentliche Gesandte Ihrer Majestät, dessen Autorität alle Angelegenheiten britischen Interesses im Fernen Osten umfaßte – und »akkreditiert«, so vermerkte Sir John Bowring zu seiner Person mit Befriedigung, »bei einer größeren Anzahl von Menschen (in der Tat nicht weniger als einem Drittel der Menschheit) als irgendein einzelner je zuvor akkreditiert war«.

Auch seine mit größerer Verantwortung ausgestatteten Beamten sahen sich nicht nur als bloße Inselfunktionäre, sondern als Mitglieder des größeren Weltreichsystems. Wie alle Imperialisten jener Tage blickten sie auf das Beispiel Indien. Die drei Gouverneure der 40er Jahre hatten alle einen anglo-indischen Hintergrund – Pottingers Bruder Eldred, der Held von Herat, wurde in die anglo-indischen Ruhmeshalle seiner Unternehmungen im Krieg gegen die Afghaner wegen aufgenommen –, und die Angelegenheiten von Britisch-Indien beschäftigten die Siedler. Berichte aus Indien fanden einen hervorragenden Platz im *Friend of China*, von ganzen Seiten über die Situation in Afghanistan, bis zu Fußnotenberichten über unbedeutende Beförderungen in Madras. Die Rupie der Ostindischen Kompanie war offizielles Zahlungsmittel in Hongkong. Indisches Opium war die Haupteinkommensquelle der Kolonie. Viele angloindische Wörter und Phrasen – *tiffin, mullah, punkah, sepoy, verandah* – wurden Bestandteil der englischen Landessprache. Viele indische Kaufleute folgten der Flagge in die neue Kolonie, unter ihnen reiche und einflußreiche Parsi, und die indischen Truppen, die regelmäßig dort stationiert wurden, das ständige Kommen und Gehen der Schiffe aus Kalkutta oder Bombay, trugen genügend zu dieser anglo-indischen Illusion bei.

Es gab bis zu diesem Zeitpunkt noch keinen Gouverneurs-palast, der in anderen Kolonien den traditionellen Mittelpunkt der imperialen Ordnung verkörperte. Während der 40er Jahre bewohnten die Gouverneure verschiedene angemietete Räume und möblierte Zimmer, die sich dem Standesamt, das auch für Trauungen genutzt wurde, anschlossen. Die Berghänge hinter dem Zentrum wurden jedoch Government Hill [Regierungs-hügel] genannt, und in seiner Umgebung wurden die Anfänge eines Gründerstils erkennbar. Die ersten Räumlichkeiten der anglikanischen Kirche im Stil der Mattenschuppen wurde bis zum Ende des Jahrzehnts durch die rein gotische Kathedrale von St. John ersetzt.

Insel Hongkong 1840

Die Zelte der Soldaten hatten sich in Kasernenblocks nach indischem Muster verwandelt, die den Berghang hinunter in eleganter Staffelung angeordnet waren. Auf der Stelle, wo ursprünglich James Mathesons »halb Neusüdwales-, halb ein-heimischer« Bungalow stand, erhob sich jetzt das Head Quarter House [Hauptquartier], die neoklassizistische Residenz des Generals.

Es gab ein Gerichtsgebäude, ein Gefängnis, ein Postgebäude und ein Hafenmeistergebäude, dessen erster Bewohner, Kapi-tänleutnant William Pedder, den Hafen mit straffer Hand führte: Liegeplätze wurden strikt zugeteilt, beim Einlaufen waren die Bramsegel zu streichen, auf Anordnung waren Klü-

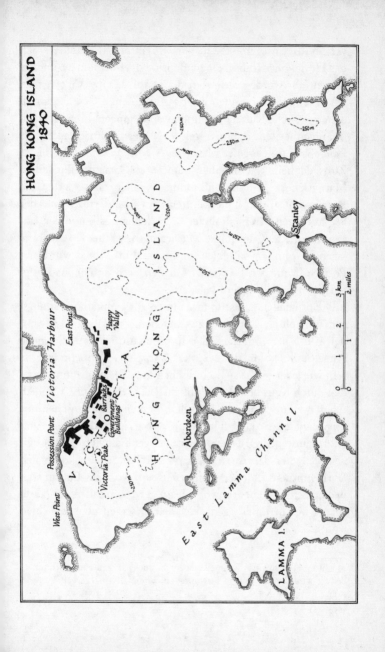

HONG KONG ISLAND
1840

West Point

Possession Point

Victoria Harbour

East Point

V   I   C

Victoria Peak

Barracks

Government
Buildings

Happy Valley

V   A

L   L   E   Y

H   O   N   G   K   O   N   G

I   S   L   A   N   D

Aberdeen

250 m

100 m

250 m

100 m

250 m

250 m

250 m

250 m

Stanley

East   Lamma   Channel

LAMMA I.

0   1   2   3 km
0   1   2 miles

ver und Besansegel festzuzurren. Im Jahre 1846 etablierte sich der Hongkong-Klub in einem dreistöckigen Klubhaus, und im selben Jahr wurden die ersten Rennen in Happy Valley gelaufen. Die Freimaurer, die mit der Ostindischen Gesellschaft an die chinesische Küste gekommen waren, gingen ihren Ritualen in angemieteten Räumen in der Queen's Road nach; die Laien-Schauspielergesellschaft, jenes *sine qua non* kolonialer Zufriedenheit, trat in einer Reihe von Galavorstellungen in Mattenschuppen auf. Und immer wieder marschierten die Rotröcke aus ihren Unterkünften zum Exerzierplatz über der See mit ihren Bärenfellmützen, der Pfeifenmusik und den langen Bajonetten auf ihren Musketen. Britische Kriegsschiffe lagen gewöhnlich im Hafen, und einmal im Monat wurde ein Postschiff mit den Postsäcken für den Fernverkehr via Ägypten heim nach England beladen.

Die offiziellen Kreise unternahmen alles, um eine ordnungsgemäße koloniale Stellung zu erreichen. Zum Beispiel begann der Klub, der inmitten aller Improvisation der traditionelle Angelpunkt kolonialer Identität war, genauso hochmütig zu sein wie jeder seiner anglo-indischen Vorläufer, bis hinunter zu den durch Kulis bewegten Punkahs[31]. Die Regeln der Mitgliedschaft waren streng, alle Fremden, Frauen und Menschen mit ungeeigneter sozialer Herkunft waren ausgeschlossen, und bald wurde der Ort nach einem zeitgenössischen Chronisten »das Paradies der Auserwählten und Tempel der kolonialen Vornehmtuerei«, dessen Mitglieder, von Kopf bis Fuß in weißes Leinen gekleidet (obwohl sie zu gewissen Zeiten des Jahres Flanellwäsche unterzogen), viel Zeit in seinen hochgewölbten

---

31 Ein großes, in einen Rahmen gespanntes Tuch, das mit einem Schnurzug bewegt wird, um die Luft in Bewegung zu halten. [Anm. d. Übers.]

Räumen beim Billardspiel, beim Zeitungslesen, beim Essen von Dingen wie Roastbeef, Wildpastete oder Nierenpudding verbrachten.

Auch im Freien, wenn wir den alten Illustratoren glauben sollen, wurde ein angemessener Aufwand getrieben. Damen mit geschmackvollen Hüten, die Herren mit Zylindern werden durch livrierte Lakaien die wenigen ausgefahrenen Straßen entlangkutschiert. Beamte werden in Sänften getragen, haben dabei ihren Hut vielleicht an besonders dafür vorgesehene Haken gehängt und rauchen lässig ihre Pfeifen. Offiziere mit federgeschmückten Hüten reiten auf Dienstpferden umher und salutieren galant den vorbeifahrenden Landauern.

Es ist wahr, daß solch eine bunte Menge von chinesischen Müßiggängern, zusammen mit streunenden Hunden und grasenden Eseln, die Eleganz der sonntagnachmittäglichen Promenade auf den Exerzierplätzen neben der neuen Kathedrale sogar auf den Aquarellen verdirbt; trotzdem spielt aber eine Militärkapelle, und durch die Menge sieht man auch einige anständige englische Familien, vornehm aussehende Spaziergänger mit Stock und Knopfblumen, Kinder in Beinkleidern mit ihren chinesischen Kindermädchen. Von ihrer Veranda, so könnte man sich vorstellen, wacht über allem die neu ernannte Exzellenz, der Bischof von Victoria, dessen Diözese auch Japan und das ganze chinesische Reich umfaßt.

Die Flagge über dem Head Quarter House ist aufgezogen. Sikhs in Turbanen salutieren vorübergehenden Offizieren. Als der Kommodore sein Flaggschiff, das großartige, mit zweiundsiebzig Kanonen bestückte Schlachtschiff *Blenheim*, mit allem Pomp verläßt, um seiner Exzellenz dem Gouverneur einen Besuch abzustatten, blitzen unten im Hafen die Ruder auf. Wenn das Licht richtig einfiel, wenn man auf richtige Art schaute, dann sah Hongkong schon bemerkenswert imperial aus. Sogar Mr. Robert Fortune war von dem Gedanken bewegt, daß hier »Leben und Eigentum unter britischer Flagge sicher waren, die schon... eintausend Jahre Kampf und Sturm standgehalten hat«.

Aber vor der Küste, am Ostende von Victoria lag ein Flaggschiff anderer Art, das deutlich weniger zeremoniell als die *Blenheim* aussah und ganz eigentümlich nach verfaultem Gemüse roch. Es war der Geruch von Opium, der in diesen Landesteilen sehr vertraut war. Das Schiff war das massive alte indische Handelsschiff, die *Hormanjee Bormanjee*, in deren Laderäumen die Herren Jardine und Matheson während der ersten Jahre in Hongkong nicht nur ihr Gold, sondern auch die Drogen gelagert hatten, die sie dann mit ihren schnellen bewaffneten Klippern die chinesische Küste hinauf und hinunter verteilen sollten.

Auf eine Art war die *Hormanjee Bormanjee* ein wirklicheres koloniales Flaggschiff als das Schlachtschiff des Kommodore, denn offen gesagt war Hongkong von den Einnahmen aus dem Handel mit dem Narkotikum abhängig. »In Übereinstimmung mit jedem Menschenfreund«, proklamierte fromm der *Friend of China* in seiner ersten Ausgabe 1842, »müssen wir die Sucht der Chinesen nach diesem faszinierenden Laster zutiefst bedauern«, aber kaum jemand glaubte dies tatsächlich – selbst das Großsiegel der Kolonie, 1844 durch den Ersten Medaillenschneider der Königin selbst entworfen, zeigte unter dem königlichen Waffen ein Ufer, auf dem sich dem Anschein nach Teekisten stapelten, die aber allgemein als Opiumkisten angesehen wurden. Im Jahre 1844 erklärte der Gouverneur selbst, daß fast jeder, der in der Kolonie Kapital besaß, entweder in Diensten der Regierung stand oder aber im Drogengeschäft tätig war.

Auf jedes britische Kriegsschiff in den Wasserstraßen kamen höchstwahrscheinlich zwei bis drei Opiumklipper, die so ausgezeichnet ausgerüstet und selbstsicher beflaggt waren wie jede Fregatte. Die Flagge über der Residenz des Generals kam nicht mehr zur Geltung als die Flagge über dem Jardine-Matheson-Hauptquartier am East Point, eine halbe Meile weiter am Ufer entlang. Die Regierung Hongkongs mag ihre Bedeutung herauskehren; die Kaufmannschaft jedoch übertraf deren Geldmittel beträchtlich und brachte all die anmaßende Großtuerei in die Kolonie, die sie in Guangzhou entwickelt hatte. »Du wirst wissen wollen«, schrieb Robert Jardine 1849 heim, »wer hier die schönsten Häuser hat. Wie du weißt, haben der Gouverneur und der General gewöhnlich die schönsten, aber nicht hier. ›Wer dann?‹ – Jardine…«

In den ersten Jahren der Besiedlung der Kolonie sind Dutzende von Handelsgesellschaften, zusammen mit europäischen Krämern, Ärzten, Gastwirten und den verschiedensten Geschäftsleuten, nach Hongkong gekommen. Die meisten Gesellschaften waren britisch oder indisch, aber es gab auch amerikanische, deutsche, italienische, holländische und französische Unternehmen. Drei alte Bekannte aus Guangzhou beherrschten sie: Jardine, Matheson, die berühmtesten oder berüchtigtsten von allen, mit fünf Partnern und 20 europäischen Mitarbeitern, Dent und Co., ihre Hauptkonkurrenten, mit fünf Partnern und acht Mitarbeitern, und die amerikanische Russell und Co. mit sechs Partnern und acht Mitarbeitern.

Das Leben in Hongkong drehte sich in Wirklichkeit nicht um den Gouverneur, sondern um diese beachtlichen *hongs* und ihre Bosse, die *taipans*. Sie waren nicht nur die Schiffseigner, die Lagerverwalter, die Buchhalter, die Vertreter und die Händler der Kolonie, sie spielten auch die Rolle der Versicherer und der Bankiers. Sie waren es, die die britische Regierung bewogen hatten, die Insel zu erwerben, und sie betrachteten sich als die eigentlichen Besitzer. Der Historiker G. R. Sayer[32] verglich Hongkong in diesen frühen Jahren mit dem Hauptquartier eines kommerziellen Expeditionskorps, dessen Außenposten die Vertragshäfen entlang der chinesischen Küste waren, wobei der Gouverneur der Stabschef und die Truppenkommandeure die *taipans* waren.

Als Kaufleute im Grenzgebiet gehörten sie zu den gerissensten und energischsten. Ihre Rivalität war fanatisch, ihre Methoden waren skrupellos, sie alle lebten für den Augenblick in der fröhlichen Gewißheit, daß die meisten von ihnen nach zwanzig Jahren an diesem Ort reich sein würden. Nur wenige beabsichtigten, länger zu bleiben, und bei den *taipans* gab es ein häufiges Kommen und Gehen, oftmals nach dynastischer Übergabe an Familiennachfolger. William Jardine selbst, der niemals nach Hongkong kam, hat nur zwölf Jahre an der chinesischen Küste verbracht; sein Partner, James Matheson, ging nach 19 Jahren prompt nach Hause; aber andere Jardines, andere Mathesons oder Nachkommen von Seitenlinien beider Sippen blieben für Generationen in Hongkong.

Sie lebten in großem Stil, noch immer durch Erinnerungen an die Ostindische Kompanie in Guangzhou beeinflußt. Die unabhängigen Kaufleute haßten zwar diese riesige und ehrwürdige Einrichtung, hatten aber trotzdem einige ihrer Standpunkte übernommen. So waren die Niederlassungen entlang des Ufers in Hongkong eindeutige Nachfahren der alten Faktoreien der Ostindischen Kompanie, und der Lebensstil der Kaufleute entsprach eindeutig dem der Kompanie. Wie die

---

32 In *Hong Kong, 1841–1862*, Oxford 1937.

Anglo-Inder hatten auch sie ihre einheimischen Vertreter, die Vermittler zwischen den Herrschern und den Beherrschten; die Kompradoren waren die Dolmetscher, die Mittelsmänner der *hongs* und oft schon wichtige Leute per se. Wiederum wie bei den Anglo-Indern, arbeiteten die Kaufleute sehr hart, verschmähten die kraftlose Neigung der Romanen zu einer Siesta, die in Macao durchaus üblich war, und kleideten sich für das Büro so, wie sie es auch in England getan hätten, mit hohem Kragen, Tuchanzügen und Schuhen.

Wie auch die Anglo-Inder, so sorgten sie reichlich für ihren Unterhalt im Exil. Die Mitarbeiter (die sowohl hier als auch in Indien »griffins« [Neulinge] genannt wurden) lebten in den meisten Fällen in Messen, aber die Älteren, die auch gelegentlich Frauen und Familien bei sich hatten, bewohnten ansehnliche Häuser. Eines davon, das 1845 zum Verkauf angeboten wurde, hatte zwei neun Meter lange Wohnräume, fünf Schlafzimmer mit angrenzenden Baderäumen, zwei 30 Meter lange Veranden, die durch Jalousien geschlossen werden konnten, und »geräumige Nebengebäude für die Dienerschaft«. Dent unterhielt am Ufer eine entzückende Gartenvilla, die auf den Bildern, die aus der Schiffsperspektive gemalt wurden, auffällt. Jardines Haus Nr. 1, das Robert Jardine besonders hervorhob, war ein Herrenhaus im griechischen Stil, in dem die jeweiligen Tagesgäste durch eine große Dienerschaft betreut und gegen die Inselfieber gut geschützt wurden.

Die Londoner Schneider von David Jardine sandten ihm die Rechnungen für einen Anzug und zeigten sich über die Zunahme seiner Maße erstaunt und waren »erfreut, daraus ableiten zu können, daß das Hongkonger Klima Ihrer Konstitution bekommt«.

Es war jedoch nicht das Klima. Jardine hatte aus London einen Küchenchef herbeigeholt, wie auch Dent einen Koch aus Frankreich mitbrachte. Auf diese Weise wurden die *taipans* und ihre Mitarbeiter alle sehr gut beköstigt. So unterschiedliche Lebensmittel, wie Stoutbier aus Dublin, englischer Schinken, Kutteln und Haferflocken in Dosen kamen regelmäßig per Schiff aus Großbritannien. Für Alkohol scheint es keine Grenze gegeben zu haben – man trank Rotwein zum Frühstück, Bier zum mittäglichen Gabelimbiß und am Abend große Mengen an Rotwein, Champagner und Portwein. Zu den lokalen Lebensmitteln berichtet der *Friend of China*, daß schon 1842 das Rindfleisch billig und Milch und Butter reichlich vorhanden waren. Man konnte Fasane, Rebhühner, Wildbret und alle Arten von Fisch, bekannte und unbekannte, bekommen. Eis konnte man auch bald von einem durch öffentliche Anleihen finanzierten Eishaus erhalten. Es gab einen Klub der Schafzüchter, dessen Mitglieder sich zusammenschlossen, um indische und australische Schafe ihres Fleisches wegen zu züchten (obwohl ein Berichterstatter der Londoner *Times*, George Wingrove Cooke, der im darauffolgenden Jahrzehnt über die Hongkonger Küche schrieb, darüber klagte, daß die Schafe im Sommer am Tag ihres Verzehrs geschlachtet werden mußten und ihr Fleisch »so hart blieb wie in der Todesstarre«.

Die Kaufleute waren fast alle junge Männer, selbst die *taipans* waren selten älter als 30. Sie führten ihr Leben, gleichgültig, ob sie nun in Häusern oder in einer Messe der Gesellschaft lebten, mit einem knabenhaften Elan, hatten viel Spaß, spielten sehr oft Billard, rauchten viel und freuten sich auf die Rennen in Happy Valley, die ja den Pferderennen auf dem Land in Irland glichen und hier durch die eigenen Rennpferde der *hongs* beherrscht wurden. »Ich habe noch keinen der jungen Angestellten mit einem Buch in der Hand gesehen«, schrieb der geniale Albert Smith[33]; sie machten, sagte er, »eine geisttötende

Zeit durch«. Der größte Teil ihrer Aufgaben bestand aus Büroarbeiten, langweiligen Verrichtungen wie Buchhaltung und Inventur, aber um sie herum wurde alles vom Anreiz des »schnellen Geldes« beherrscht. Alles war dringend, alles war eilig, aber nicht alles war einwandfrei. Die Opiumschiffe, die den Hafen anliefen und wieder verließen, waren gebaut, um schnell zu segeln und zu entkommen, es waren Schoner mit überhängendem Steven, das modernste amerikanische Modell. Die hier anlegenden Teeklipper waren die schnellsten Segler ihrer Zeit. Auf ihrem langen Turn nach England lieferten sie sich wiederholt aufregende Rennen. Harte, verwegene, gutbezahlte Kapitäne kamen und gingen, erzählten Geschichten von riskanten Kämpfen mit chinesischen Kreuzern oder planten noch sensationellere Fahrten nach Hause.

In den ersten Jahren der Dekade bedauerten viele Geschäftsleute ihren Aufbruch nach Hongkong und spielten mit dem Gedanken, nach Macao oder Guangzhou zurückzukehren. Später aber wuchs das Vertrauen, selbst wenn es noch unbeständig war. Hongkong war sicherlich noch nicht jener immense Handelsplatz, den Pottinger vorausgesagt hatte, teilweise, weil der Handel mit China jetzt auch über die Vertragshäfen geleitet wurde, aber er lag nicht darnieder. Da es damals noch keinerlei Zollabgaben gab, zog sein Status als Freihafen viel Verkehr an. Außer dem Opium, das in China noch immer verboten, aber trotz allem ungeheuer profitabel war, gab es einen Handel mit Baumwolle, Kandiszucker, Peddigrohr, Salz und Tee — vieles davon durch den chinesischen Zoll geschmuggelt. Etwa in der Mitte der Dekade geriet das Haus Dent tatsächlich in finanzielle Schwierigkeiten, nachdem seine

---

33 In *To China and Back*, London 1859.

Absicht fehlschlug, aus Hongkong das führende Teezentrum Chinas zu machen. Das Betriebsgelände des Hauses Jardine in East Point um und unterhalb des Hauses Nr. 1 jedoch wuchs beständig. Auf einem schmalen Vorgebirge gebaut und umgeben von Werkstätten, Ställen und unbedeutenderen Gebäuden aus Granit oder Ziegeln, schaute sein dreistöckiges Lagerhaus hinüber auf die *Hormanjee Bormanjee*. Es unterhielt sogar sein eigenes Chinesenviertel, Jardines Basar, auf dem dahinterliegenden höheren Gelände. Auf seiner Werft lief auch das erste, in Hongkong gebaute Schiff vom Stapel, der Schoner *Celestial*.

Ein anderer Beobachter in der Mitte des Jahrhunderts, der Staatsbeamte Alfred Weatherhead, meinte, daß der Hauptgrund für das Verbleiben der Menschen in Hongkong die »mächtige, ganz in Anspruch nehmende Liebe zum Gewinn« sei. Dies traf nicht zuletzt auf die Schotten zu, die gute Umgangsformen besaßen, aber außergewöhnlich unsentimental waren und die bei Jardine und Matheson den Ton angaben. Als im Jahre 1850 die Tochter eines Partners, eine Miss McLean auf dem Gelände am East Point ein Hochzeitsfrühstück und eine fröhliche Tanzveranstaltung für 50 Gäste gab, schrieb der Buchhalter der Firma, nachdem die Festlichkeiten vorüber waren, einem Freund, der vor kurzem nach Hause zurückgekehrt war, in charakteristischer Weise: »Es war eine gute Gelegenheit, Dein Geschirr zu verkaufen. Ich hatte die Hoffnung schon fast aufgegeben, und dann überredete ich den alten McLean, es doch noch zu Deinem Preis von $ 200 zu nehmen...«

Es war unausweichlich, daß diese beiden Gesellschaftsschichten, die der Beamten und die der Kaufleute, zusammenprallten. Natürlich verkehrten sie auf Hochzeiten miteinander, sie teilten sich denselben Klub und denselben Rennplatz, aber dennoch waren ihre Differenzen von grundsätzlicher Art. Die Besten der Beamtenschaft – und nur die Besten – kümmerten sich um die Interessen des Imperiums, die allgemeine Ausweitung des Handels, des Christentums und um alles andere, was zur Ehre Englands beitrug. Die Besten der Kaufleute – sogar die Besten – kümmerten sich um ihren eigenen Reichtum. Die Regierung versuchte, ausreichende Steuern zu erheben, um die Verwaltungskosten decken zu können. Die Kaufleute widerstanden allen Bemühungen der Steuereinziehung und waren gänzlich bereit, sich erforderlichenfalls der britischen Autorität zu entziehen, indem sie Honorarkonsuln fremder Mächte wurden oder ihre Schiffe unter dänischer oder amerikanischer Flagge fahren ließen. Beide Seiten arbeiteten aufgrund verschiedener Regeln, verherrlichten nur zu oft unterschiedliche Wertmaßstäbe, und das Leben der Kolonie wurde durch ihre Streitigkeiten gestört. Die Londoner *Times* vermerkte einmal verzweifelt, daß Hongkong ständig durch »irgendeine tödliche Pestilenz, einen zweifelhaften Krieg oder eine schimpfliche interne Kabbelei« gefoltert würde.

Die Kaufleute wurden insbesondere von Gouverneuren mit liberalen Tendenzen bekämpft, Gouverneuren, denen man unterstellte, sie seien den Chinesen zu freundlich gesinnt, oder aber von Gouverneuren, die dem freien Handel mit allen Warengattungen, besonders mit Opium, nicht genügend Respekt zollten. Der erste Gouverneur, Pottinger, ein streitbarer Mann, schien zunächst genau zu dieser Art zu gehören, und als er einen Erlaß veröffentlichte (der später ohnehin aufgehoben wurde), daß Opiumschiffen der Hafen verwehrt würde, kommentierte James Matheson verständnisvoll: »Sir Henry hat ohnehin nicht die Absicht, das durchzusetzen, und betrachtet es privat sicherlich als guten Witz.« Und auch wenn er zum Schluß fast jeden in Aufregung versetzt hatte, so bereitete man seinem Nachfolger, Sir John Davis, der der Verwaltung während des größten Teils der 1840er Jahre vorstand, nichts als Schwierigkeiten.

Davis war nicht nur Schutzzöllner, sondern auch Sinologe, hatte er doch 30 Jahre lang, wenn auch mit Unterbrechungen, an der chinesischen Küste gelebt und dort überwiegend für die Ostindischen Kompanie gearbeitet, die von unabhängigen Kaufleuten so gehaßt wurde. Er war ein Mann mit anspruchsvoller, wenn nicht gar zudringlicher Natur, hatte einige der chinesischen Klassiker ins Englische übersetzt und sagte ständig: »So hat es die Kompanie gewöhnlich nicht gemacht.« Er war kaum ein Mann nach dem Herzen der Händler, und er selbst verachtete die meisten von ihnen offen. In kürzester Zeit hatte er sie alle dadurch aufgebracht, daß er die Dauer ihrer Landpacht kürzte (sie selbst behaupteten, ihnen sei eine unbegrenzte Pacht versprochen worden), eine Besitzsteuer einführte, Regierungsmonopole für Opium und Salz einrichtete, die versteigert werden sollten, und durchzusetzen versuchte, daß sich jedermann, gleich ob Engländer oder Chinese, in Melderegister der Regierung eintragen ließ.

Die Kaufleute hegten nur Abneigung gegen Davis. Sie waren beleidigt, als sie entdeckten, daß er den Turm der neuen Kathedrale, deren Grundstein er gelegt hatte, mit seinem eigenen Wappen geschmückt hatte, das drei Sterne und eine blutige Hand aufwies. Sie waren durch seine Wahl von Straßennamen für die wachsende Stadt verärgert. Er benannte die Shelley Street nach dem später bankrott gegangenen, obersten Finanzbeamten der Kolonie, die Hollywood Road nach dem Heim seiner eigenen Familie in Westbury-on-Trym in der Nähe von Bristol, aber »nicht einmal ein Landweg«, schrieb Alexander Matheson verdrießlich, »blieb für einen Kaufmann übrig«. Sie waren so wütend über den Registrierungsplan, daß Davis gezwungen war, den Vorschlag zurückzuziehen, und die Registrierung nur den Chinesen auferlegt wurde.

Die Kaufleute hatten nicht nur ihre Lobbyisten in London gegen Davis angestachelt, sondern behandelten ihn auch mit flegelhafter Unhöflichkeit. Ein Protestmemorandum, das sie ihm einmal sandten, war so grob formuliert, daß er seine Annahme verweigerte, und als der unglückliche Gouverneur den Cup des Generalbevollmächtigten im Jahre 1848 in Happy Valley überreichen sollte, hatte man nicht ein einziges Pferd für das Rennen gemeldet. »Es ist eine viel leichtere Aufgabe«, schrieb Davis verdrossen an Lord Stanley, »die 20 000 chinesischen Einwohner dieser Kolonie zu regieren als die paar Hundert Engländer.«

Vor dem Hintergrund dieser gereizten Stimmung in Hongkong (»das Land der Verleumdungen und der Schlupfwinkel des Fiebers«) geriet Davis auch noch in eine Kontroverse mit einigen seiner eigenen Beamten. Er hatte sich mit seinem Schatzmeister Robert Montgomery Martin überworfen, dem Mann, der schon die Besitznahme von Hongkong als Fehler betrachtete und der einmal die Insel mit einem Stück verschimmelten Stiltonkäse verglichen hatte. Trotz des Straßennamens bezeichnete er seinen obersten Finanzbeamten als verschwenderisch und nachlässig. Mit seinem Oberrichter, John Walter Hume, stand er auf Hauen und Stechen, hatte er ihn doch selbst in einem Brief an Lord Palmerston, der jetzt sogar Premierminister war, unbesonnen angeklagt, ein Gewohnheitstrinker zu sein.

Als London nun unerwartet reagierte, indem eine offizielle Untersuchung dieser Anklage angeordnet wurde, verlor Davis die Nerven und bot seinen Rücktritt an. Das Angebot wurde, so E. J. Eitel, der erste Historiker Hongkongs, »ohne zu zögern angenommen«[34], und eine erfreute Kaufmannschaft

---

34 *Europe in China*, Hongkong 1895.

boykottierte alle Abschiedszeremonien, als Davis vom Kai unter den »dünnen Hochrufen weniger ergebener Freunde« absegelte. Der *Friend of China* machte ihm mit einer sarkastischen Abschiedsbemerkung eine letzte lange Nase. »Sicher hat sonst niemals, weder im Himmel über uns noch in der Erde unter uns, weder körperlich noch als Geist ein solch netter, kleiner Gentleman wie Sir John Davis existiert.«

Sein Nachfolger, Sir George Bonham, war viel mehr nach dem Geschmack der Kaufleute. Da er sich darauf konzentrierte, die offiziellen Ausgaben zu reduzieren statt mehr Steuern zu erheben, und da er kein Wort Chinesisch verstand und in der Tat erklärte, daß das bloße Studium des Chinesischen »den Geist nur verschroben machte«, hielten sie ihn für einen großartigen Burschen.

Diese unliebsamen Konflikte im Anfangsstadium wie im Kern der Sache halfen nicht, das moralische Niveau Hongkongs insgesamt zu heben, und schon zog sich ein hartnäckiger Hang zur Schurkerei durch alle Angelegenheiten, der mit Gerüchten, Klatsch, Verleumdung, übler Nachrede und Intrige zusammenklang.

An der Spitze präsidierte die Fragwürdigkeit des Opiumhandels. Am unteren Ende blühte jede Art von Laster beim chinesischen Proletariat und bei den Massen von Seeleuten, Soldaten und verschiedensten Nichtstuern des Seeufers. In der Mitte gab es die fluktuierende Bevölkerung europäischer Abenteurer und Hochstapler. »Warum ist er von Hause fort?«, war die erste Frage, die jedem unerwarteten Neuankömmling gestellt wurde. Fast alles war auf irgendeine Art verdorben. Offizielle Post wurde oft von Opiumschonern befördert, und der fragwürdige Geistliche Karl Gutzlaff, der chinesische Sekretär, hatte vordem auf Jardines Drogenschmuggler-Schiffen als Dolmetscher gearbeitet und gleichzeitig Christi Wort den Heiden gebracht.

Für die gerade aufkeimenden Anzeichen imperialer Ordnung war dies eine schwierige Stadt. Sie war ein Seehafen des Ostens, eine Garnisonsstadt, ein Schmuggelzentrum, Schlupfwinkel von Piraten und Gangstern, ein Drogenmarkt und unter ihrer Beimischung von Portugiesen, Parsen, Amerikanern und vielen anderen Nationalitäten mit eine der weltoffensten Besitzungen Ihrer Majestät. Triaden aus Guangzhou hatten sehr bald die Unterwelt Hongkongs infiltriert und brachten so der Kolonie alle Arten von Gesetzlosigkeit. Opiumhöhlen und Glücksspiel-Schulen waren reichlich vorhanden und Bordelle blühten auf; die chinesische Bevölkerung von Victoria, so schätzte man im Jahre 1842, wies in 23 Häusern 439 Prostituierte und 131 Opiumverkäufer in 24 Läden auf.

Es war auch ein hervorragender Ort für Kneipen, von denen viele im Besitz ehemaliger Seeleute und wie diese auch sehr ordinär waren. Wir lesen von der British Queen [Britische Königin], Britain's Boast [Großbritanniens Stolz], Britannia, der Golden Tavern [Goldene Taverne], der Caledonian, der Eagle [Adler], Waterloo, Commercial [Handel], und sehr oft hören wir von Schlägereien zwischen Betrunkenen vor ihren Türen. So berichtete der *Friend of China* an einem Tag des Jahres 1842, daß zwei Seeleute von der *Blenheim* bis zur Hüfte entkleidet, betrunken und blutüberströmt, außerhalb von Labtats Taverne einen Boxkampf austrugen und einen ganzen Haufen Leute, zu denen ein halbes Dutzend Polizisten gehörte, als Zuschauer hatten.

Betrügerische Geldgeschäfte nahmen überhand. Münzen aus England, China, Indien, Spanien, Mexiko und allen südamerikanischen Staaten befanden sich legal im Umlauf und boten sich für Manipulationen geradezu an. Die Profitmacher, die in jede Frontstadt, jede neue Ansiedlung strömten, die im neunzehnten Jahrhundert an irgendeiner Küste zu finden war, sahen sich hier in ihrem Element: H. C. Sirr, im Jahre 1844 neu eingetroffener Generalstaatsanwalt, beschwerte sich darüber, daß seine Pension, durch deren Fenster es furchtbar hineinregnete, so teuer wie in London ein Hotel erster Klasse sei (so erklärte er dem Stadtgericht, warum er es für notwendig erachtet hatte, den Pensionsbesitzer tätlich anzugreifen).

Hongkongs Tradition begeisterter Berichterstattung über Kriminalfälle war schon geboren, und viele Zeitungskolumnen waren mit gemeinen Nachrichten erfüllt. Wir hören »erstaunliche Gerüchte über die Verwicklung gewisser chinesischer Bewohner... in dunkle Taten der Piraterie und des Verbrechens«. Wir hören von »teuflischen Prozeduren«, die durch Piratenhorden angewandt werden, die sich im Perlflußdelta festgesetzt haben. Wir hören ausführlich von »dem Schurken Ingood«, der sich darauf spezialisiert hat, betrunkene Seeleute zu berauben, und der, nachdem er ein sich heftig zur Wehr setzendes Opfer ertränkt hatte, der erste Europäer wurde, den man 1845 in Hongkong hängte. Wir lesen von einem Giftanschlag auf 25 Männer der königlichen Artillerie, von einem Gefecht im Hafen zwischen Dschunken und Booten der HMS *Cambrian*, von einem Versuch, den Zentralmarkt niederzubrennen, von einer Belohnung, die für die Ermordung des Gouverneurs ausgesetzt wurde, von Schutzgeldern, Räubereien mit Gewalttätigkeiten und von unablässigen Einbrüchen. Wir hören von Mr. Sirr, der mit einer Geldstrafe von $HK 10[35] wegen tätlicher Beleidigung bestraft wurde.

Es war auf keinen Fall sicher, nach Einbruch der Dunkelheit

---

35 $HK = Hongkongdollar [Anm. d. Übers.]

durch die Stadt zu spazieren, und die Nächte waren scheußlich mit dem Trommeln der Nachtwächter auf ihren Bambustrommeln. Sogar bei Tageslicht war es gefährlich, die Stadtgrenzen zu verlassen. 1849 wurden zwei Heeresoffiziere ermordet, die bei Stanley einen Spaziergang machten und dabei zufällig auf ein Munitionsdepot von Piraten stießen. Die Regierung wurde von den Problemen von Gesetz und Ordnung verfolgt. Mehr als einmal wurde in die Residenz des Gouverneurs selbst eingebrochen — und im Jahre 1845 wurde Charles May, ein Polizist aus London, als Polizeichef geholt, um die Polizeitruppe (71 Europäer, 46 Inder und 51 Chinesen, die meisten von ihnen korrupt, viele Gewohnheitstrinker und einige zu große Liebhaber von Boxkämpfen) zu straffen. In ihrer Hilflosigkeit, das organisierte Verbrechen der Chinesen zu bekämpfen, erließ die Regierung eine gutgemeinte, aber völlig unwirksame Verordnung, um »die Triaden und andere geheime Gesellschaften zu bekämpfen, deren Zusammenschlüsse Objekte zum Ziel haben, die mit dem Aufrechterhalten einer guten Ordnung und der konstitutionellen Autorität nicht vereinbar sind...«

Die Strafen waren hart, besonders für chinesische Übeltäter. Die Chinesen, die der Flagge nach Hongkong gefolgt waren, die meisten von ihnen Hakkas, taten nicht viel, um die Zuneigung der Briten zu gewinnen. Der erste Oberste Standesbeamte, Samuel Fearon, beschrieb sie als »unbekümmert um moralische Verpflichtungen, gewissenlos und respektlos«. Sie kamen und gingen, wie es ihnen gefiel. Viele von ihnen lebten auf ihren Booten, und jeder, sogar Sir John Davis, pflichtete bei, daß sie strikte Disziplin brauchten. Vor Einführung des Registrierungssystems hatten sie Laternen zu tragen, wenn sie zwischen Sonnenuntergang und 22 Uhr ausgingen, und nach 22 Uhr war es ihnen theoretisch verboten, überhaupt auszugehen.

Chinesische Verbrecher wurden, wie es der Vertrag von Nanking vorgesehen hatte, nach chinesischem Recht abgeurteilt und wurden auch mit chinesischen Strafen belegt (mit Ausnahme da, wo ein chinesischer Präzedenzfall »im Widerspruch zu den unveränderlichen Prinzipien der Moral stand, die Christen als verbindlich erachten«). Eine Bestrafung begann oftmals mit der Halskrause, einem Holzbrett, das um den Hals gelegt wurde, oder mit dem Abschneiden der Haarzöpfe, was ein besonders kränkendes Zeichen von Erniedrigung gewesen sein soll. Mitglieder geheimer Gesellschaften wurden gebrandmarkt, gewöhnlich auf der Brust, später am Ohrläppchen oder unter einem Arm und deportiert. Piraten wurden manchmal gehängt, oft aber zu langen Zeitstrafen in Eisen bei harter Arbeit verurteilt. Häufig wurde die Prügelstrafe verhängt, die nicht im Widerspruch zu jenen unveränderlichen Prinzipien der Moral stand – wurde sie doch überall unter britischer Herrschaft oft angewandt. An einem einzigen Tag im Jahre 1846 wurden vierundfünfzig Chinesen festgenommen, weil sie nicht im Besitz von Registrierungsausweisen waren. Da sie die Geldbuße von $HK 5 nicht zahlen konnten, wurden sie öffentlich ausgepeitscht. Als die Polizei im Jahr darauf die Straßen nach kranken oder altersschwachen Armen durchkämmte, wurden zwölf der armen Vagabunden zuerst verprügelt und dann zum Hafen gebracht, um auf chinesischem Territorium abgeladen zu werden.

Hongkong gab also gar nicht erst heuchlerisch vor, eine sehr vornehme Stadt zu sein. Briten, die dort ihren Dienst zu verrichten haben, so schrieb Sirr, müssen »ein tapferes Herz und starkes Vertrauen in die Gnade Gottes« haben. Wen wundert es also, daß Donald Matheson, *taipan* des größten der *hongs*, nachdem er über die moralischen Werte seines Geschäfts nachgedacht hatte, sich 1848 entschied, daß er dies alles nicht weiter ertragen könne, und all seine finanziellen Anteile an der Firma aufgab, um nach Schottland, nach Hause und zu guten Werken zurückzukehren.

So war Hongkong schon seit langem und kurz vor dem Beginn des großen Wagnisses endgültig Hongkong. Für mehr als ein Jahrhundert sollte nichts von dem, was der Kolonie widerfuhr, ihren Charakter wirklich ändern. Der Drang nach Profit, das Gefallen an gutem Leben, der feine Instinkt für den Glanz, die Energie, das Chaos, das Gerücht – all das war bereits vorhanden. Die Straßen der Stadt ließen Ost und West kaleidoskopartig verschmelzen. Die Anzüge der Kaufleute waren maßgeschneidert, und sie trugen sie gut.

Offensichtlich stand auch, so scheint es im Rückblick mit genügendem Abstand, eine unerfüllte Wurzellosigkeit hinter dieser Energie, die die Empfindungen abstumpft und die Stadt im Kern leer fühlen läßt. Die Umstände waren wahrlich erregend, die Möglichkeiten, reich zu werden, waren real, die Ereignisse rollten in einem atemberaubenden Tempo ab, und es gab auch den liederlichen, landstreicherischen Touch, der Abenteuer zu versprechen schien. Aber Hongkong hat seine Besucher trotz allem nur zu oft deprimiert – »wie eine schöne Frau mit schlechter Laune«, glaubte Lawrence Oliphant, der in der darauf folgenden Dekade dort hinging. War es nur das Klima? War es die beengte und improvisierte Umgebung? War es das Fehlen jedes höheren Zwecks, jeder Ideologie, so wie sie die Imperialisten in anderen Teilen ihres Weltreichs inspiriert hatte – Raffles aus Singapur, zum Beispiel, der hoffte, daß die Briten der Nachwelt eine Botschaft »geschrieben in leuchtenden Lettern« hinterlassen würden? Oder waren die Kolonisten Hongkongs schon damals in den 40er Jahren bewußt oder unbewußt durch die Nähe Chinas hinter ihrem Hafen so eingeschüchtert, so entnervt und charakterlos, obgleich sie anderseits in der Gewißheit lebten, daß es eines Tages machtvoll seinen rechtmäßigen Besitz wiedererlangen würde?

Weit entfernt verursachte die Dschunke *Keying* keine solchen Empfindungen. Sie war den Herrschern der Meere lediglich eine Kuriosität. Nachdem sie die britischen Seehäfen rundum besucht hatte, wurde sie in Liverpool zerlegt, und ihr Teakholz fand Verwendung, um Fährboote für den Mersey-Fluß zu bauen. Aber bestimmt war es ein chinesisches Besatzungsmitglied – vielleicht jener »Mandarin von Rang«? –, das im Jahre 1851 der Eröffnung des Kristallpalastes durch Königin Victoria beiwohnte und irrtümlich als Botschafter des Reiches des Himmels angesehen wurde, das man auf dem offiziellen Gemälde zu diesem Anlaß gelassen und malerisch in der vorderen Reihe des diplomatischen Korps sieht.

V.
LEUTE

1. Eine Auswahl von Reisenden

Im Hongkong der 80er Jahre unseres Jahrhunderts durchkreuzen die doppelrampigen Dieselfähren der Star Ferry Company den Hafen zwischen Tsim Sha Tsui an der Südspitze der Kowloon-Halbinsel und dem Zentrum, dem alten Victoria auf der Insel Hongkong, 420mal am Tag, von 6.30 Uhr am Morgen bis 23.30 Uhr in der Nacht. Es sind grün-weiße Boote von 39 Tonnen, die eine Durchschnittsgeschwindigkeit von zwölf Knoten erreichen und alle nach Sternen benannt wurden – *Lone Star* [Einsamer Stern], *Morning Star* [Morgenstern], *Meridian Star* [Mittagsstern], *Celestial Star* [Himmelsstern], *Northern Star* [Nordstern], *Shining Star* [Leuchtender Stern], *Day Star* [Tagesstern], *Silver Star* [Silberstern] und *Twinkling Stars* [Funkelnde Sterne]. Sie und ihre Vorgänger sind diese Strecke seit 1868 gefahren und gehören jetzt zu den berühmtesten Fähren der Welt. Jeder Besucher Hongkongs benutzt sie. Tausende von Pendlern brauchen sie jeden Tag, und als während eines Streiks im Jahre 1925 die kgl. Marine den Fährdienst übernahm, gab es viele Beschwerden über schlechte Bootsführung.

Nach so vielen Jahren auf einer so kurzen Strecke (kaum länger als zehn Minuten, auch bei rauher See) gleiten die Fährboote mit routinemäßiger Leichtigkeit an ihren Kai. Chinesische Seeleute in blauen Baumwolluniformen gehen geschickt mit dem Tauwerk um, der chinesische Steuermann läßt sich viel Zeit, um für die Rückfahrt von einem Ruderhaus in das andere zu wechseln, wie auch viele der Passagiere, wenn sie, sobald die eiserne Falltür sich hebt, wortkarg an Bord gehen. Einige lesen währenddessen noch die Zeitung, und andere wenden nachlässig einen hölzernen Sitz, um in der richtigen Richtung zu sitzen. Es gibt zwei Klassen, die erste auf dem Oberdeck, die zweite liegt darunter. Die Leute ziehen es oft vor, in der zweiten Klasse zu fahren, um das Boot nach dem Anlegen schneller verlassen zu können.[36]

Wir selbst wollen auf unserer ersten Fahrt über den Hafen von Hongkong oben mitfahren, weil die Fahrgäste dort für unsere Zwecke besser geeignet sind. Wir werfen unseren eigenen Sitz mit dem dazugehörigen Klappgeräusch zurück, als hätten wir das unser Leben lang getan, lassen uns im Schatten des Sonnensegels nieder, das die heiße Sonne der Steuerbordseite fernhält, und als das Boot von der Pier rollend ablegt, gehen wir daran, unsere Mitreisenden in Augenschein zu nehmen. Wir werden zwar das vorübergleitende Hafenpanorama versäumen, übrigens eines der interessantesten der Welt, aber die Mitfahrer verraten auch genug.

Sie sind von den Passagieren der *Xinghu* sehr verschieden, weil sie nach Verhalten und Rasse völlig unterschiedlich sind. Neben uns zum Beispiel sitzt eine junge Chinesin, achtzehn oder neunzehn Jahre alt, die ausgesprochen nett mit einem gelben Trainingsanzug, Turnschuhen und einer weißen Jacke bekleidet ist, eine Plastikspange und eine Hornbrille trägt und im *Sister's Pictorial* liest. Hinter ihr vergleichen vier große, rotgesichtige europäische Touristen – Schweden? Deutsche? – ihre Videokameras, und hinter ihnen wiederum starrt ein älterer Chinese in einer dunklen, sackartig herabhängenden Jacke

---

36 Mir wurde jedoch berichtet, daß Noël Coward diese Wahl einmal bereut hatte, weil ihn da unten niemand erkannte.

und einem hohen Kragen kurzsichtig in ein Buch, das eigentlich ein Band über Konfuzianische Ethik sein sollte, wahrscheinlich aber eine Abhandlung über computergestützte Investitionen ist.

Hier kommen drei japanische Geschäftsleute – junge Geschäftsleute, mit sehr sorgfältigem Äußeren, glattem Gesicht, gedeckter Kleidung, Aktentaschen in der Hand, die sich ihre Hosen beim Setzen schicklich hochziehen, nachdem sie sich davon überzeugt haben, daß der Sitz sauber ist. Sie sprechen sehr ernsthaft miteinander und prüfen Blätter mit graphischen Darstellungen. An der Reeling sitzt blaß ein englisches Paar ganz im Schatten – vielleicht ein Gefreiter mit seiner Frau, die aber erst vor kurzer Zeit an diesem Standort eingetroffen sind, denn ihnen setzt das Klima noch sehr zu, und sie sehen sehr verdrießlich und teilnahmslos aus. Ganz im Gegensatz dazu hinter ihnen ein paar einheimische Schlägertypen, die sich wie Akteure eines Kung-Fu-Dramas geben, langhaarig, mit Schlitzaugen und muskelbepackten Schultern.

Ein hochgewachsener Brite in mittlerem Alter möchte keinen Sitz und lehnt sich gegen eine Stütze. Er scheint die wahre Verkörperung eines englischen Gentleman, der seiner Karikatur sehr nahe kommt. Ab und zu schaut er über den oberen Rand seiner halbmondförmigen Brille, um den Rest von uns zu inspizieren, und wenn er das tut, lockert der Anflug eines Lächelns seine Gesichtszüge auf und läßt ihn sofort gelassen, zurückhaltend, wohlgesinnt und gönnerhaft aussehen. Amerikaner sind auch hier und da auf dem Deck – gesellige Touristengruppen von einem Kreuzschiff, das am Ocean Terminal festgemacht hat, ein paar rundliche Bankiers oder Makler, die sich in hochgeknöpften Tropenanzügen über das *Asian Wall Street Journal* beugen, ein einzelner hagerer und gelehrtenhaft aussehender junger Mann auf dem Weg, wir raten hier einmal, in ein Seminar.

Wer noch? Ein halbes Dutzend chinesischer Schulkinder in Blazern mit Abzeichen, die Schulranzen und Tennisschläger tragen. Eine Gruppe philippinischer Hausmädchen, ganz Rüschen, Gekicher und Plastiktüten. Ein italienischer Hotelier, den wir zufällig kennen, lächelt herüber und winkt schlapp mit der Hand, um die außergewöhnliche Hitze anzudeuten. Und in sämtlichen Lücken zwischen diesen verschiedenen Klischeefiguren finden wir die weniger zu unterscheidende Masse der chinesischen Bevölkerung, wohlerzogen, höflich, meistens jung, durchaus nicht schwitzend, entweder mit sehr ernstem Gesichtsausdruck oder − so scheint es − in Träumen verloren − gediegen, aber nicht fesselnd, wie das faserkantige Büttenpapier, auf dem ein Aquarell gemalt ist.

Wie auf der Fähre, so auch in der Stadt: eine kleine, aber prominente Auswahl an *gweilos*, die den Sauerteig in der überwältigenden Masse der chinesischen Population Hongkongs darstellen. Die ersten beiden Namen im Telefonbuch 1987 der Insel Hongkong in lateinischer Schrift waren A. Young Kent und Abadi Ezra, die letzten beiden waren Zur Tse Wen und K. M. M. Zurack.

2. Briten − die »alten Hasen«

Die Briten sind natürlich die alteingesessensten Fremden, von denen es im allgemeinen etwa 16 000 gibt, wozu auch die Soldaten der Garnison und ihre Frauen zählen. Vom Stadtzentrum vielleicht einmal abgesehen, bemerkt man sie heutzutage kaum noch, tragen sie doch nur 0,003 Prozent zur Bevölkerung bei. Man wird jedoch ständig an ihre weit zurückreichende Präsenz erinnert, sei es auch nur durch die Straßenbenennungen auf dem Stadtplan von Hongkong. Das mag 1997 alles fortgewischt werden, aber im Augenblick lesen sie sich wie eine öffentliche Liste der alten Gesellschaften − Elliot Crescent und Pottinger Peak, Mount Davis und Bonham Strand, Shelley Street natürlich, Lady Clementi's Ride, Aldrich Village und Hill Above Belcher's...

Jeder Gouverneur Hongkongs hat irgend etwas, was nach ihm benannt wurde, und heutzutage erinnern die nach Percival, Irving, Anton, Landale, Matheson, Paterson, Johnstone und Keswick benannten Straßen, dazu Jardine's Lookout, Jardine's Bazaar und Jardine's Crescent an Britische *taipans*.

Durch östliche Augen, muß ich sagen, konnten die Briten nicht voneinander unterschieden werden, genausowenig wie die chinesischen Massen von westlichen Augen zu unterscheiden waren. Man braucht sich aber nur einmal die Liste der Briten in Hongkong anzusehen, um festzustellen, daß unzählig verschiedene Arten von Auswanderern während der letzten 150 Jahre ihr Glück in der Kolonie gesucht haben. Bei den Namen der Händler stellen wir zum Beispiel ein Übergewicht der Schotten fest − Jardine, Matheson, Innes, Mackay, McGregor. Wir machen eine Fülle von Evans, Jones, Williams und Davis aus, nicht nur in der Gesellschaft St. David und in den walisischen Chören der Kolonie, sondern auch in den Akademien und in der Regierung. Es gab einmal fünf anglo-irische Gouverneure nacheinander. Und unverwechselbar sind die Zeichen, die das Wirken des unteren englischen Adels hier über die Generationen hinweg hinterlassen hat.

Insbesondere das charakteristische Merkmal des englischen gehobenen Bürgertums, der Doppelname, hat sich in der Geschichte Hongkongs stark vermehrt. Hier einige Beispiele, die durch alte und neue Unterlagen belegt werden: Fairfax-Cholmondeley, Sawrey-Cookson, Peterson-Todd, Akers-Jones, Steele-Perkins, Hutton-Potts, Norman-Walker, Wesley-Smith, Norton-Kyshe, Webb-Peploe, Pennefather-Evans, Cave-Brown, Vaughan-Flower, Muspratt-Williams, Jackson-Lipkin.

Das klingt nach einer malerischen Gesellschaft, seien sie namengebend für Straßen, keltischen Ursprungs oder nur Doppelnamen. Auf keinen Fall sind alle Namensträger den Erwartungen der Lehrer und den Hoffnungen der Familie gerecht geworden, wenn sie zu einem Neubeginn im Osten verabschiedet wurden. Macht und Profit korrumpieren in gleicher Weise, und die Briten in Hongkong haben den Zustand des Empire von seiner besten und seiner schlechtesten Seite zur Schau gestellt.

3. Typische Taipans

Niemand gibt vor, daß die britischen *taipans* und die anderen Wirtschaftsführer im allgemeinen sehr nette Männer gewesen sind. Sie waren oft interessant, oft beherzt und im allgemeinen wagemutig, flossen aber gewöhnlich nicht von der Milch der frommen Denkungsart über. Im Jahre 1862 charakterisierte Louis Mallet, Unterstaatssekretär im Londoner Handelsministerium, die Briten, die damals in das China-Geschäft einstiegen, als »skrupel- und rücksichtslose Abenteurer, die nichts weiter suchten, als enorme Profite« (obwohl James Matheson, kultivierter und umgänglicher als die meisten von ihnen, von einem Zeitgenossen eine »verbindliche Art und die Verkörperung der Wohltätigkeit« zugesprochen wurde).

Obgleich die großen britischen Handelshäuser Hongkongs heute gewiß keinen Drogenschmuggel betreiben, sind sie in manch anderer Beziehung bereit, profitable Abkürzungen zu nehmen, und ihre Manager verfolgen erkennbar noch immer die alten Traditionen. Sie sind die Gattung, die sich in der Defensive befindet, wird ihre finanzielle Hegemonie doch durch Chinesen, Amerikaner, Japaner, Australier und andere ausländische Geschäftsleute herausgefordert, während Beijing ihre Unterwerfung im Jahre 1997 erwartet; man würde es aber kaum bemerken, denn ironischerweise fühlen sie sich in der Welt der späten 80er Jahre durchaus zu Hause. Über jeden Wechsel zwischen Sozialismus und Konservativismus in Großbritannien hinweg, haben sie in dieser entlegenen Kolonie den Geist des freien Unternehmertums am vollkommensten erhalten. Jetzt sind sie sozusagen nach Hause gekommen, in die angenehmen Jahre des Thatcherismus und des Reaganismus, des Monetarismus und der Privatisierung, der Übernahmeangebote und Massenfusionierungen; Jahre, in denen die Idee des Kapitalismus einen so hohen Stellenwert erhält, daß er selbst im kommunistischen China als halb-ehrbar angesehen wird. Betrachten wir eine Gruppe dieser Kaufleute (sie bevorzugen es, Kaufleute genannt zu werden), die sich, von ihren eleganten Frauen begleitet, vielleicht zu einer Dinner-Party treffen und sehen, was 150 Jahre aus ihrer Schicht gemacht haben.

Die alten *hongs* haben sich sehr auf ihre Familienbande verlassen, sie beschäftigten Cousins, Neffen und angeheiratete Verwandte, sooft sie es nur konnten. »Ich kann niemals zustimmen, faulen und verschwenderischen Naturen zu helfen«, schrieb William Jardine streng, »wenn es sich auch um nahe Verwandte handelt, aber ich will jeden meiner Verwandten in jedem vernünftigen Rahmen unterstützen, wenn sie sich klug und fleißig verhalten.« Auch heutzutage stützen sich die großen britischen Banken und Handelsfirmen kaum weniger, wenn nicht sogar vollkommen auf Blutsverbindungen, wenigstens jedoch auf die erweiterte Familie der Gesellschaftsklasse und des Hintergrundes. Dieses halbe Dutzend Männer, die über ihren Kaffeetassen lachen, sind von einer bestimmten, recht gelassenen Art. Einige von ihnen sehen gut aus, jeder einzelne ist alert, sie trinken mäßig, rauchen wahrscheinlich nicht, alles an ihnen scheint sehr beherrscht.

Der Sozialhistoriker Colin Cresswell verfaßte 1981[37] eine Studie über zwölf solche Manager der *hongs*. In sechs Fällen, so enthüllte er vorsichtig, »könnte man sagen, daß Verwandtschaft ein wesentlicher Faktor der Karriere gewesen sei«. Elf von ihnen sind in englischen Public Schools [höhere Privatschulen] und in Oxbridge erzogen worden. Fast alle haben ihren Wehrdienst in einem der vornehmeren Regimenter des britischen Heeres abgeleistet (kürzlich hat einer von ihnen in der französischen Fremdenlegion gedient und ein Buch darüber geschrieben). Die Personen unserer Betrachtung gehen zu Kaffee und Brandy über (im zeitgenössischen Hongkong ziehen sich die Damen selten in den Salon zurück). Nach unseren eigenen Untersuchungen ist anzunehmen daß sie alle konservativ wählen, wenn sie zu Hause in Großbritannien sind, und daß sie wahrscheinlich mittelgroße, aber äußerst gut eingerichtete Landhäuser irgendwo in der Nähe Londons besitzen, die auf ihren Ruhestand warten.

Obwohl sie alle verschiedene Firmen repräsentieren, sind sie doch beruflich eng verbunden, denn die alten Gesellschaften Hongkongs haben oftmals die Direktoren geteilt und bei Projekten zusammengearbeitet, was dem ganzen System manchmal das Wesen einer halb-geheimen Organisation zu gegenseitigem Vorteil verlieh. Sie sind außerdem wahrscheinlich alle

---

37 *The Taipans*, Hongkong 1981.

Mitglieder von Klub-Komitees und teilen zweifellos die Vergnügen der Rennbahnen in Happy Valley und Shatin. Im Königlichen Yachtklub Hongkong segeln sie vielleicht gegeneinander und fahren miteinander auf ihren Freizeitdschunken hinaus. Oft werden sie auf den Seiten des *Hong Kong Tatler* abgebildet, wie sie sich gegenseitig ihre Gastfreundschaft erweisen.

Wenn wir dem Ganzen die Bruderschaft des Reichtums hinzufügen — sie sind nach britischen Standards alle sehr reiche Leute —, so überrascht es nicht, daß sie gesellschaftlich wie geschäftlich ihrer Erziehung und wahrscheinlich auch Moral gemäß ganz offensichtlich die gleiche Sprache sprechen. Hörten wir in ihre Konversation hinein, so fänden wir sie wahrscheinlich trotz aller Heiterkeit gespickt mit Hinweisen auf die rüchtZusammenlegung von Geschäften, Gerüchte von der Börse, irgend jemandes kürzlichen Bankrott oder gemeinsame Projekte zur Errichtung von Kernkraftwerken in China. Hinsichtlich des Vokabulars, der Anspielungen, gelegentlich der Aussprache und, auf unbestimmte Art, der Standpunkte, ist ihr Gespräch außerdem etwas amerikanisiert.

4. Ein gemischtes Bürgertum

Das sind die Männer, die als *taipans* von Hongkong allgemein bekannt sind, wenigstens den Romanschriftstellern und zu Besuch kommenden Journalisten. Wollen wir dem Romanschriftsteller James Clavell[38] Glauben schenken, so trifft dies ganz bestimmt für die 60er Jahre zu. Sie verwendeten das Wort

---

38 *Noble House*, New York 1981.

sehr oft selbst und sprachen den Chef der Firma als »Taipan« an, wie zum Beispiel »Falls der Markt nicht nachgibt, Taipan, wird Chase Manhattan nie die zweite Hälfte der Milliarde herausrücken…« In der Hierarchie der Briten Hongkongs ist ihnen die viel größere Klasse des weniger plutokratischen Bürgertums der Geschäftsmanager, Makler, Unternehmer und Unternehmerinnen, Anwälte, Ärzte, Akademiker und Journalisten wirtschaftlich nachgeordnet. Sie bilden eine heterogenere Gemeinschaft als die *taipans* und ihre Frauen. Neben einer beträchtlichen Schicht äußerst zivilisierter und netter Leute, gehört dazu auch ein ansehnlicher Anteil an Männern, von denen man keinen Gebrauchtwagen erwerben möchte, eine hinreichende Anzahl von Frauen, die man auf einer Cocktail-Party nicht neben sich haben möchte, und einige Kinder, bei denen man dankbar ist, wenn die eigenen Kinder nicht mit ihnen zur Schule gehen müssen.

Ihre soziale Herkunft ist so unterschiedlich wie ihre Aussprache, die vom herzhaftesten Schottisch oder Yorkshire-Akzent bis zum halberstickten Timbre der Vornehmen reicht. Sie sind oft mit Ausländern verheiratet, mit Chinesen, Japanern oder Europäern, aber sie schicken ihre Kinder im allgemeinen nach England zur Schule. Sie wohnen sehr ansprechend in freundlichen Appartements auf der mittleren Ebene (auf der halben Höhe der Berghänge) oder manchmal in komfortablen Villen mit Gärten. Gehören sie zu den Selbständigen, pendeln sie vielleicht von einer der zugänglicheren, vorgelagerten Inseln, oder sie haben zumindest ihr Wochenendhaus dort. Ein erfolgreicher Anwalt und seine Frau haben ein Appartement im Zentrum und ein hübsches Landhaus mit vielen Blumen und englischen Drucken hoch in den Bergen von Lantau, von wo aus sie ihr zweites Geschäft, die nahegelegenen Teegärten und Reitställe, überwachen können. Sie sind selten müßig, sowohl die Männer als auch die Frauen. Schon 1940 haben 300 britische Frauen in Hongkong ihre eigenen Geschäfte geführt, und heute trifft man selten eine Frau, die keinen Arbeitsplatz hat. Sie teilen allerdings nicht immer die Tugend wohlüberlegter Selbstbeherrschung der *taipans*, neigen oft dazu, alles zu überladen, – und manchmal zur Trunksucht.

Alles in allem sind sie, will man verallgemeinern, etwas weniger britisch als die *taipans*, und sie leben zwangloser. Da sie wahrscheinlich weit mehr verdienen, als sie es in Großbritannien würden, haben sie es nur selten eilig, nach Hause zu kommen. Sie bemühen sich vielmehr mit halbem Herzen darum, ihre Karrieren in einem angenehmen Zustand des »Halbe Kraft voraus« zu verfolgen, sie essen gut, haben gerne Freunde um sich, plaudern in der Bar des Klubs, fahren mit der Dschunke an Sonntagen hinaus – »Was du auch immer tust«, erzählen sie dem Besucher, »fahre ja nicht mit Bill (oder Simon oder Ted) hinaus, sonst bist du betrunken, ehe du den Hafen verlassen hast«. Viele arbeiten eifrig für wohltätige Zwecke. Einige setzen sich mit der chinesischen Sprache auseinander. Fast alle verlassen das Territorium, um einen Jahresurlaub irgendwo zu verbringen. Mit dem Fernen Osten sind sie durchaus vertraut. Sie sprechen so über Taiwan, die Philippinen, Singapur oder Tokio, wie es ihre Verwandten zu Hause in Großbritannien über die Toscana oder die Dordogne tun würden.

Trotz allem dreht sich das Leben dieser Menschen um die Einzelheiten der Vorgänge im Territorium selbst, seine Streiche und Skandale, seinen wirtschaftlichen Zustand, seine in Mode gekommenen Restaurants und die, die nicht mehr »in« sind, besonders aber, mit dem nahenden 1997, um seine Zukunft. Was wird aus dem Territorium werden, ist zu einem zwingenden Konversationsthema geworden. Sie lesen jedes

Wort der *South China Morning Post*, des Hongkonger *Standard*, des *Far Eastern Economic Review*, alle von Menschen geschrieben oder herausgegeben, die sie wahrscheinlich kennen, und da viele von ihnen in China Geschäfte machen, gehen sie mit Gerüchten aus Beijing geradezu verschwenderisch um.

In dieser Gemeinschaft gibt es immer ein paar Einzelgänger. Ein Börsenmakler mit Namen Noel Croucher, Ältester des Hongkong-Klubs und seiner griesgrämigen und geizigen Art wegen wohlbekannt, hat, als er 1978 starb, sein gesamtes großes Vermögen einer Treuhandverwaltung zur Bildungsförderung der Chinesen in Hongkong hinterlassen — einem der großzügigsten privaten Bildungstreuhänder der Welt. Und niemand könnte unbeugsamer ihre eigene Herrin sein als Mrs. Elsie Tu (geborene Hume, in Newcastle-on-Tyne, 1913), die seit dreißig Jahren die Stimme des liberalen Gewissens von Hongkong ist, die furchtlos für die Armen eintritt, der Autorität trotzt und Korruption aufdeckt. Die meisten Mitglieder des britischen Bürgertums fühlen jedoch Hongkong gegenüber keine tiefe Loyalität. Einige hassen die Stadt, und nur wenige der vollkommen Assimilierten haben die Absicht, nach 1997 zu bleiben. Sie sind also im Grund nur Durchreisende, und viele von ihnen haben sich schon vor langer Zeit dadurch auf die Zukunft vorbereitet, daß sie sich in der Umgebung von Grasse [Südostfrankreich] diese netten kleinen Grundstücke gekauft haben, wo das Essen noch immer gut sein wird, die Sonne ein wenig wie die Sonne des Ostens scheint und man ein Boot irgendwo im Wasser haben kann.

5. Einfache Briten

Es gab eine Zeit, als die britischen Gesellschaften in Hongkong viele einfachere Briten beschäftigten. Es gab niemals arme Weiße, die hier lebten, mit Ausnahme der Strandgutjäger und Prostituierten der frühen Jahre, und nur wenige Briten, die Handarbeiten irgendwelcher Art leisteten. Wie in vielen anderen Kolonien auch, so blühte zwischen den beiden Weltkriegen unter den Aussiedlern ein Kleinbürgertum auf. Lane Crawford's Kaufhaus zum Beispiel beschäftigte früher britische Verkäufer. Auf alten Fotografien sieht man sie mit Tropenhelmen auf den Veranden der Firmenmesse sitzen oder bei Weihnachtsfeiern sich schicklich vergnügen, schnurrbärtige Gestalten wie Figuren von H. G. Wells — den Assistenten des Leiters der Schuhabteilung, den stellvertretenden Leiter der Abteilung für Polsterwaren.

Heute gibt es nur noch wenige zeitgenössische Nachahmer dieser verschwundenen Gesellschaft. Auf einem weniger vornehmen Niveau schaffen eine Reihe von Kneipen noch immer eine authentische Fußball-Tippgemeinschafts-und-Biergeruchsatmosphäre, heutzutage noch gewürzt mit Jukebox und Australianismen. In einer etwas gehobeneren Umgebung sind die englischsprachigen Zeitungen bis heute voll mit pedantischen, schlecht geschriebenen Leserbriefen von Leuten, die mit »Ein verärgerter Kunde« oder »Echter Brite« unterschreiben und die bis vor kurzem auch gern eine lustige Abart humoriger Verse bevorzugten, oftmals mit chauvinistischem oder zumindest reaktionärem Tenor, die die Londoner Groschenblätter vor fünfzig Jahren interessiert hätten. Jetzt sind die unteren Ränge des Handels und der Regierung jedoch fast ausschließlich von Chinesen besetzt. Findet man heute in Hongkong einen Briten der arbeitenden Klasse, so wird es wahrscheinlich ein Soldat der britischen Garnison sein, die hier seit Gründung der Kolonie (wenn auch für eine gewisse Zeit in japanischen Gefangenenlagern) ununterbrochen existiert hat.

Im Jahre 1877 hat ein Sergeant dieser Garnison, offensichtlich durch die Privilegien der Beamten und Kaufleute aufgebracht, den Hongkong-Klub mit gezogenem Säbel allein attackiert, Lampen und Kandelaber abgeschlagen und Klubmitglieder mit dem schrecklichen Satz bedroht: »Ihr gehört auch zu diesem Volk!« Heute ist der britische Soldat von einer Mitgliedschaft in einem Klub mindestens ebenso weit entfernt wie damals der arme Sergeant Shannon. Sein Haar ist kurzgeschnitten, sein Gesicht von der Sonne gerötet, und er neigt dazu, mit der Miene langerlittener Vereinsamung durch die Stadt zu laufen. Sind Frau und Kinder nicht bei ihm, so hängt ihm der schlechte Ruf der Trunksucht und des grobschlächtigen Benehmens an. Wie alle seine Vorgänger über alle Generationen hinweg, hat er von der chinesischen Bevölkerung wahrscheinlich keine hohe Meinung. »Sie taugen nichts«, wie es ein Korporal mir gegenüber in den 70er Jahren ausdrückte, »sie wollen einfach nicht verstehen – und sie stinken.« Man kann ihn noch immer in seinen freien Stunden etwas verdrießlich in den Bars von Kowloon und Wanchai feiern sehen, ziemlich betrunken von zuviel einheimischem Bier und von ermüdeten Damen der Nacht mit geduldigem Widerwillen unterhalten.

6. Abendgesellschaft bei einem Mandarin

Auf der anderen Seite des unsichtbaren Zaunes steht in Hongkong der britische Beamte. Es gibt ihn in allen Abstufungen. Heutzutage pflegt er zwar Umgang mit den kommerziellen und höheren Berufsständen, hält sich aber eingedenk der Art seines Amtes bewußt separat.

Er ist wahrscheinlich aufgrund einer besonderen Fähigkeit ausgewählt worden, vielleicht als Ingenieur, Hafenmeister, Journalist, Rechnungsprüfer, Botaniker oder Meteorologe. Selbst 1987, als die Chinesen bereits die meisten Stellen im öffentlichen Dienst besetzt hielten, gab es noch immer über 3500 Rückkehrer auf der Gehaltsliste der Regierung. Er mag jedoch auch Laufbahnbeamter des Außen- oder Commonwealthministeriums sein, die 1968 die Übriggebliebenen des alten Kolonialdienstes aufnahmen (zu diesem Zeitpunkt herrschte bereits ein deutlicher Mangel an Kolonien). Vielleicht ist er über andere britische Besitzungen, die jetzt selbständig sind, in das Territorium gekommen. Oder vielleicht war er, wenn er das entsprechende Alter hat, einer der letzten Offiziere, die eigens für den Dienst in Hongkong ausgebildet wurden.

Vor gar nicht allzulanger Zeit beherrschten nur sehr wenige Mitglieder der Regierung Hongkongs eine chinesische Sprache. Heute verfügt sie über einen großen Grundstock an Linguisten und eine Handvoll Männer, deren große Leidenschaft die Zivilisation Chinas in der alten imperialen Tradition der gelehrten Beamtenschaft ist. Da der Chef der Regierung des zeitgenössischen Hongkongs wahrscheinlich der letzte seiner Reihe sein wird, wollen wir eine Einladung zu einem Dinner bei einem dieser Enthusiasten und seiner nicht weniger enthusiastischen Frau annehmen, bei der feuchten Hitze das Zentrum verlassen und zu den hochragenden Blocks der mittleren Ebene, wo langsam die Abendlichter angehen, über die gewundene Serpentinenstraße zu seinem weißen Amtssitz über dem Hafen hinauffahren.

»Wußten Sie«, sagte er mit einem schüchternen Scharren seiner Füße, als wir mit unseren Drinks auf der Terrasse stehen und den eindrucksvollen Ausblick genießen, »wußten Sie, daß im letzten Jahr 15 000 Ozeanschiffe in diesem Hafen ein- und ausgelaufen sind? Und sind es jetzt nicht 35, 40 am Tag? Gar nicht schlecht, nicht wahr?« Er sagt das wie ein Mann, der über das Wachstum seiner Rosen spricht, mit einer sanften, von Besitzerstolz oder sogar dem Stolz des Schöpfers getragenen Stimme. Dort, auf den Hängen des Berges, so weit über den Aufregungen der Stadt, verspürt man ein gewisses erhabenes Empfinden, und so kann er in dieser Erhabenheit einem selbstzufriedenen Zusatz nicht widerstehen, »und das umfaßt natürlich nicht die kleinen Boote aus China — das sind etwa weitere 80 000...«

Als wir zum Essen hineingehen, sehen wir, daß sein Haus, obwohl in großer kolonialer Architektur erbaut, mit Zurückhaltung ausgestattet ist, ein englisches Dekor mit Tupfern von Chinoiserien, wie Wandrollen und Vasen mit Drachendekor. Das Dinner stellt sich als anglo-chinesische Mahlzeit heraus. »Wie schmeckt Ihnen der Fisch?« fragt unser Gastgeber drängend. »Das ist ein Karpfen aus einem Teich, wissen Sie, den uns alte Freunde aus den New Territories geschickt haben. Meinen Sie nicht auch, daß sein Geschmack außergewöhnlich fein ist?« — »Wie finden Sie den Tee?« fragt unsere Gastgeberin. »Er ist aus Fuyan, wahrscheinlich der gleiche Tee, auf den sich Li Yu in *Cha-jing* bezog, soll auch sehr gut für die Verdauung sein...« Die Flasche mit Riesling scheint der Küche nicht zuzugehören und wurde vielleicht nur für uns hinzugefügt, und fast beschämt lehnen wir den in der chinesischen Gastronomie vertrauten Gegenstand ab, einen Zahnstocher.

Unsere Konversation konzentriert sich auf historische chinesische Inschriften auf Lantau, ein Thema, das unser Gastgeber als anerkannter Experte beherrscht, und auf soziale Einrichtungen des achtzehnten Jahrhunderts in Südchina, ein Thema, zu dem er ein paar Monographien geschrieben hat, während seine Frau jetzt ab und zu Vergleiche und Erläuterungen aufgrund ihrer eigenen, hervorragenden Kenntnisse des Tanka-Dialekts und ihrer Erfahrungen als Ehrenvorsitzende von fünf oder sechs Wohlfahrtsverbänden beisteuert.

Ich übertreibe in bezug auf Einzelheiten, und ich parodiere nur aus Zuneigung. Wir verbringen einen bescheidenen, liebenswürdigen und dezenten Abend, der uns gefällt. Unsere Gastgeber sind sehr nette Menschen. Ehe wir aufbrechen, wagen wir zu fragen, wohin sie am Tag der Großen Lösung des Knotens, im Jahre 1997 gehen werden. »Gehen?« antworteten sie einstimmig, »wir gehen nirgendwohin. Wir bleiben hier zu Hause in Hongkong.«[39]

7. Klassenschranken

Die Briten werden es kaum mögen, Hongkong jetzt noch eine Kolonie zu nennen, sie bevorzugen, von dem Territorium zu sprechen. Es spielt in irgendeinem größeren imperialen System der Briten keine Rolle und befolgt die vorgeschriebenen kolonialen Rituale mit merklicher Verlegenheit. Aber in sehnsüchtiger Erinnerung hängen die Briten Hongkongs manchmal den alten, seien es auch nur ästhetischen Empfindungen nach. Sie zeigen es besonders Ostern, wenn beim Klang der Glocken der Kathedrale (gestiftet durch den Hongkong-Klub zur Erinnerung an die Krönung von Königin Elisa-

---

39 Vorzugsweise, so mögen Zyniker hinzufügen, mit ein oder zwei Direktorenstellen in Betrieben, damit man über die Runden kommt.

beth im Jahre 1953) die britische Gemeinschaft von einem positiven Anfall anglikanischer Religiosität ergriffen zu sein scheint, wie das früher bei allen Gemeinden im ganzen Empire der Fall war. Alle Kirchenstühle sind an dem Morgen mit sehr britisch wirkenden Gestalten und ordnungsgemäß anglisierten Angehörigen der unterworfenen Rassen gefüllt. Die Auswanderer besinnen sich alter Zeremonien. Die Hände sind demütig über den Bäuchen gefaltet, wenn sich die Beamten anstellen, um das Abendmahl zu empfangen. Die arroganten Augen der *Tatler*-Frauen sind demütig gesenkt – selbst die Damen des Korps für Öffentlichkeitsarbeit sehen jungfräulich aus.

Obwohl, das stimmt schon, nur zwei oder drei Osterhauben zu sehen sind (die alle, so vermute ich, von Australierinnen getragen werden), macht die ganze Szene einen imperialen Eindruck. Die Jalousien der Fenster sind hochgezogen und gewähren der Sonne Zutritt, so wie es in Simla oder in Freetown war, der Chor singt die alten Hymnen, ein Waliser hält die Predigt (»So weit wir auch von daheim entfernt sind, liebe Freunde, wollen wir trotzdem an diesem heiligen Tag der Freude...«), der chinesische Meßdiener in seinem Chorhemd sieht sehr ehrerbietig aus, und alles ist so, wie es unter dem Schutz der Flagge und des Establishments sein sollte.

In diesem Augenblick des Jahres bekennen sich die Briten offen zu ihrer Identität. Es ist gleichfalls einer der wenigen Momente, in denen sie geeint zu sein scheinen, denn diese Gemeinschaft ist immer gespalten gewesen, nicht nur durch die Verschiedenartigkeit der Interessen, die wir in den 40er Jahren des achtzehnten Jahrhunderts beobachteten, sondern auch durch Klassen und Berufe, die wir gerade untersucht haben. Fast von Anbeginn schaute jeder auf jeden hinab. Henry T. Ellis, Hafenoffizier im Jahre 1859, definierte[40] die allgemeine soziale Einstellung Hongkongs als »hochnäsigen Geldbeutel-stolz«, eine Definition die noch nicht veraltet ist.

Viele Jahre lang — und in gewisser Hinsicht gilt dies auch heute noch — war der Standort des Hauses ein untrügliches Zeichen für den eigenen sozialen Status, und die Position des Kirchenstuhls in der Kathedrale war ein weiterer Indikator des eigenen Ranges und der Selbstachtung. Eine umständliche Etikette wurde beachtet, wenn es um die Rangfolge bei Abendgesellschaften, das Übergeben von Visitenkarten und die großen Verlegenheiten bei der Frage ging, »wer sollte wem als erster seine Aufwartung machen«. Als 1857 das Kriegsschiff *Tribune* in den Hafen einlief, lernte sein Kapitän keinen der britischen *taipans* kennen, die doch so berühmt für ihre Gastfreundschaft waren, weil weder er noch sie sich so weit erniedrigen konnten, den ersten Besuch abzustatten. Die Beamten sahen auf die Geschäftsleute hinunter. Großhändler schauten auf die Einzelhändler. »Die kleine Gemeinschaft«, schrieb Alfred Weatherhead, »ist weit davon entfernt, eine Schar Brüder zu sein, sie spalten sich in zahlreiche kleine Cliquen oder Gruppen, deren Mitglieder nie daran denken würden, mit denen außerhalb ihres engsten Kreises Umgang zu pflegen.«

Dies war ein im ganzen Weltreich bekanntes Phänomen, das vielleicht deshalb auftrat, weil der Wechsel über die Meere innerhalb des Empire allen Klassen ihre eigene Wichtigkeit bewußt machte. Der Beamte wurde zum Aristokrat, wenn er in die Kolonien versetzt wurde. Der Vorarbeiter in der Werft und seine Frau hatten jetzt Untergebene, die sie bei der Arbeit anweisen konnten, Bedienstete, die ihnen zu Hause die Betten machten. Selbst der einfache Soldat hatte einen Kuli, den er

---

40 In *Hong Kong to Manila*, London 1859.

schikanieren konnte. Wenn diese Regung auch stillos klingt, so muß man doch wahrheitsgemäß sagen, daß die Briten in Hongkong im großen und ganzen nur selten stilvoll waren. Als die aufregende Gründerzeit vorüber war, gab es in der Kolonie nur wenige hervorragende Männer oder Frauen, die man hätte verehren können – keine Orwells gehörten zur Regierung, keine Kiplings arbeiteten für die *South China Morning Post.* Selbst Verschrobenheit war rar. Es ist bezeichnend für diese Gemeinschaft, wenn einheimische Historiker hervorheben müssen, daß der ältere Bruder von P. G. Woodhouse in Hongkong geboren wurde und Thomas de Quinceys zweiter Sohn dort starb.[41]

8. Fremde unter den ersten Siedlern

Während des ganzen Jahres wird der Statue Square an jedem Sonntagmorgen von philippinischen Hausmädchen aus Hongkong besetzt, die sich hier zu Tausenden versammeln, um Freunde zu treffen, Neuigkeiten auszutauschen, Mahlzeiten im Freien zuzubereiten, sich gegenseitig irgendwelche Dinge zu verkaufen, Zeitungen aus Manila zu lesen und manchmal auch zu Transistormusik zu tanzen. Dieses außergewöhnliche Ereignis hinterläßt bei fast jedem den Eindruck einer Starenversammlung. Am späteren Morgen schwärmen die Frauen über den Platz, quellen aus den U-Bahnstationen, strömen von den Fähren und lassen sich in einem großen Wir-

---

41 Der Vater von Woodhouse war Magistratsrichter der Kolonie. »Plum« selbst [P. G. Woodhouse] wurde 1881 zu Hause geboren, arbeitete aber einige Zeit in der Londoner Filiale der Hongkong und Shanghai Bank. Horace de Quincey, Offizier der Cameronians [1. schottisches Schützenbataillon], starb 1842 an einem Fieber.

bel von Einkaufstüten auf jeder Bank, jedem Flecken des Bodens nieder. Wenn es feucht ist, besetzen sie die Arkaden, die Fußgängerbrücken und Einkaufszentren im Umkreis einer halben Meile. Ein Tagalog-Geplapper[42] in hohen Tönen, als Echo von den Wolkenkratzern zurückgeworfen, und wetteifernde Musik prallen über den Gärten zusammen, und der Wind weht eine riesige Flut von Abfall hierhin und dorthin. Gelegentlich spielt das ausgezeichnete Symphonische Orchester der Philippinischen Gemeinde in einer abgesperrten Straße, und lange nachdem die Dunkelheit hereingebrochen ist, trifft man kleine Gruppen von Freunden an, die noch immer lachen und weiterplappern, sich gegenseitig Briefe aus der Heimat vorlesen, auf Gitarren klimpern und kleine Fischstückchen verzehren.

Kapitän Elliot erklärte 1841 beim Hissen der Flagge, daß Britisch-Hongkong allen Fremden Schutz gewähren würde. Seitdem ist Hongkong Umschlagplatz für jeglichen Handel, Anlaufhafen für Handelsschiffe und Luftlinien aller Staaten, ein bevorzugter Hafen für die Marinen aller Nationen und eine großartige Stadt für jeden gewesen, der herkam und Geld verdiente. Heute sind die Briten eine Minderheit unter den eingewanderten Bewohnern und Fremden aller Art, die, wie die Händler in einer Karawanserei des Altertums, ständig kommen und gehen. Einige kamen tatsächlich gleich zu Beginn. Zu ihnen gehören die Filipinos, für Hongkong der nächste nichtchinesische Nachbar, deren Zahl stark anstieg, als die Philippinen 1897 von spanischer Herrschaft befreit wurden, und die jetzt die größte Gemeinschaft aller Fremden bilden.

Schon in den 40er Jahren des neunzehnten Jahrhunderts

---

42 Amtssprache der Philippinen.

beschäftigten Jardine & Matheson Filipino-Wachen, und philippinische Musiker haben in Hongkong immer die Rolle eingenommen, die Musiker aus Goa in Britisch-Indien spielten – umherziehende Gelegenheitsmusikanten. Die Angelegenheiten der Philippinen nehmen in den Zeitungen einen breiten Raum ein. Der Generalkonsul der philippinischen Republik nimmt eine herausragende Stellung unter den Konsuln ein. Die liebenswerte Masse der philippinischen Gemeinschaft besteht jedoch aus diesen lachenden, plappernden und immer lustigen Mädchen an jedem Sonntag auf dem Statue Square, Vertragsarbeiterinnen, die oftmals grausam lange arbeiten müssen und Schlafstellen haben, die kaum mehr als kleine Kammern sind, aber die trotzdem Jahr um Jahr zu Tausenden eifrig nach Hongkong kommen. Viele von ihnen lassen Ehemann und kleine Kinder zurück, um den noch elenderen Verhältnissen zu Hause zu entgehen.

Die Portugiesen waren in Hongkong die Pionier-Gefährten – sie waren in der Tat lange vor den Briten an dieser Küste und hatten eine alte Verbindung zu den britischen Kaufleuten in Macao. Viele von ihnen, einschließlich so mancher Angehörigen alter Familien, kamen nach den Verträgen von Nanking über den Meeresarm nach Hongkong. Sie brachten Hongkong einiges ihrer frühen Architektur und auch einiges ihres Dialekts – *praya*, zum Beispiel, bedeutet eine Promenade, Mandarin, ursprünglich ein Geber von Mandaten, *comprador*, wörtlich ein Versorger, *amah*, eine Kinderschwester, und überraschenderweise auch *joss* [chinesische Gottheit], was von *deus* kommt.

Die Portugiesen waren auf der mittleren Ebene des Geschäftslebens und der Gerichtsbarkeit immer vorherrschend, und sie gehörten zu den ersten Europäern, die sich Häuser in Kowloon bauten, als es britisch wurde, und haben sich dort fast eine eigene Enklave eingerichtet. Ihr Klub, der Lusitano-Klub, ist einer der ältesten in Hongkong. Einige von ihnen leben in einem äußerst zivilisierten Stil: Ich denke dabei an einen hervorragenden Anwalt, dessen Großvater im Jahre 1842 aus Macao nach Hongkong kam, der ein wunderschönes Haus im ländlichen Teil der New Territories besitzt – die Vorderseite mit Blick auf eine Bucht mit vielen kleinen Inseln, nach rückwärts ein grüner Berg –, mit seinen vier großen Hunden, seinen drei Katzen, seiner anspruchsvollen Bücherei, seinen Blumen und seltenen Stücken an Chinoiserie, der mir sein handgeschriebenes Tagebuch zeigt, das er als Kriegsgefangener der Japaner führte, und seine Andenken an die jährliche Klettertour in Zermatt, dazu noch die berühmte Briefmarkensammlung, durch die sein Name überall bekannt wurde, wo Philatelisten zusammenkommen.[43]

Die Verbindung Indiens mit Hongkong gründete sich auf die Allianz der britischen *taipans* und ihrer Handelspartner in Bombay oder Kalkutta – Allianzen, die schon vor Gründung der Kolonie bestanden. Besonders wichtig für die Angelegenheiten Hongkongs waren von Beginn an die Kaufleute der Parsen, hatten doch einige von ihnen bei Elliots ersten Auktionen Grundstücke gekauft, und die Inder, die aus Sikhs, Bengalis oder Pathanen [Paschtunen] bestehen und auch die Pakistanis einschließen, sind schon immer mit Hongkong vertraut gewesen. Sie kannten es als Soldaten, Polizisten oder Schiffswachen und sind noch immer als Hotelportiers und als Wachmänner da. Die aristokratisch aussehenden Herren, die man oftmals

---

43 Tatsächlich war es sein Großvater, der, noch keine zwanzig Jahre alt, nach Hongkong kam, während sein Enkel jetzt in den Siebzigern ist. So haben drei Generationen der D'Almadas die gesamte Kolonialgeschichte Hongkongs erlebt.

in der Lobby des Mandarin Hotels stehen sieht, ganz so als warteten sie darauf, ihre Direktorkollegen zum Imbiß in den Grillraum zu begleiten, sind, so wurde mir gesagt, Revolverhelden von der Nordwestgrenze. Die Polizei zur Bewachung von Munitionsbunkern im Hafen der Stonecutters Insel rekrutiert sich immer aus Sikhs, deren Religion es ihnen verbietet, zu rauchen.

Zumindest in der Vergangenheit litten sie unter doppelten rassischen Vorurteilen — waren sie nicht reich, wurden sie sowohl durch Briten als auch durch die Chinesen geringschätzig behandelt —, und trotzdem hatten sie oft sehr großen Erfolg. Es war ein Inder, der den ersten Fährdienst quer über den Hafen hinweg eröffnete, und ein anderer gründete 1840 die Star Ferries. Viele Jahre lang taten sich die Inder im Hotelgewerbe hervor. Zwei der ursprünglichen indischen Firmen, die 1842 gegründet wurden, gedeihen heute noch. Inder und Pakistanis spielen in der Wirtschaft Hongkongs als Produzenten und Agenten eine Rolle, die zu ihrer Gesamtzahl in gar keinem Verhältnis mehr steht. Ihre Kopfzahl beträgt weniger als 1/400 der Bevölkerung, aber sie wickeln eine Zehntel des Exports der Kolonie ab.

9. Spätere Ankömmlinge

Betrachten wir einmal die Busse der Japanischen Schule, die hintereinander auf der Straße über Chung Hom Kok aufgereiht sind! Lauschen wir dem Geräusch angeregten Plapperns der Schüler am Strand darunter. Man muß sich vor Augen halten, daß 1943 auf Stanley Beach genau gegenüber der Bucht 33 britische, indische und chinesische Bürger wegen angeblichen Hochverrats gegen die japanische Besatzungsmacht enthauptet wurden. Die Japaner hatten zu Hongkong in der Tat eine unklare Beziehung. Einerseits waren ihre Armeen die einzigen, die die Kolonie je besetzt haben, andererseits wurde ihr Außenhandel viele Jahre lang im wesentlichen durch die Banken der Kolonie finanziert. An einem Ufer badeten lustig die Kinder, und am anderen fielen die blutigen Köpfe in den Sand.

Von Hongkong aus gingen Jardine, Matheson im neunzehnten Jahrhundert nach Japan, und mit Ausnahme der Kriegsjahre haben sie dort seitdem blühende Filialen unterhalten.[44] Im Gegenzug errichteten die Japaner in Hongkong eine große Handels- und Finanzkolonie und stellten zum Beispiel darüber hinaus einen der bestbekannten Friseure der 1930er Jahre, ferner die Ärzte, die während der schrecklichen Epidemie im Jahre 1894 als erste den Pestbazillus isolierten, sowie das einst allgegenwärtige Fahrzeug Hongkongs, die Rikscha, deren eigentlich japanischer Name *jin-riku-sha*, »Mann-Stärke-Karren« lautet. Bis zum Zweiten Weltkrieg gab es eine florierende Vereinigung der japanischen Einwohner mit eigenem Tempel, und als im Jahre 1922 der künftige König Edward VIII. in die Kolonie kam, begrüßten ihn ihre Mitglieder mit einer Raketensalve, die nach ihrer Explosion eine Vielzahl von Union Jacks an Fallschirmen freigab.

Die Jahre des Zweiten Weltkrieges warfen einen Mantel des Grauens über die Beziehungen, gemischt (wenigstens auf britischer Seite) mit einer tiefen Verwirrung und einer Spur widerwilligen Respekts, aber bald waren die Japaner in voller Stärke

---

44   »Es tut mir leid«, sagte mir einmal die Frau eines Managers von Jardine, dem ich ein Empfehlungsschreiben übergeben wollte, »aber er ist in Japan zum Stapellauf eines Schiffes.«

und Zuversicht wieder zurück. Heute haben sie ihre eigenen Banken, Investitionsfirmen, Versicherungsgesellschaften, Hotels, Restaurants und wenigstens zehn ständig übervolle Kaufhäuser. Die Rikschas sind fast verschwunden, aber die Toyotas und die Nissans, die Sonys und die Panasonics sind überall anzutreffen. Der Finanzmarkt Hongkong wäre vielleicht ohne seine japanischen Geldmittel in Schwierigkeiten. Die Obenohne-Bars und Massagesalons des Territoriums würden dahinsiechen, gäbe es nicht die unersättlichen Gelüste japanischer Geschäftsleute. Die über 10 000 japanischen Einwohner werden sich wahrscheinlich bald, so schätze ich, zur stärksten ausländischen Gemeinschaft entwickeln.

Zu viktorianischen Zeiten gab es auch eine wohlhabende deutsche Kolonie – viel zu pompös, dachten die britischen Konkurrenten. Sie hatten ihren Germania-Klub mit einem eigenen Theater, und die Gesellschaft der Berliner Damen betrieb ein Findelhaus. Die Deutschen selbst waren in der Kolonie beliebt. Eine sehr zeremonielle Begrüßung, gleichermaßen durch Deutsche wie Engländer, wurde Prinz Heinrich von Preußen zuteil, als er 1898 mit dem Kreuzer *Deutschland* auf dem Wege zum neuen deutschen Protektorat Qingdao [Tsingtau] im Norden hier anlegte.[45] Der künftige Zar Nikolaus II. erschien 1891 mit einer kaiserlichen Yacht und einer Eskorte von vier Kriegsschiffen und erhielt einen ziemlich frostigen Empfang. Niemand jubelte ihm zu, und nach einem kurzen Besuch im Gouverneurspalast segelte er wieder davon. Weniger bedeutende Russen kamen nach der sowjetischen

---

45 Obgleich der eigentliche Zweck seines Besuches, wie Kaiser Wilhelm es selbst ausdrückte, war, »klar zu machen, ... daß der deutsche (Sankt) Michel seinen Schild fest in den Boden (Chinas) gepflanzt hat«.

Revolution, und andere zogen sich nach wiederholten Unruhen in Shanghai, einer lebendigeren internationalen Niederlassung, die sie im allgemeinen bei weitem bevorzugten, wieder nach Hongkong zurück. In den 1930er Jahren trieben sich hier immer Weißrussen herum, die ihren Lebensunterhalt durch Bootsbewachung, als Prostituierte, als Tanzlehrer, Photographen oder Trainer von Rennpferden verdienten (der letzte russische Trainer in Happy Valley setzte sich 1986 zur Ruhe). Sie waren in ausreichender Zahl vorhanden, um einen Zug russischer Freiwilliger der Hong Kong Volunteers aufzustellen, und als Hongkong 1941 in japanische Hände fiel, waren genug da, um in ihrem Kriegsgefangenenlager einen dreißigköpfigen Kosakenchor zu bilden.

Die Franzosen, jetzt durch etwa 1400 Menschen und wenigstens 140 Firmen vertreten, sind alte *habitués* des Territoriums. 1852 baute ein französischer Architekt das erste Rathaus Hongkongs. 1865 wurde ein Franzose erster Generaldirektor der Hongkong and Shanghai Bank. In den 50er Jahren unseres Jahrhunderts bauten französische Ingenieure die neue Start- und Landebahn des Kai Tak Flugplatzes, die dramatisch in den Hafen ragt. Die wesentliche Beziehung Kanadas zu Hongkong ist tragischer Natur, bezieht sie sich doch (wie wir später sehen werden) auf die unnötige Vernichtung zweier kanadischer Bataillone während der japanischen Invasion; heutzutage gibt es jedoch wieder eine ansehnliche kanadische Gemeinde, und Kanada ist in der Kolonie bekannt als der beliebteste Zufluchtsort für Hongkonger Chinesen, die vor 1997 ein Refugium suchen.

Zu Australien unterhält Hongkong eine sehr schwungvolle Verbindung, angefangen mit dem Import von Pferden aus Neusüdwales für Rennen in Happy Valley bis hin zu mutigen Investitionen australischer Unternehmer in den nervösen

Markt Hongkongs der frühen 1980er Jahre. Australier trifft man überall in der Geschichte Hongkongs, von Mrs. Randall und ihrem Honig bis hin zu Mr. Murdoch mit seiner Zeitung. Sie sind auch überall anzutreffen, erschließen Grundbesitz, leiten Geschäfte, verlegen Zeitungen, und ihre Akzente sind in gleicher Weise in den Hohen Gerichtshof wie auch in der Börse eingesickert, wie man sie auch fröhlich (und gelegentlich eindringlich) am Sonntagmorgen über die Einrichtungen des Yachtklubs hinweg hallen hört.

In Hongkong gibt es auch eine jüdische Gemeinde. Viele Juden kamen als Flüchtlinge, oftmals zwei- oder dreifache Flüchtlinge – aus Nazideutschland, aus der Sowjetunion, vor der japanischen Besatzung oder aus dem kommunistischen China.

Andere kamen ihrer Geschäfte wegen her, und einige britische Juden haben sich aus denselben Gründen wie die anderen Briten hier niedergelassen.

Sie sind nie eine große Gemeinde gewesen und über Generationen hinweg war ihnen zum Beispiel eine Mitgliedschaft im Hongkong-Klub verwehrt. Andererseits erlangten sie dann Anerkennung, wenn sie sehr reich waren, erfolgreiche Rennpferde besaßen und glänzende Parties gaben.

Einige von ihnen waren besonders interessant: E. R. Belilios zum Beispiel, der 1862 nach Hongkong kam und den Konventionen dadurch trotzte, daß er sich ein Kamel hielt, um seine Vorräte den Berg hinauf zu tragen, während Morris »Zwei-Pistolen« Cohen, der in den vierziger Jahren kam und einst als Leibwächter Sun Yat-sens gedient hatte, einer der auffallendsten *condottieri* [Heerführer] der chinesischen Bürgerkriege war.

Die ersten großen jüdischen Kaufleute folgten der Flagge aus Bombay, aber manche von ihnen kamen ursprünglich aus Bagdad, und einige ihrer Familien gehören zu den bekanntesten in der Geschichte Hongkongs.

Die weiße, doppeltürmige Synagoge der jüdischen Gemeinde Hongkongs wurde im Jahre 1902 in einem angenäherten holländischen Stil erbaut. Neben dem Portal hängt eine Spendenliste aus, auf der man einige unerwartete Namen wie Gezundhaji und Mackenzie findet. Man wird dort aber auch jüdische Namen lesen, die in der Geschichte des britischen Empire renommiert waren. Die Synagoge heißt Ohel Leah [Leas Zelt] und wurde durch Jacob Sassoon zu Ehren seiner Mutter Leah (»Friede sei Ihr«) gebaut. Dessen Familie kam über den Irak und Indien, um dem Weltreich Generationen von Poeten, Gutsbesitzern und Millionären zu bescheren. Führend in allen Angelegenheiten der Synagoge sind noch immer die Kadoories, die wir auf Bildern des letzten Jahrhunderts mit Turban und Pluderhosen gesehen haben, die aber 1981 Hongkongs ersten Pair des britischen Empire [Mitglied des Oberhauses] hervorbrachten – Lawrence Baron Kadoorie von Kowloon in Hongkong und der Stadt Westminster.[46]

10. Die Überlegenheit der Amerikaner

Aber von all den Fremden, die aus der britischen Anwesenheit in Hongkong Nutzen gezogen haben, waren die ersten die Amerikaner, deren Republik kaum mehr als 60 Jahre alt war, als die Kronkolonie errichtet wurde, und die hier seit 1845 ein Konsulat unterhalten haben. »Viele Leute sind in Wagen unter-

---

46 Die Synagoge ist durch Erschließungspläne bedroht, aber die Erbauer der zwei 42 Stockwerke hohen Wolkenkratzer, die an dieser Stelle stehen sollen, haben angeboten, einen ganz neuen Nachbau bereitzustellen.

wegs«, bemerkte 1858 ein Besucher, »darunter einige Yankees in leichten eisernen vierrädrigen Jagdwagen.« Wir können sie auch jetzt noch sehen, mit ihren schrägen Hüten und ihren Zigarillos. Das ist nicht verwunderlich, denn sie sind niemals fortgegangen.

Amerikanische Schiffe sind 1784 zum ersten Mal ins Chinesische Meer gekommen, als ihnen infolge der Unabhängigkeitskriege die meisten ausländischen Häfen verschlossen blieben. 1803 wurde eine amerikanische Faktorei in Guangzhou errichtet. Amerikanische Unternehmer, in jenen Tagen nahezu alle britischer Herkunft, kauften regelmäßig Opium in Indien und dem Nahen Osten und verteilten es mit ihren eigenen schnellen Schiffen entlang der chinesischen Küste. Ein Amerikaner spielt auch in dem ersten gedruckten Hinweis auf Hongkong eine Rolle – er war Dolmetscher, der durch die Mission von Lord Amherst nach Beijing an einem Treffpunkt vor der Westküste der Insel im Jahre 1816 eingeschifft wurde. Unter den ersten *hongs* der Kolonie befand sich Samuel Russell und Co., eine im Jahre 1811 in Boston gegründete Firma mit Teilhabern aus New York, Connecticut und Massachusetts. Sie war 30 Jahre lang eine der führenden Institutionen Hongkongs.

Amerikaner bauten die erste christliche Kirche in Hongkong (die Kapelle der Baptisten, 1842), brachten das erste Eis (1847) und finanzierten das erste 1000-Zimmer-Hotel (1962 – es wurde zunächst America Hotel genannt und ist jetzt das Hongkong Hilton). Ein Amerikaner besaß das erste Auto (es überrascht nicht, daß es ein Zahnarzt, J. W. Noble, war). Ein Amerikaner war beim ersten Weihnachtsbankett im Gouverneurspalast anwesend (es war George Henry Preble, einer der Offiziere des Kommodore Perry auf einer Expedition nach Japan). Eine amerikanische Marinekapelle begleitete die Freimaurer auf der Queen's Road zur Eröffnung ihrer neuen Loge im Jahre 1853. Amerikaner betrieben das erste Dampfschiff nach Guangzhou (die *Midas*, 1845) und machten die ersten Fallschirmsprünge in Hongkong (die Gebrüder Baldwin, 1891). Die Miet-Sampans, die als Walla-Wallas bekannt sind, sollen nach einem kleinen Ort tief im Innern des Staates Washington benannt worden sein, deren ursprünglicher Betreiber dort herkam.

Expräsident Grant nahm 1879 an einem Diner im Gouverneurspalast teil (»der berühmteste Gast, der je an diesem Tisch saß«). Während des Spanisch-amerikanischen Krieges benutzte Admiral Dewey die Mirs Bay, bei der es fraglich war, ob sie innerhalb der territorialen Gewässer Hongkongs lag, als Basis. Die Schriftstellerin Emily Hahn war im Hongkong vor dem Kriege eine prominente Persönlichkeit, die sich mutig übertriebenen oder geringfügigen Anmaßungen widersetzte. Ohne verheiratet zu sein, lebte sie unbeschwert mit dem Leitenden Nachrichtenoffizier der britischen Garnison zusammen und gab die Geburt ihres Kindes in der *South China Morning Post* in herausfordernder Weise bekannt: »Eine Tochter für Major Boxer und Fräulein Hahn«. Bei seinem Besuch der Kolonie im Jahre 1889 glaubte Kipling, die ganze Stadt sei »durch Amerika hergerichtet, von den Friseur- bis zu den Schnapsläden«, und die Mädchen in den Bordellen sprachen einen amerikanischen Slang (»Ich war über die Tiefe und den Reichtum der amerikanischen Sprache entsetzt«). Er fuhr auch auf einem der amerikanischen Flußdampfer und fand sie ganz anders als die britischen Boote der Irriwaddy Flottille, waren erstere doch »fast ausschließlich aus weißer Farbe, Bleiplatten, einem Kuhhorn und einem Laufbalken zusammengesetzt« und verfügten über ein Gestell mit geladenen Sniders, um Piraten zurückzuschlagen.

Immer wenn es eine Tragödie, einen Skandal, einen Finanzcoup oder ein Abenteuer gegeben hat, waren Amerikaner wahrscheinlich irgendwie verwickelt. Amerikaner haben in Hongkong Kneipen betrieben, Bordelle ausgestattet, in den Gouverneurspalast eingeheiratet, Piraten bekämpft und sind selbst Piraten gewesen. Einer der berühmtesten von ihnen allen war Eli Boggs, ein entlaufener amerikanischer Seemann, der mit einer Flotte von dreißig bewaffneten Dschunken auf den Bootsverkehr des Perlflusses Jagd machte. Eine Belohnung, die die Regierung Hongkongs für seine Ergreifung ausgesetzt hatte, wurde 1857 von einem anderen Amerikaner, Kapitän »Bully« Hayes kassiert, der an einer Razzia der Royal Navy gegen die Piraten teilnahm und persönlich deren Führer festnahm. Das sich anschließende Gerichtsverfahren war die Sensation seiner Zeit — Boggs, der fast schwächlich wirkte, aber gut aussah, wurde beschuldigt, seine chinesischen Schurken bei der Aufbringung zahlloser Schiffe angeführt zu haben, deren Besatzungen ermordet oder gezwungen wurden, über Bord zu gehen. Kein Zeuge konnte gefunden werden, der ihn beim Töten eines Mannes tatsächlich gesehen hatte, aber er wurde der Piraterie für schuldig befunden und zu lebenslanger Verbannung verurteilt. (Obwohl »Bully« Hayes seine $ 1000 ordnungsgemäß ausgezahlt wurden, kam Boggs nie in eine der Strafkolonien. Nach drei Jahren im Hongkonger Gefängnis wurde er wegen schlechter Gesundheit entlassen und verschwand, wie es scheint, gleichzeitig aus Hongkong und aus der Geschichte.)

Während der amerikanischen Feldzüge in Asien, in den 50er Jahren in Korea, später in Vietnam, fielen ihre Soldaten zu Tausenden in Hongkong ein, so, wie sie in den 40er Jahren in Tokio eingefallen waren. Es ist kein Zufall, daß der moderne Spitzname für eine Puffmutter in Hongkong genau wie in Japan *mama-san* lautet. Eine Generation amerikanischer Män-

180

ner war seinerzeit daran gewöhnt, Hongkong als das Paradies des Hedonismus anzusehen, so wie heute ihre Nachfolger, die Touristen, die zu ihrer eigenen R und R [Ruhe und Rekreation] auf Pauschaltouren und Kreuzfahrten ankommen und die Stadt als das größte aller Einkaufszentren stereotypieren. Mit Ausnahme der Amerikaner mit protektionistischen Ansichten (zum Beispiel Leute aus der Textilindustrie), begrüßen jedoch die meisten der amerikanischen Besucher und Einwohner eifrig die Sitten Hongkongs und sehen in dem Territorium ohne Zweifel so etwas wie ein esoterisches Spiegelbild ihrer eigenen Ideologie. Die Folge der populären Romane über die Stadt werden zu Hunderttausenden gekauft.

Die Chinesen in Hongkong übernehmen ihrerseits den Geschmack der Amerikaner so bereitwillig, daß die geschäftigsten aller McDonald-Hamburger-Niederlassungen im Territorium zu finden sind. Erst kürzlich aßen an einem einzigen Tag fast 4000 Menschen Pizzas in einer Pizzahütte in Kowloon.

11. Undurchsichtiges Verhalten der Amerikaner

Heutzutage leben in Hongkong mehr amerikanische Bürger, so sagen die offiziellen Statistiken, als es dort Briten gibt, aber wahrscheinlich sind sie zur Hälfte Sino-Amerikaner. Viele stammen aus Hongkong und fallen daher nicht auf.

Das ist durchaus in Ordnung, denn die Stellung der Amerikaner in Hongkong war nicht immer so, wie es den Anschein hat. Auf den ersten Blick ist ihre Ortsansässigkeit ganz unkompliziert. Sie haben ihre Handelskammer und ihre Internationale Schule. Sie haben den großartigen, luxuriösen Amerikanischen Klub im 47. Stockwerk eines Wolkenkratzers im Zentrum nahe dem Wasser, einem der besten Plätze in der Welt, um sich bei einem Wodka Martini und Cole-Porter-Musik in der Pianobar wohlzufühlen, zu dem auch ein üppiger Klub auf dem Lande gehört. Sie haben ihr Asienbüro des Staates Illinois, das Büro des Landwirtschafsministeriums des Staates Michigan und die asiatische Ausgabe des *Wall Street Journal*. Es gibt amerikanische Moderatoren bei der Fernsehanstalt Hongkongs, und amerikanisches Unternehmertum ist überall aktiv, von der Erzeugung elektrischen Stroms in gigantischen Kraftwerken bis hin zum Bau von Modellschiffen in Werkstätten irgendwelcher Obergeschosse Kowloons. Es gibt ein sehr großes Generalkonsulat in günstiger Lage zwischen dem Gouverneurspalast und dem Hilton, und 1987, um das Maß voll zu machen, wurde ein Amerikaner sogar Generaldirektor von Jardine, Matheson.

Aber ihre Anwesenheit in Hongkong ist heikler, als es den Anschein hat. Einige der Fenster des Generalkonsulats sind furchterregend spiegelverglast, um ein visuelles oder elektronisches Ausspähen zu verhindern, und die offizielle amerikanische Haltung in der Kronkolonie ist oft in ähnlicher Weise undurchsichtig gewesen. Erst 1986 hörte man, wie ein hoher amerikanischer Konsularbeamter einer hochgestellten Persönlichkeit, die aus New York zu Besuch war, erzählte, daß Hongkong eigentlich von genau dieser Stelle, der Stelle des Generalkonsulats aus geleitet würde. Die amerikanischen finanziellen Interessen im Territorium sind gewaltig und nehmen schnell zu, und die Amerikaner haben auch große historische, politische und ideologische Interessen an der Stadt.

Schon früh in diesem Jahrhundert begannen sie, China als ihren speziellen Einflußbereich zu betrachten. Ihre wirtschaftlichen Verpflichtungen waren nicht bedeutender als die Großbritanniens, dafür aber um so mehr ihre emotionalen Verpflichtungen. Aufgrund der weitverbreiteten evangelischen

Missionen der Amerikaner im Innern Chinas glaubten sie, ein größeres Anrecht auf das Land zu besitzen. Diese Überzeugung spitzte sich während der Präsidentschaft von Franklin D. Roosevelt zu, dessen Großvater mütterlicherseits, Warren Delano, Partner der Firma Russell war und an China ein Leben lang Interesse zeigte.

Während seiner Präsidentschaft fühlen wir erstmals die zunehmende amerikanische Überzeugung, daß die Briten in Hongkong eigentlich nichts zu suchen hätten. Roosevelt war gegen jedes Weltreich, wie es jeder Präsident mit Selbstachtung in den 30er und 40er Jahren zu sein hatte. Ebenso wie er meinte, die Briten sollten Indien verlassen, so war er auch der Überzeugung, daß sie Hongkong den Chinesen zurückgeben sollten. Wie Chiang Kai-shek, der christliche Konvertit, der China von 1928 bis 1949 regierte, so betrachtete er den Vertrag von Nanking, aufgrund dessen die Kolonie britisch geworden war, als »ungleichen« Vertrag, als einen von vielen, die den Chinesen im vergangenen Jahrhundert durch die überwältigende Macht Europas aufgezwungen wurden. Die meisten dieser Verträge wurden 1943 durch ein Abkommen aufgehoben, aber die ursprüngliche Abtretung Hongkongs und die spätere Verpachtung der New Territories wurden beide durch die Briten aufrechterhalten, was sowohl von Chiang als auch durch Roosevelt als ungerecht bezeichnet wurde.

Im späteren Verlauf des Zweiten Weltkrieges, als Hongkong an die Japaner verlorenging und Chiangs Kuomintang-China formell den Fünf Großen Mächten zugerechnet wurde, schien die Gelegenheit gekommen, die Dinge zurechtzurücken. Die Korrespondenz zwischen Chiang und Roosevelt fordert wiederholt die Rückgabe Hongkongs an China nach Kriegsende. In Jalta schlug Roosevelt Stalin vor, Hongkong zu internationalisieren. In Washington sagte er Eden, daß Großbritannien die Kolonie als »Geste des guten Willens« aufgeben sollte. Ein weiterer Vorschlag ging dahin, daß die Briten Hongkong an China verkaufen sollten, der Kaufpreis würde ihnen durch das US-Schatzamt vorgestreckt werden, oder auch, daß die Chinesen selbst durch die Amerikaner in die Lage versetzt werden sollten, Hongkong von den Japanern zu befreien. Wie es auch würde, Roosevelt war zuversichtlich, daß die Angelegenheit geregelt werden könne. »Wir werden in der Lage sein, solchen Druck auf die Briten auszuüben, daß sie zu *unserer* Überzeugung gelangen«, sagte er seinem Sohn Elliott. »Wir werden in der Lage sein, dieses zwanzigste Jahrhundert doch noch zu meistern, warte es nur ab.«

Aber die amerikanische Ansicht änderte sich, als 1949 die Kommunisten in China an die Macht kamen und Chiang Kai-shek mit seiner Exilregierung nach Taiwan, einer anderen, der Küste vorgelagerten Insel ging. Jetzt wurden die Briten nicht länger bedrängt, die Kolonie an Beijing zurückzugeben. Im Gegenteil, als die Amerikaner sich 1950 im Streitfall um Korea den chinesischen Kommunisten kämpfend gegenübersahen, wurde Hongkong zum Vorposten ihrer eigenen Macht. Das Generalkonsulat wurde beträchtlich ausgeweitet und war eine gewisse Zeitlang sogar die größte aller amerikanischen überseeischen Missionen. Es erhielt zusätzlich alle Arten geheimdienstlich arbeitender Gruppen, die unter dem Schirm der Central Intelligence Agency CIA operierten. Der Handel mit dem kommunistischen China wurde mit einem Embargo belegt, das in Hongkong durch amerikanische Beamte peinlich genau durchgesetzt wurde, so, als sei das Territorium ihr eigenes, wobei sie lächerliche Unterschiede zwischen dem Holz machten, das in China, und solchem, das in Hongkong gewachsen war, oder sie unterbanden den Export verarbeiteter Garnelen deshalb, weil man diese ja auch in chinesischen Gewässern gefangen haben könnte.

Zu dem Zeitpunkt waren die Schiffe der Siebten Flotte der Vereinigten Staaten den wenigen verbliebenen Kriegsschiffen der Royal Navy an Feuerkraft weit überlegen, und die Antennen der amerikanischen Radar- und anderer elektronischer Überwachungsstationen reckten sich auf den Höhenzügen Hongkongs empor. Während der folgenden 20 Jahre, durch alle Traumata chinesischer Feindseligkeit und stufenweiser Annäherung, während der Agonien des Vietnamkrieges, der nur wenige hundert Meilen südlich stattfand, war Hongkong der amerikanische Aussichtspunkt nach China hinein, auf dem sich amerikanische Soldaten, Analytiker der politischen und der wirtschaftlichen Lage, Journalisten, Akademiker und ganz einfach Spione tummelten. Als mit dem China Mao Zedongs wieder diplomatische Beziehungen aufgenommen wurden, haben die Vereinigten Staaten Beijing und nicht Taipeh als legitime Hauptstadt Chinas anerkannt. Die Kolonie mag für Washington einiges ihres strategischen Wertes verloren haben, aber sie wurde den Amerikanern der bevorzugte Platz für Investitionen – die 50 US-Firmen in Hongkong im Jahre 1954 wuchsen bis zum Jahre 1985 auf 800 an.

Heute begrüßen die Amerikaner offiziell die bevorstehende Rückkehr Hongkongs in das Mutterland, während sie sich, wie alle anderen auch, Gedanken darüber machen, was aus ihrem Geld wird. Ihre Sorge ist heutzutage sehr diskret, und zumindest öffentlich zeigen sie sich unbeeindruckt von dem nahenden 1997. Aber ihre Kriegsschiffe liegen noch immer oft im Hafen von Hongkong, und für jemanden wie mich mit ausgesprochen romantischem Gefühl, ist es noch immer eine gewisse nostalgische Rührung, wenn ich dort die Stars und Strips wehen sehe, die so lange über eleganten Opiumklippern, über den tuckernden Raddampfern von Russell und Co. und selbst bei dem günstigen Augenblick für den Piraten Eli Boggs flatterte.

12. Chinesen bestimmen die Normalität

Und nun zu den 98 Prozent, den ersten und letzten der Bewohner Hongkongs, den Chinesen.

Als ich eines Tages einen Weg auf der Insel Lamma, zwei bis drei Meilen westlich der Insel Hongkong, entlangspazierte und dabei zufällig an ein Gericht aus Meeresfrüchten dachte, das ich am Ufer genießen wollte, fiel mir auf, wie sehr die Insel mit ihren kahlen, von Heidekraut überzogenen Hügeln und dem salzigen Wind an ein halbtropisches Schottland erinnerte. So schritt ich, durch freundliche Gedanken abgelenkt, voran. Der Weg führte um ein Buschwerk, und ich stieß auf eine Gruppe von zehn oder zwanzig Leuten in langen, weißen Mänteln mit Kapuzen, die, mit gesenktem Kopf über einer offenen Grube, Beschwörungen sangen. Aus der Asche eines Feuers stieg aromatischer Rauch auf. Daneben stand ein Mann in einem langen, schwarzen Gewand und mit breitkrempigem Hut still wie in Trance und hielt einen Stab. An jenem sonnigen Morgen schien dies wie in einem makabren Traum, weil ich einerseits nicht als Eindringling dastehen wollte und andererseits auch leicht erschüttert war, eilte ich mit rotem Kopf schnell vorbei, meinem gebackenen Garupa mit Auberginen entgegen (die Fischrestaurants auf Lamma gehören zu den besten Hongkongs).

Mit rotem Kopf deshalb, da ich sehr wohl wußte, daß das, was ich gesehen hatte, nichts weiter war als ein chinesisches Begräbnis, das nach den alten taoistischen Riten durchgeführt wurde und demzufolge ein so natürlicher Teil des örtlichen Lebens war wie der Seewind. Es ist eine der unangenehmen Ungereimtheiten Hongkongs, daß der Westler, aufgrund der besonderen Geschichte des Gebietes, die chinesische Kultur als esoterisch erachtet, als etwas, was man nur verwundert anstarren kann oder an dem man vorbeieilt, während sie doch natürlich die Grundlage alles anderen im Territorium darstellt. Auf einen Europäer kommen in Hongkong etwa hundert andere Menschen, und was ihnen außergewöhnlich erscheint, ist natürlich in überwiegendem Maße das Normale.

Sie ist jedoch, um dem unbefangenen Fremden gegenüber fair zu sein, selbst nach chinesischen Standards eine mannigfaltige Normalität. Nur etwas mehr als die Hälfte der Bevölkerung wurde in Hongkong geboren, und auch ohne ihre Fremden zu zählen ist die Kolonie ein ethnischer Mischmasch. Ihre ursprünglichen Kantonesen, Hakkas, Hoklos und Tankas sind noch da. Die Hakka-Frauen noch immer mit ihren breitkrempigen, schwarzfransigen Strohhüten, die Hoklas und Tankas leben noch immer am Wasser, wenn nicht auf ihren Dschunken und Sampans, dann doch wenigstens sehr oft in halbschwimmenden Hütten oder in auf Grund liegenden Booten. Aber es gibt auch ansehnliche Kolonien von Leuten aus Shanghai – man nannte die Nordspitze der Insel Hongkong einmal Klein-Shanghai, so vollgestopft war sie mit Wohnblöcken, Fabriken, Restaurants, Geschäften und Büros der Leute aus Shanghai –, abgesehen von den verstreuten Einwanderern aus vielen anderen Teilen Chinas. Wenn sie nicht Putonghua oder Mandarin, die zentrale und offizielle chinesische Sprache, sprechen, besitzen diese Volksteile keine gemeinsame Sprache, sondern nur eine gemeinsame Schrift. Einige von ihnen sind traditionell Feinde. Noch vor ganz kurzer Zeit hätte kein selbstbewußter Kantonese eine Hakka geheiratet, während die Hakkas und Hoklas, so sagte man in den 30er Jahren, »außer der gegenseitigen Abneigung nur sehr wenig gemeinsam haben«.

Auch so etwas wie eine gewachsene Bevölkerung gibt es nicht. Wie alles übrige in Hongkong, ist sie in einem steten Zustand der Rastlosigkeit, und einer der typischsten Anblicke im gesamten Hongkong ist der einer chinesischen Familie beim Umzug, gebeugt unter Bündeln und Körben, mit Stangen über ihren Schultern und mannigfaltig verschnürten Paketen, mit verschreckten Kindern und scharfäugigen alten Frauen, die geduldig beim Warten auf ein Luftkissenboot oder einen Zug, ein Flugzeug oder die Fähre anstehen. An jedem Tag überqueren Tausende von Bewohnern Hongkongs die Grenze nach China mit dem Zug, mit Booten oder zu Fuß, und jeden Tag kehren Tausende mehr zurück. Auch gibt es einen steten Fluß von Emigranten in ferne Länder − um Verwandte in San Francisco zu treffen, um Restaurants in Manchester aufzumachen.

Selbst in sich ist die chinesische Gemeinde niemals statisch. Nichts bleibt so, wie es ist! Vor nicht allzu langer Zeit war Reis das Hauptprodukt der New Territories, jetzt ist kaum ein Reisfeld geblieben. Wie sich das Gesicht des Landes ständig wandelt, so sind auch die Menschen ständig in Bewegung, sie wechseln ihre Arbeitsplätze, wechseln ihre Namen, wechseln ihre Lebensweise, Tankas und Hoklas verlassen ihre Seefahrzeuge und werden Fabrikarbeiter, Hakkas erkämpfen sich eine Möglichkeit, um den Baustellen zu entkommen, Bauern werden Geschäftsleute und Menschen aller Schichten und Rassen verlassen die Hütten auf fremdem Boden und ziehen in Mietskasernen, aus Mietskasernen in Wohnblocks, aus Wohnblocks in Villen auf den Bergen. Ich vermute, daß es in der Welt keine weitere Gemeinschaft gibt, die in einem derartigen Zustand nicht endenden Aufruhrs lebt.

Aber auch das ist nichts Bemerkenswertes. Es ist das Normale.

13. Eine Mischung von Vergnügen und Ernst

Die chinesische Bevölkerung Hongkongs ist jung. Ein Viertel ist weniger als 24 Jahre alt und verströmt eine eigenartige Mischung von Freude und Ernst. In der Neuen Stadt von Yuen Long kam ich einmal an einem Tragluftzelt mit Fenstern und einer Wache davor vorbei. Ein sonderbares, pfeifendes Geräusch war zu hören, so etwa in der Mitte zwischen einem Hupen und einem langgezogenen Gequiekse. Ich schaute durch die Fenster und sah ein Trampolin, auf dem sehr viele und sehr kleine chinesische Kinder herumhüpften. Sie machten das nicht zwanglos und auch nicht wild, sondern mit einer verbissenen Konzentration, so als erledigten sie eine wichtige Aufgabe für die Familie. Aber gleichzeitig taten sie es mit einem derartig extremen Vergnügen, daß das eigenartige Geräusch, das ich draußen hörte, sich als eine Art beständige Verdichtung ihres Lachens herausstellte.

Ich verbrachte einige Minuten mit meinem Notizblock in einem chinesischen Café – nicht in einem der bekannten Teehäuser, die gelegentlich etwas muffig und abweisend wirken, sondern in einem Feld-, Wald- und Wiesencafé, so einem allgemeinen Zufallscafé, nicht sehr neu, nicht sehr alt und fast überall in Hongkong außerhalb des teuren Zentrums anzutreffen. Ich sitze in einer Ecke unterhalb des Fernsehgerätes, und so müssen die anderen Gäste mir ihr Gesicht zuwenden, wenn sie über meinem Kopf das Bild sehen wollen. Als Entschuldigung für meine Beobachtung bestelle ich eine Tasse Tee. Keiner hat irgendwelche Einwände. Im Gegenteil, fast jeder grüßt mich mit einem Lächeln, die Männer hinter der Theke mit einem ernsten Lächeln, die jungen Frauen hinter ihrem Bohnenquark mit einem kameradschaftlichen Lächeln, die kleinen Mädchen mit einem Lächeln, das ein bewußtes, stilisiertes Verengen der

Augen zur Folge hat, die Jungen in ihren Schuluniformen mit dem sehr höflichen, schüchternen Lächeln von Vertrauensschülern (ob sie wohl der Triade-Gruppe ihrer Klasse angehören?).

Die Musik ist kränklich, der kantonesische Dialog über mir ist munter. Manchmal bricht das ganze Café in Gelächter aus, und alle nicken mir belustigt zu, als wollten sie mir mitteilen, daß ich etwas wirklich Ausgelassenes versäume. Nur der Mann am Ecktisch, der ein Wams mit dem Aufdruck: ROUTE SAISONAL GIRL CORRESPONDENCE [Schlager der Saison – Korrespondenz mit Mädchen] trägt und die *Jockey Daily News* in Chinesisch liest, kümmert sich nicht darum. Die Theke ist hochbepackt mit Papierservietten, einer Dose mit Ovomaltine und einem Karton mit dem Aufdruck SHOWA SPAGHETTI, die wohl darauf warten, in chinesische Nudeln verwandelt zu werden. Ein paar finster wirkende Jugendliche schieben sich durch die Tür, wechseln ein paar mürrische Worte mit dem Besitzer und gehen wieder. Ein sehr, sehr alter Mann, das wirkliche Ebenbild eines Weisen, tritt langsam ein und sucht sich einen warmen Platz. Er hat einen langen, gekrausten, konfuzianischen Bart, ganz runde Augen, hält einen Spazierstock mit Elfenbeingriff und trägt eine Baseball-Kappe.

Mit der Zeit wird das Geräusch lauter. Die Schuljungen beginnen zu streiten. Die kleinen Mädchen spielen mit Eßstäbchen lustige Spiele. Die Frauen sprechen sehr laut mit vollem Mund. Außen, vor der Eingangstür, beginnt ein Elektrobohrer zu arbeiten, und der Besitzer des Cafés reicht über meinen Kopf hinweg, um die Lautstärke des Fernsehers aufzudrehen. Es macht aber nicht das geringste aus. Geräusch ist bei den Chinesen »einheimisch«, es ist Teil ihres Lebensgefüges. Die nunmehr fast ohrenbetäubende Vielfalt ihrer Angelegenheiten hier im Café ist der wahre Mikrokosmos der chinesischen Stadt da draußen. Die freimütige Unordnung des Geschäfts, seine ungenierte Art und das Gefühl, daß es dort ohnehin noch nicht lange existiert hat und sehr wohl schon wieder woandershin verlegt sein könnte, sollte ich das nächste Mal hier vorbeikommen, ist das chinesische Hongkong durch und durch.

14. Die Macht der Vergangenheit

Trotzdem gibt es chinesische Familien, die schon 27 Generationen auf dem Boden Hongkongs nachweisen können. War die Präsenz des Westens in den meisten Fällen auch radikal, so war sie auch in manchen Fällen konservativ. Woanders, in China, selbst Taiwan eingeschlossen, sind die alten Vorstellungen der Taoisten, Buddhisten, Konfuzianer und Animisten durch drei Revolutionen in Frage gestellt worden. Die Revolution von 1911, die die Monarchie beseitigte, legte Wert auf westliche Logik und Leistungsfähigkeit, entwertete viele der alten Traditionen und zerschnitt mutwillig die Bande der Überlieferung, die die Menschen mit den imperialen Dynastien verbanden. Die kommunistische Revolution von 1949 unterdrückte den Taoismus und die meisten seiner Äußerungen, brachte Konfuzianismus und Buddhismus in Mißkredit und zersetzte die gesamte soziale Struktur. Die Kulturrevolution der 60er Jahre tat in ihrem Wahnsinn ihr Bestes, um alles Alte und Interessante auszulöschen.

Die Ecke Chinas, die von diesen Erschütterungen vollkommen verschont wurde, ist paradoxerweise Hongkong. Von Beginn an versprachen die Briten, chinesische Bräuche zu achten, und im großen und ganzen taten sie das auch. Lange nach

Abschaffung der traditionellen Heiratsgesetze in China herrschten zum Beispiel noch die Mandschu-Gesetze in Hongkong vor. Daher konnten bis in die 30er Jahre verheiratete Frauen keine Scheidungsklagen einreichen und keinerlei Besitzansprüche geltend machen. Bis vor kurzer Zeit erlaubte die Kolonie chinesischen Beklagten, ihre Fälle nach chinesischem Gewohnheitsrecht aburteilen zu lassen, eine vertrackte Sache für junge britische Amtsrichter, die nichts davon verstanden (obwohl der Autor Austin Coates, der zu ihnen gehörte, voll zufrieden war, wenn das chinesische System herangezogen werden sollte, weil er, wie er es ausdrückte, auch von englischen Gesetzen nichts verstand).[4] Es trifft zu, daß die vorherrschende offizielle Sprache Hongkongs immer Englisch gewesen ist, das aber hat nur bewirkt, daß die Angelegenheiten um so fester in den Händen der örtlichen Ältesten blieben, die entschlossen waren, den Status quo beizubehalten; auch heute bieten die New Territories bei all ihren phantastisch wachsenden Städten ergiebige Felder für Forschungen der Anthropologen und Sozialhistoriker.

Bei oberflächlicher Betrachtung und in den Darstellungen der Touristenbroschüren bedeutet dies, daß alles Chinesische in seinen phantastischsten Formen im täglichen Leben dieser Kolonie Beachtung findet. Kaum ein Monat vergeht, ohne daß irgendein überschäumendes Fest gefeiert wird. Wilde Drachenbootrennen werden gerudert, der Vollmond wird durch Picknicks an hochgelegenen Punkten geehrt, die Seelen der Toten werden durch ein Menü mit fünf Gängen auf Friedhöfen versöhnlich gestimmt. Ganze Flotten von Spielzeugschiffen mit

---

47 Er schreibt darüber in *Myself a Mandarin*, London 1968, und erteilte mir freundlich die Genehmigung, mich auf ihn zu berufen.

aufgesteckten Kerzen werden zu Wasser gelassen und treiben auf das Meer hinaus, riesig große Drachenzüge winden sich durch die Einkaufsstraßen. Am chinesischen Neujahrstag gibt sich die ganze Stadt dem Essen, Trinken und dem Veranstalten von Umzügen hin. Alle wünschen sich gegenseitig in Chinesisch nach bester Hongkonger Konvention: »Erhoffe hochachtungsvoll, daß Sie reich werden!«

Einige der traditionellen Schreine und Denkmäler sind schon seit langem Attraktionen für die Touristen geworden. Jeder steigt die 500 Stufen zum buddhistischen Tempel Man Fat oberhalb der neuen Stadt Shatin in den New Territories hinauf, um die vergoldete Mumie des heiligen Mönches Yuet Kai zu sehen, der 1965 starb und jetzt für immer kerzengerade in einem großen Glasschrank sitzt. Mit Blattgold überzogen, schaut er zwar aufmerksam, aber fleckig, was, wie ich vermute, von den Konservierungsmitteln herrührt. Oben auf einer der Höhen Lantaus liegt das unermeßlich reiche und farbenprächtige buddhistische Kloster Po Lin, das den ganzen Tag über von Touristenbussen belagert wird. Seine großräumige Einfriedung beherbergt computervernetzte Büroräume und ein beliebtes vegetarisches Restaurant. Neben den Eingängen beginnt man jetzt, während ich dies schreibe, die größte aller Nachbildungen Buddhas aufzustellen, die in China durch die Raketen- und Satellitenhersteller, die China Astronomical Industry Scientific and Consultative Corporation, hergestellt wird und bald kupferüberzogen über der Insel als neues Weltwunder aufragen wird.[48]

Seit viktorianischen Zeiten ist jedem Besucher der Man Mo

---

48 Oder, wie manche glauben, als Deklaration der religiösen Freiheit nach 1997.

Tempel (»der Tempel der Bürger und Soldaten«) gezeigt worden, der etwa so alt ist wie die Kolonie selbst und ein schwach beleuchtetes, verräuchertes, vergoldetes, vollgestopftes und fröhliches Destillat all dessen ist, was ein chinesischer Tempel darstellen soll. Ausflügler haben das von einer Mauer umgebene Dorf Kat Hing Wai des Familienverbandes der Tang in Kam Tin in den New Territories so häufig besucht, daß es inzwischen zu einer Dauerausstellung geworden ist. Seine Einwohner stammen von Tang Fu-hip ab, der sich im elften Jahrhundert in dieser Region ansiedelte. Kitschige Andenken füllen jetzt die Läden in den engen, symmetrischen Gassen. Kinder verlangen Geld für Aufnahmen, die man von ihnen macht, und außerhalb der Tore posieren schrecklich alte Frauen in Trachtenkleidung und rauchen unter Schirmen traditionelle Pfeifen, um eine einträgliche Wirkung zu erzielen.

Von all diesen spektakulären öffentlichen Kundgebungen wollen wir eine auswählen, um eine Vorstellung von dem Geschmack aller zu erhalten: das Fest von Ta Chiu auf der Insel Cheung Chau, das nicht nur zu den beliebtesten chinesischen Festlichkeiten zählt, sondern auch rot im Touristenkalender angestrichen wird, zu dem die Hälfte der Boote, Fähren und privaten Dschunken Hongkongs zwangsläufig gechartert wird, die die *gweilos* zu dem Spektakel transportieren. Das Fest ist der Besänftigung der verstorbenen Seelen, einschließlich der von Tieren, gewidmet. In früheren Zeiten enthielten sich die Leute von Cheung Chau während dieses Festes allen Verzehrs von Fleisch.[49] Dieses Fest wird in jedem Jahr zu irgendeinem Zeitpunkt während des vierten Vollmondes gefeiert. Der genaue Termin variiert und ist offensichtlich nicht vorher-

---

49 Ausgenommen lediglich das Fleisch der seelenlosen Austern.

sehbar — für die Organisatoren von Pauschalreisen ein undankbares Ereignis.

Cheung Chau ist von einem Ende zum anderen etwa zweieinhalb Meilen [4 km] lang und wurde früher seiner Form wegen die Hantel-Insel genannt. Auf ihr gibt es keine Autos, und sie besteht im wesentlichen aus einer einzigen, beengten und übervollen Fischerstadt, die sich von einem Ende der Insel bis zum anderen erstreckt. Für die drei Tage des Ta Chiu gibt sie sich dem Fest vollkommen hin, so, wie Rio de Janeiro sich ganz dem Karneval hingibt. Auf dem Stadtplatz werden chinesische Opern aufgeführt, Drachentänzer produzieren sich, und am Nachmittag des dritten Tages schlängelt sich ein phantastischer Festumzug durch die gewundenen Gassen. Da gibt es Bannerträger, Löwentänzer, Stabtänzer, Kapellen mit Schlaginstrumenten, alle in ungewohnter Weise durch kleine Kinder beherrscht, die, kunstvoll gekleidet und stark geschminkt, auf langen Stangen oder auf Axtstielen wie durch Zauber balancieren; hoheitsvoll schreiten sie über der Menge, werden aber in Wirklichkeit mit Drähten und Streben festgehalten und wirken so dauerhaft unbeweglich, so künstlich und so steif, daß sie eher wie der Mönch Yuet Kai in seinem Behältnis aussehen.

Der große Höhepunkt findet später am Abend auf dem Gelände eines Tempels des Küstenvorlandes statt. Er ist der taoistischen Gottheit Pak Tai, dem Obersten Herrscher des Finsteren Himmels, gewidmet und die herausragende Institution der Insel. Vor dem Zweiten Weltkrieg, so berichtet der damalige Distriktbeamte, waren die Finanzen des Tempels »unentwirrbar mit denen des Marktes, der Fähre und dem Kraftwerk für elektrisches Licht vermischt«, und er steht noch immer im Brennpunkt des Interesses verschiedener sozialer Wohltätigkeitsvereine und Gemeindeverbände. Dort findet man wundervolle Dinge, wie die Schwerter von Schwertfischen, alte Schwerter, Rüstungen und signierte Photographien von Angehörigen des englischen Königshauses.

Dort, am Meeresufer wird die Prozession von einigen merkwürdigen Konstruktionen begrüßt – vier starken Pfeilern, die bei dem Zwielicht nur halb beleuchtet und 18 Meter hoch aufragen. Jeder von ihnen ist ausschließlich aus fast 5000 halbpfündigen Korinthenbrötchen gebaut. Kein Wunder, daß die Europäer es das Opferbrötchenfest nennen. Die Türme stehen dort dunkel gegen den Nachthimmel und bieten, so glaubt man, den abgeschiedenen Seelen Nahrung im Jenseits; wenn aber Mitternacht kommt und ein Priester die Pfeiler durch ein Jademonokel geprüft hat, um sicherzustellen, daß die Geister gespeist haben, klettern junge Männer hinauf und nehmen die Korinthenbrötchen ab, eines nach dem anderen, so, wie die Körner vom Maiskolben gelöst werden, damit sie an die Dorfbevölkerung verteilt werden können. Die Leute bewahren sie dann in luftdichten Gläsern auf und Stückchen davon, in Tee oder Wasser getaucht, gelten als Heilmittel bei verschiedenen Leiden.

15. Allgegenwärtige chinesische Kultur

Das sind die offenkundigeren Zeichen chinesischer Tradition in Hongkong, aber eigentlich ist ihre Erwähnung gar nicht erforderlich. Es muß auch dem weniger feinfühligen Besucher auffallen, daß man in diesem Territorium des Vorhandensein einer allgegenwärtigen, alles überdauernden Kultur erfährt, die trotz symbiotischer Überschneidungen, die wir schon früher beobachteten, im Grunde blind gegen die Geschichte zu sein scheint.

Auf tausend Arten widerstehen alter Geschmack, Gewohnheiten und Techniken allen Herausforderungen. Hier, im Kernland des solarbetriebenen Rechners, wo tatsächlich jeder Haushalt ein Fernsehgerät besitzt und jeder Schuljunge ein Computerprogramm schreiben kann, ist der Abakus noch immer ein gebräuchliches Instrument der Wirtschaft. Wolkenkratzer werden mit Bambusgerüsten hochgezogen. Die chinesische Harmonielehre widersteht den Angriffen der Rockmusik und der klassischen Musik der Europäer ohne Schwierigkeiten. Das Klappern des Mah-Jongg, das die Chinesen in der einen oder anderen Form seit den Tagen der Song-Dynastie spielen, ist noch immer ein weit vertrauteres Geräusch als das Ping der elektronischen Spiele. Seite an Seite mit dem westlichen Kalender wird der Mondkalender beachtet, und jedermann in Hongkong weiß, in welchem chinesischen Jahr man ist (1997 wird es das Jahr des Ochsen sein).

Noch nach 140 Jahren widersteht die Benennung von Orten oftmals einer Verwestlichung. Für Chinesen ist Stanley noch immer Chek Chu, wie es hieß, ehe die Briten kamen. Aberdeen ist noch Hong Kong Tsai, Klein Hongkong, und die Mount Davis Street ist Mo Sing Ling To, Der-Berg-Von-Dem-Man-Die-Sterne-Berühren-Kann. Bis in unsere Zeit nannten die Chinesen den Gouverneur Hongkongs Ping Tao, »Militärischer Chef«, und die Botanischen Gärten auf der anderen Straßenseite seines Palais kennt man noch immer als Ping Tao Fa Yuen, Blumengarten-Des-Militärischen-Chefs. Chinesische Personennamen trotzen aller westlichen Praxis, da der Chinese in Hongkong im Laufe seines Lebens fünf oder sechs verschiedene Namen annehmen kann — ein Milchname als Säugling, ein ordentlicher Name während der Kindheit, ein Schulname, Klassenname, Geschäftsname, Name während der Ehe…

Die Chinesen Hongkongs haben eine starke Neigung zum Glauben. Sie glauben an Götter und Geister, Zeichen, Wahrsagerei, und übernatürlicher Glauben der einen oder anderen Art durchdringt jeden Bereich in diesem Territorium, angefangen beim sophistischen, theologischen Dogma bis zum alltäglichen Aberglauben. Die kleinen Spiegel, die man so oft außen an den Geschäften und Häusern hängen sieht, stellen keine Dekoration dar, sondern sollen böse Geister fernhalten. Eine halbe Million Chinesen in Hongkong sind Christen oder Moslems, aber viel, viel mehr sind Taoisten, Buddhisten oder Animisten, und viele befolgen eine aus vielen Religionen zusammengesetzte Kombination, das, was Peter Fleming einmal den »Marzipaneffekt«[50] genannt hat. Die Götter ihres Pantheons werden nicht so sehr verehrt als vielmehr um Vergünstigungen angefleht, und sie sind zahllos: Affengötter, Meeresgötter, Erdgötter, Küchengötter, Kriegsgötter, Wassergötter, Götter des Reichtums, der Gnade, des Glücks, der Gerechtigkeit, des langen Lebens, der Weisheit, der literarischen Befähigung, des Wohlstandes. Als 1980 das Dorf Fanling in den New Territories ein Fest feierte, wurden 78 verschiedene Gottheiten geehrt. Häuser und Appartements haben für ihre Herdgötter private Schreine, und fast überall kann man ein kleines, wie von Zigeunern angelegtes Heiligtum aus Steinen, Bändern, rotem Papier und Kerzenstumpen antreffen, um eine heilige Stätte des Animismus zu kennzeichnen. Vielleicht trifft man dort auch ein paar ältere Frauen, die mit Räucherstäbchen herumhantieren oder Papierstreifen mit ränkevollen Botschaften aus Trageta schen ziehen.

Das sind nicht nur ländliche Sitten. Die am meisten städtischen Teile Hongkongs gehören auch zu denen, die am stärksten religiös geprägt sind. Viele kleine buddhistische Eremita-

---

50 In *The Siege at Peking*, London 1959

gen, die manchmal nur einen einzigen heiligen Mann aufnehmen, befinden sich tatsächlich auf oberen Stockwerken von Hochhäusern. Die bekanntesten der Unzahl von städtischen Tempeln sind so umdrängt wie Supermärkte. Schaut man zu irgendeiner Tageszeit hinein, so trifft man auf Aufseher an ihren staubigen Tischen, umgeben von heiligen Texten und Bildern, und vor den farbenprächtigen Altären schütteln Frauen den *chim*, die Schachtel mit den Glücksstäbchen aus Bambus, während Weihrauchschwaden ziehen, Glocken klingen und die geschwärzten Abbildungen der Gottheiten von ihren Altären herunterblicken. Der lebhafte Tempel von Wong Tai Sin, der 1973 generalüberholt wurde, dient dem neuen Wohnviertel von Ost-Kowloon und ist von Hochhaustürmen umgeben. Er ist hauptsächlich Orakelstätte für das Vorhersagen der Zukunft und stellt ein wirkliches Kraftzentrum des Metaphysischen dar: leuchtende Farben, umgeben von Bogengängen mit Wahrsagern und Amulettverkäufern, gelegentlich auch mit Flötenspielern, Lieblingsort von Bettlern mit Zinnbechern und bequem durch eine benachbarte Station der U-Bahn zu erreichen. Die Glücksstäbchen, die vom *chim* fallen, werden durch die Wahrsager interpretiert, und wenn sie für irgendein Leiden eine Medizin verordnen, kann man sie in der hauseigenen Klinik des Tempels bekommen.

Vor noch gar nicht allzulanger Zeit war es gefährlich, in Hongkong Auto zu fahren, weil die älteren Chinesen glaubten, böse Geister, die sich an ihre Fersen geheftet hatten, würden überfahren, wenn sie sich nur nahe genug an die vorbeifahrenden Wagen stellten. Im Jahre 1960, in dem der Royal Hong Kong Jockey Club unter einer Serie von Mißgeschicken einschließlich dem Tod eines Jockeys zu leiden hatte, wurde vier Tage und drei Nächte lang auf der Happy-Valley-Rennbahn ein buddhistisches Exorzismusritual durchgeführt, an dem 68 Mönche und 48 Nonnen beteiligt waren und das, wie berichtet, von 40 000 Bürgern besucht wurde. In der Abteilung für Steuerbewertung und -veranlagung, die damals in einer ehemaligen Kaserne untergebracht war, wurde eine Beschwörung der Geister durchgeführt, die sich dort seit der japanischen Besetzung eingenistet hatten. Kinderlose Frauen wandern dreimal im Monat zum phallischen Felsen Yan Yuen Sek, auf einem Weg oberhalb der Bowen Road auf der mittleren Ebene, wo sie, mit eleganten Appartementblocks im Rücken, dem Hafen dahinter und dem entfernten Verkehrslärm, der gedämpft durch die Bäume dringt, ihre Räucherstäbchen entzünden, Gebete aufsagen und sich im Windschatten des Monolithen, der wahrscheinlich schon seit neolithischen Zeiten Symbol der Fruchtbarkeit ist, wahrsagen lassen. Die leichten Flocken, die über der Szene taumeln und schweben, sind manchmal Teile von verbrannten Opfergaben und manchmal Libellen.

Hongkongs Berge und Außeninseln sind unzweifelhaft von heiligen Gedanken und Praktiken durchdrungen. Fliegt man mit einem Hubschrauber über die New Territories, so wird man feststellen, daß in dem gesamten rauhen und bergigen Gelände die omegaförmigen Einfriedungen der Ahnengräber verstreut liegen, alle für sich an günstigen Stellen, die dem ganzen Massiv den Eindruck einer heiligen Bestimmung verleihen. Die Insel Ap Chau ist umgangssprachlich als Jesusinsel bekannt, weil sie ausschließlich von chinesischen Anhängern der True Jesus Church bewohnt wird, und kaum weniger heilig ist Lantau.

Jener nur zu gut bekannte Tempel Po Lin ist nur einer von einem Dutzend Zufluchtsorten, die über diese große, kahle und schöne Insel verstreut sind, von den buddhistischen Klöstern mit ihren roten Dächern an den Hängen der Bergtäler bis zum Erholungsheim für christliche Missionare hoch in den Bergen (das Dorf Tai O am Westufer wurde 1917 der Londoner Missionsgesellschaft als »Hochburg des Götzendienstes« benannt). Stolz über der See am Nordende der Insel steht die Kirche des Trappistenklosters, dessen Bewohner aus dem kommunistischen China hierher kamen. Seine 30 stillen chinesischen Mönche (1987 zusammen mit einem Engländer) bewirtschaften ihren Besitz zur Milcherzeugung und haben das Hilton Hotel schon jahrelang mit Milch versorgt. Der sehr anheimelnde Geruch nach Heu und Kuhdung, zusammen mit der Inschrift PAX INTRANTIBUS − SALUS EXEUNTIBUS, »Friede den Eintretenden − Gesundheit den Scheidenden«, begrüßt den Besucher der häßlichen Gebäude.

Auf einem Plateau im Süden, nur durch Fußpfade erreichbar, steht hoch oben und außergewöhnlich einsam das buddhistische Kloster Tsz Hing. Das Klingen seiner Glocken und der Gesang seiner Mönche während ihrer Andachten schweben magisch mit dem Wind über das leere Grasland ringsumher.

16. Institutionalisierte Traditionen

Oft hat man die alten chinesischen Traditionen in der Struktur dieser britischen Kolonie institutionalisiert. Es gibt viele buddhistische Schulen, eine blühende konfuzianische Akademie, und die chinesische Tempelgesellschaft verwaltet die meisten der Tempel. Der im neunzehnten Jahrhundert speziell zur Unterhaltung eines chinesischen Krankenhauses gegründete Wohltätigkeitsverein Tung Wah wurde beinahe zum Volkstribun und ist jetzt ein komplexes Organ des Chinesentums. Die Triaden selbst sind extrem traditionsbewußt. In der Sun Yee

On Triade haben zum Beispiel die führenden Mitglieder rituelle Namen wie Drachenköpfe oder Weißer Papierfächer, und ein Funktionär, der Weihrauchmeister, überwacht wie schon im China der Mandchus den ganzen Hokus-Pokus von Ritual, Codewörtern und Geheimzeichen.

Besonders in den New Territories werden alte Überlieferungen noch immer formell befolgt. Ahnenhallen mögen zerfallen und die Trümmer alter Architektur verschwinden, aber das Erbgut wird noch lange nicht aufgegeben. Die einheimische Bevölkerung der New Territories, deren Erinnerung weit zurückreicht, wird offiziell Eingeborene genannt, um sie von den Zuwanderern nach Hongkong zu unterscheiden. Etwa 6 000 Stammesorganisationen, die offiziell anerkannt sind, besitzen und verwalten das Eigentum der Vorfahren und Kommunen. In Tai O wird die Fähre des Dorfes noch immer durch die Kai Fong, die traditionelle Vereinigung der Bewohner, betrieben, die früher auch die Nachtwächter des Dorfes stellte. Auf Cheung Chau zahlen die Bewohner noch immer Pacht an die 400 Mitglieder der Familie, der die Insel gehörte, ehe die Briten kamen. Den Nachkommen von Lin Tao-yi, einem Bürger Kowloons im dreizehnten Jahrhundert, wird ein Anteil des Geldes gezahlt, das beim Tempel gesammelt wird, den er an der Joss-House-Bucht gebaut hatte.

Das mauerumgebene Dorf Kat Hing Wai mag bis zur Selbstdarstellung abgewertet worden sein, aber ein anderes Beispiel in der Nähe von Shatin, das Hakka-Dorf Tsang Tai Uk, ist noch immer als das erkennbar, was es einst war, obwohl es verfallen und durch die Entwicklung von der Stadt umschlossen wurde. Sein Name bedeutet Haus der Tsang-Familie und gleicht eher einer mittelalterlichen Burg als einem Dorf. Mit seinen hohen, von quadratischen Türmen besetzten Mauern ist es ein vertrauliches, vollgestopftes Viertel von vier parallelen, ziegelgepflasterten Gassen, in deren Mitte sich ein vernachlässigter Tempel befindet und die ein sehr privates Gefühl ausstrahlen. Sie sind mit Fahrrädern, Blumentöpfen, Hunden, Kindern und Waschmaschinen für das häusliche Leben im Freien übersät und scheinen bis heute einen einzigen, ausgedehnten Haushalt zu bilden.

Weiter nach Norden, im Dorf Wang Toi Shan, halten die Tangs an ihren überkommenen Rechten fest, obwohl eine Hauptstraße in der Nähe vorbeiführt und alle modernen häuslichen Gerätschaften verfügbar sind. Sie besitzen noch 60 Prozent des Dorfes, und jedes männliche Familienmitglied hat das verbriefte Recht, sich dort ein neues Haus zu bauen, und setzt so den Anspruch des Familienverbandes auf seinen Besitz fort. Seine Mitglieder leben, wie ich 1986 einem chinesischen Sprachprogramm des Fernsehens entnahm, sehr traditionell. Sie werden, wie es immer der Fall war, an Orten beigesetzt, die durch die Überlieferung festgelegt wurden. Sie lehnen eine Ausbildung für ihre Töchter ab, von denen erwartet wird, daß sie zur Vermeidung von Inzucht außerhalb des Dorfes heiraten. Daher sieht man sie nur als vorübergehende Bewohner an. Sie betreiben unablässig das Glücksspiel. Die Männer teilen die Erträge des Landes im Besitz des Familienverbandes. Wie ein junger Tang aus Wang Toi Shan dem Fernsehinterviewer erzählte: »Wir brauchen dort nicht zu arbeiten, wir haben nur Spaß. Oder wir arbeiten drei Jahre lang und ruhen dann fünf Jahre aus.«

Die chinesische Medizin, die ein britischer Sanitätsoffizier im neunzehnten Jahrhundert prägnant als »Quacksalberei und Kurpfuscherei« zusammengefaßt hat, wird in Hongkong beharrlich ausgeübt. Viele Chinesen mißtrauen westlichen Kuren und Behandlungen und haben ein viel größeres Vertrauen in die Wirksamkeit von Bärengalle, Wieselleber und

weiteren alten Standardmitteln aus den chinesischen Arzneibü-
chern. Der Kräuterladen ist im chinesischen Hongkong ein
vertrauter Anblick. Seine Mittel sind in Mappen und Kästen
peinlich genau eingeordnet. Die wertvollsten seiner Heilmittel, wie zum Beispiel Hirschhorn oder Bezoar, das den Mägen
von Wiederkäuern entnommen wird, werden ehrfurchtsvoll
im Schaufenster, gelegentlich auch in großen Glaskästen oder
auf Baumwollkissen präsentiert.

Chinesische Begräbnispraktiken haben ebenfalls überlebt. Es
ist immer noch üblich, die Knochen der Verstorbenen aus
ihren ursprünglichen Gräbern zu exhumieren und in Urnen
umzubetten. Obwohl sich die Knochen heutzutage unter dem
Einfluß von Antibiotika, so wurde mir erzählt, schneller zer-
setzen als früher, läßt man sie allgemein für acht Jahre in ihren
Gräbern und nicht mehr für die traditionell glückbringenden
sechs Jahre.

17. Wind und Wasser

Dann ist da noch *feng shui*, Wind und Wasser, die Geometrie
des Ortes und der Ausgeglichenheit. In Hongkong kann man
feng shui kaum entgehen. Sein Einfluß auf die Geisteshaltung
der Chinesen ist hartnäckig und die Geschichtsbücher sind
mit seinen Einflüssen gespickt. Der Historiker James Hayes
hat uns[51] einen Brief wiedergegeben, der 1961 an einen
Distriktsvorsteher geschrieben wurde und den er als klassisches Beispiel für eine Festlegung auf das *feng shui* bezeichnet.
Hier ist er:

---

51 In *The Rural Communities of Hong Kong*, Hongkong 1983.

Sir,

Der Hügel hinter meiner Hütte ist in der feng-shui*-Terminologie als Drachenader bekannt und für unsere Dorfbewohner daher von großer Bedeutung.*

Ohne Berücksichtigung dieser Tatsache besaß ein Fremder die Unverfrorenheit, einige Arbeiter damit zu beschäftigen, die Erde ausheben zu lassen, um zu versuchen, dort ein Haus zu errichten. Dazu hat er weder die Zustimmung der Dorfältesten eingeholt, noch bei Ihrer Dienststelle zunächst eine Vermessung beantragt. So hatte man auch diese Arbeit kaum begonnen, als das Vieh des Dorfes, wie Rinder, Schweine und Hunde, von einer Krankheit befallen wurde und Nahrung und Trinken verweigerte.

Sein Zustand zeigte eine leichte Besserung, nachdem ich die Löcher wieder auffüllen ließ und ein Zauber verwandt wurde, um die Götter zu veranlassen, den bösen Geist wieder zu vertreiben.

Dieser Mann hat jedoch keinen Respekt vor unseren einheimischen Traditionen und plant, sich wieder am Boden zu schaffen zu machen. Da dieser gesetzlose Bursche auch nicht die geringste Achtung vor unserer Sicherheit hat, bitten wir Sie, uns baldmöglich einen Beamten zu schicken, der ihn daran hindert, diese Aktivitäten weiter zu verfolgen.

Dr. Hayes kommentiert, daß »die geomantische Qualität des fraglichen Bodens, die negative Wirkung seiner Störung, die angewandte Abhilfe und die Gesetzlosigkeit des Übeltäters alle wesentliche Bestandteile eines *feng-shui*-Szenarios sind«. Gewißlich hat sich in der Vergangenheit *feng shui* mit seinen Untertönen von Zauberei und Animismus in seinem kolonialen Kontext wechselweise als konstruktiv und zerstörerisch, beruhigend und erschreckend, groß und kleinkariert dargestellt. Einerseits wurden manchmal ganze Dörfer aufgegeben, weil das örtliche *feng shui* gestört wurde und so das kosmische Gleichgewicht aufgehoben war. Europäische Bergleute mußten herangeholt werden, um die ersten Eisenbahntunnel zu bauen, da die Chinesen es nicht riskieren wollten, die Erdgeister zu stören. Andererseits hat *feng shui* insbesondere der Landschaft eine Anmut und Harmonie vermittelt, die auch bis heute nicht vollkommen ausgelöscht werden konnten. Oft hatte es auch gaunerhafte Perspektiven. Als 1980 ein Schiff in Lantau vor Anker ging, verlangten einige der Insulaner vom Marinedepartement eine Entschädigung mit der Begründung, daß das örtliche *feng shui* gestört wurde und den sonst unerklärlichen Tod vieler Hühner verursacht hatte.

Noch heute kann es sich kein Arbeitgeber, von der reichsten Bank bis zum einfachsten Laden an der Ecke, in Hongkong leisten, die Gebote von Wind und Wasser zu ignorieren. So wie die falsche Lagebestimmung eines Ahnengrabes das Glück der Nachfahren für immer beeinflussen könnte, so mag die fehlerhafte Planung eines Werkes oder Büros die Erdkräfte oder Geisterwelt feindlich stimmen und allen Bediensteten Unglück bringen. Die Türen zum Mandarin-Hotel im Zentrum wurden schräg zur Straße angeordnet, um schädlichen Einflüssen den Zugang zu erschweren. Der fünfte Schlot des Kraftwerks in Aberdeen soll ausschließlich aus Sicherheitsgründen gebaut worden sein − vier Schlote würden Unglück bringen, weil die Vier in der Welt der Chinesen wie das Wort für Tod klingt. *Feng shui* kann man in dieser kritischen Handelskolonie, diesem Finanzcenter nicht entkommen. Selbst der Zwei-Tage-Tourist wird wahrscheinlich in den Fenstern der Antikläden die geheimnisvollen, verwirrend komplizierten Scheiben und Rechner betrachten, mit denen der Geomant sein Handwerk ausübt (um zum Beispiel darauf zu achten, daß die Abmessung

43 in keiner Konjunktion zur Abmessung 5⅜ steht, oder um sicherzustellen, daß die fünf Elemente, die Zehn Stämme und die Zwölf Äste günstig zueinander stehen).

Ich besuchte einmal einen bekannten Geomanten in seinem Büro in Tsuen Wan in den New Territories. Er betreibt gleichzeitig ein Unternehmen für die Fertigung elektronischer Geräte. Sein Büro besaß eine Klimaanlage und ein mit äußerst wertvollen Karpfen gefülltes Aquarium. Er selbst trug ein blendend weißes Oberhemd mit gestreifter Krawatte. In der Brusttasche steckte ein goldener Füllfederhalter. Er trug eine goldene Armbanduhr und eine goldgeränderte Brille. Seine Aussagen unterstrich er, indem er mit seinem Feuerzeug auf den Schreibtisch klopfte. Auf mich machte er den Eindruck eines ausgewachsenen Computerspezialisten. Aber tatsächlich war er vor allem ein Anhänger des *feng shui*. Er erzählte mir, daß es in seinem Leben an erster Stelle steht und daß er es, wie alle, die ihm berufsmäßig nachgehen, von einem älteren Meister gelernt hatte.

Das wirkliche *feng shui* habe nichts mit Zauberei zu tun, sagte er, obwohl man es im alten China durch Zauberer in gelben Gewändern zu einem esoterischen Geheimnis gemacht hatte. Es sei eine Angelegenheit der Harmonie zwischen Mensch und Natur und habe mit Standortbestimmung, mit Farbe und Proportionen zu tun. Als er einige veranschaulichende Diagramme in mein Notizbuch zeichnete und die Frage aufwarf, ob *feng shui* eine Kunst oder Wissenschaft sei (genauer, eine Philosophie, wie er glaube), erzählte er mir, daß er über mangelnde Beschäftigung in seinem geomantischen Gewerbe nie zu klagen hatte. In der Tat zeigten ihn einige Zeitungsausschnitte auf einem Ehrenplatz bei der kürzlichen Einweihungszeremonie des spektakulärsten neuen Wolkenkratzers in Hongkong, dem Verwaltungsgebäude der Hongkong und Shanghai Bank, zu dessen Entwurf er sein Gutachten abgegeben hatte.

Tatsächlich, sagte er mit geschäftsmäßiger Stimme, stehe das Gebäude an einer der 20 besten *feng-shui*-Stellen im gesamten Territorium – mit seiner Rückseite zu den Bergen, neben gleichmäßig abfallenden Bergrücken, an der tiefsten Stelle eines von sieben Ausläufern, auf einem leicht geneigten Gelände mit Blick auf das Meer. Trotz allem habe er sich verpflichtet gefühlt, gewisse Vorschläge zur Verbesserung der positiven Glücksumstände des Ortes zu machen, insbesondere hinsichtlich der Ausrichtung der Aufzüge. Die intellektuelle Sicherheit solcher Männer, die bedingungslose Anerkennung ihres Könnens durch hochgebildete Chinesen läßt viele Europäer auch halbwegs an den Sinn des *feng shui* glauben. Schon 1926 war der damalige Gouverneur, Sir Cecil Clementi, der Ansicht, daß es in gewissem Zusammenhang als »eine wenigstens embryonale Form der Städteplanungsidee« betrachtet werden könnte. Unbestreitbar sind die von den Vorfahren angepflanzten *feng-shui*-Wälder heutzutage von ökologischem Wert. Man kann nicht wissen, ob die Eigentümer jenes neuen Wolkenkratzers wirklich glaubten, es sei für sie von Vorteil, der Verlegung der Aufzüge zuzustimmen, oder ob sie damit lediglich ihre Angestellten zufriedenstellen wollten. Aber einige Rückkehrer beschäftigen gewißlich einen Geomanten, um die Platzwahl, die Architektur oder sogar die Einrichtung ihrer neuen Häuser zu genehmigen, »nur für den Fall« – denn sie haben von den Chinesen die fröhliche, fatalistische Einstellung übernommen, daß es gut sei, alle Götter zu beschwichtigen, sollte einer von ihnen doch existieren.

18. Chinesen bleiben immer Chinesen

Wenn es je eine Zeit gab, in der die Chinesen Hongkongs den Fremden wirklich untergeben waren, so ist sie längst vorbei. Durch ihre zahlenmäßige Überlegenheit sind sie im Verlauf der Jahre psychologisch nur stärker geworden. Mehr als die Hälfte von ihnen, und zwar die jüngere und stärkere Hälfte, ist in Hongkong geboren. Während die Briten sich jetzt darauf vorbereiten, das Territorium zu verlassen, kann man es schon fühlen, daß sie die ganze Angelegenheit der Kolonialisierung aus ihrem Gedächtnis verdrängen. Schließlich sind sie vor allem Chinesen, für die die Existenz dieser Kronkolonie nichts weiter als eine glückliche Annehmlichkeit gewesen ist. Wer sie auch immer nach 1997 beherrschen wird, es werden gewiß keine Europäer sein, und ich wage zu behaupten, daß selbst der aktivste Antikommunist unter ihnen, der größte Sympathisant mit dem Westen, eine gewisse Befriedigung bei dem Gedanken fühlt, daß Hongkong zu seinen Wurzeln zurückkehrt.

Wir haben einen flüchtigen Eindruck von ihrem Reichtum und ihrer Armut bekommen, aber ihre große Stärke liegt jetzt bei ihrer jungen, gebildeten, begabten, modernen und progressiven Mittelklasse. Sie ist durch die Briten während eines halben Jahrhunderts liberaler Erziehung geschaffen worden und findet in China selbst keine Entsprechung. Man trifft ihre Angehörigen überall an. Betrachtet man zum Beispiel jene Gruppen von Universitätsstudenten auf dem Oberdeck einer Fähre zu einer Außeninsel – sagen wir einmal auf einer Fähre an einem Sonnabend morgen, die sie zu einer Tageswandertour mit Picknick irgendwohin bringt. Die jungen Leute sind extrem lebhaft, extrem adrett, extrem höflich und verbindlich. Sie sprechen laut, lachen sehr oft und sehen mit ihren leuchtend blauen Rucksäcken, ihren Sportschuhen und ihren

Walkman-Radios durch und durch modern aus. Verwickelt man sie in ein Gespräch, so wird man feststellen, daß auch ihre Emotionen liberalisiert sind. Sie scheinen praktischer zu denken und genauer zu rechnen als ihre Gegenstücke im Westen. In der Regel sind sie noch immer ihren Familien weit mehr zugetan. Aber sie sind gewiß nicht nur, wie es die alte Zeitungsente Hongkongs besagt, an Geld interessiert, und sie stehen den alten konfuzianischen Vorstellungen von einer starren sozialen Ordnung spürbar ablehnend gegenüber. Sie sind genauso idealistisch, nicht mehr und nicht weniger als junge Europäer oder Amerikaner. Auch für sie ist der richtige Ausgleich zwischen der Notwendigkeit, Geld zu verdienen, und erfreulichen Arten, es zu verwenden, von Belang. Einige sind machthungrig, einige Versager, einige ehrliche Arbeitstiere und andere Träumer. Alles in allem ist ihre Generation so sympathisch und normal, wie man sie überall in der Welt findet, befreit von den Lasten und Einschränkungen der chinesischen Bedingungen.

Wenigstens glaube ich, daß sie das sind. So kommen sie mir vor, wenn ich mit ihnen zusammentreffe. Aber die Geschichte mag mich widerlegen. 1997 mag diese jungen Leute dazu bewegen, zur Art ihrer Vorfahren zurückzukehren oder sich den kommunistischen Erfordernissen anzupassen, denn nichts hat eine flexiblere Elastizität als das Chinesentum. Wenn eine neue Stadt in Hongkong gebaut wird, so ist sie zunächst vollkommen steril und abstoßend. Nur mit Masse und Betonkanten wirkt sie so, als wolle sie die Menschen, die kommen, um dort zu leben, verdorren lassen, nach Bedeutung und Aufgaben überwältigend gewöhnliche Leben.

Aber kaum sind die ersten chinesischen Familien in ihre Appartements gezogen, die noch nach Farbe und Zement riechen, dann ändert sich alles. Fast über Nacht wird diese monolithische Trostlosigkeit verjagt. Die ersten Wäscheleinen tauchen auf, die ersten Reklameschilder sind zu sehen, der erste Straßenkiosk beginnt sein Geschäft, das erste Restaurant gibt seinen feierlichen Eröffnungsabend bekannt – und wenn man das nächste Mal dort hingeht, ist dieser ganze kalte Ort durch die dem chinesischen Leben innewohnende Energie und seine befruchtende Unordnung, seinen lärmenden Mangel an Privatleben, sein tröstendes Durcheinander und seine unvermeidliche Zweckdienlichkeit der Wirklichkeit gewichen und lebendig geworden.

Das britische Empire hat es auf der Höhe seiner Macht versäumt, auf diesen nüchternen Genius Eindruck zu machen, und so ist die Masse der Chinesen in Hongkong heute kein Jota weniger chinesisch, nur weil sie unter dem Union Jack lebt. Nach 150 Jahren britischer Herrschaft spricht eine überraschend große Zahl kein Englisch. Sogar diejenigen, die sich bei einer Universität einschreiben lassen, sind oftmals durch ungenügende Sprachkenntnisse im Nachteil.

Ich selbst finde diese stoische Kontinuität insgeheim tröstlich, und wenn man gelegentlich nicht in einer Star-Fähre über den Hafen gleitet, sondern in einem baufälligen Sampan wie ein Krebs gegen die Strömung von einer Insel zur anderen fährt, vom mühsamen Tuckern der Dieselmotoren und dem Knarren des Holzes begleitet – alte Gummireifen mittschiffs aufgehängt, mit einem Steuermann, der, obwohl er von schwatzhaften Freunden und Verwandten aller Altersgruppen umgeben ist, stets aufmerksam dort oben in seinem kleinen Ruderhaus sitzt –, dann denke ich manchmal, ich möchte mich selbst diesem Chinesentum angleichen und diese Gewässer unter einem chinesischen Steuermann für immer durchfahren.

Die kolonialen Herren Hongkongs sind jedoch nicht immer

von der Möglichkeit ihrer Untergebenen, sie selbst zu bleiben, so angetan gewesen. Wie es auf verdrossene Art durch Sir William Robinson, Gouverneur Hongkongs in der Blütezeit des britischen Imperialismus, ausgedrückt wurde, sei das Zögern der überwältigenden Mehrheit der Chinesen in Hongkong auch nur im geringsten anglisiert zu werden, »außergewöhnlich, wenn nicht gar schimpflich«.

VI. 1880ER JAHRE:
DIE VOLLENDETE KOLONIE

Die Chinesen Hongkongs mögen unerklärlicherweise Chinesen geblieben sein, aber 40 Jahre nach ihrer Gründung, als das britische Empire sich seinem Gipfel der Macht und Sir William Robinson sich seiner Bestallung zum Gouverneur näherte, war die Kolonie in britischen Augen zur Perle des Orients geworden, auf ihrem eigenen Wappen dargestellt als Perle, umklammert von den Pranken eines aufgerichteten Löwen. Die Zeit um 1880 waren Jahre des Hochimperialismus. Gordon war in Khartum, Rhodes war in Südafrika, Kipling war in Indien. Die britische Armee kämpfte gegen die Buren und Afghanen, die Sudanesen und Burmesen. Weitere Nationen, von Nigeria bis Neuguinea, konnten sich der Umarmung durch die Pax Britannica nicht entziehen.

In dieser Atmosphäre auf dem Weg zum Gipfel fand Hongkong seinen eigenen, exotischen Platz als östlichste aller Besitzungen Ihrer Majestät. Seit unserer Untersuchung der 40er Jahre hatte es sich sehr verändert. Nicht länger wild und ordinär, ist Hongkong in vielerlei Beziehung zur vollendeten Kolonie geworden, die sich auch das entsprechende Aussehen gab, ausgeprägter vielleicht, als es jemals wieder sein würde. Die Eröffnung des Suezkanals im Jahre 1869 hatte sie den Ursprüngen der Glorie nähergebracht; die aufsteigende Macht des Empire überstrahlte sie. Wie so vieles im imperialen Spektakel war auch dieser Glanz teilweise trügerisch. Hongkongs wirtschaftlicher Charakter hatte sich als beunruhigend unbeständig herausgestellt, und der Vertragshafen Shanghai, der gar nicht den Briten gehörte, forderte die Kolonie als wichtigsten Umschlagplatz an der chinesischen Küste ernsthaft heraus.

Außerdem waren bis zu dem Zeitpunkt verschiedene fremde Mächte bereits zu chinesischen Konzessionen gelangt. Eine explosionsartige Entwicklung der Eisenbahnen in China, durch die andere Häfen mit den Märkten im Innern verbunden waren, schien anzudeuten, daß die Insel vor der Küste von Guangdong eines Tages überflüssig werden könnte, und der Zustand der Gründungshäuser Hongkongs unterstrich dies. Das Haus Dent brach 1867 zusammen, Russell gab 1879 auf und selbst Jardine, Matheson konzentrierten ihre Geschäfte auf Shanghai. Die Münzanstalt Hongkongs, 1866 eingerichtet, wurde nach zwei Jahren geschlossen, weil sie zu große Verluste gebracht hatte.

Aber im Augenblick hatte Hongkong eine Blütezeit – »wir haben unsere mageren Jahre hinter uns«, wurde Kipling vom *taipan* des Hauses Jardine erzählt, »und kommen jetzt zu den fetten Jahren«. Überseeschiffe mit einer Kapazität von zwei Millionen Tonnen liefen jährlich in ihren Hafen ein und verließen ihn wieder. Die Kolonie fühlte sich nicht länger abgelegen. Es gab wöchentliche Schiffspassagen nach Europa und Japan, monatliche nach Australien, zwei wöchentliche Passagen nach San Francisco (mit Anschluß an den Pullman-Luxus-Schlafwagen nach New York und nach New Orleans). Außerdem gab es eine Telegraphieverbindung mit Großbritannien, so daß der Gouverneur nicht mehr so viele eigene Entscheidungen traf. Die Gangart des Lebens ist durch neue Techniken ungestüm gesteigert worden, wie es ein örtlicher Dichter beschrieben hat.

> Wer kann nunmehr auf eine stille Stunde
>   hoffen,
> wenn dreizehn Schiffe täglich vor der Küste
>   angetroffen,

Wenn Makler darauf drängen,
    Aktien zu verkaufen oder kaufen,
und Telegramme jetzt minütlich
    aus Shanghai einlaufen...?

Aber trotz aller rivalisierenden Konzessionen war Hongkong
noch immer die einzige Besitzung einer fremden Macht in
China, und das gab ihr einen eigenen Status und eine Würde,
die der britischen Selbstachtung Genüge tat und, so glaubte
man, dem britischen Prestige wichtig war. Die Kolonie schien
den Briten zu Hause nicht länger nur ein kahler Felsen mit
zweifelhaftem Ruf zu sein, den man möglicherweise wieder
aufgeben mußte. Sie sahen sie jetzt als Ausdruck ihrer Größe
in den Meeren des Ostens.

»Ich stelle mir manchmal Britannia vor«, schrieb ein liebenswürdiger und gebildeter Sinologe, Rev. James Legge, der in den
40er Jahren nach Hongkong kam und dort 30 Jahre lang
blieb, »wie sie auf dem Gipfel steht und mit einem Gefühl des
Stolzes auf das große Babylon hinunterschaut, das ihre Söhne
gebaut haben«. Gewiß sah Hongkong nicht mehr wie ein Han-
delsposten an einem Inselufer aus. Das Empire war auf seine
Städte unendlich stolz, die in fernen Teilen der Welt Nachemp-
findungen der großen Handelsstädte Großbritanniens selbst
waren, und Hongkong, obwohl vielleicht kaum ein Babylon,
da seine Gesamtbevölkerung nur 180 000 betrug, spiegelte
erkennbar die Muster von Birmingham und Bombay wider.
Seit 1860 umfaßte es auch die Spitze der Halbinsel Kowloon
auf der anderen Hafenseite, wo ein Observatorium auf einem
der Berge, eine Polizeistation, Docks, Lagerhäuser und Kaser-

nen errichtet wurden. Das gab dem Ganzen eine neue Vollständigkeit und ein Gefühl der Dauerhaftigkeit.

Bis zu diesem Zeitpunkt sind die wenigen wesentlichen, vierzig Jahre alten Bauwerke einer städtischen Struktur einverleibt worden. Das Ufer hat man durch eine Esplanade, die Praya, geschmückt, die dem Meer abgewonnen wurde, und hier stehen die Büro- und Lagerhäuser wie zur Parade aufgereiht, jedes mit wehender Hausflagge, weißen Booten an Bootskränen vor jeder Tür und kleinen Wasserfahrzeugen, die an den zum Wasser führenden Stufen dümpeln. Ein Rathaus in klassisch französischem Stil, ein hübscher Uhrenturm und die doppeltürmige katholische Kathedrale gaben der seeseitigen Silhouette einen Anflug von romantischer Vielfalt, während die Anglikanische Kathedrale weiter bergauf, die einst ein so fremdartiger Eindringling zu sein schien, jetzt fast verehrungswürdig organisch aussah. Vom Happy Valley im Osten bis zur Kennedy Town im Westen füllte Victoria sich und stieg in Schichten von Villen und Bungalows die dahinterliegenden Berge hinauf. Die Berge selbst hatten sich verändert, denn sie wurden bis zum Jahre 1884 mit einer großen Anzahl chinesischer Kiefern und vierzehn verschiedenen Arten australischer Eukalyptusbäume bepflanzt, insgesamt 714 000 neuen Bäumen. Am Pedder-Kai, benannt nach dem ersten Hafenmeister, an dem sich von früh bis spät Barkassen, Schiffsboote und Sampans drängten, gingen die Neuankömmlinge an Land. Sofort befanden sie sich im Herzen des kommerziellen Hongkong. Ihre Straßen bargen keine Gefahren mehr durch ausgefahrene Schmutzspuren, noch waren sie länger von Mattenhütten verschandelt. Sie waren jetzt ordentliche, gepflasterte, viktorianische Verkehrswege mit Gasbeleuchtung, so, wie sie die Briten in allen Handelsstädten ihres Empire gebaut hatten. »Wenn nicht die Sänften und Palankine [indische Sänften] wären«, schrieb Lady

(Anna) Brassey in der für sie höchsten Kategorie des Lobes, »könnte man glauben, man sei im guten alten Gib!« [Kurzform für Gibraltar].[52] Sie war nicht vernarrt in Sänften, denn jetzt, da das Pferd aus Victoria fast verschwunden war, machte die Rikscha mit schwarzem Verdeck, die in der Umgangssprache kurz »die Rik« genannt wurde, es viel einfacher, irgendwo hinzukommen.

Die Pedder Street, die vom Kai aus landwärts führte, war eigentlich mehr ein Platz als eine Straße und das Zentrum des Geschäftslebens. An seinem Ende stand der Uhrenturm, rund 30 Meter hoch. Man sagte, daß die Uhr infolge des Klimas an »Anfällen von Unpäßlichkeit« litt. Sie wurde aber trotzdem bei Dunkelheit beleuchtet und diente als Leuchtfeuer für Schiffe, die den Kai anliefen. Die Straße selbst war von einer Doppelreihe Bäume gesäumt, die ihr einen mediterranen Ausdruck verliehen. Sänftenträger warteten im Schatten auf ihre Herrschaft, und auf jeder Seite fanden sich die Arkaden vor den Räumlichkeiten der Handelshäuser, deren Türen von Sikhs bewacht wurden.

Die dahinterliegende Queen's Road, die wir zuletzt in einem so zusammengestoppelten Zustand gesehen haben, war jetzt ost- und westwärts von gewichtigen Geschäftsgebäuden eingefaßt, und schöne indische Feigenbäume boten hier und dort Schatten. Ein kurzes Stück die Praya hinunter stand das würdevolle, aber eigenartige neue Gebäude der Hongkong und Shanghai Bank, mit einer Fassade in einem vollständig anderen Stil als dem anderer Gebäude. Das Rathaus befand sich einige Meter dahinter. In bequemer Nähe erhob sich das sechsstöckige Hong Kong Hotel, von dessen Speiseraum man über

52 *A Voyage in the Sunbeam*, London 1878.

den Hafen blickte und dessen schnittige, weiße Barkassen bei allen einlaufenden Postschiffen anlegten.

Verschwunden war, kurz gesagt, das alte Gefühl vom Meeresufer mit unbekannten Abenteuern. Das geschah durch ein Zurschaustellen einer umfassenden, gut fundierten, vielleicht etwas pompösen kaufmännischen Ordnung, die der Fremde antraf, der nunmehr die Kolonie Hongkong betrat.

Die meisten Vorrichtungen des modernen Lebens — das Beiwerk des Empire — standen solch einem Neuankömmling jetzt zur Verfügung. Eine Handelskammer konnte ihm Rat erteilen. Viele Makler, Agenten und Versicherungsleute warteten auf ihn als Kunden. Die Post würde ihm Hongkongs eigene Briefmarken verkaufen, von denen die 2-Cent-Marke, See mit Seerosen, allgemein als die schönste galt. Er konnte seine Geldanweisungen in das Papiergeld vier verschiedener Ausgabebanken einwechseln oder auch die eigenen Münzen der Kolonie erhalten, die bei den geringeren Werten ein Loch in der Mitte aufwiesen und bei höheren Werten ein Portrait der Monarchin und die Aufschrift VICTORIA QUEEN trugen.

War der Neuankömmling Anglikaner, nun, der Bischof von Victoria, so sagte man, soll berühmt für seine Gastfreundschaft sein. War er Katholik, so war der Bischof von Acantho in seiner Residenz, um ihn zu segnen, und 26 Nonnen, die meisten Italienerinnen, würden für ihn im Konvent in der Caine Road beten. War er Jude, die Synagoge in der Hollywood Road würde seinen Besuch begrüßen, und für die Freimaurer gab es jetzt neun Großlogen und Logen in der Kolonie.

600 Polizisten, 18 Prozent von ihnen Europäer, 25 Prozent Inder und der Rest Chinesen, waren da, um seine Sicherheit zu verbürgen (ihre Offiziere waren leicht zu erkennen, denn sie trugen weiße Tropenhelme und Degen). Siebzehn Konsulate

waren da, um zu helfen (die Deutschen hatten ihren eigenen Arzt und Schiffsmeister). Drei englischsprachige Zeitungen würden ihn nicht nur mit den Nachrichten versorgen, sondern auch in schalkhafter Art unterhalten, in dem Stil, den britische koloniale Zeitungen bevorzugten.[53]

T. N. Driscoll, Hofschneider Seiner Kaiserlichen Hoheit des Großfürsten Alexis von Rußland, würde unserem Neuankömmling bald einen Anzug machen, und Mrs. J. Rose Harmon würde mit Hilfe ihrer Assistenten, den Fräulein Ford, Car und Woodford, seiner Gemahlin schnell ein Kleid zaubern. G. Falconer, der auch mit Patentierten Mechanischen Nebelhörnern Geschäfte machte, würde seine Taschenuhr reparieren. G. Panati würde ihm Klavierunterricht erteilen. Ein portugiesischer Friseur, ein deutscher Waffenschmied, französische Bankiers, jüdische Makler, englische Anwälte, sie standen alle zu seiner Verfügung, und im ganzen Empire konnte man kaum irgendwo einen fähigeren Arzt als Patrick Manson, M. D. finden.[54]

Bis er ein Haus fand, würde er im Hong Kong Hotel, dessen können wir versichert sein, absolut komfortabel aufgenommen werden. Und gehörte er zu dem richtigen Personenkreis, was aus unserer Sicht zweifellos der Fall war, dann würde es auch nicht lange dauern, bis er mit einer Mitgliedschaft im Klub rechnen konnte.

---

53 Als zum Beispiel Soldat George Stevens weitere drei Cent für ein Bündel Karotten zahlen sollte, griff er den Verkäufer tätlich an. Die *Hong Kong Daily News* beschreibt die Aktion als »Zahlung des Unterschiedsbetrages an den Kläger durch einen Hieb über den Kopf mit einem Prügel und einen Schlag ins Gesicht mit einer freien Faust.«
54 Er sollte als Sir Patrick Manson (1844–1922) weltweit berühmt werden und war einer der großen Pioniere der Tropenmedizin.

Einige tausend Europäer und Amerikaner lebten jetzt in Hongkong, und überall gab es Anzeichen eines blühenden gesellschaftlichen Lebens. Isabella Bird charakterisierte es als das Leben in Cliquen, mit grenzenloser Gastfreundschaft, Extravaganzen, Streitereien, Festen, Picknicks, Bällen, Regatten, Rennen, Abendgesellschaften, Tennis, Laientheater, Nachmittagstees — tatsächlich das ganze klassische, imperiale, soziale Repertoire »mit all seinen Varianten« und, wie Miss Bird kühl hinzufügte, »zur Erzeugung eines Wirbels, der als Vergnügen oder Beschäftigung gelten sollte.«

Wie immer, war der Sport wichtig. Neben dem Rathaus hatte man ein schönes Cricket-Feld angelegt, mit seinem Pavillon auf der Wasserseite. Das große Spiel der Saison war der jährliche Wettkampf gegen Shanghai, aber eine weitere beliebte Einrichtung war der Kampf der Monosyllables [Einsilbigen] gegen die Polysyllables [Mehrsilbigen] (Spielführer 1885: D'Aeth und Holworthy). Neben der beliebten Jagd auf Schnepfen und Enten konnten die Sportler jetzt auf Kaninchenjagd gehen. Mr. Phineas Ryne hatte vor kurzem eine Kaninchenkolonie auf der Stonecutters Insel ausgesetzt. Dann gab es einen Yachtklub, einen Regattaklub und einen Golfplatz in Happy Valley. Obwohl Rasentennis erst 1873 erfunden wurde, begann man in Hongkong schon damit, auf den Bungalowgrundstücken eigene Plätze anzulegen.

An den Nachmittagen wurden die Damen in ihren geflochtenen Sänften zu Spaziergängen die Kennedy Road entlang zu einem Platz getragen, den man nach dem Original in Simla [Stadt in Indien] Skandalplatz nannte, oder aber in die schönen, neuen Botanischen Gärten. Dort saß man dann in den Sänften und las in der frischen Luft, schaute auf den Hafen hinaus, während die Träger daneben im Gras saßen und schwätzten. Hatte man Glück, so fand am Abend eine Vorstellung statt. Das Dramatische Laientheater war schon längst aus dem Mattenhütten-Auditorium in ein solideres königliches Theater im Rathaus gezogen. Obwohl die Schauspieler alle Künstlernamen trugen – denn die *taipans* nahmen daran Anstoß, daß Angestellte ihrer Häuser namentlich auf den Theaterprogrammen erschienen –, gab es einen heftigen Wettbewerb um die Rollen, und die volle Besucherzahl war immer garantiert.

Ja, und in Happy Valley unterschied sich die Rennbahn jetzt sehr stark von der leichten Rennstrecke der 1840er Jahre. Eine Veranstaltung dort machte nicht mehr den Eindruck eines Geländejagdrennens in Galway [Irland]. Der Jockeyklub wurde 1885 gegründet, und ein Bild des Hongkong-Derbys drei Jahre später zeigt eine äußerst elegante und geordnete Szene. Die lange Reihe der gußeisernen Haupttribüne war fröhlich mit Fähnchen und Blumen geschmückt, die Strecke selbst war von Blumentöpfen gesäumt, und elegante Damen spazierten hier und dort mit Sonnenschirmen in Begleitung von Kavalieren mit Tropenhelmen.

Der Besitzer des Siegerpferdes Leap Year war auf der Rennkarte als John Peel, Shanghai, angegeben, aber das war nur das Pseudonym für Jardine, Matheson, die jetzt, genauso wie vierzig Jahre zuvor, an Pferderennen interessiert waren. »Das Königliche Hong« war immer noch eine symbolische Macht im Leben Hongkongs. Das Haus hatte beide ihrer großen ursprünglichen Rivalen überlebt, neun oder zehn Gouverneure überdauert, jüngere Handelshäuser hatten es nicht entmutigt, und es hatte seine Finger in einer Vielzahl von Geschäften. William Keswick, sein Vorstandsvorsitzender, war gleichzeitig Vorstandsvorsitzender der Hongkong und Shanghai Bank und auch Regierungsberater. Die Gesellschaft kontrollierte die Werften Hongkongs und war als Besitzer der Zuckerraffinerie der größte industrielle Konzern der Kolonie.

In dieser merkantilen Stadt schien es besonders für die Kaufleute angemessen, daß das Verwaltungsgebäude des Hauses Jardine das erste Gebäude sein sollte, das einen Neuankömmling am Pedder-Kai mit wehender Hausflagge und seinen livrierten Türwächtern begrüßte. Das Haus Nr. 1 des *taipan* wurde jetzt durch The Mount [der Berg] ergänzt, einer luxuriösen Sommervilla auf dem Gipfel, die die Wirkung des Handelsfürsten noch unterstrich. Und wenn genau zu Mittag eines jeden Tages ein Kanonenschuß über die Kolonie hinweg zu hören war, so nicht als Salut der königlichen Artillerie oder des Flaggschiffes des Kommodore, sondern es war das übliche Abfeuern der Kanone des Hauses Jardine am North Point.

Aber im Laufe der 80er Jahre hatte sich das Gleichgewicht der Gegebenheiten zugunsten der Regierung verschoben, und so war es in den vergangenen Jahren zu einer triumphalen Ausschmückung der Amtsentfaltung in der Kolonie gekommen. Im Moment wenigstens war der Gouverneur augenfällig größer als jeder *taipan*. Seine Exzellenz mußte nicht länger in einer angemieteten Unterkunft leben oder, wie man so sagt, in den Räumen über dem Laden. In den 1880ern zog er in einen Palast um. Nach den Maßstäben des britischen Ostens war der Palast eher bescheiden. Er bot nichts von der Großartigkeit Kalkuttas oder von Madras, aber er hatte die souveräne Wirkung, die auch für einen königlichen Hong unerreichbar war.

Er stand auf einem Plateau an der Upper Albert Road auf dem Regierungshügel, wie er gewöhnlich genannt wurde, gegenüber den Botanischen Gärten, nicht weit entfernt vom militärischen Hauptquartier und der Anglikanischen Kathedrale, und schaute mit unmißverständlicher Autorität auf den Hafen hinunter. Jede Ansichtskarte zeigte ihn. Er war in neoklassizistischem Stil ausgeführt, von Säulen umgeben, mit einer Flucht zeremoniell wirkender Stufen, die steil in den Garten hinunterführten. Er besaß eine prächtige Fahrzeugauffahrt und zwei hübsche Wachhäuser. Er war durchweg gasbeleuchtet, eine Bequemlichkeit, die nicht von allen seinen Bewohnern geschätzt wurde, die sie außergewöhnlich teuer und nicht sehr wirksam fanden (»Rauch und Hitze mit sehr wenig Licht«, meinte Sir Richard McDonnell, als er sich 1866 beim Kolonialamt über die jährliche Lichtrechnung von £ 500 beschwerte).

Er hatte ein Flachdach, das es den Bewohnern erlaubte, im Sonnenschein zu ruhen und einen wundervollen Blick über den Hafen zu genießen. Außerdem gab es fünf Tennisplätze, drei Rasen- und zwei Asphaltplätze. Seine Hausangestellten waren in lange, blaue Gewänder und weiße Gamaschen gekleidet und trugen Zöpfe, die so lang waren, daß sie fast zum Boden reichten. Empfing der Gouverneur offiziell Gäste, so tat er das in einer Säulenhalle so hoch wie das Haus selbst, dem Hongkonger Äquivalent einer Durbar-Halle, während eine Kapelle draußen im Garten spielte. Verließ er das Gebäude zu einem offiziellen Besuch, dann in einer Sänfte, von acht chinesischen, rot gekleideten Sänftenträgern in leichtem Trab fortgetragen, und dazu trug er seine üppig bestickte Jacke, weiße Hosen und Zweispitz. Auf dem Wasser reiste er wie ein Doge in einer offiziellen Barke mit zwölf Ruderern.

Eine ständige Prozession von Größen reiste jetzt über Hongkong, und nahezu alle erfuhren die Gastfreundschaft des Gouverneurspalastes. Einige waren natürlich bedeutender als andere. Der Soziologe H. J. Lethbridge erzählt uns[55], daß

---

55 *Hong Kong: Stability and Change,* Hongkong 1978.

selbst zu Besuch weilende Schriftsteller erwarten durften, zu einem Plausch mit seiner Exzellenz eingeladen zu werden. Seine Majestät, der König der Sedangs, der 1888 in einer selbstentworfenen Uniform auftauchte, war in Wirklichkeit ein liebenswürdiger französischer Abenteurer mit Namen David de Magrena. Aber es gab auch richtige »hohe Tiere«. Da waren die Admirale der Flotten aus der ganzen Welt, die nahezu alle ihre Schiffe zu irgendeinem Zeitpunkt nach Hongkong entsandten. Es gab die königlichen Prinzen Albert (»Eddy«) und George und fremde Potentaten, die echter waren als der König der Sedangs; es gab inspizierende Politiker von Westminster, bedeutende Bankiers, Ulysses S. Grant und George Curzon, den künftigen Vizekönig von Indien, der rechtzeitig zu den Feierlichkeiten des Goldenen Regierungsjubiläums von Königin Victoria eintraf, bei denen drei Menschen durch Salutschüsse und zwei durch Feuerwerkskörper getötet wurden. »Kein Engländer kann in Hongkong landen«, schrieb Curzon trotz allem, »ohne ein Gefühl des Stolzes auf seine Nationalität. Hier liegt das äußerste Glied in jener Kette von Festungen, die von Spanien bis China den halben Erdball umgürtet...«

Unter dieser edlen Schutzherrschaft war Hongkong weit geordneter, als das in seinen Pioniertagen der Fall war. Das Gesetzbuch der Kolonie ist schnell gewachsen, und kaum eine Woche verging, ohne daß sich nicht irgendeine neue Verordnung im Regierungsgesetzblatt anfand. Da war der Schutz der Wildvögel und die Verordnung über Wildtiere, die Verordnung betreffend die Adoption von Kindern und Dienstleistungen im Haushalt. Die Verordnung zur Verfügung über den Besitz verheirateter Frauen. Dazu gab es Erlasse über die Lagebestimmung chinesischer Friedhöfe und Anweisungen zur Behandlung Straffälliger erster Klasse in Gefängnissen (man stand ihnen ihre eigene Verpflegung zu und für jeweils vierundzwanzig Stunden einen halben Liter Wein und einen Liter Malzbier). Rikschas unterlagen Vorschriften, wie auch Hausierer und Straßenhändler, selbst Bordelle wurden jetzt offiziell lizensiert.

Ruhe und Abgeschiedenheit der Obrigkeit waren die Merkmale des Empire und, wie um diesem Ideal physischen Ausdruck zu verleihen, war Hongkong jetzt mit seiner eigenen, exklusiven Bergstation versehen. Eine Bergstation war für eine komplette Kolonie unerläßlich. Die Vorbilder in Indien hatte man auf die hohen Bergrücken des Himalaya gebaut oder auf die welligen Nilgiri-Berge, aber man kannte auch Beispiele für weniger dominierende Plätze. In Malaya gab es das Cameron-Hochland, auf Ceylon den Distrikt Nuwara Eliya, und in sehr angemessener Weise besaß eine andere kleine Inselkolonie des Ostens, Penang vor der Küste von Malaya, eine Bergstation an der Schwelle seiner Stadt mit einem Bungalow für den Gouverneur auf dem Gipfel.

Victoria, Hongkong, hatte auch einen Berg vor seiner Hintertür, und mehrere Gouverneure hatten schon mit dem Gedanken gespielt, auf dem Gipfel eine Bergstation einzurichten. Trotz des dicken Nebels und des überall vorhandenen Dunstes, würde sie eine gesunde Erholung von der Feuchtigkeit unten bieten, und im Sommer lägen die Temperaturen dort oben um fünf bis sechs Grad unter den Temperaturen auf der Höhe des Meeresspiegels. Sie würde Europäern außerdem einen Zufluchtsort vor der zudringlichen chinesischen Gemeinde mit ihrem komischen Geschmack und ihren unhygienischen Gewohnheiten bieten − die Bergstation war immer eine Miniatur imperialer Abgeschiedenheit.

Die Regierung hatte 1867 einen Anfang gemacht, indem sie ein ehemaliges Armeesanatorium in gut 500 Meter Höhe

erwarb, es in Mountain Lodge umbenannte und als Sommer-
aufenthalt für den Gouverneur selbst verfügbar machte.
Obwohl nicht alle Amtsträger viel Gebrauch davon machten
und einige von ihnen den Platz gründlich ablehnten (Sir William des Voeux nannte ihn »ein feuchtes und düsteres Gefängnis«), wurde er trotz allem der Grundstein einer Niederlassung. Pfade sind in den Berghang geschlagen worden, die weißen Punkte der Villen erschienen in immer größerer Zahl auf
den Aquarellen jedes nachfolgenden Jahres, und 1887 reser-
vierte ein Erlaß den gesamten Bereich des Berggipfels als Niederlassung für Europäer (die Chinesen wurden nicht mit vielen Worten ausgeschlossen, sondern wirksam durch eine Kombination von Bauvorschriften und versteckten Andeutungen
ferngehalten).

Bis zu dem Zeitpunkt gelangte man zu Fuß oder mit einem
Pferd auf den Gipfel. War man Mr. Belilíos, dann vielleicht
sogar mit dem Kamel, aber wahrscheinlicher doch in einer
Sänfte, die auf diesen gewundenen, engen Bergpfaden von
Zweier- oder Vierergruppen chinesischer Träger hinaufgetra-
gen wurde – jedes Haus auf dem Gipfel verfügte über eine
Remise für die Sänfte, dem Hongkonger Äquivalent eines
Wagenschuppens. Aber die Ankunft so vieler wohlhabender
neuer Hausbesitzer und die Bekanntmachung des Erlasses über
Wohnungen in Höhenlagen führte 1888 zur Eröffnung einer
dampfbetriebenen Höhen-Straßenbahn, der ersten Drahtseil-
bahn in ganz Asien und eine der steilsten in der Welt.

Sie wurden eine der Sehenswürdigkeiten Hongkongs. Eine
Straßenbahn fuhr alle 15 Minuten ab. Die Fahrt dauerte acht
Minuten, und an der steilsten Stelle betrug die Steigung 50 Prozent. Es war eine spektakuläre Demonstration britischer Technik, denn alles war in England gebaut, von schottischen Inge-
nieuren zusammengesetzt und von britischen Bediensteten

betrieben worden – Fahrer, Bremser, Schaffner, alle. In jenen Tagen fuhr die Gipfelbahn von ihrem unteren Ausgangspunkt in der Nähe der St. John's Kathedrale fast ständig durch unerschlossenes Berggelände, und weit unten vom Hafen aus konnten die Menschen ihre geradlinige Strecke steil den Berg hinauf beobachten. Ihre Züge kletterten wagemutig hinauf und hinab – ein Abbild dessen, was das Empire im unwissenden Osten erreicht hatte.

Neben der oberen Endstation stand das Berghotel, das bald einer der vorrangigen sozialen Mittelpunkte der Kolonie wurde. Zunächst wirkte es sehr bescheiden und war hauptsächlich als Zwischenstation auf dem Weg zum Gipfel gedacht, wurde dann aber großzügig erweitert, und die Leute besuchten es jetzt an kühlen Abenden, um dort Tee zu trinken und zu essen. Rekonvaleszenten ließen sich dort nieder, und es gab Sommerbälle und Tanzveranstaltungen. Mit dem Gouverneur in seinem Jagdhaus, den reichen Europäern in ihren Villen (Cloudlands, The Eyrie, Tor Crest, Strawberry Hill), der anglikanischen Hilfskapelle für den Sonntagsgottesdienst, dem Gipfelklub für das Bridge-Spiel und den Klatsch, einer Polizeistation für die Sicherheit, den brav nach oben und nach unten rollenden Wagen der Seilbahn, Gurken-Sandwiches im Hotel und den Einheimischen gut außer Sichtweite, dort im chinesischen Nebel des Victoria-Berges war die koloniale Ästhetik perfekt.

Weit darunter lagen am sehr frühen Morgen eines jeden Tages elf verschmutzte Dschunken an der Praya vertäut und wurden bis zu den Dollborden mit menschlichen Exkrementen gefüllt, die verschmierte Kulis aus Fässern ausschütteten. Braun und stinkend schlingerten diese Schreckgespenster von Fahrzeugen durch den Hafen und fuhren nach Guangzhou, wo der koloniale Schmutz der Nacht als Dünger verkauft wurde.

Sie waren Instrumente privater Unternehmung in der für Hongkong typischen Art. Die öffentlichen Toiletten der Kolonie wurden durch private Unternehmer betrieben, die zunächst Geld für das Verrichten der Notdurft kassierten und dann die Fäkalien verkauften. Aber sie erinnerten gleichzeitig an das Elend, das trotz erster Ansätze noch immer allen kolonialen Verbesserungen widerstand.

Hongkongs Chinesenviertel, sagte der britische Reiseschriftsteller Henry Norman,[56] war »wahrscheinlich genauso unhygienisch wie jeder andere Ort der Welt unter zivilisierter Herrschaft«. Jene öffentlichen Toiletten zum Beispiel waren alle ekelerregend, während die meisten chinesischen Haushalte ihre Abwässer in offene Senkgruben leiteten − wenn das überhaupt geschah, denn vieles davon wurde durch umherziehende Straßenreiniger zur Weiterveräußerung aufgekauft. Die Lebensverhältnisse in den Armenvierteln waren grausam. Eine 1882 offiziell in Auftrag gegebene Untersuchung − in der Tat der erste Sozialbericht Hongkongs − zeigte, daß chinesische Häuser im allgemeinen durch Raumteiler in viele Kabinen aufgeteilt waren, jede mit einem Wohnraum von etwa einem Quadratmeter. In einer Reihe von acht derartigen Häusern lebten 428 Menschen. Kaum irgendein Haus hatte fließendes Wasser (und Wasser aus öffentlichen Brunnen stand nur in den frühen Morgenstunden zur Verfügung). Viele besaßen keine Kamine, so daß der Rauch durch die Fenster nach außen drang, und in vielen von ihnen lebten sowohl in den Ober- wie in den Untergeschossen die Schweine mit den Menschen zusammen.

Die Gerüche waren schrecklich, die Gefahren allzu offensichtlich. Der Autor des Berichts, ein Ingenieur namens

---

56 *The Peoples and Politics of the Far East*, London 1895.

Osbert Chadwick, warnte, eines Tages würde eine furchtbare Epidemie ausbrechen, und er hatte recht — in der folgenden Dekade brach in Hongkong die Beulenpest aus und tötete mehr als 2 500 Menschen, fast alle von ihnen Chinesen, aber auch die Frau des Gouverneurs, und zwang viele Tausende, aus der Kolonie zu fliehen. Aber selbst ohne die Pest betrug 1882 die durchschnittliche Lebenserwartung 18 Jahre und vier Monate; erlebte man das Alter von 20 Jahren, dann konnte man ein Leben von weiteren 23 Jahren erwarten. Direkt betroffen von diesen Schrecken war natürlich nur die chinesische Gemeinde, deren Stärke jetzt wenigstens 150 000 Menschen betrug und eigentlich das gesamte Proletariat der Kolonie stellte. Selbst in den engstirnigsten Augen war dies keine Gemeinde mehr, die ausschließlich aus Pöbel bestand. Obwohl sie all jene Slumbewohner und etwa 29 000 Bootsbewohner umfaßte, gehörten dazu auch viele wohlhabende Geschäftsleute, Schiffseigner, Agenten und Kompradoren. Man sagte, daß 90 Prozent der Steuereinnahmen der Kolonie von den Chinesen kamen. 1885 waren 83 britische und 647 chinesische Vermögenseigner reich genug, um Vermögensteuer zu zahlen, und 17 Chinesen gehörten zu den 18 Reichsten überhaupt (der 18. war das Haus Jardine, Matheson). Es gab noch viele Schurken, aber viele chinesische Fachleute und Handwerker arbeiteten jetzt in der Kolonie. Lamqua, der Maler der edlen Gesichter, hat in sechs professionellen Porträtisten Nachfolger gefunden, vier Tageszeitungen wurden in chinesischer Sprache gedruckt, und das Tung-Wah-Krankenhaus war bereits in Betrieb. 1884 gab es sieben chinesische Friedensrichter, und ein zugelassener Rechtsanwalt aus Lincoln's Inn namens Ng Choy wurde zum ersten chinesischen Mitglied des Legislativrates ernannt.

Trotzdem blieb das europäische Vorurteil gegenüber allem

Chinesischen unverbesserlich, sowohl in rechtlichen Angelegenheiten als auch in der sozialen Haltung. Die Trennung der Rassen war so gründlich, wie sie die Europäer nur gestalten konnten. Die Chinesen waren nicht nur vom Gipfel verbannt, man hielt sie auch von den meisten der Wohnbezirke im Zentrum fern, und sie wurden durch die rüderen der europäischen Kolonisten ganz offen beleidigt. »Man kann keine zwei Minuten in einer Straße Hongkongs sein«, schrieb Isabella Bird, »ohne Zeuge zu werden, wie Europäer Kulis mit ihren Spazierstöcken oder Regenschirmen schlagen.« Selbst der hervorragendste Chinese hatte keine Chance, dem Hongkong-Klub beizutreten. Generalmajor Edward Donovan, 1880 der Kommandeur der Garnison, sagte, daß Chinesen »dem Blick, dem Gehör und der Nase demonstrierten, wie ungeeignet sie für die Nachbarschaft mit Europäern seien«.

Auch die Chinesen waren oftmals arrogant und konnten gewißlich Ärger erregen. Ihr Umgang mit der Hygiene war rudimentär, und für europäische Ohren war das von ihnen erzeugte Geräusch unbeschreiblich furchtbar – es wurde geschätzt, daß, wenn jeder chinesische Straßenhändler seinen Straßenruf nur einmal in der Minute ausstoßen würde, es sich auf eine Million heisere Rufe pro Tag belaufen würde. Chinesen konnten auch furchterregend sein. Gewaltverbrechen waren unter ihnen noch immer gang und gäbe, und die örtlichen Triaden sollten jetzt etwa 15 000 Mitglieder zählen. Nahm man einen Sampan, um auf einem Schiff im Hafen zu speisen, so notierte der Polizist am Pier seine Nummer, weil die Sampan-Leute es gewohnt waren, die Kehlen ihrer Passagiere zu durchschneiden, sie zu berauben und dann über Bord zu werfen. Auch hatten die Briten die Affaire der vergifteten Brote nicht vergessen. Fremdenhaß flackerte periodisch auf und schlug in China selbst in Gewalt um, und die Möglichkeit einer Rebellion verschwand nie völlig aus den Gedanken der Europäer in Hongkong. Kowloon City, unmittelbar jenseits der Grenze, war berüchtigt für seine Ansammlung von Raufbolden, und Henry Norman verschaffte seinen Lesern eine Gänsehaut, wenn er daran erinnerte, daß 20 000 von ihnen in wenigen Stunden aus Guangzhou herunterkommen könnten.

Obwohl die Handelskommune von chinesischen Kompradoren, Angestellten und Agenten abhängig war, die als Einzelpersonen oftmals geachtet waren, schien das Mißtrauen in die Chinesen als Rasse tief verwurzelt zu sein. Hinter der großartigen imperialen Erscheinung Hongkongs verbarg sich ein Element der Furcht und des Ressentiments, verbunden mit rassischer Engstirnigkeit und verstärkt durch den schrecklichen sozialen Kontrast.

Es waren die ethnischen Ungerechtigkeiten, die den herausragendsten Gouverneur dieser Zeit, Sir John Pope-Hennessy, hauptsächlich störten. Er kam 1877 von den Windward Islands [Kleine Antillen] in die Kolonie und verließ sie 1882 wieder, verfolgt durch einen wütenden Meinungsstreit, um Gouverneur auf Mauritius zu werden. Wir können etwas von seiner Persönlichkeit aus einer Aufnahme einfangen, die 1881 anläßlich eines Hongkong-Besuches des König Kalakaua von Hawaii[57] gemacht wurde. Nachdem er diesen tiefgründigen Monarch der Betreuung des Hauses Jardine, Matheson entrissen hatte, die sein Königreich auf der Insel repräsentierten, unterhielt ihn Pope-Hennessy in netter Form und setzte sich

---

57 Der eine Rundreise um die Welt machte, ehe er nach Hause fuhr, um sich selbst in einer komplizierten Zeremonie zu krönen. Im Alter von fünfundvierzig Jahren (er starb 1891) war er ein scharfer Pokerspieler, belebte den Hula-Tanz auf Hawaii wieder und schrieb seine eigene Nationalhymne.

mit ihm zur Feier des Tages zu einer ungezwungenen Fotografie irgendwo in den Garten.

Den Rahmen der Fotografie bilden die Persönlichkeiten Hongkongs, die Briten und Ausländer, offizielle und inoffizielle, steif und selbstbewußt mit ihren Backenbärten, steifen Hüten, Tropenhelmen und Krawatten. In der Mitte der ersten Reihe sitzt der König, auch er mit Backenbart, Strohhut und dickem Anzug. Neben ihm sitzt seine Exzellenz der Gouverneur, eine Mischung aus irischem Buchmacher, Isambard Brunel, dem Ingenieur, und dem »Verrückten Hutmacher«.[58] Er ist sehr schlank, sieht forsch aus, ist bartlos mit einer römischen Hakennase, und er sitzt in einer Haltung mit fast komischer Konzentration, eine Hand hält einen Spazierstock, die Beine elegant gekreuzt. Auf seinem Kopf trägt er einen sehr hohen hellfarbenen Zylinder, den er exzentrisch in seine Augen gezogen hat, etwa so wie ein beschwipster Lebemann oder ein Entertainer, der mit seinen Lackschuhen einen Schleifschritt macht; alles in allem stellt er eine Person dar, die so elegant und so spaßig, aber trotzdem so faszinierend ist, daß das Auge unmittelbar über all jene Persönlichkeiten, selbst über den König der Sandwich-Inseln hinweggleitet, um sich auf seine besondere Erscheinung zu konzentrieren.

Er war ein Ire und trotz seines Berufes der geborene Rebell. Wohin er auch im Kolonialdienst ging, machte er sich die britischen Siedler mit seinen liberalen Ansichten zum Feind, besonders hinsichtlich der Pferderennen, und er erboste das Kolonialamt mit seiner eigenmächtigen und oft absurden Einstellung. Sein Ruf war ihm nach Hongkong vorausgeeilt und

---

58 Figur aus *Alice im Wunderland*.

ein Lied in der Weihnachtspantomime der Kolonie, kurz ehe
er eintraf, hoffte auf ein Neues Jahr

frei von Unheil, Taifunen und Tornados
oder Krach, wie sie ihn hatten in Barbados...

Schließlich war Pope-Hennessy von Beginn bis zum Ende seines Gouverneursamtes in Hongkong immer in irgendeinen
heißen Streit verwickelt. Er brachte seine eigenen Untergebenen ebenso bereitwillig außer Fassung, wie er die Geschäftswelt verärgerte. Auch konnte er selten einer Stichelei widerstehen. Selbst seine Ehrengäste mögen seinen Stachel gefühlt
haben. Auch in seiner Abschiedsrede für König Kalakaua
machte er einen unglücklichen Scherz über die »unbedeutenden Vorfälle«, die in der Vergangenheit die Beziehungen zwischen Hawaii und Großbritannien getrübt hatten, »wie zum
Beispiel die Ermordung von Captain Cook durch die Vorgänger seiner Majestät...«
Dieser eigenartige, aber unwiderstehliche Verwaltungsbeamte war mit einer hübschen jungen Frau und einem Säugling
nach Hongkong gekommen und hatte sofort die Geschäftswelt
durch seine Vorliebe für die Chinesen aufgebracht. Er begna-
digte chinesische Verbrecher, plädierte für eine bessere Ausbildung der chinesischen Kinder und tolerierte sogar die chinesische Gewohnheit des *mui tsai*, des Verkaufs junger Mädchen
als Haushaltssklavinnen. Er brachte die Loyalisten durch seinen Vorschlag auf, das neue astronomische Observatorium
nicht nach Königin Victoria, sondern nach dem Ying-Kaiser
Kang Xi zu benennen, dem Erbauer eines Observatoriums in
Beijing. Er verschaffte hervorragenden chinesischen Einwohnern die volle britische Staatsangehörigkeit und widerstand
einer Rassentrennung in den Stadtbezirken des Zentrums. Er

bestand darauf, daß Chinesen beim Besuch des Stadtmuseums und der Bibliothek die gleichen Rechte erhalten sollten wie die Europäer. Und es war er, der Ng Choy in den Legislativrat berief.

Aber man brauchte Feingefühl und Verständnis, um die britische Gemeinde zu einer aufgeklärteren Haltung zu bringen, und für eine derartige Aufgabe war niemand weniger geeignet als der unangenehme Sir John. Er besaß geradezu eine Gabe dafür, die Menschen zu verstimmen, und leider entsprach sein Idealismus wohl kaum seinen Fähigkeiten. Er wollte keinen Rat annehmen. Er versäumte es, Briefe zu beantworten. Er zankte sich mit dem Kolonialminister, weil er darauf bestand, alles selbst zu erledigen, mit dem Direktor der Zentralschule, weil er darauf bestand, in den Bildungsprozeß einzugreifen, mit dem Obersten Standesbeamten, den er unmoralischer Praktiken beschuldigte, mit General Donovan, dessen rivalisierende Abendgesellschaft zur Feier des Geburtstages der Königin er verbot (da nur eine Musikkapelle verfügbar war), mit dem *taipan* des Hauses Jardine, Matheson über fast alles und, mehr oder weniger aus grundsätzlichen Erwägungen, mit praktisch der gesamten britischen Kaufmannschaft, die ihn alle haßten und die er seinerseits gründlich verachtete. Und allem setzte er die Krone auf, als 1881 Sir John Pope-Hennessy auf einem öffentlichen Platz den Vorsitzenden des Hongkonger Gerichts mit einem Regenschirm unter der Beschuldigung angriff, er habe ihn *in flagranti delicto* angetroffen, als er Lady Pope-Hennessy ein Buch mit unmoralischen Gravierungen zeigte.

So erreichte er letztlich nur wenig und versäumte es, Europäer und Chinesen zu besseren Freunden zu machen: selbst der vielversprechende Ng Choy verließ sofort Hongkong, ging nach China, änderte seinen Namen in Wu Ting Fang und wurde chinesischer Botschafter in den Vereinigten Staaten. Zur gleichen Zeit legte Pope-Hennessy die alte Feindschaft zwischen der Beamtenschaft und den Zivilisten bei. Als der unbezähmbare Gouverneur Hongkong im Jahre 1882 verließ, um im Indischen Ozean zu wüten, bedachte ihn die chinesische Gemeinde mit vielen Geschenken und versicherte, »er verkörpere den Geist des Himmels und der Erde«. Sie bedachte ihn (wenigstens nach seinen eigenen Worten) mit dem einsamen Guter Freund Nummer Eins; aber nur wenige Europäer kamen hinunter zum Kai, um ihn zu verabschieden.

Draußen auf See lagen ständig Schiffe. Dies war eine Seemacht, die Jahre des Rule Britannia, und Hongkongs Status im Imperium wurde am besten durch den Anblick seines Hafens belegt.

Der Chinahandel hatte sich nicht als so lukrativ herausgestellt, wie es die Kaufleute erhofften. Aber Hongkong wurde zu einem Lagerplatz, der einem größeren Bereich diente, und war in erster Linie als Verschiffungshafen berühmt, der dritte Hafen des Empire nach London und Liverpool. Opium (sein Export nach China war jetzt legal), Zucker, Mehl, Salz, Töpferwaren, Öl, Bernstein, Baumwollgüter, Sandelholz, Elfenbein, Betelnüsse, Gemüse und Getreide passierten die Lagerhäuser der Kolonie ohne Unterlaß, und die Zeitungen waren mit Schiffsankünften und Passagierlisten gefüllt – der Ehrwürdige Osborne Chestnutt, MA aus Liverpool, die Demoiselles Whiteworth und Button aus Shanghai... Wenigstens 1000 Seeleute waren ständig in Hongkong an Land. Sie war eine der bekanntesten aller Seemannsstädte und war mit Seemannspensionen und Bordellen übersät, wo Seeleute der Handelsmarine (Handels-Heinis) mit den Männern der Royal Navy (Johnny-zieh-fest) feine, altüberkommene Raufe-

reien austrugen und wo die sehr beliebten Grog-Läden lock-
ten:

> Wir gehen hinunter zu Mutter Hackett's
> und versetzen dort unsere Bordjacketts,
> und dann trinken wir noch einen, ehe das Boot
> ablegt...[59]

Es war kein Wunder, daß in Pressemitteilungen gewarnt
wurde, Schiffskapitäne und Agenten übernähmen keine Verantwortung für Schulden, die durch ihre Besatzungen im
Hafen gemacht wurden.

Jeder Brite würde sich freuen, die riesige Vielfalt der Fahrzeuge zu sehen, die jetzt den Hafen der Kronkolonie Hongkong anliefen. Im Mittelpunkt war das Empfangsschiff der
Royal Navy, der massive, alte, schwarzweiße Truppentransporter *Victor Emmanuel*. Mit großem Flaggenschmuck und wei-
ßem Deck, wodurch sie wie eine riesige, langgestreckte Auster
wirkte, lag sie im Hafen als Flaggschiff des Kommodore und
hatte ihr Schaufelrad-Depeschenboot HMS *Vigilant* gewöhnlich längsseits liegen. Sie war seit 1874 dort und ist jetzt eines
der bestbekannten Schiffe der Welt. Jeder Admiral, der zu
Besuch kam, ist in ihrer Offiziersmesse empfangen worden,
und ihre Kanonen feuerten den Salut bei der Ankunft besu-
chender Kriegsschiffe (wie auch am Geburtstag der Königin,
dem Jahrestag ihrer Thronbesteigung, dem Unabhängigkeits-
tag der Vereinigten Staaten und den Geburtstagen des Prinzen
von Wales, des Königs von Spanien und von George Washington).

---

59 Zitiert in *Sailortown* von Stan Hugill, London 1967.

Es ist klar, daß die Ankerplätze um die *Victor Emmanuel* herum von weiteren Kriegsschiffen des britischen China-Geschwaders benutzt wurden, den dampfbetriebenen Kanonenbooten *Firebrand* oder *Flying Fish* und *Linnet* oder *Swift*, gelegentlich auch die gepanzerte 6000 Tonnen große *Iron Duke*, die als Dreimastbark aufgetakelt war, aber hinter der Fock einen plumpen Schornstein aufwies und hauptsächlich dadurch bekannt wurde, daß sie 1875 ihr Schwesterschiff, die *Vanguard*, gerammt hatte. Umherkreuzende Schiffe der weit auseinandergezogenen Flotte konnten aus Trincomalee, aus Singapur oder aus Sydney einlaufen; oft kamen auch ausländische Kriegsschiffe und wurden von der *Victor Emmanuel* in einer Zeremonie begrüßt, die dem jeweiligen Status der diplomatischen Beziehungen entsprach.

Bis zu dieser Zeit gab es dort etwa so viele Dampfschiffe wie Segelschiffe und eine Conradische Vielfalt britischer, deutscher und japanischer Küstenfrachter (meistens mit britischen Offizieren). Es gab ein sich endlos verschiebendes Mosaik chinesischer Fahrzeuge, selbst in jener Zeit waren es 52 000 im Jahr, Fischerboote von den Außeninseln, Hafensampans, große ozeantüchtige Dschunken mit hohem Heck und gerippten Segeln. Da gab es ein ständiges Hasten von Dampfbarkassen, von denen sich viele in Privatbesitz befanden. In Hongkong galt es als Statussymbol, Eigner einer Dampfbarkasse zu sein. Noch viel mehr fuhren unter der Flagge der *hongs*, der ausländischen Konsulen oder der Hotels. Es gab schicke weiße Raddampfer, den Vergnügungsdampfern auf Seen ähnlich, die den Fährdienst nach Macao und Guangzhou unterhielten und von den Chinesen bildhaft »outside-walkees« [Außen-Spaziergänger] genannt wurden.

Am großartigsten von allen waren die großen Linienschiffe, die jetzt Hongkong regelmäßig anliefen: Schiffe der Reederei

Messageries Maritimes aus Marseille und Indochina, Schiffe der Pacific Mail aus Japan und San Francisco und vor allem die Schiffe der Peninsular and Oriental Steam Navigation Company als letztes Glied in der rein britischen Strecke von England — die Linienschiffe der P. & O. Kipling's Exiles' Line, die Teil des wirklichen Ethos des Empire waren.

So wie sie in Hongkong einliefen, den Felsen von Gibraltar, den Wüstensand Ägyptens und den phosphorizierenden Indischen Ozean hinter sich, lagen sie dort unter ihren Sonnensegeln und erinnerten jeden Bewohner Hongkongs wie auch jeden Besucher daran, daß die Sonne, möge sie auch hinter den Bergen Chinas versinken, in Königin Victorias Empire niemals untergehen würde. Man könnte bezweifeln, sagte Des Voreux beim Verlassen der Kolonie am Ende der Dekade, ob irgendein anderer Ort der Erde »den Stolz auf den Namen Engländer eher wecken oder umfassender rechtfertigen könnte«.

VII.

HILFREICHE FAKTOREN

1. Schützender Hafen: erster Zweck Hongkongs

Noch immer laufen die Schiffe ein. Eines nach dem anderen zeigt sich in Umrissen, wenn sie aus dem West-Lamma-Kanal einlaufen. Aus der Entfernung sehen sie nur wie schimmernde Rümpfe aus, formlos und vage, aber langsam lösen sie sich auf, und wenn sie auf der Steuerbordseite an Lamma vorbeigleiten und Cheung Chau backbords liegen lassen, nehmen sie die gewaltigen, ungeschickten Formen der Containerschiffe an, die schwimmenden Lagerhäuser, deren Decks so hoch mit grauen Kisten beladen sind, daß die Brücken fast verdeckt werden. Während des ganzen Tages fahren sie vorüber, viel schneller, als man es erwartet, und fast lautlos, ein paar Besatzungsmitglieder hängen über der Reling, der chinesische Lotse ist gerade kurz im Steuerhaus sichtbar, und die Flagge Japans, Taiwans, Koreas oder Panamas am Heck bewegt sich kaum in der feuchtkalten Brise. Solange die Chinesen in Hongkong sind, haben sie auch Schiffe gehabt. Der primäre Zweck der Insel Hongkong war die Fischerei, und viele Jahrhunderte lang haben Hochseefischer um die Schutzfunktion seines Hafens gewußt.

Es ist der einzige Tiefwasserhafen zwischen Singapur und Shanghai und nach übereinstimmender Meinung eines der spektakulärsten Panoramen der Welt. Heutzutage beherbergt er wahrscheinlich die größte Konzentration an Handelsschiffen, die irgendwo zu sehen ist, und da die meisten der ozeangängigen Schiffe an Bojen im Mitt-Kanal festgemacht haben und so über eine Wasseroberfläche von zwölf bis dreizehn

Kilometer verteilt sind, wirkt er wie eine gewaltige Marineaus-stellung, durch die sich jetzt, wie auch immer schon, eine Viel-zahl kleinerer Fahrzeuge windet, stampft, kreist, gleitet, trö-delt, schießt oder schüchtern schwankt.

Wenn die ersten fremden Kaufleute von Hongkong spra-chen, dann meinten sie im allgemeinen nicht die Insel, sondern die Ankerplätze an seiner Südseite im Lee von Lamma. Es gibt Bilder von Hongkong aus der Zeit vor der britischen Inbesitz-nahme, die zeigen, daß dieser Hafen mit fremden Schiffen bereits gefüllt war, mit Opiumklippern und Handelsschiffen der chinesischen Küste, die auf die Gezeiten oder Monsun-winde warteten, vor schlechtem Wetter Schutz gesucht haben, Handelsinformationen austauschten oder vom Wasserfall in Pokfulam[60] Frischwasser aufnahmen. Captain Elliot beabsich-tigte zunächst, seine erste Ansiedlung an der Südküste der Insel anzulegen, aber schließlich war es das Gebiet im Norden, das zum Hafen Hongkongs wurde. Eigentlich war er eine Wasser-straße, die der Verkehr von Guangzhou zu den nördlich gelege-nen chinesischen Häfen immer passiert hat, die zu beiden Sei-ten durch Berge geschützt war und die, besonders nachdem die Briten an ihrem Nordufer die Spitze Kowloons in Besitz genommen hatten, gegen einen Angriff von See her leicht zu verteidigen war.

Die erste offizielle Ernennung der Briten in Hongkong war das Amt des Hafenmeisters, und der Hafen war immer ein Sinnbild für Ordnung in einem Chaos. Es schien manchmal unmöglich zu sein, daß so viele Schiffe so vieler verschiedener Flaggen und verschiedener Kategorien in einen so dicht

---

60 Der, nebenbei bemerkt, wenn durch die Umstände auch vermindert, neben einem Vergnügungspark in Waterfall Bay [Wasserfall-Bucht] noch immer fließt.

befahrenen Wasserweg einlaufen und ihn wieder verlassen konnten; einige Jahre lang lag die gekenterte und ausgebrannte Hulk des größten aller Linienschiffe, der *Queen Elizabeth*, vor Stonecutters Insel und es grüßte jedes von Westen einlaufende Schiff als ein *memento mori* die Navigatoren.[61] In früheren Zeiten schien der Verkehr noch unkontrollierbarer zu sein. Im letzten Kapitel betrachteten wir den Hafen mit den stolzen Augen der hochviktorianischen Zeit und erkannten nur seine Größe, aber eigentlich kann er auf Fotografien jener Zeit auch fast anarchisch wirken. Ganz abgesehen vom Durcheinander der Dschunken, Sampans, Fährboote und Barkassen scheinen sich selbst die großen Schiffe in einem Zustand allgemeiner Unordnung zu befinden, richten sich hierhin und dorthin aus, einige überqueren den Kanal, andere laufen zur offenen See aus, einige scheinen unter der Last der Leichter, die längsseits festliegen, zu sinken oder kurz vor einer Kollision mit jener komischen alten Hulk mitten unter ihnen, der *Victor Emmanual*, zu stehen.

Aber wenn es eine Sache war, die die imperialen Briten beherrschten, dann war es die Organisation eines Hafens, so daß es in Wirklichkeit keine Unordnung gab. In jenen Tagen fuhr die überwältigende Mehrheit der seetüchtigen Schiffe dort unter britischer Flagge, und ihre Kapitäne verstanden das System gut. Außerdem war den Seeleuten der damaligen Zeit die Sprache des Hafens vertraut, in der alles, was mit den Gewässern des Ostens zu tun hatte, durch britische Praktiken beherrscht war. Man segelte mit dem Schiff von Port Said nach Aden, von Aden nach Bombay, von Bombay nach Penang oder

---

61 Aber dieser Gruß galt auch den Versicherungen. Nachdem das Schiff durch chinesische Eigner angekauft war, um in eine schwimmende Universität umgebaut zu werden, brannte es unter mysteriösen Umständen aus.

Singapur, dann weiter nach Hongkong und überall wurde man durch britische Seekarten geführt und durch britische Lotsen in die Häfen verbracht. Es waren britische Hafenmeister, die dort die Betreuung übernahmen, britische Agenten, die das Schiff verproviantierten, britische Schiffszimmerleute, die Reparaturen durchführten, und Schiffe der Royal Navy, die auf Reede vor Anker schwojten, um die Fahrt zu sichern. Hongkong war das letzte Glied einer vertrauten und bewährten Kette.

Das ursprüngliche Büro des Hafenmeisters war eine hübsche Villa mit Säulen und einem Signalmast davor. Heute sind seine Beamten, wie man es sich wohl denken kann, in elektronisch ausgestatteten, hochmodernen Kontrollräumen hoch oben auf einem Wolkenkratzer am Ufer untergebracht und durch Funk mit einer Anzahl von Hafen-Signalstationen verbunden. Ihre Aufgabe hat sich eigentlich nicht sehr geändert. Ein großer Teil des Gesamtumschlages des Hafens geschieht jetzt durch eine Container-Einrichtung in Kwai Chung, in den New Territories, der meistbeschäftigen der Welt. Es gibt Pläne, ein weiteres Container Terminal auf einer künstlichen Insel vor Lantau zu bauen. Trotzdem müssen die meisten Schiffe noch immer an den Festmachebojen be- und entladen werden, wie das schon seit den Tagen der Klipper der Fall war. Das letzte P. & O. Passagierschiff, die *Chitral* mit 13 800 Tonnen, begab sich 1969 auf die lange Reise nach Hause; aber die großen Kreuzfahrtschiffe legen noch am Seeterminal in Kowloon an und hissen ihre Wimpel in alter Weise, wenn sie feierlich nach Kobe oder Shanghai auslaufen. Die Liverpool-Frachter von gestern mit ihren hohen Schornsteinen sind heutzutage die in Panama registrierten Containerschiffe. Selbst das alte Empfangsschiff überlebt, wenn auch in versteinerter Form als die Küstenniederlassung HMS *Tamar* der Royal Navy, und in der Meerenge liegen oft noch Kriegsschiffe.

Die Hafenbehörde, die das alles betreibt, ist für den Stadtstaat wie eine Marineministerium, und ihre Verordnungen sind so strikt wie diejenigen von Kapitänleutnant Pedder zu Beginn. Jedes Schiff über 1000 Tonnen muß einen Lotsen an Bord haben. Jeder Sampan muß lizensiert sein. Kein Tankschiff darf durch den Hafen fahren, und Schiffe, die die ostwärtige Zufahrt, den Lei-Yue-Mun-Kanal, benutzen, müssen ihre voraussichtliche Ankunftszeit auf die Minute genau melden, damit diese Zeit mit den auf dem nahegelegenen Flugplatz Kai Tak startenden Flugzeugen koordiniert werden kann. Die Behörde hat auch die Vollmacht, Schiffe zuzulassen und zu inspizieren, aber Hongkong ist Hongkong, und ihr Durchsetzungsvermögen gegenüber der eigenen Handelsflotte des Territoriums ist begrenzt. Geht man nach dem Eigentum, so ist dies nach den Japanern und Griechen die drittgrößte Flotte der Welt, aber die Schiffe führen viele Flaggen. Von den insgesamt 1281 Schiffen im Jahre 1986 führten lediglich 188 die Flagge Hongkongs, die anderen waren in Argentinien, den Bahamas, Dänemark, Gabun, Honduras, Liberia, den Niederlanden, Panama, St. Vincent, Singapur, Taiwan, dem Vereinigten Königreich und Vanuatu [Neue Hebriden][62] registriert.

Einmal wöchentlich veröffentlicht die *South China Morning Post* eine zehnseitige Handels- und Transportbeilage. Hier sind ein paar willkürlich herausgesuchte Beispiele für Artikel aus einer mir vorliegenden Ausgabe: Die Hanyin-Container-Linie bietet einen neuen Schiffsservice nach Long Beach, Savannah und New York City an; Lloyd Triestino nimmt noch Fracht für Jugoslawien und Süddeutschland an. Die Atlaslinie bietet

---

62 Obwohl das einzige Schiff, das in Vanuatu registriert war, mit seinen 48 000 Tonnen Eigengewicht viel zu groß war, um dort jemals eingedockt zu werden.

einen Direktservice nach Chittagong; die Traverway-Maritime-Linie fährt nach Famagusta, die United Arab Schiffahrtslinie nimmt keine Fracht mehr für Kuwait und Dubai an. Die *River Ngada* nimmt Fracht für Monrovia an. Die *Ming Energy* lädt Fracht für Djidda und Le Havre. Die *Bold Eagle* läuft morgen nach Felixstowe aus. Frachtgüter für Kabul werden durch die Trans-Sibirische Containerlinie angenommen. Ein Zim-Containerschiff läuft in Kürze nach Eilat und Venedig aus, und die Burma-Fire-Star-Shipping-Linie lädt für Rangun.

In der Tat, die ganze Welt lädt in Hongkong – an einem Durchschnittstag liegen 140 ozeantüchtige Schiffe im Hafen, und im Jahre 1986 kamen sie aus 68 Ländern. Dafür zu sorgen, daß sie alle vor Anker gehen, Brenn- und Kraftstoffe und Proviant übernehmen können, beladen und versichert sind, für ihre Frachtraten gesorgt ist und ihre Mannschaften Heuer erhalten, dies alles bleibt wohl die offensichtlichste Aufgabe, die das Territorium wahrnimmt.

2. Alte maritime Gewerbe

Manchmal übt ein virtuoser Angler draußen am Kowloon-Ufer auf der Promenade vor dem Regent Hotel seine Kunst. Seine Instinkte sind so brillant geschärft, und sein Auge ist so schnell, daß er seine Haken mit einer verbissen genauen Intensivität in das Dunkel der seichten Stelle unter ihm auswirft. Dabei starrt er grimmig ins Wasser, so als könne er in seine dunkelsten Tiefen hinabschauen, und immer schart sich eine kleine Menschengruppe um ihn, um seiner Aufführung beizuwohnen. Selbst konkurrierende Angler vergessen gelegentlich ihre eigenen Würfe, um seine Technik zu beobachten.

Da das Fischen zu den Berufen Hongkongs gehört und Tausende seiner Bewohner vom Fang ihrer Netze leben, ist er für mich ein lebendes Wahrzeichen. Dies ist der größte Fischereihafen Ostasiens, und man braucht sich nicht lange in Hongkong aufzuhalten, um ein Fischerboot zu sehen, das zum Fang auf See ausläuft, mag es sich um eine hochbordige Dschunke handeln, die das Alter geschwärzt hat, oder um einen dieser stumpfnasigen Trawler, die mir immer wie seetüchtige Bullterrier oder vielleicht wie ein Autoveteran der Marke Saab vorkommen. So fährt es zu seinen Fischgründen mit sturer Entschlossenheit hinaus, seine Maschinen stampfen schwer, seine Besatzung verrichtet ohne ein Lächeln die erforderlichen Arbeiten an Deck, und weit draußen auf See kann man es später sehen, mitten unter seinen Kollegen der weit verstreuten Flotte, wie es in einem Gewebe von Netzen rollt und geschüttelt wird, als hätte es dort seit Ewigkeiten gefischt. Nimmt man die Fähre am frühen Morgen, um zur Fischereiinsel Tap Mun im Nordosten des Archipels hinauszufahren, während der Schiffskoch die mitgebrachte Dose mit den Frühstücksnudeln hinter dem Windschutz aus Segeltuch im Heck warm macht und die Fischer auf ihren vorbeifahrenden Sampans sich mit Kapuzen, Schals und Anoraks gegen das naßkalte Wetter niederkauern – an einem Wintermorgen nach Tap Mun hinauszufahren, wo die Fenster und Türen der Häuser gegen eine Ausdünstung von Feuchtigkeit und Trockenfisch gegen das Wasser der Mirs Bay geschlossen bleiben, erinnert daran, daß Hongkong diese Seeindustrie mit den Menschen weit, weit die chinesische Küste hinauf teilt, hinauf über den Wendekreis des Krebses bis zum Gelben Meer und zur Mandschurei.

Nichts in Hongkong scheint beständiger zu sein als eine seiner traditionellen Dschunken-Werften, in denen sich die Bauart und die Pläne der hier gefertigten Fahrzeuge kaum von denen der Jugendzeit der Kolonie unterscheiden. Eine solche

Werft steht auf Cheung Chau, nicht weit entfernt vom Pak-Tai-Tempel. Es ist ein Vergnügen, dort einen Besuch zu machen —
ihre Handwerker stören sich nicht daran, wenn man in der
Werft umherwandert, und entbieten einem allgemein die
größte Höflichkeit dadurch, daß sie davon keinerlei Notiz
nehmen. In der Werft spürt man einen feinen Geruch nach
Holz und Firnis, man hört gelegentlich das Singen der Sägen,
ein Blitz von Sauerstoff-Azetylen aus einem dunklen Arbeits-
schuppen, in dessen Tür ein echter Apportierhund zur Hälfte
drin und zur Hälfte im Sonnenschein steht. Wir wollen einmal
zuschauen, wie eine Winde eine Dschunke aus dem Wasser
zieht, damit der Bootskörper gereinigt werden kann.

An Deck des Fahrzeuges ist die ganze Dschunkenfamilie versammelt, wie zu einem Festtag. Die Wäsche hängt auf der
Leine hinter ihnen. Großmutter sitzt in schwarzen Hosen auf
einem Rohrflechtstuhl, Mutter trägt eine weiße Seidenbluse.
Zwei oder drei aufgeregte Kinder drängen sich im Bug zusammen, als die Ketten befestigt werden und der ältliche Dieselmo-
tor neben den Werkstätten sein langsames Ziehen beginnt. Es
ist eine langwierige Arbeit, und Zoll für Zoll wird das Boot aus
dem Wasser geholt. Aber niemand läßt in seiner Aufmerksamkeit nach. Großmutter, Mutter und alle drei Kinder lassen kein
Auge von der Kette, während die Männer der Dschunkenbesat-
zung sich mit langen Stangen über die Seiten beugen, um das
Boot durch sanfte Stöße in die richtige Richtung zu bringen.

Der Werftmeister steht auf der Helling und kontrolliert alles
durch Signale mit seiner Trillerpfeife. Ein paar Arbeiter in
Booten längs der Dschunke warten darauf, daß sie langsam aus
dem Wasser kommt, damit sie Keile unter den Bootskörper
schieben können. Auch der Mann an der Winde wartet aufmerksam und ist bereit, seinen tuckernden Motor abzubrem-
sen, sobald die Pfeife ertönt. Ernsthaft wie Mathematiker kal-

kulieren die zwei Männer im Wasser, wann wohl der richtige Augenblick gekommen ist, einen weiteren Keil einzusetzen. Minute um Minute und Pfeifensignal um Pfeifensignal wird das Fahrzeug peinlich genau aus dem Wasser geholt, bis es schließlich hoch über seinen Keilen steht, aller Muschelbewuchs sichtbar ist und jeder, vom Hund bis zur Großmutter, aufatmet. Der Werftmeister gibt sein letztes befreiendes Pfeifensignal und gestattet sich einen einzigen Blick, fast wie der Blick eines Showmannes, auf den einsamen europäischen Zuschauer an der Tür der Werkstatt.

Eine maritime Tradition, die noch ursprünglicher aufrechterhalten wird, ist die Macao-Fähre, die man in dieser oder jener Form betrieb, seit die Kolonie gegründet wurde. Die Nähe zu Portugiesisch-Macao, neutral in Kriegszeiten und sehr angenehm in Friedenszeiten mit herrlichem Essen, Wein und Spielhallen, ist im Leben Hongkongs immer eine unausweichliche Tatsache gewesen. Manchmal war es politisch zweckmäßig, dorthin zu gehen, und gelegentlich war es ökonomisch opportun. Übeltäter flohen dorthin ins Asyl, unverheiratete Paare fanden dort Trost, entflohene Sträflinge fanden Beistand, und in den frühen Tagen Hongkongs besaßen reiche Kaufleute in Macao noch Freizeithäuser, die sie schon in den Tagen der Guangzhou-*hongs* hatten. Selbst während des Zweiten Weltkrieges waren die Macao-Fähren in Betrieb. Wie wir schon sahen, waren sie früher mit Rudern versehene Langboote und Raddampfer. Jetzt sind große, konventionelle Fährschiffe eingesetzt, obwohl die meisten Leute heutzutage in aufsehenerregenderen Schiffsarten nach Macao fahren.

Die Fährstation erregt genug Aufsehen. Als Teil eines doppeltürmigen Komplexes im Zentrum, der auch ein Hotel, ein Einkaufscenter und den Hauptkontrollturm des Hafens beherbergt, sieht sie eher einem Flugplatz ähnlich als einem Anlegeplatz. Bildschirme geben die Fahrzeiten an, zu denen man an Bord der nächsten Fähre gehen kann, sowie die Nummer des Zuganges zum Kai. Die Passagiere eilen klimatisierte Gänge entlang, die meisten von ihnen umklammern dabei auf irgendwie widersprüchliche Weise genau die gleichen formlosen Bündel, die sie vor hundert Jahren auch an Bord der Dampfboote getragen haben würden, bis sie einen verglasten Laufgang überqueren und darunter ihre Schiffe an den Landungsbrücken warten sehen. Tragflügelboote oder Luftkissenfahrzeuge, die kaum wie Schiffe, sondern eher wie Phantasieprodukte aus Abenteuerromanen anmuten, warten dort an ihren tiefliegenden Anlegeplätzen, die wiederum U-Boot-Bunkern oder zeitgenössischen Versionen von Hongkongs alten Piratennestern gleichen. Mit einem futuristischen Gebrüll werden die Macao-Passagiere von heute in einem furiosen Dahinschießen seewärts getragen.

3. Neue Dienstleistungsgewerbe

In einem kleinen chinesischen Laden auf Cheung Chau kaufte ich mir einmal in Päckchen Bonbons, die in Athen produziert waren. Selbst beim Öffnen staunte ich über die logistische Kette, die sie aus dem Schatten der Akropolis hergebracht hatte, damit ich sie hier, an der Ecke der Tung Wan Street lutschen konnte. Es ist kaum ein Artikel denkbar, der nicht durch die Mühle Hongkongs geht. Einige Dinge, wie meine attischen Bonbons, sind Hongkongs Eigenimporte, die herkommen, um verbraucht zu werden, viele sind jedoch auch Transitgüter, unterwegs von einem Land zu einem anderen, die hier nur einen Zwischenaufenthalt einlegen, um mit Hongkonger Sachkenntnissen »weiterbearbeitet« zu werden.

Diese Wiederausfuhr war der ursprüngliche Wirtschafts- zweck der Kolonie. Hongkong war das Clearinghaus, durch das indische und europäische Güter bequem nach China gelan- gen konnten, und alle Erzeugnisse Chinas, einschließlich sei- ner Emigranten, konnten hier auf dem Weg in den Rest der Welt »veredelt« werden. Obgleich es heute Dienstleitungen von gänzlich anderer Art anbietet, übt das Territorium noch immer diese Funktion aus. Gelegentlich agiert es als Hintertür zu China. Da zum Beispiel weder Südkorea noch Taiwan Beziehungen zu Beijing unterhalten, schicken sie ihre für China bestimmten Exporte durch Hongkong. Oft haben die Aktivitäten der Kolonie mit China gar nichts zu tun, viele Transaktionen zwischen Drittparteien, legitim oder heimlich, können besser in Hongkong als irgendwo anders im Osten abgewickelt werden. So erfahren und weltklug ist dieser Frei- hafen und so sehr dem Grundsatz verhaftet, daß der Kunde zuerst kommt.

Hongkongs Wirtschaft ist als »Transformationswirtschaft« beschrieben worden, die Produkte annimmt, sie auf die eine oder andere Art verändert und dann weitergibt. Das bezieht sich selbst auf Güter wie Geld, Wertpapiere und Anteile, so daß weit kompliziertere Dienstleistungsgewerbe jetzt die ursprünglichen Agenten und Händler des Hafens ergänzen. Es wird behauptet, daß die Kolonie mit ihren wichtigsten Büros rings um die von Faustschlägen betäubten Relikte am Statue Square das drittgrößte Finanzzentrum der Welt sei. Mehr als 140 verschiedene Wirtschaftsbanken aus vielen Ländern haben jetzt dort Niederlassungen, zusammen mit zahllosen Handels- banken, Versicherungsgesellschaften, Planungsfirmen, Public- Relations-Agenturen, Werbefachleuten, Buchprüfern und Anwälten, die sich auf Handel und Finanzwesen spezialisiert haben. Die Hongkonger Terminbörse ist international wichtig, ebenso wie die Chinesische Gold- und Silberbörse. Hongkong besitzt keine Devisenbewirtschaftung, und daher wird der Devisenmarkt durch die kosmopolitische Vielfalt der Devisenhändler beschickt.

Zentrale für das alles ist die Hongkonger Effektenbörse, die durch ihren Standort die Spekulationsgeschäfte von Tokio mit London und New York verbindet. Sie wurde 1986 symbolisch in einem der interessantesten Bürokomplexe zusammengeführt, dem Exchange Square [Börsenplatz] im Zentrum, der durch den Schweizer Architekten Remo Riva geplant wurde und jetzt silberglänzend und elegant am Wasser steht. Die vollständig computerisierte Effektenbörse soll (natürlich) die modernste der Welt sein. Sie sieht mit ihrer Anhäufung von Bildschirmarbeitsplätzen einer Kontrollstation für Raumfahrt sehr ähnlich, und ihre Arbeitsatmosphäre ist so reibungslos und ruhig, daß man eine Zeitlang vorhatte, Bänder mit dem lauten Stimmengewirr der alten Börse als Hintergrundgeräusche einzuspielen, um eine Entfremdung der Makler zu vermeiden.

Während der 1980er Jahre bescherte die Entwicklung der Hafenstadt zu einer Finanzmetropole und einer Handelsbasis für das neuerdings zugängliche China all diesen Aktivitäten einen neuen Zustrom an Geschäftsleuten, die Karriere machen wollten: Chinesen, Briten, Amerikaner, Australier. In bestimmten Stadtteilen scheint Hongkong zu bestimmten Tageszeiten von Regimentern junger Makler, Versicherungsleute und insbesondere Handelsbankiers übernommen worden zu sein, einer Rasse, die nunmehr Bestandteil der »Fauna« Hongkongs[63] ist. Viele von ihnen könnten in dem variablen Slang

---

63 Diese »Fauna« kann sich aber offenbar nicht fortpflanzen. Wenn ausgesiedelte Neulinge jemanden als »Handelsbankier« bezeichnen, so bedeutet das

der 80er Jahre als Yuppies, Sloane Rangers oder Hooray Henries bezeichnet werden und scheinen ihre Zeit damit zu verbringen, entweder mit der anderen Erdhälfte zu telefonieren und die Börsennotierungen zu diskutieren oder in Porsches von einer Cocktailparty zur anderen zu rasen. Andere besitzen mehr Geltung. Zum Beispiel sitzt ein Amerikaner hoch über dem Hafen in seinem Büro, der das gegenwärtige Rechtssystem Chinas besser kennt als sonst eine lebende Person. Als Mitglied einer der bekanntesten New Yorker Anwaltsfirmen pendelt er zwischen Hongkong, Beijing und Manhattan und fliegt oft dreimal in der Woche von Hongkong nach China. Bei der Öffnung der Volksrepublik China für die amerikanische Wirtschaft spielte er eine fast einmalige Rolle. Er arrangierte auch die Ausleihe der Riesenpandas Ling Ling und Yong Yong an den Zoo in der Bronx.

4. Mühelose Verkehrsverbindungen

Er ist teilweise deshalb in Hongkong, weil er so leicht hineinund herauskommt. Der Reichtum dieser Kolonie, die einst so weit entfernt am Ende der Handelswege lag, ist immer von der Beherrschung der Kommunikation abhängig gewesen.

In den 20er Jahren dieses Jahrhunderts wurde sie zur einzigen britischen überseeischen Besitzung, von der aus man eine durchgehende Fahrkarte nach London kaufen konnte. Man nahm am Hafenbahnhof in Kowloon den Zug nach Guangzhou, vielleicht den stromlinienförmigen Schienenbus *Canton*

---

nach dem *Hong Kong Tatler*, daß er »nachgewiesenermaßen für die Künste der Liebe völlig ungeeignet ist«. Beispiel (ich extrapoliere): »Gott, welch ein fader Kerl, das ist ein richtiger Handelsbankier.«

Belle, der ganz in Grün und Silber gehalten und mit einer Cocktailbar ausgestattet war; man reiste über Beijing und dann weiter mit der Transsibirischen Eisenbahn nach Moskau, Berlin, Paris und Calais, und von Dover aus brachten einen die Pullmanwagen des *Golden Arrow* zum Victoria-Bahnhof in London. Die Linie war, so erklärte Sir Henry May, der Gouverneur zur Zeit ihrer Eröffnung, großsprecherisch, »der erste Tentakel, die erste Arterie, durch die das rote Blut des Handels aus den und in die Zentren britischer Interessen fließen würde«. Nach mehreren Unterbrechungen ist dieser Service jetzt wieder verfügbar, und britische Rückkehrer, die Zeit haben, wählen manchmal diesen Weg, um nach Hause zu gelangen.

Auch Hongkongs erste Luftverbindung bestand zwangsläufig mit London. Vor dem Zweiten Weltkrieg war der Flugplatz Kai Tak kaum mehr als eine Start- und Landebahn, die man dem Wasser entrissen hatte. Ich erinnere mich daran, daß selbst noch in den 50er Jahren sein Anflug an einem stürmischen Tag eine reine Selbstmordübung zu sein schien, wobei das Flugzeug sich wie eine Krabbe auf der kurzen, parallel zum Ufer verlaufenden Landebahn niederließ, von Böen des Seitenwindes geschüttelt, mit nervös hochtourig laufenden Motoren, die Luftschrauben in Segelstellung. 1936, als das erste Flugzeug nach Plan landete, wurde die Landebahn von einer Hauptstraße gekreuzt, die wie bei einer Eisenbahnkreuzung durch Schranken abgesichert war, und der Zweidecker De Havilland 86 der Imperial Airways wurde in imperialer Manier von neun Flugzeugen des Flugzeugträgers *Hermes* begleitet.

Ein Fluggast war an Bord und 16 Postsäcke, und es war der Beginn der wöchentlichen Flugverbindung mit Penang, wo die Leute den Flugbootdienst von Australien nach Großbritannien erreichten. Man brauchte zehn Tage, um über Karachi,

Bahrain, Alexandria, Brindisi und Marseille nach Hause zu kommen. Bald darauf eröffneten die Chinesen dreimal in der Woche einen Flugdienst von Shanghai nach Macao. Flugboote der Pan-American kamen aus San Francisco, und am Ende der 30er Jahre waren das Dröhnen der Flugzeugmotoren, die Busfahrt zum Abfertigungsschuppen von Kai Tak und der Anblick der Flugbootbesatzungen, die im Peninsula Hotel eintrafen, etwas Alltägliches im Leben Hongkongs.

Während des Zweiten Weltkrieges erweiterten die Japaner Kai Tak, setzten Kriegsgefangene als Arbeitskräfte ein, verwendeten die Mauern der alten Stadt Kowloon als Schotter und zerbrachen bei dieser Arbeit den Gedenkstein an den Kind-Kaiser der Song-Dynastie. Aber als wieder Frieden herrschte, wurde der Flugplatz sehr bald zu klein. 1956 begannen französische Ingenieure mit der Arbeit an einer kühnen neuen Start- und Landebahn, die sich etwa 2,5 Kilometer in den Hafen erstreckt. Dadurch wurde ein einzigartiger Flugplatz im Herzen der Stadt geschaffen, vergleichbar dem alten Berliner Flughafen Tempelhof oder dem künftigen Londoner Cityflughafen. Allerdings bildete Kai Tak auch gleichzeitig ein einheitliches Ganzes mit dem Seehafen. Zur Arbeit gehörte der Abtrag eines flachen Höhenrückens, das Bewegen von elf Millionen Tonnen Erdreich zum Bau der Landebahn und der Wiederaufbau des Song-Gedenksteines in einem nahegelegenen Park, wo er stehenbleibt.[64]

Das Ergebnis war ein erregend neuer Anflug auf Hongkong. Der amerikanische Pilot einer Fluglinie erzählte mir einmal, daß er wegen der hohen Anforderungen der Landebahn nie ohne Magenkrampf zur Landung angesetzt hätte. Kein Flug-

---

64 Zufällig von Mr. Tse Pui-ying häufig besucht, den wir auf Seite 107 kennenlernten und der auf dem benachbarten Bürgersteig wohnt.

gast, der jemals den modernen Flugplatz Kai Tak besonders bei Nacht angeflogen ist, wird die aufregende Erfahrung vergessen, wenn der Hafen sich um die Fenster herum aufblättert, wenn Myriaden Lichter glitzern, wenn zuerst die Berge und dann die Wolkenkratzer vorbeifliegen und man auf mysteriöse Weise auf der Landebahn im Wasser aufsetzt, das tiefe Dunkelblau der See zu beiden Seiten, das sternenübersäte Blau des Himmels darüber, wie mitten in einer märchenhaft beleuchteten Glaskugel.

1987 haben nahezu 13 Millionen Fluggäste Kai Tak passiert, die mit 37 internationalen Fluglinien geflogen sind. Natürlich plant man, ihn zu ersetzen, und sucht nach möglichst aufsehenerregenden technischen Lösungen.

5. Bedeutung der Intelligenz

Die Zeit selbst ist in Hongkong ein Wirtschaftsartikel, und die Schnelligkeit der Finanznachrichten der Kolonie ist immer berühmt gewesen. Selbst 1843 wußten die Kaufleute der *hongs* um die Entfernung von Charles Elliot aus seinem Amt, noch ehe er es selbst wußte. Heute, in den Tagen des elektronischen Finanztransfers ist der schnelle Tip wichtiger denn je. Wenn es in Hongkong acht Uhr morgens ist, dann ist es in London Mitternacht und neunzehn Uhr in New York. Das gibt den Spekulanten und Börsenmaklern Hongkongs mehrere Stunden, um aus dem Markt das meiste herauszuholen, und Hongkong ist so verschwenderisch mit Computern ausgestattet, elektronisch vernetzt und mit Bildschirmen bestückt wie sonst kein Platz der Welt.

Das viktorianische Empire verfolgte die Sicherheit seines Nachrichtenwesens mit Besessenheit, und man wähnte Hongkong besonders anfällig für ausländische Einmischung. Das im Jahre 1894 gelegte Kabel nach Singapur wurde über Labuhan geleitet, eigens um den Franzosen in Saigon auszuweichen, und auf der Strecke nach Shanghai wurde es von einer Hulk in der Mitte des Min-Flusses eingesetzt, um es vor den Chinesen zu schützen. Trotz allem war die Kolonie bei ihren Verbindungen mit Großbritannien von der dänischen Northern Telegraph Company abhängig, und erst nachdem eine rein britische Strecke nach London eröffnet wurde, die über Singapur und Indien führte, konnten die Kolonisten aufatmen – »an England festgemacht«, wie es Isabella Bird ausdrückte, »durch das elektrische Kabel«. Heute ist Cable and Wireless, die britische Telekommunikationsgesellschaft, die früher so wichtig für die imperiale Ausstattung wie der Klub selbst war, der größte Arbeitgeber in der Kolonie, abgesehen von der Regierung. Sie ist Hauptaktionär der Telefongesellschaft, betreibt alle internationalen Telekommunikationssysteme und spielt mit ihrer Fernmeldestation auf dem Berggipfel und ihren riesigen Satellitenantennen auf einer Landzunge bei Stanley eine wahrhaft imperiale Rolle – elf der vierzehn Seiten des *Singtao*, der Londoner chinesischen Zeitung, kommen druckfertig per Satellit aus Hongkong.

Bereits sehr früh, im Jahre 1882, kam das Telefon in die Kolonie – und damit der Sprechfreudigkeit der Kantonesen entgegen. Bis 1936 gab es ein Telefon für jeweils zehn Einwohner (man wählte H für den Teil auf der Hongkongseite und K für Kowloon). Der Service war so leistungsfähig, daß er während des Chaos der japanischen Besetzung 1941 den angegriffenen britischen Truppen die bei weitem besten Kommunikationsmittel bot. Die Hongkonger Taxis gehörten zu den ersten überhaupt, die als Annehmlichkeit ihren Kunden Funktelefone zur Verfügung stellten, und Telefonzellen, die selbst in der

Mitte des den Hafen kreuzenden Tunnels in Betrieb sind, sind für den richtigen Hongkonger Geschäftsmann, der auf Draht ist, wesentlich. Da Ortsgespäche in Hongkong gebührenfrei sind, sind in Supermärkten, Cafés und Schnellimbissen überall Telefone für die Kunden aufgestellt.

Das Fernsehen ist gleichfalls überall zu finden. Die vier Kanäle, zwei in Chinesisch und zwei in Englisch, sind Privatsender, aber auch der Fernsehdienst der Regierung sendet auf allen von ihnen Programme. Die Zuschauerschaft wird auf 5,1 Millionen geschätzt. Das bedeutet, daß tatsächlich jede Hongkonger Familie, selbst die an Bord von Sampans oder solche, die in Bretterverschlägen oder Wellblechhütten leben, ein Fernsehgerät besitzen. Fernsehansager sind Berühmtheiten, wie alle Persönlichkeiten im öffentlichen Leben dieser Goldfischbowle, die Hongkong nun einmal ist, und nach ein oder zwei Wochen in der Kolonie mag man sich selbst dabei ertappen, wie jeder andere auch zu gaffen, wenn man einen der europäischen oder amerikanischen Nachrichtensprecher sieht, (der wahrscheinlich in Hongkong seine ersten praktischen Erfahrungen sammelt, um zu Hause Besseres zu tun), der wie ein Star in Jimmys Kitchen tritt.

Hinter den Kulissen summen und klappern und piepen rund um die Uhr tausend weniger aufdringliche elektronische Medien. Wichtige Büroblocks in Hongkong werden heutzutage sozusagen um ihre Elektronik herum gebaut. Das Territorium hat von den Amerikanern eines von vielen Idioms geliehen und nennt die Blocks nicht nur »high-tech«, sondern tatsächlich »intelligente« Gebäude, die in der Lage sind, zu denken. Sie denken mit Hilfe der Stromkreise, die zwischen ihren Stockwerken verlegt sind, mit Hilfe der Antennen und Schüsseln auf ihren Dächern, mittels Laserstrahlen und Fernsehsystemen. Die Hongkong und Shanghai Bank denkt ständig über den Stand des Hang-Seng-Finanzindex nach und zeigt ihre Schlüsse mittels Fernsehbildschirm überall im Gebäude. Das Börsengebäude am Ufer denkt auch, wenn man nur ein fettes Beitragshonorar zu zahlen bereit ist, über die Rennen des Tages in Shatin und Happy Valley nach und sendet die Namen der laufenden Pferde, die Handicaps und Form über Bildschirmgeräte auf den Schreibtisch. Und die Elektronik spricht auch: Ihre Aufzüge kündigen die Fahrt in einer getragenen, sehr englischen Männerstimme an, wie der eines Butlers.

Bei Nacht, wie spät es auch sei, brennen in solchen Büroblocks im Zentrum immer Lampen, und wenn ich sie sehe, überkommt mich ein nicht unangenehmer Schauer des Unwirklichen, als seien sie Lichter einer anderen Welt. Ich stelle mir nicht vor, daß dort drin Menschen an ihren Schreibtischen sitzen, sondern nur Konsolen mit Computern, Wände blinkender Bildschirme, Bänder, die sich elektronisch in Bewegung setzen, Cursors, die sich auf und ab bewegen, alles in dieses blaßgrüne Licht des Computerzeitalters getaucht. Es gibt nichts, das unentwirrbarer mit der Elektronik verkabelt ist als Hongkong. Könnten wir die Myriaden seiner inneren Kommunikationslinien ähnlich sichtbar machen wie einen Laserstrahl, dann wäre der Himmel mit einem Gewirr von Linien überspannt, die Straßen wären wie mit Girlanden geschmückt, und wir würden über Prozentzahlen stolpern, wohin wir auch gingen.

6. Lebendiger Kapitalismus

Am Vorabend des Ersten Weltkrieges kommentierte die *South China Morning Post* die Aussichten folgendermaßen: »Führende Wirtschaftsleute betrachten die gegenwärtige Pattsituation mit einer kleinen Befriedigung. Vorausgesetzt, daß sie sich nicht unnötig in die Länge zieht, betrachten sie sie als ausgezeichnete Möglichkeit, ihre enorme Anhäufung von Lagerbeständen abzubauen..., die den Markt viele Monate lang überschwemmt haben.« Als der Zweite Weltkrieg auszubrechen drohte, machten Hongkonger Unternehmer einen Haufen Geld, indem sie Seide für Fallschirme und Kamelhaare für britische Mäntel aufkauften.

Ob es einem gefällt oder nicht, nirgendwo gab es günstigere, vom Augenblick geschaffene Gelegenheiten als in Hongkong. Es wimmelt von Spekulanten jeder Art, die Besitzungen kaufen und wieder verkaufen, sich in einen anderen Besitz einkaufen oder gegenseitig ausverkaufen, gemeinsame Unternehmungen planen oder Überangebote koordinieren. Es ist wie ein gigantisches Monopoly-Spiel, dem der Beigeschmack eines Rätsels gegeben wird – denn welchen Reim sollte sich ein Außenseiter auf eine Nachrichtenmeldung wie diese machen:

Die gestrige 100%ige Unterstützung eines nicht näher bezeichneten Anteils der Kapitaleinlage der Hongkong Electric für den Hutchison-Whampoa-Kauf von 52% der Cavendish International Holding war ein Pyrrhussieg... niemand hatte wirklich die Absicht, Li Ka-shing, einem der mächtigsten Spieler auf Hongkongs oligopolistischem Aktienmarkt, zu widerstehen...

Das alles führt zu einer ständigen nervösen Munterkeit. Eine Art allgemeiner Schauer läuft durch die Stadt, wenn die Zeitungen zum Beispiel ein Aussetzen der Aktiennotierungen oder eine kühne Nebenentwicklung durch einen australischen Millionär melden, vielleicht sogar einen Wechsel in der chinesischen Politik, einen Wortwechsel zwischen Moskau und Washington, eine drohende Schutzzollpolitik oder alles andere, was die empfindsame Ausgewogenheit der Wirtschaft Hongkongs zum Guten oder zum Schlechten verändern könnte. Als 1961 Jardine-Anteile zum ersten Mal öffentlich angeboten wurden, wurde dieses Angebot 56mal überzeichnet. Und als 1980 das Haus Jardine, um feindliche Übernahmepläne durch chinesische Magnaten zu vereiteln, 40 Prozent der Hong Kong Land-Gesellschaft kaufte und Hong Kong Land 40 Prozent der Anteile des Hauses Jardine kaufte, war es wie der Höhepunkt in einer rührseligen Fernsehserie.

Heutzutage setzt das Auf und Ab des launischen Aktienmarktes die investierenden Klassen ständig unter Spannung. In Hongkong ist das Spekulieren an der Börse eine sehr populäre Art des Glücksspiels geworden, und vor den Schaufenstern, die den Hang-Seng-Finanzindex zeigen, stehen immer Trauben von Chinesen, ähnlich den kleinen Ansammlungen vor Londoner Fernsehgeschäften, sobald ein internationaler Vergleichskampf ausgetragen wird. Aufeinanderfolgende Wirtschaftskrisen haben vielen Menschen häßliche Schocks versetzt, besonders bei dem großen Börsenkrach 1987, als die Aktienbörse drei Tage lang geschlossen wurde und die Terminbörse um ein Haar ruiniert worden wäre. Aber bislang hat Hongkong genug Beweglichkeit bewiesen, um die Rückschläge aufzufangen, so daß den meisten Spekulanten der Bankrott erspart wurde.

Land ist die Ursache vieler Aufregungen. Seit Gründung der Kolonie ist alles Land Hongkongs in den Besitz der Krone übergegangen (man sagt, die einzige Ausnahme sei das Grundstück der Anglikanischen Kathedrale, das der Kirche im Jahre 1847 als freier Grundbesitz verliehen wurde). Die ursprünglichen Pachtverträge galten über einen Zeitraum von 999 Jahren, so beständig schienen die Aussichten der imperialen Herrschaft; als die Wirklichkeit des Jahres 1997 sich immer klarer abzeichnete, wurden die Verträge generell auf 75 Jahre limitiert, während sie für die New Territories immer so geschlossen wurden, daß sie, wie die Pacht über das gesamte Territorium, 1997 auslaufen. Der 27. Juni war in der Regel das Datum des Ablaufs, wobei dem Pächter noch drei Tage für das Packen eingeräumt wurden. Die Pachtverträge erwiesen sich bei dem 1984 mit Beijing geschlossenen Abkommen als schwieriger Punkt. Selbst der größte Hasardeur scheute sich davor, in eine Kolonie zu investieren, deren Pacht nur noch kurz und ungewiß war. Ihnen kann nun eine Garantie bis zum Jahre 2047 gegeben werden, dem Jahr, in dem der Kapitalismus nach des Klauseln des Vertrages in Hongkong legal abgeschafft werden kann.

Aber Pacht kann ebenso vorteilhaft wie Besitz sein, und von Beginn an spielte die Bodenspekulation bei der Entwicklung Hongkongs eine große Rolle. Bei den ersten Auktionen der 1840er Jahre kauften einige Leute in der Hoffnung auf kommenden Wohlstand weit größere Landflächen, als sie selbst brauchten. Andere erwarben Reichtum, indem sie überall verstreut kleine Parzellen kauften. Lange vor dem Erwerb der New Territories kauften scharfsinnige Investoren Grundstücke auf der Halbinsel: dazu zählten mehrere Mitglieder des Flottenvereins, einer Organisation, die aus strategischen Gründen lauthals die Abtretung der New Territories verlangte. Hin und wieder gab es ein plötzliches Emporschnellen der Bodenpreise – zwischen 1975 und 1980 zum Beispiel stiegen die Pachten für Grundstücke mit Bürogebäuden im Zentrum um 500 Prozent und bei Luxuswohnungen war es noch mehr. Oftmals kann man Spekulationserfolge erzielen, und eine ganz neue Kategorie von Investoren aus vielen Teilen der pazifischen Welt hat ihr Geld in Hongkonger Besitzungen gesteckt.

Auf der breitesten Ebene des Volkes, weit unterhalb dieser gewaltigen Transaktionen, ist die Vorliebe für den Kapitalismus genauso offensichtlich – wenn nicht noch offensichtlicher, da sie sich doch im Freien zur Schau stellt. Von einem Ende Hongkongs bis zum anderen sprudeln die Märkte. In den New Territories sind die alten Marktflecken in überwältigende Anballungen von Hochhausblocks verwandelt worden, aber trotzdem machen ihnen zu Füßen die alten Märkte in zeltüberdachten Enklaven inmitten der Betonmassen weiter wie immer und verkaufen Gemüse und Früchte der verbliebenen örtlichen Bauernhöfe sowie Fische und Schweine aus China, Kräuter, handwerkliche Artikel, Austern und Enten. Das Dorf Lau Fau Shan an der Westküste des Festlandes ist in Wirklichkeit ein großer Markt für alle eßbaren Meerestiere. In seinen häßlichen Gassen stehen zu beiden Seiten Wasserbehälter voller Aale oder Garupas, Schalen mit Krabben und zuckenden Garnelen, und alle sind fast ständig durch Männer versperrt, die große Schubkarren mit Austern schieben, deren Räder in der Mischung aus Schlamm und Fischschuppen, die die ganze Straße bedecken, schrecklich glucksen.

Geht man im westlichen Zentrum in der Gegend der Hollywood Road und der in Stufen ansteigenden, lärmender Durchgang genannten Ladder Street die steilen Hänge hinauf, so haben dort die Marktbuden einen bestimmten Stil. Sie sind schon fast seit Gründung der Kolonie dort und werden durch Secondhand-Läden aller Art ergänzt. Wie auf den meisten chinesischen Märkten verkauft man fast alles, aber hier spezialisiert man sich auf altmodischen Nippes, manchmal Seide, Bilder und antike Gegenstände unterschiedlichen Wertes. Gelehrte finden hier gelegentlich wertvolle Bücher und Manuskripte, und Touristen werden freundlich durch die vorherrschende Stimmung konfuzianischer Rechtschaffenheit getäuscht.

Andererseits ist der große Marktbereich, der an jedem

Abend in der Gegend der Temple Street des Yau-Ma-Tei-Gebietes von Kowloon zum Leben erwacht, überaus gegenwartsbezogen. Durchsetzt mit Hunderten von Garküchen, in denen es unter hellen Lampen brodelt und dampft, und mit Läden, in denen Käfige mit zwitschernden Vögeln übereinandergestellt sind, verkaufen die Marktbuden der Temple Street alles, was mit dem modernen Leben zu tun hat, alles, was zu Rundfunkgeräten, Rechnern, Computern, Automotoren, Videos, Fernsehgeräten und Telefonen gehört – jeden Chip und Stecker und jede Steckdose – jeden Verteilerkopf, jede Art von Kabeln, neu und gebraucht, falsch und echt, legal und illegal, alt, angeschlagen, verbeult und nachgebaut. Jugendliche Elektronikgenies schauen sich hier und dort um, prüfen Stromkreise durch dicke Brillengläser. Hausfrauen kramen in Kisten mit Elektrosteckern. Ein Pekinese liegt zusammengerollt und fest schlafend auf einer Türschwelle, und ein Mann sieht auf einem Stuhl vor seinem Laden konzentriert dem Fernsehen zu. Eine Frau verkauft Fischsuppe aus einem großen Kessel, ein Metzger bietet die blutigen Innereien einer Meeresschildkröte zusammen mit gelbgefärbten Stücken von Hühnerfleisch an; währenddessen plärren die Radios in voller Lautstärke, die Transformatoren blinken, die Frau preist laut ihre Suppe an, die Vögel zwitschern ohrenbetäubend, der Hund schläft und eine große, gutmütige Menschenmenge schlendert gemächlich vorbei.

In der Nähe befindet sich ein Platz, genannt die Golden Shopping Arcade [Goldene Einkaufsarkade], die ihrer gefälschten Computer-Hardware wegen bekannt geworden ist. Diese Fälschungen waren lange eine Spezialität Hongkongs, obwohl heutzutage, da das Territorium einen höheren Standard erreicht hat, viele der Kaufleute, die sich mit diesen Nachbauten abgaben, nach Thailand, auf die Philippinen, nach Indonesien oder gar nach China gezogen sind. Im Jahre 1895 klagte Henry Norman über Raubdrucke englischer Bücher. Im Jahre 1986 wurden Cartier-Uhren, Dunhill-Feuerzeuge, Cussons Imperial-Leather-Seife, bekannte Weinmarken und Spülmaschinenmittel alle in Hongkong nachgemacht, manchmal sogar unter wenig scharfsinnig gefälschten Namen: der japanische Sharp-Elsinate-Rechner zum Beispiel, ein Renner der 80er Jahre, erschien zur Umgehung des Urheberrechts unter Pseudonymen wie Shrap Elsmate, der Eisimate, der Spadb und der Spado (der Sharp 838 ließ sich in China seiner Glückszahl wegen — zweimal die Acht und eine Drei — besonders gut verkaufen).

Die Goldene Arkade rühmt sich frech damit. Sie ist ein hell erleuchtetes Kaufhaus, das sich über drei Ebenen erstreckt und das wie die alten chinesischen Häuser in viele Räumlichkeiten aufgeteilt ist, die bis unter die Decken mit fast authentischen Waren, die fast richtige Namen tragen, vollgestopft sind. Man verkauft sie oft für nur ein Zehntel des Originalpreises, manchmal sogar für ein Zwanzigstel, und es gibt Händler, die für ein paar Dollars fast jedes Programm auf die mitgebrachte Computer-Diskette kopieren. Von Zeit zu Zeit gehen die Behörden gegen dieses Geschäft scharf vor, beschlagnahmen die schlimmsten Verstöße gegen das Copyright und erlassen strikte Warnungen: aber der Instinkt der Goldenen Arkade, der in hohem Grade nichts weiter ist als der Instinkt Hongkongs selbst, ist derartigen Pedanterien gegenüber unempfindlich, und bald kehrt das Geschäft wieder zum Normalzustand zurück.

7. Tourismus — ein Aspekt Hongkongs

Vor der Anlegestelle der Star Ferry warten die letzten der Rikschas, deren Fahrer sich zwischen den Deichseln ihrer alten Fahrzeuge rekeln. Sie erinnern mich an die letzten der Krankenrollstühle, die vorsintflutlich vor dem Great-Western-Railway-Bahnhof im Somerset meiner Kindheit standen.

Hundert Jahre lang, oder sogar länger noch, wurde in allen Hongkong-Memoiren auf die Rikschas verwiesen. Jeder viktorianische Globetrotter machte natürlich solch eine Rikschafahrt, und Generationen von Soldaten, Briten, Amerikanern und zweifellos Japanern gaben ihrer fröhlichen Stimmung durch ein Rikscharennen Ausdruck, oder sie wurden bewußtlos von weltoffenen Rikschafahrern durch die Nacht zu ihren Schiffen oder Kasernen gefahren. Heute sind die ehrwürdigen Überlebenden der Rikschafahrer nicht sehr um Kunden bemüht. Nur halbherzig wagen sie es, sich Fährpassagieren zu nähern, die genügend unerfahren aussehen; und wenn man je eine Rikscha in Betrieb gesehen hat, die einen zweifellos gerade eingetroffenen Besucher durch die Straßen des Zentrums fährt, dann sieht der gebrechliche und röchelnde Rikschafahrer wahrscheinlich aus, als mache er tatsächlich seine letzte Fahrt, während der Passagier hinter ihm kerzengerade und in einer Haltung wirklicher Verlegenheit sitzt.

Obwohl nie eine Touristenstadt, war der Tourismus lange Zeit eines der Hauptziele Hongkongs. Ihre Tourismusindustrie ist mit allem anderen eng verflochten, und jene Rikschas sind fast das einzige, was man an Touristischem in der Stadt sehen kann. In den New Territories liegt ein nachgebautes Dorf aus der Zeit der Song-Dynastie, und über dem Meer auf Hongkong Island befindet sich ein riesiger Vergnügungspark, der Ocean Park. Aber im allgemeinen spielt der Tourismus, dem

Wesen der Gegend entsprechend, nur eine untergeordnete Rolle. Die Einkaufsbezirke von Kowloon, die mit ihren endlosen Regalen voll von Radios und Kameras, mit ihrer Unmenge von Schneiderwerkstätten und ihren hektargroßen Verkaufsflächen für Spielzeug sehr auf den Tourismus ausgerichtet sind, erscheinen einem hier, im Gegensatz zu wohl den meisten großen Städten der Welt, nicht als Touristenfallen; sie scheinen organische Teile eines großen Handelszentrums zu sein – eher wie mittelalterliche Jahrmärkte in Europa als, sagen wir, die Duty-Free-Läden auf Flugplätzen.

Trotzdem haben sich viele der größten Firmen Hongkongs auf die eine oder andere Art mit dem Besucherhandel beschäftigt, sei es als Erweiterung der Transportindustrie, als nützliche Beigabe zum Immobiliengeschäft oder als Devisenquelle. Ohne die Chinesen kamen 1987 über vier Millionen Besucher nach Hongkong; 44 Prozent von ihnen kamen aus Nordamerika, Europa und Australien, 40 Prozent aus Japan und Südostasien. Obwohl es in der Tat nicht viele Sehenswürdigkeiten zu bewundern gibt, vielleicht mit Ausnahme des großartigen Anblicks der Stadt Hongkong selbst, stimulieren doch der Ablauf der Dinge, die Abwechslung der Küche, die Verlockung der Angebote und die Exotik der Eindrücke so, daß nur wenige Touristen enttäuscht wieder abreisen. Wöchentlich befragt die Zeitschrift des Touristenverbandes die Besucher, was ihnen am besten gefallen hat; die gewöhnliche Antwort ist: der Kauf einer Kamera; aber oft erwähnen sie auch das Essen.

Um diese Menschenmengen unterzubringen, hört Hongkong nie auf, Hotels zu bauen. In der Hotelbranche sind große Vermögen gemacht worden, und verschiedene der bestbekannten *hongs* und Kaufmannsfamilien sind einmal Hotelbesitzer gewesen. Heute sind viele der größten Gebäude um den Hafen herum Hotels, vom würdigen, alten Peninsula in Tsim Sha

Tsui bis zu den Glaspalästen der großen internationalen Ketten mit ihren grotesk gekleideten Türstehern und ihren unerläßlichen Wasserkaskaden in den Empfangshallen. In den weniger bedeutenden Gegenden, besonders in den schrillen Straßen Kowloons, wuchern Tausende kleinerer Gasthäuser, von bescheidenen, soliden Familienunterkünften bis zu Häusern mit freimütig schlechtem Ruf.

In Hongkong hat es seit 1866 gute Hotels gegeben, als das Hong Kong Hotel auf dem Grundstück des Verwaltungsgebäudes der ehemaligen Dent and Company unmittelbar hinter dem Pedder-Kai eröffnet wurde. Niemand scheint zu wissen, warum sein Restaurant den Namen »The Grips« erhielt, und es wurde sofort zum Zentrum der örtlichen gesellschaftlichen Aktivitäten, wie auch zu einem Ort, wohin jeder Reisende der ersten Klasse, der mit Erleichterung dem Bordleben entfloh, sobald wie möglich nach seiner Landung eilte. Es erscheint auf vielen alten Fotografien, sieht etwas düster, aber genügend komfortabel aus, etwa wie eines der alten imperialen Hotels, die noch immer, wenn auch in bedenklichem Zustand, in Indien, Pakistan und Burma überleben, und es beschrieb sich 1892[65] als »das geräumigste Hotel mit dem besten Ruf im Fernen Osten«. Es verfügte über Zimmer mit Bad, die Schlafräume besaßen eine Gasbeleuchtung, der Grillraum bot jederzeit Koteletts und Steaks an und das Hotel besaß »hydraulische Aufzüge der modernsten und höchsterprobten Art«. In späteren Jahren wurde es fast zur Parodie des britischen Kolonialstils. Die Chinesen hatten zu einigen seiner öffentlichen Räume keinen Zutritt, und als 1926 im Ostflügel ein Feuer ausbrach, das trotz der Bemühungen der Feuerwehr, der

---

65 Zu der Zeit lautete seine Telegrammadresse unerklärlicherweise KREMLIN

Armeekommandos und der Besatzung der im Hafen liegenden Kriegsschiffe zwei Tage und Nächte wütete, wurde der Nachmittagstee wie gewöhnlich im Westflügel gereicht.

Das Hong Kong Hotel überlebte bis in die 40er Jahre, war aber zu diesem Zeitpunkt schon lange durch das Peninsula Hotel und seine Schwester, das Repulse Bay Hotel, überholt. Das Peninsula ist heute noch erfolgreich, aber das Repulse Bay ist das vielleicht am meisten betrauerte Gebäude, das während der unermüdlichen Entwicklung Hongkongs in den 80er Jahren abgerissen wurde. Es war ein lieber alter Ort, der bei vielen wegen seines Ausblicks über die Bucht zwischen Stanley und Aberdeen beliebt war. Seine hervorragenden Tees, seine Flechtstühle, seine Streichorchester und seine Veranda über dem Strand — all das war der Inbegriff des britischen kolonialen Lebens. Wo es einst stand, hat man, jetzt von hochaufragenden Appartement-Blocks umstanden, sein Restaurant nachgebaut, die Architektur pedantisch genau, bis zu den Topfpflanzen. Aber es wird nie wieder so wie früher sein.

Die Spitzenhotels von Hongkong gehören zu den besten schlechthin, und Umfragen unter den Lesern von Reisemagazinen bestätigen dies immer wieder. Untereinander herrscht ein heftiger Wettbewerb. Wenn sich früher die Barkassen, als sie hinausfuhren, um Passagiere von den Ozeanschiffen abzuholen, gegenseitig in schmuckem Aussehen zu übertreffen versuchten, so rivalisieren heutzutage Mercedes- und Rolls-Royce-Limousinen in ihren Bemühungen um Hotelgäste, die auf Kai Tak eintreffen. Exklusive Modedesigner zeigen ihre Kollektionen in den Salons der großen Hotels, noch mächtigere Gesellschaften halten dort ihre Jahreskonferenzen ab, und noch größere Meisterköche aus Europa, Indien, China und Kalifornien werden eingeladen, um ihre Oeuvres vorzustellen. Ich bezweifle, ob es je eine Stadt gegeben hat, in der das Hotel eine derart hervorragende gesellschaftliche Rolle spielte, vielleicht mit Ausnahme von Manhattan in den Jahren zwischen den beiden Weltkriegen.

Einige dieser Stätten der Gastlichkeit sind der Inbegriff Hongkongs. Das Peninsula mit seiner gewaltigen Lobby und seinem eleganten französischen Restaurant spielt bei fast jeder Beschreibung der Stadt eine Rolle. Das Victoria findet man über der Macao-Fährstation. Unter ihm jagen die Tragflügelboote heraus, und in seinen Aufzügen werden immer um Mitternacht die Teppiche gewechselt, um das Datum des neuen Tages anzuzeigen, das in die Beläge eingewebt ist. Das Kowloon Hotel stellt für jeden Schlafraum einen Computer zur Verfügung. Eine Plakette im Hilton markiert den Tisch, an dem Richard Hughes, ein australischer Journalist, der jahrelang wahrscheinlich der bekannteste der Hongkonger Einwanderer[66] war, gern ein Gläschen mit seinen Freunden und Leuten, die gierig auf Informationen waren, trank. Und es gibt wenige Institutionen, die schärfer das *fin d'Empire* charakterisieren als das Mandarin Hotel im Zentrum, das 1963 eröffnet wurde und wiederholt zum besten Hotel der Welt ernannt wurde.

Das Mandarin war das erste einer neuen Generation asiatischer *grand luxe*-Hotels, aber anders als die Kettenhotels, die ihm folgen sollten, reihte es sich demonstrativ in die imperiale Tradition großer Häuser ein — das Peninsula über dem Meer in Kowloon, das Raffles in Singapure, das Galle Face in Colombo, das Taj Mahal in Bombay, das Shepheard's in Kairo. Sein Stil entspricht einer bescheidenen, aber ungewöhnlich

---

66 Besonders nachdem er als *Old Crow* in John le Carrés *The Honourable Schoolboy* (London 1977) Unsterblichkeit erlangte.

Wasserfall auf der Insel Hongkong *(Geschichtsmuseum Hongkong)*

Hongkong in der Mitte des viktorianischen Zeitalters. Oben: die Rennbahn Happy Valley. Unten: die Fernmeldestation. *(Kgl. Commonwealth
Gesellschaft; Öffentliches Dokumentationsarchiv Hongkong)*

Zwei typische Bilder von Briten in Hongkong. Oben: eine Feier im Klub in den 30er Jahren. Rechts: William Caine, stellvertretender Gouverneur in den 50er Jahren des 19. Jahrhunderts. *(Öffentliches Dokumentationsarchiv Hongkong)*

Das chinesische Element
in Hongkong. Oben:
Gedenkstein des Song-
Kaisers auf Kowloon,
30er Jahre. Links: die Bröt-
chentürme bei den Fest-
lichkeiten in Ta Ciu, 80er
Jahre. *(Geschichtsmuseum
Hongkong; Staatliches
Informationsamt, Hong-
kong)* Auf der rechten
Seite oben ein Ausflug im
Hafen. Unten: Queens
Road mit Uhrenturm an
der Pedder Street. *(Kgl.
Commonwealth Gesell-
schaft; Geschichtsmuseum
Hongkong)*

Linke Seite: viktorianische Britten in Uniform und Zivil. *(Geschichtsmuseum Hongkong)* Oben: an der Grenze, 80er Jahre. Rechts: der Grenzübergang Man Kam To. *(Staatlicher Informationsdienst Hongkong)*

Oben: Eine Polizeiboot-
Kontrolle. Links: Straßenbahnen und Busse im Zen-
trum. *(Staatlicher Informationsdienst Hongkong)*
Rechte Seite: Verkehrswege.
Oben: die Gipfelbahn um
die Jahrhundertwende.
Unten: Schnellstraße in den
80er Jahren

Im Zentrum. Links die Hauptverwaltung der Hongkong und Shanghai Bank, in der Mitte das Gebäude des Legislativrates. *(Staatlicher Informationsdienst Hongkong)*

Zwischen den Weltkriegen. Das Ehrenmal und der Hongkong-Klub.
(Öffentliches Dokumentationsarchiv Hongkong)

Oben: der von den Japanern wiederhergestellte Gouverneurspalast.
Unten: Jubiläums-Staubecken mit Shingmun Schanze. *(Öffentliches Dokumentationsarchiv Hongkong; Staatlicher Informationsdienst Hongkong)*

China in Hongkong. Oben: Kowloon mit Stadtmauer, ca. 1890. Unten: der Besuch eines Mandarins 1907. *(Geschichtsmuseum, Hongkong)*

Zwei Hafenansichten: 1980 und 1920. *(Regierung Hongkong; Öffentliches Dokumentationsarchiv Hongkong)*

Auswanderer in den 80er Jahren. *(Ken Haas, Inc.)*

Das moderne Hongkong 1988 *(Frank Fischbeck)*

teuren Kultiviertheit und nicht dem des zeitgenössischen britischen *taipan*. Seine Wurzeln gehen in der Tat zu den Anfängen des britischen Hongkongs zurück, denn es war ein Ableger der Hong Kong Land Company, an der das Haus Jardine große Anteile besaß. Das Hotel blickt mit einer Seite über den Statue Square auf den Hongkong-Klub und auf der anderen Seite über die Des Voeux Road auf die Hongkong und Shanghai Bank. Die dritte Seite gewährt einen Blick über die Connaught Road auf die Wolkenkratzer am Wasser und den Hafen. Früher boten alle zur Vorderfront gelegenen Zimmer einen Ausblick über das Wasser, aber da die Gebäude, die inzwischen diesen Blick versperren, auch alle von der Hong Kong Land Company gebaut wurden, konnten keine Einsprüche erhoben werden. Tatsächlich hat der gegenwärtige Zustand der Umbauung, der ihn brüderlich mit märchenhaft opulenten Nachbarn umgibt, den schon immer gehegten Sinn für Kultiviertheit nur noch gesteigert.

Niemand könnte es als schönes Gebäude bezeichnen. Geplant durch die örtliche Architektenfirma Leigh and Orange, die schon seit 1874 in Hongkong ansässig ist, wirkt es eher gedrungen und gewöhnlich. Aber in dem Augenblick, in dem man von dem ältlichen Rolls-Royce am Eingangsportal abgesetzt wird, weiß man, daß man auf Qualität gestoßen ist. Kaum haben die Türsteher das Portal höflich geöffnet, wird man durch einen höchst eleganten jungen Mitarbeiter der Geschäftsführung, der Chinese oder Europäer sein kann und nur in Anflügen zu Steifheit neigt, so im Hotel begrüßt, als handele es sich bei dem Gast um einen entfernten, wohlgelittenen und auf alle Fälle außergewöhnlich reichen Verwandten. Wie man sich freue, einen zu sehen! Wie aufrichtig er hoffe, daß die Zeitverschiebung nicht zu schlimm empfunden werde! Wie schnell er dann den Gast mit ungeteilter Aufmerksamkeit zu seinem Zimmer geleitet – nicht notwendig, zuerst zur Rezeption zu gehen, guter Gott, nein, all das könne man ja später erledigen, wenn man Zeit gehabt habe, sich zu erfrischen und eine Tasse chinesischen Tees zu genießen!

Das Mandarin gehört Briten, wird aber kosmopolitisch betrieben. Sein Geschäftsführer ist jetzt, während ich dies schreibe, ein Schweizer, der Portier Italiener, der PR-Mann ein Engländer reinsten Wassers, der Verwaltungschef ein Chinese, und die aus vier Mitgliedern bestehende Kapelle, die zur Teezeit einen sanften Swing spielt, ist eine Filipino-Familie. Es hat fünf ausländische und 128 chinesische Köche. Seine Käsesorten und Schinken werden aus Frankreich und die Steaks aus den Vereinigten Staaten eingeflogen, und oft gibt es gastronomische Festlichkeiten, wenn Meisterköche aus berühmten Restaurants aller Welt eingeflogen werden.

Es sieht sich selbst in der Gesellschaft diskreter Luxushotels, die ihre kleineren Gegenstücke in Europa und vielleicht besonders in London haben, und weist keinen Katarakt in der Eingangshalle, keine übertrieben gekleideten Türsteher und kein Drehrestaurant auf. Seine Innendekoration, zurückhaltend und ausgereift, stammt von dem bedeutenden Theaterdesigner Don Ashton; ein durchgängiges Motiv, das man im ganzen Hotel findet, ist das Siegel des Großsekretärs, dem Mandarin der Mandarine im altchinesischen Reich. Alles ist gerade so weit orientalisch eingerichtet, daß es den Eindruck vermittelt, als würde man in den Gästeräumen einer der mehr traditionsbewußten anglochinesischen *hong* übernachten – vielleicht in einer zeitgenössischen Version von Jardines altem Haus Nr. 1. Eine gepflegte weißrussische Witwe lebt in diesem Hotel seit seiner Errichtung (man kann ihren Raum von außen an der Fülle der Topfpflanzen erkennen) und bewegt sich innerhalb des Hotels durchaus nicht wie ein Gast, sondern wie eine Freundin des *taipan*.

Kurz gesagt ist das Mandarin Hotel die offenkundige Darstellung der verborgenen, feineren Lebensart Hongkongs, der Lebensart der stolzeren Briten an der chinesischen Küste, beeinflußt durch die langen Jahre des Komforts und der Assimilation im Osten. Einmal im Monat gibt der Gouverneur dort ein Gabelfrühstück, dem eine sich stets ändernde Reihe von Honoratioren beiwohnt, ähnlich den Gabelfrühstücken, die die Königin von England ab und zu im Buckingham-Palast gibt, nur mögen die Speisen besser sein.

8. Produktion als wichtigster Faktor

Trotz alledem sind das Kaufen und Verkaufen, selbst das Spekulieren und die Versorgung nicht mehr die Hauptfunktionen Hongkongs. Seit 1960, als die Vereinten Nationen den Handel mit dem kommunistischen China mit ihrem Embargo belegten, hat sich Hongkong in einen der größten Fabrikationsbetriebe der Welt gewandelt.

Es gab schon vorher Industrien in dem Territorium. Da waren die traditionellen Fischerei-, Steinbruch-, Schiffsbau- und Landwirtschaftsbetriebe. Schon lange Zeit hat es eine Industrie gegeben, die Räucherstäbchen anfertigte. Im neunzehnten Jahrhundert wurde der in Hongkong eingelegte Ingwer selbst von Königin Victoria gekauft und fand sich daraufhin auf jeder der vornehmsten englischen Tafeln. Eine Zeitlang blühte die Zuckerraffinerie. Tuche und Baumwollstoffe wurden gewebt. Die Do Be Chairfull Company war der bekannteste Hersteller von Peddigrohrmöbeln. In den New Territories gab es ein Wolfram-Bergwerk. Nachdem man die Bergleute davon überzeugt hatte, daß die Erdgeister nicht verärgert würden, bauten sie sich selbst eine unterirdische Stadt, vollständig mit Geschäften, Häusern, Märkten, Cafés, Bars und sogar Bordellen. Nach dem Zweiten Weltkrieg konzentrierte sich Hongkong auf billige und häßliche Spielwaren und elektrische Taschenlampen, eine Spezialität, die es beibehalten hat. Der Sieg der Kommunisten im Chinesischen Bürgerkrieg vertrieb eine mächtige Gruppe von Herstellern aus Shanghai nach Hongkong, die oft ihre Arbeitskräfte – gelegentlich sogar ihre Maschinen – mitbrachten und im Territorium eine tatkräftige Textilindustrie aufbauten.

Aber es war das Embargo während des Koreakrieges, das die Entwicklung ankurbelte. Insbesondere die Chinesen Hongkongs schenkten dem Beispiel jener scharfsinnigen und anpassungsfähigen Neuankömmlinge aus Shanghai große Aufmerksamkeit, die man aus einer einträglichen Gemeinschaft vertrieben hatte und die gezeigt hatten, daß sie entschlossen waren, in einer anderen nicht zu verarmen. Das erste Zeichen einer sich ändernden Philosophie war das plötzliche Auftauchen einer Industrie, die künstliche Blumen produzierte, ein Handel, in dem bislang die Italiener dominierten. Danach tauchten Fabriken aller Art auf, besonders in Kowloon, das jetzt rasend schnell aufblühte.

Zu Beginn handelte es sich meist um Winkelbetriebe, auf Dachböden und in Hinterhöfen, in baufälligen Lagerhäusern, oftmals in Wellblechhütten und gelegentlich sogar an Bord von Sampans. Die Industrien Hongkongs erinnerten oft an Charles Dickens' Romane: Arbeiter in Ausbeutungsbetrieben mußten viele Stunden bei kargem Lohn hart arbeiten, kleine Kinder setzten Spielzeug zusammen oder verlasen irgendwelche Fabrikate, behelfsmäßige Maschinerie ohne ordnungsgemäßen Schutz, verschmutzte Arbeitsplätze, unbarmherzige Methoden, phantastische Produktionshöhen und enorme Profite.

In den aufgeklärten 50er Jahren war das ein häßlicher

Anblick. Obgleich die Ausbeuter wie auch die Ausgebeuteten nahezu alle Chinesen waren, wurde die Regierung Hongkongs wiederholt im Unterhaus von Westminster wie auch in den Zeitungen in aller Welt dafür gegeißelt, dem *laissez-faire* sklavisch ergeben zu sein — jahrelang wurde selbst die Erstellung ordentlicher Industriestatistiken abgelehnt. Auch wenn die Kosten für die Gesellschaft hoch waren, so gewann Hongkong dennoch, kaum daß ihm zeitweilig eine Funktion entzogen worden war, gleich eine andere.

Mit der Zeit hat man die Explosion der Produktivität in den Griff bekommen, und die Industrie Hongkongs begann, internationalen Normen zu entsprechen. Die Arbeitsverhältnisse in den Fertigungsstätten wurden etwas besser, die Löhne waren humaner, die Ausnutzung der Kinder weniger eklatant. Die *Ad-hoc*-Natur all dessen gab einer moderneren Organisation Raum: schon in den 70er Jahren war die Industrie Hongkongs relativ ansehnlich, die Kolonie war nicht mehr ein unterentwickeltes Land mit einem hochentwickelten unternehmerischen Überbau, sondern eine der großen produktiven Mächte der Welt. Die 418 eingetragenen Fabriken von 1939 und die 1266 von 1948 waren bis 1986 auf 148 623 angewachsen. Dies war die phänomenalste aller industriellen Revolutionen der Welt.

Jetzt steht Hongkong, so sagt man, an sechzehnter Stelle in der Welt und exportiert bei einer Bevölkerung von 5,6 Millionen mehr als Indien mit seinen 625 Millionen Menschen. In Asien reihen sich seine Durchschnittsverdienste gleich hinter denen Japans ein. Kritiker meinen, die Methode sei noch immer zu sehr improvisiert, zu amateurhaft, zu abhängig von billiger Arbeitskraft und dem traditionellen Management; drei Viertel aller jener Betriebe beschäftigen weniger als neun Menschen, sind also kaum mehr als Heimarbeit, und es gibt einen wachsenden Mangel an genügend ausgebildeten Technikern. Trotzdem zeigt das Territorium keine Anzeichen eines Rückgangs. In jedem Quartal wird ein dicker Katalog auf Glanzpapier gedruckt, um künftigen Kunden zu zeigen, was Hongkong produziert, und ihn durchzulesen ist schon überraschend und interessant. Der Welt wird eine derartige Vielfalt an Einfallsreichtum durch Konzerne mit so großartig klingenden Namen wie die Grand Dragon Universal Sales Company, die Ever-Rich Industrial Company oder die vielleicht etwas unglücklich benannte Flying Junk Industrial Company Ltd. geboten!

Hier gibt es ein Radio, das man im Bad schwimmen lassen kann, hier einen elektrischen Manschettenknopfsucher. Ein Haartrockner ist mit einem elektrischen Bügeleisen kombiniert, ein Taschenrechner mit einer Papierklammer. Es gibt elektronische Aschenbecher, Beschallungsgeräte zur Vertreibung von Ratten, Geräte für das Aufspüren von Falschgeld. Es gibt Puppen mit tausend Gesichtern und Arsenale von Spielzeug-Maschinengewehren. Hongkong druckt Bücher in jeder Sprache und produziert, mit Ausnahme Indiens, mehr Spielfilme als sonst jemand.

Die 106 Quadratkilometer der Kolonie qualifizieren sich also zu einer der produktivsten Regionen der Welt. Aber überraschend wenig ist davon zu sehen. In Hongkong gibt es einige Fabrikschlote, auch ein paar große industrielle Komplexe; aber es ist, als würde all diese Arbeit insgeheim erledigt, versteckt in den Nebengassen der urbanen Masse.

9. *Die Macht der alten* hongs

Selbst heute noch läßt sich vieles dieser Energie auf die eine oder andere Art bis zu den britischen *hongs* zurückverfolgen, die sich, wie wir sahen, in den 1840er Jahren etabliert hatten und sich zur hochviktorianischen Zeit beglückwünschen konnten.

Sie nahmen gewöhnlich mit Hilfe der Gelehrten und Wahrsager chinesische Spitznamen an, derer man sich noch erinnert, und sei es auch nur durch die Chronisten der Geschichte der Kompanien. Die meisten haben jedoch ihr Image als große Handelsgesellschaften eingebüßt, das ihnen aus den Tagen der Ostindischen Kompanie und der Guangzhou-Konzessionen als Erbe hinterlassen wurde. Ihre Geschäftsräume sind meistens in anonymen Wolkenkratzerblocks zusammengefaßt, ihre Anteile sind derart weit verbreitet und über so viele Tochtergesellschaften verstreut, daß ihre Macht einiges von ihrer alten Wirkung auf die Öffentlichkeit verloren hat. Zahllose neuere Häuser, die meisten von ihnen chinesisch, viele amerikanisch oder japanisch, sind dazugetreten und haben oft die älteren Firmen abgelöst. Bis zu den späten 80er Jahren hatten sowohl amerikanische als auch japanische Investitionen die britischen übertroffen, und nach China waren Hongkongs Haupthandelspartner Japan und die Vereinigten Staaten. Nur eines von 25 seetüchtigen Schiffen, die den Hafen anliefen, zeigte die rote Flagge der britischen Handelsmarine. Trotzdem verbleibt in Hongkong noch ein großer Teil der wirklichen Macht auch während dieser letzten Tage ihres kolonialen Status in den Händen einiger alten, britischen oder anglo-chinesischen Gesellschaften. 1987 veröffentlichte Hutchison-Whampoa eine Anzeige, um zu demonstrieren, wie weitverbreitet ihr Einfluß in Hongkong während eines Arbeitstages war: was man auch

tat, man mußte einfach auf die eine oder andere Art ihre Geld-
truhe füllen helfen, ob man nun in einem ihrer 200 Supermärkte einkaufte oder eines der Myriaden Produkte benutzte,
die ihre Agenturen vertrieben, ob man ein Appartement
kaufte, eine Flasche Brause trank, in der Bull and Bear Pub
etwas Alkoholisches genoß, das elektrische Licht anknipste,
eine Telefonzelle benutzte oder auf einer asphaltierten Straße
fuhr.

Hutchison-Whampoa, obwohl ursprünglich ein britisches
Unternehmen, ist jetzt in chinesischen Händen. Weitere alte
Gesellschaften sind in britischem Besitz und unter britischem
Management verblieben. Oft genug begannen sie als wild kon-
kurrierende Verschiffer und Hafenspediteure, haben aber heute
hinter den Kulissen oder vielmehr im Adreßbuch der Direkto-
ren in fast inzestuöser Eintracht fusioniert. Insbesondere drei
Institutionen prägen die Struktur der Stadt.

Die jüngste trägt den chinesischen Namen Taikoo, d. h.
Groß und Alt. 1869 wurde Hongkong von dem orthodoxesten
der orthodoxen Geschäftsleute aus Yorkshire, John Samuel
Swire, besucht, der scharfsinnig, ausgeglichen, sarkastisch und
diktatorisch war, oftmals sagte »Ich habe es Ihnen ja gesagt«
und die Gewohnheit hatte, Yorkshire-Sprüche zu verwenden,
wie zum Beispiel »Ich schreibe, wie ich spreche, zur Sache«,
oder »Ich habe die Absicht, stark genug zu sein, um, wenn
nicht geliebt, so doch respektiert zu werden«. Er war der perfekte Geschäftsmann — »eine Persönlichkeit«, schrieb ein amerikanischer Zeitgenosse in Bewunderung, »die ausschließlich
durch und für das Geschäft lebt« (und außerdem hatte er
»einen praktisch unbegrenzten Nachschub an britischem Stolz
und Kapital« im Rücken). Seine Partner nannten ihn »Der
Alte«.

Zusammen mit einem Mühlenbesitzer aus Lancashire,

Richard Butterfield, hatten Swire und sein Bruder William 1866 in Shanghai eine Verschiffungs- und Handelsfirma gegründet, und von dort aus erweiterte er seine Aktivitäten auf Hongkong. Butterfield wurde bald ausgebootet[67], die Firma wurde auf die klassische Art Hongkongs als Schiffseigner, Schiffsinstandsetzer, Makler, Importeur und Exporteur vieler Güter reich. Ihre Hauptverwaltung befand sich stets in England, während sie auch in Japan und China aktiv war. John Swire selbst blieb nicht lange in Hongkong: aber als er 1898 starb, gehörte die Firma Butterfield and Swire zu den einflußreichsten der Kolonie und verfügte über alle Einrichtungen, die ältere Gesellschaften besaßen, ein Büro an der Praya, Messen für die jungen Herren Kaufmannsgehilfen und ein Haus auf dem Gipfel für den *taipan*.

Dieser *hong* war in der Kolonie nicht immer beliebt, teilweise wegen seiner relativ liberalen rassischen Ansichten. »Ein würdeloser Stil des Handelns«, kommentierte ein Beobachter von Russells (»Die Flagge des Erfolges«), als Butterfield and Swire chinesische Frachtenmakler zu einer Abendgesellschaft einluden, »der Swire-Haufen poltert ungehemmt unter Chinesen ... [und verkehrt freundschaftlich] mit jedem ungewaschenen Teufel am Ort«. Das Haus Swire half schließlich, Russell's zu eliminieren, wie es auch geholfen hatte, die alte und angesehene Firma Dent (»Kostbar und Genehm«) in den Konkurs zu treiben, und wurde daher als zu skrupellos in seinen Methoden angesehen. Sie waren, so sagte 1891 ein Schreiber im *Hong Kong Telegraph*, »das ewige Schreckgespenst des Osthandels, die Niggertreiber, die Leuteschinder, die Juden – schlimmer als Juden, denn kein Jude konnte je so voll Haß und Schikanen

---

67 »Mr. Butterfield zog sich aus unserer Firma auf mein Anraten zurück«, schrieb Swire lakonisch, »er war habgierig und störte mich.«

und Intoleranz anderen gegenüber sein...« Während des Ersten Weltkrieges beschuldigte der Gouverneur Sir Henry May das Haus Swire, die Kriegsanstrengungen nur zögernd zu unterstützen — es war »das säumigste in der Bereitstellung von Freiwilligen für die Verteidigung der Kolonie«.

Sicherlich scheint der Firma der lässige Stil älterer britischer *hongs* gefehlt zu haben. »Sie begeben sich Ihrer Chance, in unserer Firma weiterzukommen«, schrieb der *taipan* des Hauses Swire einem seiner Angestellten um 1900 — »»Amerikanische Frauen und Nips [Japanerinnen]‹ können wir als Laster nicht tolerieren, sie führen den Mann in Schwierigkeiten, zerstören seine Leistungsfähigkeit, und er gibt anderen ein schlechtes Beispiel.«[68] — »Die Firma ist nicht damit einverstanden«, so wurde 1900 veröffentlicht, »daß ihre Angestellten ihr Interesse an Rennpferden bekunden... ihre Interessen künftig dahingehend auszurichten wird ihre Chance auf Beförderung mit Sicherheit beeinflussen.« — »Ich hoffe, daß Sie meinen jungen Neffen bei der Arbeit richtig herannehmen«, schrieb Warren Swire, als John Kidston Swire im Jahre 1914 in die Außenstelle Hongkong eintrat, »er ist *nicht* zu seinem eigenen Vergnügen in China...« Trotz allem gedeihen die Unternehmen bislang. Der Name Butterfield wurde schließlich getilgt, aber die Firma ist in Hongkong dennoch allgegenwärtig, kontrolliert immensen Besitz und betreibt unzählige Konzerne. Ihre Hausflagge (in Weiß und Rot geviertelt, mit einem schwarzen vertikalen Balken) flattert auf vielen Schiffen, und sie besitzt einen Mehrheitsanteil an der maßgeblichen internationalen Luftverkehrsgesellschaft der Kolonie, der Cathay Pacific, eine

---

68 Aus *Taikoo* von Charles Drage, London 1970: aber Mr. Drage meint, daß »Nips« sich nicht auf die Japanerinnen bezieht, sondern auf eine bestimmte Menge Alkohol.

der wichtigsten im Osten. Das Haus Swire wird als dritte der höchstverdienenden Gesellschaften des Territoriums geführt und ist eigentlich ein weltweites Konglomerat mit Anteilen an Teeplantagen in Kenia, Container-Umschlagplätzen in Japan, Öl in der Golfregion, Besitztümern in Florida, Kühlhäusern in Kanada, Hotels auf Mauritius und Abfüllanlagen in Salt Lake City. Die Nachkommen des »Alten« sind noch immer maßgebend an ihren Unternehmungen beteiligt.

Sein großer Rivale war und ist das Haus Jardine, Matheson, das erste von allen, das für Hongkong ebenso unvermeidbar wie für die Seiten dieses Buches ist. Es nahm 1842 den chinesischen Namen »Ewo«, Zustand der Glücklichen Harmonie, an und legte ihn offiziell im Jahre 1958 wieder ab, weil die chinesischen Schriftzeichen für »Jardine« im Englischen Schuttabladeplatz bedeuten. Wie das Haus Swire, so hat auch Jardine als Generalvertreter mit dem Ankauf und Verkauf in China für Kunden in Europa begonnen und ist dann allmählich zur Reederei, Zuckerraffinerie, zu Bankgeschäften, Versicherungen, zum Bergbau, Eisenbahnbau und jeder nur denkbaren Art unternehmerischer Aufgaben im Osten übergewechselt. Im Gegensatz zum Hause Swire hat es 150 Jahre lang seinen Hauptsitz in Hongkong gehabt, und wiederum im Gegensatz zum Hause Swire war es in hohem Maße von den Persönlichkeiten seiner Partner abhängig, die praktisch ausnahmslos Schotten waren.

Bei der Ewo löste ein Jardine den anderen ab, Matheson folgte auf Matheson, und 1853 begründete William Keswick, Großneffe des ursprünglichen William Jardine, innerhalb der Firma eine weitere verwandte Dynastie. Bis in die 80er Jahre unseres Jahrhunderts umfaßten die Nachkommen des Andrew Jardine aus Broadholm, Lochmaben, Dumfriesshire 51 Männer, die sich über sieben Generationen erstreckten und die alle mit dem Geschäft verbunden waren. Zu ihnen gehörten einige bemerkenswerte Leute. William Jardine selbst wurde von den Chinesen als »eisenköpfige alte Ratte« bezeichnet, der Sorglosigkeit wegen, mit der er, als er eines Tages in Guangzhou angegriffen wurde, einen Knüppelschlag auf den Kopf vollkommen unbeachtet ließ. Dann gab es David Matheson, der aus der Firma austrat, um Vorsitzender des Exekutivkomitees der Gesellschaft zur Bekämpfung des Opiumhandels zu werden, und es gab James Johnstone Keswick, einen Mann mit einem derart unwiderstehlichen Feingefühl, daß er den Spitznamen »James der verdammt Höfliche« erhielt. Da war auch Alexander Dallas, der fortging, um Gouverneur von Manitoba zu werden. James Matheson, der den Herzog von Wellington einmal einen »eifrigen Advokaten der Unterwürfigkeit und Senilität« nannte, kaufte die ganze Insel Lewis, die beträchtlich größer als Hongkong ist, und baute darauf Stornoway Castle. Henry Keswick kaufte gegen Ende des Ersten Weltkrieges einen nicht fertiggestellten Zerstörer der Royal Navy und ließ ihn zu seiner privaten Dampfyacht ausbauen.

Ewo klingt immer lustiger als Taikoo. Am St. Andreastag nutzte das Haus Jardine gewöhnlich Happy Valley für eine Feier, die ihren Höhepunkt mit dem Ewo-Handicap-Rennen hatte, einem Pferderennen über 1600 Meter, das von Mitgliedern der Firmenleitung geritten wurde. Männer aller Altersklassen und Reiterfahrung nahmen an diesem Rennen teil. Der Sieger erhielt einen Pokal, und der zuletzt ankommende Reiter erhielt einen Holzlöffel, der so groß war, daß es zu einem feststehenden Brauch bei Jardine wurde, ihn mit Whisky gefüllt in der Firma kreisen zu lassen – »Die Kapazität des Holzlöffels testen«, nannte man dieses Ereignis. Ich habe eine Fotografie der Jockeys, die 1930 das Ewo-Handikap austrugen, und das war schon eine bemerkenswerte Mannschaft: acht extrem gesund aussehende Europäer, meistens Schotten, vom jugendlichen bis zum großväterlichen Typ, schauen mit ernster Entschlossenheit in die Kamera, so als hätten sie die Eignung des Fotografen für eine mögliche Einstellung abzuwägen.

Das Haus Jardine hatte Stil und war selten rücksichtslos. Seine Partner gingen die Dinge mit schottischer Kalkulation an. Sie besaßen die schnellsten Segelschiffe mit den bestbezahlten Mannschaften und den ehrgeizigsten Kapitänen. Sie brachten die ersten Dampfschiffe an die chinesische Küste. Sie finanzierten die erste chinesische Eisenbahn. Sobald es die Japaner genehmigten, errichteten sie eine Niederlassung in Japan (Eichiban-Kan = Britisches Haus Nummer Eins). Sie stiegen schnell in das Baumwollgeschäft ein, als der amerikanische Bürgerkrieg den amerikanischen Nachschub aus Europa abschnitt. Sie waren die Vertreter der Gewehrfabrik Armstrong, als sich China in den 1880ern wiederbewaffnete. Sie waren die lokalen Pioniere des Versicherungswesens, der Verwendung des Telegraphen, der Textilweberei, der Zuckerraffinade. Sie waren Teilhaber, als die Star-Fähren und die Gipfelbahn ihren Betrieb aufnahmen. Sie agierten als Konsuln für viele fremde Mächte, und ihre chinesischen Kompradoren wurden aus eigener Kraft oftmals große Männer − der Aufstieg der Ho-Dynastie zur Macht, die in Hongkong eine lange Zeit am einflußreichsten war, gründete sich auf den Reichtum des Kompradors des Hauses Jardine.

So gesehen war es mehr als nur eine Gesellschaft, sondern vielmehr ein internationaler Machtfaktor mit Besitz und Interessen in vielen Ländern. Als es 1961 zum ersten Mal seine Anteile der Öffentlichkeit zum Kauf anbot, beschrieb es sich selbst elegant als Gesellschaft, »die in großem Umfange an Handel und Industrie des Fernen Ostens beteiligt ist, sowie an den kaufmännischen Tätigkeiten des Imports und Exports, der

Verteilung und dem Service von technischen Produkten, an der Schiffsindustrie, am Lufttransportwesen, an Versicherungen, der Verwaltung von Investitionen, an Maklerunternehmen und Unternehmungen des allgemeinen Handels«.

Obwohl die Firma Jardine jetzt nur als die 15. der einträglichsten Aktiengesellschaften Hongkongs aufgeführt ist, erstrecken sich ihre Fühler in viele andere Gesellschaften, und sie bleibt die berühmteste von ihnen allen. Sie ist auch noch immer die mit der größten Symbolkraft. Im frühen zwanzigsten Jahrhundert wurde die Hauptverwaltung der Firma für einige Jahre von Hongkong nach Shanghai verlegt, wo die Aussichten interessanter zu sein schienen. Im Jahre 1912 kehrte sie nach Hongkong zurück, und als im Jahre 1984 bekanntgegeben wurde, daß sie wiederum verlegt würde, dieses Mal nach Bermuda, ging eine Erschütterung durch den Osten. Die Zukunft Hongkongs war noch nicht entschieden, die Zuversicht stand bestenfalls auf schwachen Füßen, und die Nachricht, daß das Fürstliche Hong es für weiser erachtete, mit seinem Hauptquartier die Kolonie zu verlassen, hatte eine niederschmetternde Wirkung. Die Aktienpreise rutschten ab, und hundert kleinere Konzerne dachten nach, ob es nicht klug sei, genau dasselbe zu tun.

Die Vertrauenskrise ging vorüber, und innerhalb weniger Monate hatte Hongkong wieder einen Wirtschaftsaufschwung. Aber in jedem Fall scheint Jardines Verlegung eher eine juristische als eine logistische Ursache zu haben. Der größte Teil des Vermögens der Gesellschaft ist immer noch in ihren mannigfaltigen Operationen in Hongkong festgelegt, und ihr Hongkonger Büro, hoch oben im modernistischen World Trade Center [Welthandelszentrum] bleibt das größte in seiner Branche. Der mittägliche Salut von den Kaianlagen in der Nähe von Jardines alten Einrichtungen am East Point, gegenüber dem Excelsior Hotel, wird immer noch mit einer 1901 gebauten 3-Pfünder Hotchkiss-Kanone abgegeben. Mit der Schiffsglocke werden auch weiterhin acht Glasen geschlagen, und das ist die Zeremonie, die Noel Coward in *Mad Dogs and Englishmen* verewigt hat:

> In Hongkong
> schlägt man den Gong
> und feuert mittags die Kanone,
> um zu tadeln all die Insassen,
> die das Spätkommen nicht lassen.

Herausragende Besucher werden manchmal dazu eingeladen, die Zeremonie zu vollziehen, und einmal hat der Prinzipal selbst die Kanone abgefeuert (»Ich liebe eigentlich laute Geräusche«).

Der dritte historische alte Geldmacher ist »Wayfoong«, d. h. Fülle des Geldzuflusses, den Leuten in Hongkong einfach als *The Bank* bekannt und als zweite der einträglichsten Aktiengesellschaften des Territoriums aufgeführt. Die Hongkong und Shanghai Bank AG wurde 1864 durch einen Zusammenschluß örtlicher Firmen gegründet und wurde zur Triebfeder des Handels und der Industrie, nicht nur in Hongkong, sondern im gesamten Fernen Osten. Ein großer Anteil des ursprünglichen japanischen Außenhandels wurde ebenso wie ein Großteil der chinesischen Eisenbahnentwicklung durch die Bank finanziert. Ihre Gegenwart überschattet alles in Hongkong, und ein besonders gebieterischer Generaldirektor der Bank, der viktorianische Sir Thomas Jackson, ist im Gehrock durch das einzige noch vorhandene Standbild des Statue Square wiedergegeben.

Die Bank hat harte Zeiten erlebt − Erschütterungen in

China, durch die ihre dortigen Operationen gelähmt wurden, die japanische Besetzung von Hongkong, als ihre Hauptverwaltung vorübergehend nach London auswich, die Auswirkungen der Kriege in Korea und Vietnam und schließlich das traumatische Abkommen, das Hongkongs Rückgabe an China enthält. Aber wie die meisten derartigen Institutionen in Hongkong, hat sie schon lange ihre Position abgesichert und viele ihrer Vermögenswerte weit entfernt auf die Seite gebracht. Außer ihren eigenen, im allgemeinen in Häfen angesiedelten Niederlassungen rund um die Welt, hat sie so prominente Tochtergesellschaften wie die Marine Midland Bank in New York und die British Bank of the Middle East erworben, genauso diskret wie auch Handelsbanken auf den Bahamas oder in Papua-Neuguinea. Sie besitzt Investitionsberatungsgesellschaften in New York, London und Sydney, sie hat ihr eigenes Satellitennetz, und ob man bei der Al-Sakr-Versicherungsgesellschaft von Saudi Arabien eine Versicherung abschließt, auf der Insel Jersey Geschäftsanteile kauft oder bei der Zyprischen Volksbank Geld einzahlt, man hat es indirekt mit der Hongkong Bank zu tun (wie ihre Publizisten sie vergeblich umzubenennen versuchen). Ihre Kenntnisse über China sind umfassend – sie ist die größte ausländische Bank, die dort operiert, und ihr Shanghai-Zweig blieb selbst während der Kulturrevolution geöffnet. Das verleiht ihr einen einmaligen und höchst einträglichen Status: 1987 wurde sie als 16. der reichsten Banken der Welt eingeschätzt, aber ihr schottischer Vorstandsvorsitzender gab bekannt, daß er sie an die Spitze bringen wolle.

Wurde das Haus Jardine durch Coward unsterblich gemacht, so war es Auden bei der Hongkong und Shanghai Bank – es war die neue Hauptverwaltung der Bank, an die der Dichter dachte, als er sie als würdigen Tempel für die Muse der Komik verhöhnte. An die Geschichte der Bank erinnert man sich hauptsächlich ihrer Gebäude wegen. Nachdem man für ihre erste Dekade ein Gebäude gemietet hatte, bauten ihre Direktoren drei eigene, aufeinanderfolgende Verwaltungsgebäude, alle auf dem gleichen Grundstück Nr. 1 der Queen's Road im Zentrum. Seit dieser Zeit haben sie sich in Hongkong hervorgetan, indem sie auf vielen ihrer Banknoten abgebildet waren und in sich selbst die architektonischen Wegweiser zum finanziellen Fortschritt des Territoriums darstellen.

Das erste (1886) war ein bemerkenswerter Mischling der einheimischen Architekten Palmer und Turner, die 1868 ihr Büro in Hongkong eröffnet hatten, das noch immer existiert. An einer Seite war es ein tropisch-mediterraner Stil, an der anderen ein gewölbter Monumentalbau; sein Haupteingang führte nach Süden auf die Queens Road, seine nach Norden gerichtete Tür führte auf die großartige Praya am Wasser. Das zweite Gebäude (1935) war dasjenige, dem Auden ein Denkmal setzte. Es wurde der gleichen Architekturfirma mit dem Auftrag übertragen, »die beste Bank der Welt« zu bauen. Nach den Standards der damaligen Zeit war es ein Wolkenkratzer, das höchste Gebäude zwischen Kairo und San Francisco, mit einem Hubschrauberlandeplatz auf seinem Dach, mit einer Art Klimaanlage und einer Squashanlage im Turm. Seine Außenverkleidungen bestanden ausschließlich aus Hongkong-Granit. Die Bank kaufte dafür ihren eigenen Steinbruch, und seine große Halle war durch eine großartige Mosaikdecke verschönert, die durch einen russischen Künstler aus Shanghai, V. S. Podgurski, entworfen und in einer ehemaligen Kirche in Venedig hergestellt wurde. Das Gebäude war mit Symbolik überladen, von Podgurskis didaktischen Wandgemälden, die alle von den Segnungen des Handels und der Industrie zeugten, bis zu den Statuen der Propheten, bei denen ein vager assyrischer Stil anklang und die von der Fassade herab auf das Wasser blickten. Vor der nach Norden gerichteten Tür lagerten zwei heroische Löwen, einer fauchend und der andere lediglich nach vorn blickend, die nach damaligen leitenden Angestellten benannt die Spitznamen Stephen und Stitt trugen.

Der Gouverneur war am Tag der Einweihung dieses Gebäudes mit einer Appendizitis im Krankenhaus, und so vollzog sein Stellvertreter, N. L. Smith, die Zeremonie, der der Meinung war, daß »noch kommende Generationen es mit derselben Bewunderung bestaunen werden, die wir dieser, sagen wir, Durham-Kathedrale zukommen lassen«. Mr. Smith mußte wohl im Augenblick vergessen haben, wo er war, denn ganz im Stile Hongkongs war kaum eine Generation vergangen, als die Beste Bank der Welt abgerissen wurde, um einem dritten Hauptquartier (1985) Platz zu schaffen. Dies soll das teuerste Bankgebäude sein, das jemals errichtet wurde. Es repräsentiert nicht nur die Glorie des Profits und die Pracht des Wohlstandes, sondern auch die unerbittliche Intelligenz des Finanzlebens. Es wurde durch den Engländer Norman Foster geplant. Wenigstens für den Augenblick gestaltete er es zu einem phänomenalen Mittelpunkt des gesamten Hongkong, und da das ganze Parterre, mehr aus steuerlichen Gründen denn aus einer Verpflichtung für die Öffentlichkeit, eine allen zugängige Passage ist, zieht ganz Hongkong unter dem Bauwerk wie unter einer frostigen Segnung hindurch.

Wir sollten bei diesem Gebäude noch länger verweilen, weil es das erste wirklich originär moderne Bauwerk ist, das in Hongkong errichtet wurde. Unter den Wolkenkratzern des Zentrums, die sklavisch jedem Trend und beflissen jeder architektonischen Mode von steilabfallenden, glatten Außenwänden bis zur Spiegelverglasung folgen, tauchte dieses auf fast außerirdische Art auf. Aus grau ummantelten Stahlträgern gebaut, die ihm ein falsches plastisches Aussehen geben, steht es wie ein aufgerichteter Sarg aus Glas und Metall, umgürtet von massiven Trägern und gekrönt von einer den Schiffsaufbauten ähnlichen Mischung von quaderförmigen Häusern und Antennen. Es entspricht vollkommen der Neuzeit, mit Ausnahme von Stitt und Stephen, die noch immer vor ihren Türen liegen.

Betritt man jenen offenen Innenhof des Erdgeschosses, so hat man zunächst den Eindruck klösterlicher Abgeschiedenheit. Zwei lange Rolltreppen, die auf Drängen des Geomanten nicht gerade eingebaut sind, kriechen steil und diagonal durch den offenen Raum zu den Arbeitsetagen darüber, und wenn man dort hinauffährt, fühlt man sich wie in einer Gondel, die zu einem nicht gerade einladenden Luftschiff hinaufführt. Aber so, wie Hongkong selbst Stählernes mit einer ausgesprochen feierlichen Note verbindet, so enthüllt auch dieses bemerkenswerte Gebäude dem Besucher nach und nach eine Art kühner Zärtlichkeit – einen Anflug von Leichtsinnigkeit. Es ist alles so jungenhaft modern, so absolut *up to date*, so diebisch zufrieden mit sich selbst! Wo man auch hinschaut, überall überrascht etwas – Spiegel, die das Sonnenlicht in Arbeitsräume reflektieren, kreuz und quer laufende Rolltreppen, Galerien aus blankem Stahl. Durch die gewaltigen Glasfenster der Nordseite kann man die große Ausdehnung des Hafens erkennen, und die Schiffe, die dort in Reih und Glied liegen, sehen aus, als warteten sie auf ein Signal von der Bank, um mit ihrer Beute abzulegen.

Und blickt man jetzt nach der anderen Seite, über die Queen's Road und den Berg dahinter hinauf, dort, auf dem allerhöchsten Grundstück steht die offizielle Residenz des Vorstandsvorsitzenden, selbst schon fast großartig genug, um die Abbildung auf einer Banknote zu rechtfertigen.

10. Einige berühmte Geldverdiener

Das sind also die drei alten korporativen Anhänger des Hongkonger Kapitalismus; aber in all den Generationen ist vieles
seiner ungestümten unternehmerischen Energie von Privatleu-
ten ausgegangen, deren man sich nicht nur als Namen von Präsidenten der Institutionen, sondern auch als Personen erinnert. Hier sind ein paar Beispiele:

George Dudell war der erste Meister der Auktionen Hongkongs. 1845 machte er ein erfolgreiches Gebot für das Opium-
monopol Hongkongs, bezahlte dafür $ 8250 und vergab es für
$ 1710 monatlich an chinesische Unternehmer. Danach hatte
er keinen Erfolg mehr. Er wurde selbst Auktionator, und
obwohl man 1850 entdeckte, daß er bei der Versteigerung eines
Schiffes seinem eigenen Gebot, das weit unter dem annehmbaren Preis lag, den Zuschlag gab, wurde er trotzdem zum öffentlichen Auktionator der Regierung bestellt. Er besaß auch eine
Bäckerei, die 1857 nach der Affäre des vergifteten Brotes fast
alles Brot für die europäische Gemeinde buk. Er war eine Zeitlang der drittgrößte Grundbesitzer Hongkongs; vier seiner
Grundstücke hatte er für $ 1 je Parzelle von dem verarmten
kolonialen Finanzbeamten A. E. Shelley gekauft. In der Mitte
der 1870er Jahre verließ Dudell Hongkong, nachdem er sein
stattliches Büro am Ufer an das Haus Jardine, Matheson verkauft hatte, und setzte sich, wie man hört, reich, wenn auch
nicht allgemein geachtet, für den Rest seines Lebens in Brigh-
ton zur Ruhe.

»Captain« John Lamont, ein autodidaktischer Schiffszim-
mermann aus Aberdeen, Schottland, war der erste europäische
Schiffsbauer Hongkongs. Nachdem er bei ihrer Gründung in
der Kolonie eintraf, baute er unmittelbar neben Jardines Lagerhaus in East Point eine Helling und hielt dort nicht nur die

Schiffe für das Haus Jardine instand, sondern baute auch Hongkongs erstes im Ausland registriertes Schiff, den yacht-ähnlichen Schoner *Celestial*. Als wahrscheinlich bester Schiffs-zimmermann des Chinesischen Meeres wurde er im Osten zu einer berühmten Persönlichkeit und wurde schließlich der Besitzer des Lamont-Docks, in dem anderen Aberdeen, dem an der Südküste Hongkongs. Als er starb, brachte der damalige Gouverneur in Einklang mit der damaligen Gepflogenheit einen Toast auf den »einst gewöhnlichen Zimmermann« an, der es in Hongkong zu so Ungewöhnlichem gebracht hatte.

Als die Ostindische Kompanie noch ihre Konzessionen in Guangzhou hatte, war Mr. Edward Lane ein Butler in ihren Diensten. Als die ersten europäischen Läden in der neuen Kolonie eröffneten, war ein Mr. Ninian Crawford Verkäufer in einem dieser Geschäfte. Heute sind die Namen beider Familien jedermann vertraute Worte in Hongkong. Sie taten sich in der Kolonie zusammen, und die Lanes mit den Crawfords waren dann irgendwann Lieferanten von Schiffsbedarf, betrieben Auktionshäuser, Hotels und Bäckereien. Ein Lane war bei dem *Keying*-Unternehmen dabei, ein Crawford war Sekretär des Hongkong-Klubs. Ihr Denkmal ist das Haus Lane Crawford, das älteste und exklusivste Kaufhaus Hongkongs, jetzt zwar in chinesischem Besitz, aber fraglos noch immer von der alten Schule.

Douglas Lapraik, unbekannter Herkunft, begann 1845 im Alter von 24 Jahren seine Karriere als Uhrmacherlehrling in Hongkong und beendete sie 1866 als Schiffseigner, Dockeigner und maßgeblicher Hotelbesitzer der Kolonie. Er hatte auch in die *Keying* investiert – einige erzählten, er sei in Verkleidung nach Guangzhou gereist, um das Schiff zu kaufen, da der Ver-kauf von Dschunken an Fremde verboten war. Er war Partner von Lamont bei den Aberdeen-Docks, seine sieben Dampfschiffe hatten ein Beinahe-Monopol im Handel mit Fuzhou, Shantou und Xiamen, und er war es, der der Stadt die Uhr in der Pedder Street stiftete. Jahrelang lebte er mit einer chinesischen Lebensgefährtin in einer reizenden gotischen Spielerei, dem Douglas Castle, das bis heute als Studentenherberge überlebt hat. Als er aber nach England zurückging, heiratete er eine Frau von der Insel Wight und starb bald darauf.

1883 kam ein junger Mann aus Bagdad in Hongkong an, der es vorzog, sich Kelly zu nennen, vielleicht in der Annahme, daß die britische Gesellschaft Iren lieber mochte als Juden. Sein wirklicher Name war Ellis Kadoorie. Zusammen mit seinem Bruder Elly gründete er in Hongkong eine berühmte jüdische Dynastie. Sie begannen ihre Geschäfte in der örtlichen Tradition als Makler und Agenten, stiegen dann aber in das Hotelgewerbe um und erwarben sofort die Kontrolle über die China Light and Power Company [Chinas Licht- und Strom-AG], die alle Kraftwerke der Kolonie betrieb und alle Elektrizität verteilte. Die Kadoories wurden und sind heute noch eine große Macht in Hongkong. Sie spendeten riesige Geldsummen für wohltätige Zwecke, waren sehr freigebige Förderer von Happy Valley und wurden nicht nur mit ein paar Ritterwürden belohnt, sondern auch, soweit uns bekannt, mit der ersten aller Pairswürden in Hongkong.

Paul Catchik Chater, ein christlicher Armenier aus Kalkutta, ging 1864 mit 18 Jahren in Hongkong an Land. Er begann als Bankangestellter und hatte bald einen Finger in jeder Art profitablem Kuchen – Kaianlagen, Elektrizität, Seilerei, Straßenbahnen, Fähren, Bankgeschäfte, Hotels, Grundstücke. Sein Hongkong- und Kowloon-Kai und die Lagerhaus-Gesellschaft wurden Hongkongs herausragende Dockbetreiber. Sein brillantestes Grundstücksgeschäft war die Urbarmachung der Praya im Zentrum, wodurch ein Stück des wertvoll-

sten Baulandes der Welt geschaffen wurde. Chater stürzte sich
als Anglophiler und begeisterter Royalist in alle richtigen Aktivitäten (fast alle – seine junge skandinavische Frau, die er aus
der Lyndhurst Terrace herausgeholt hatte, wurde im Gouverneurspalast nie akzeptiert). Er war Freimaurer, Kunstsammler,
ein passionierter Rennplatzbesucher. Er wurde nahezu unglaublich reich und baute sich einen riesigen, aber scheußlichen Palast auf der mittleren Ebene mit Namen Marble Hall
[Marmorhalle]. Als er 1926 an einem Maimorgen starb, hinterließ er die Anweisung, daß er innerhalb von zwölf Stunden zu
begraben sei. Die Börse, die wie üblich öffnete, schloß hastig
ihre Tore, um Vorbereitungen für das Begräbnis zu treffen, und
um fünf Uhr abends des gleichen Tages war der alte Millionär
sicher unter dem Rasen.

Der erste Chinese, der in Hongkong ein wirklich großes Vermögen erwarb, war Robert Ho Tung, der Hauptkomprador im
Hause Jardine. 1862 geboren, war er bis zur Jahrhundertwende
ein Multimillionär. Er war eigentlich nur Halbchinese, denn
sein leiblicher Vater war, so glaubte man, ein belgischer Kaufmann. Ehe er sich seinen Mandarinbart wachsen ließ, sah er auf
einigen Fotografien mit seinem langen Gesicht, der langen Nase
und dem breiten Mund ausgesprochen europäisch aus. Die
Frau, die er heiratete, war auch Eurasierin – die Tochter eines
Teilhabers von Jardine. Ho Tung sah sich selbst jedoch als Chinese, und als er Jahr um Jahr sein ungeheures Vermögen ansam-
melte, wurde er zu einer der großen Persönlichkeiten der chinesischen Gemeinde Hongkongs, immerfort ehrwürdig, immerfort generös für gute Zwecke, ein Gründungsvater der
Universität Hongkong, bald überreichte er der chinesischen
Regierung ein Kampfflugzeug für ihren Kampf gegen Japan,
dann stiftete er der Royal Airforce ein paar Jagdflugzeuge.

Er erhielt natürlich die Ritterwürde, eine Straße wurde nach ihm benannt, er war der erste Nichteuropäer, der ein Haus auf dem Gipfel besaß – in Wirklichkeit waren es vier –, und starb 1956 als Patriarch eines ganzen Clans von Plutokraten, mehrere von ihnen Millionäre, die heute noch im Leben Hongkongs von hervorragender Bedeutung sind. Als Oswald Birley ihn im hohen Alter porträtierte, wollte Ho Tung mit seinen zweiundachtzig Auszeichnungen abgebildet werden. Aus ästhetischen Gründen lehnte Birley das ab, malte aber die Dekorationen separat auf ein Bild, damit es in der Nähe des Porträts mit eigenem Rahmen aufgehängt werden konnte.

11. Die Vorherrschaft der chinesischen Kapitalisten

Sir Robert war lediglich der erste. »Möchten Sie Ihr Kind auf einer der ältesten und angesehensten Privatschulen Englands schicken?« lautete 1986 eine Zeitungsanzeige in Hongkong. »Wenn das der Fall ist, sollten Sie diese Chance nicht auslassen. Der Rektor der Uppingham-Schule besucht unsere Stadt vom 6. bis zum 12. April. Hinterlassen Sie doch im Mandarin Hotel eine Nachricht, und Mr. Bomford wird sich mit Ihnen in Verbindung setzen...«

Der Rektor von Uppingham (gegründet 1584) dachte nicht nur an Kinder der ausgewanderten englischen Bourgeoisie, sondern auch an Kinder der ständig wachsenden und ambitiösen chinesischen Klassen mit Geld. Heutzutage haben Fremde aus vielen Ländern den Briten dabei Gesellschaft geleistet, Profite aus Hongkong herauszuziehen, aber es ist die chinesische Bevölkerung, die auf spektakulärste Weise die Ideologie des Kapitalismus demonstriert. Als Beispiel und Modell könnte Chan Hon-wah herhalten, ein reicher Geschäftsmann des Hongkongs der 1950er Jahre, dessen Karriere durch den Historiker James Hayes aufgezeichnet worden ist. Chan hatte vierzig Jahre zuvor Guangdong mit vier Dollar in seiner Tasche verlassen. Mit einem bezahlte er das Fahrgeld, zwei sandte er als Glücksgeld nach Hause, wie es der Brauch verlangte, und mit dem einzigen verbliebenen Dollar gründete er sein Unternehmen und baute es so aus, daß seine Gesellschaft bis zum Jahre 1953 Niederlassungen und Agenturen in den meisten der großen Städte Südasiens besaß.

Wenn auch nicht alle so erfolgreich sind wie Mr. Chan, so sind die Chinesen Hongkongs doch auf allen sozialen Ebenen virtuose Geldverdiener. Sie sind rastlose Arbeiter. In seinem Buch *From Sea to Sea* vergleicht Kipling die fleißigen Einwohner Hongkongs mit den trägen Einheimischen Bombays und sagt, er habe während des Tages niemals einen Chinesen schlafen sehen, und kaum jemals einen müßig – »wir sollten China annektieren«, folgerte er. Die Chinesen Hongkongs sind wunderbar scharfsinnig: selbst unter den Dorfbewohnern der Außeninseln vor ihrer Verpachtung an die Briten beschäftigten sich analphabetische Mittler und Finanzberater mit den kompliziertesten Fragen von Darlehen und Hypotheken; der Analphabetismus spielte dabei keine Rolle, erzählt uns James Hayes, »wenn andere erforderliche Qualitäten auf diesem komplexen Gebiet von Geld, Chancen und menschlichen Beziehungen... vorgewiesen werden konnten«.

Und da sind die Opportunisten der Genialität. Als in Hongkong zum ersten Mal öffentliche Toiletten installiert wurden, haben chinesische »Unternehmer« so lange auf ihnen gesessen, bis die Leute sie bestechen mußten, um sie zum Verlassen zu bewegen. Als die Regierung 1900 während der Pest zwei Cent für jede den Behörden abgelieferte tote Ratte zahlte, gab es einen lebhaften Strom importierter Nagetiere vom Festland. Als die ersten Straßenbahnschienen verlegt wurden, bauten chinesische Hersteller Handkarren mit Rädern, deren Radkränze auf die Schienen paßten.[69] Als die Busse und Straßenbahnen während des Zweiten Weltkrieges ihren Betrieb einstellten, zogen chinesische »Unternehmer« die Leute auf offenen Güterwagen umher.

Angestellte der Handelsmarine, deren Dienststelle die Fernmeldestation auf der sonst unbewohnten Insel Green Island war, züchteten als Nebenbeschäftigung Ziegen.[70] Während der Besetzung durch die Japaner übernahm der chinesische Schwarzmarkt buchstäblich die Verteilung von Lebensmitteln. Als man in den 1970ern die Zukunft Hongkongs zum ersten Mal ernsthaft in Zweifel zog, boten Stellen in Hongkong die Staatsbürgerschaft von einem Dutzend Länder an, und ein besonders überzeugender Schieber schaffte es sogar, Leuten einen Weltpaß zu verkaufen, der es ihnen gestatten sollte, überall hinzugehen und zu leben.

Sie sind unendlich wißbegierig und allen Neuerungen zugetan. In den späten 80er Jahren öffneten chinesische Händler aus Hongkong einen neuen 4000 Kilometer langen Handelsweg quer durch China bis in die Provinz Xinjiang an der sowjetischen Grenze. Sie verkauften elektrische Geräte, von der Klimaanlage bis zu Taschenrechnern (meistens Sharp 838) zur weiteren Verteilung in der Sowjetunion. Russischchinesische Mittelsmänner zahlten für ihre Waren manchmal

---

69 Sie wurden bald verboten – und das Verbot ihrer Herstellung ist immer noch in der Gesetzessammlung enthalten –, maximale Geldbuße $HK 100. 70 Es gibt dort noch Ziegen, die wahrscheinlich für Restaurants in Hongkong bestimmt sind. Die Schlangen, die sich auf der nahegelegenen Stonecutters Insel stark vermehren, sind jedoch, obwohl manche von ihnen in Kochtöpfen enden mögen, nicht das Produkt chinesischen Unternehmertums: sie sollen einer Schlangengrube entstammen, die dort durch die Japaner während des Zweiten Weltkrieges angelegt wurde, um Serum zu erhalten.

in Säckchen mit Münzen, manchmal mit Tauschartikeln, manchmal in US-Dollars vom Schwarzmarkt, und die Hongkong-Händler konnten ihre Investitionen bei jeder Reise leicht verdoppeln.

Die chinesischen Magnaten Hongkongs sind bekannte Persönlichkeiten der Weltfinanz, und jene großen Gesellschaften in Hongkong, die noch keiner chinesischen Kontrolle unterliegen, leben dennoch unter der ständigen Bedrohung, von Chinesen übernommen zu werden. Sir Run-Run Shaw, mit seinem schlanken, gütigen Gesicht und seiner stahlgefaßten Brille, seinen hohen Brauen und langen Fingern sieht wie ein konfuzianischer Weiser aus. Er ist Besitzer einer der zwei Fernsehkanäle Hongkongs und einer der erfolgreichsten Filmproduzenten der Welt, dessen ausgedehnte Studios über der See in Sai Kung in den New Territories in jedem Jahr weit mehr Filme produzieren, als es Hollywood je tat. Sir Yue-Kong Pao, der größte der Schiffsmagnaten Hongkongs, steht einem Imperium vor, das von den Star-Fähren bis zu Lane Crawford reicht. Stanley Ho aus der Kompradoren-Dynastie besitzt die Spielkonzessionen in Macao, dazu noch viele der Schiffe, die die Spieler dorthin bringen. Außerdem nennt er Villen in beiden Städten sein Eigentum. Der reichste Einwohner Hongkongs soll der Finanzier Li Ka-shing sein, der nicht nur Vorsitzender einer der größten ehemals britischen *hongs* ist, nämlich der Hutchison-Whampoa mit ihren vielen Filialen und Tochtergesellschaften, sondern der auch die Husky Oil Company in Kanada kontrolliert.

Zusammen mit Rocksängern und Sir Run-Runs Filmstars sind dies die einheimischen Helden unter den Chinesen Hongkongs. Auf den unteren Stufen der sozialen Leiter hoffen einhunderttausend Hongkong-Chinesen selbst zu Beginn der so unsicheren 90er Jahre, es ihnen eines Tages gleichzutun. In dieser Stadt gibt es keine Klassenschranken. Fast alle teilen die Erinnerung an frühere Not, sei es auch nur im überkommenen Sinne, und fast alle haben ähnliche Ziele. Auch gibt es keine rechte Einstellung zu gemeinsamen Zielsetzungen, wie es in Japan der Fall ist: der Arbeiter in Hongkong arbeitet in erster Linie für sich selbst ohne den Unsinn seiner heiligen Funktion für die Gesellschaft, und er ist stets bereit, seine Arbeit jederzeit zu wechseln, wenn er eine bessere Bezahlung erhält oder bessere Aussichten offenstehen.

Der Bericht des Hongkonger Bildungskomitees aus dem Jahre 1850 bemerkte, daß die Liebe chinesischer Eltern zur Bildung »hinter ihrer Liebe zum Vorwärtskommen zurückblieb«. Tatsächlich aber gingen beide Neigungen Hand in Hand, wie dies auch bei Samuel Smiles englischer Selbsthilfe der Fall war. Hongkongs neu entstehende Mittelklasse ist unendlich fähig und auch ambitiös, und die Masse des Proletariats, die schnell den Knopf am Blazer der Kinder annäht, ehe man sie zur Schule schickt, ist lebendes Zeugnis für die ideologischen Anregungen des freien Unternehmertums. In Hongkong soll es 30 000 Restaurants geben, und nahezu alle von ihnen sind Familienunternehmen. Es gibt 4700 Fischerboote, jedes davon in der Tat ein Privatunternehmen. Es gibt 16 478 Taxis, und 15 654 von ihnen sind der Privatbesitz einer einzigen Person.

12. Flexibilität

Kurz nach den Anfängen des britischen Hongkongs gab es einen Plan, die Hauptstadt in Happy Valley zu bauen, sie durch einen Kanal mit der See zu verbinden und Kais und Lagerhäuser im Windschatten der Berge anzulegen. Man hatte ebenfalls vor, australische Schafs- und Rinderzüchter mit ihren

Herden zu importieren; die Südhänge der Insel Hongkong könnten in Weideland umgewandelt werden, das zweifellos von Eukalyptusbäumen durchsetzt wäre, die Ranches mit ihren Blechdächern lägen über dem Chinesischen Meer und chinesische Cowboys würden mit ihren Schlapphüten umherreiten.[71] Während ich dies schreibe, existiert noch immer der Plan, einen neuen Containerhafen und einen neuen Flugplatz auf einer künstlichen Insel vor Lantau zu bauen, die beide durch eine, die westlichen Reeden überspannende Überführung auf beeindruckende Weise mit dem Zentrum verbunden werden sollen.

Abgesehen davon ist weder jetzt noch früher kaum irgendein Vorschlag gemacht worden, womit sich in Hongkong Geld verdienen ließe. Die wesentliche Stärke seiner Wirtschaft ist immer Anpassungsfähigkeit gewesen. Weil sie von Eingriffen der Regierung relativ unbehelligt geblieben ist, war die Wirtschaft in der Lage, sich recht leicht von einer Idee zur anderen, von einer Methode zur nächsten, von Schwerpunkt zu Schwerpunkt umzustellen. Auch wenn sie gelegentlich erschreckend veränderlich erscheint, so hat sie sich doch als ausreichend flexibel erwiesen, hat schnell nach Kriegen, Revolutionen, Aufständen, Aktienzusammenbrüchen und selbst Abkommen über ihre Zukunft ihr Gleichgewicht wiedergefunden. 1997 rückt näher, und wir stellen fest, daß Hongkong noch immer mit dem ungestümen Tempo arbeitet, an das sich die Welt gewöhnt hat. Wenn man an dieses offensichtlich unwiderstehliche Beharrungsvermögen denkt, ist es schwer, sich daran zu erinnern, daß die Kolonie noch während meiner eigenen Lebensspanne als langweilige, rückständige Gegend des Empire betrachtet wurde.

---

71 Die hätten sicherlich die zu Hongkongs mysteriöseren zeitgenössischen Institutionen zählende Viehzüchter-Gewerkschaft verstärkt.

VIII.

1920ER JAHRE: HUNDSTAGE

Für das britische Empire waren die Jahre zwischen den beiden Weltkriegen fast überall Hundstage. Die Opfer von 1914–18 hatten das britische Volk ausgezehrt, und das Feuer der imperialen Idee brannte nieder. Die Moral des Imperialismus wurde weithin in Zweifel gezogen, Selbstbestimmung lag überall in der Luft, so daß mehr und mehr Administratoren des Empire ihre Aufgabe in einer apologetischen, wenigstens jedoch konzilianten Haltung angingen. Männer mit großen Ambitionen oder von rücksichtsloser Natur suchten jetzt selten, im imperialen Dienst eine Karriere zu machen. In Indien wurde der öffentliche Dienst stetig zunehmend mit Indern besetzt, und im Kolonialdienst, so sagte man, waren die meistbenötigten Neulinge ausgeglichene, anständige und fleißige Männer, vorzugsweise solche mit einem guten Universitätsabschluß.

Dem britischen Kapitalismus schien die Spitze genommen zu sein. Als produzierende Nation wurde Großbritannien überholt, als Handelsnation schwand ihre Überlegenheit. Die britische Handelsmarine besaß nicht mehr das tatsächliche Monopol auf den Osthandel. Daheim schien der Generalstreik von 1926 und die darauffolgende große Depression vielen das Ende des britischen Wohlstandes – vielleicht sogar auch der britischen Stabilität zu signalisieren.

Obwohl das Empire seinen physischen Gipfelpunkt bis zu den 30er Jahren noch nicht erreicht hatte, hatte es seine Blüte bereits überschritten. Großbritannien konnte seine Stellung als erste strategische Macht der Welt nicht mehr halten. Alle äußeren Formen des Stolzes wurden beibehalten, aber die Briten erkannten formell an, daß sie nicht mehr die einzigen Herren des Meeres waren. Im Washingtoner Abkommen von 1922 erkannten sie generell die gleichberechtigte Stellung der Marinestreitkräfte der Vereinigten Staaten an, für die Meere des Ostens stimmten sie der Parität Japans zu.

All das berührte Hongkong ganz besonders, mehr noch als die anderen Kolonien. Das Ideal des *laissez-faire*, der tatsächlichen Grundlage Hongkongs, war nicht mehr modern, als die Konzeption des Wohlfahrtstaates versuchsweise Gestalt annahm, und strategisch schien die Kolonie ihren Sinn verloren zu haben. In Washington stimmten die Briten auch zu, die Befestigung ihrer Stützpunkte ostwärts des 110. Längengrades einzufrieren, was im Prinzip ostwärts von Singapur und in der Praxis Hongkong bedeutete. Die entfernteste Besitzung sollte nicht länger, so schien es, ein Glied in Curzons Kette von Befestigungen sein, und die Größe des Chinageschwaders wurde allmählich reduziert. Hongkong wurde wieder einmal zu einem quasi rückständigen Gebiet — eine von Dutzenden der Kronkolonien, eine der kleinsten, auf keinen Fall aber eine der reichsten, und sie stand im Wettstreit mit dem zunehmend kosmopolitischen Glanz Shanghais, wo die 7000 britischen »Shanghailänder« sich bereits als weit geschäftstüchtiger betrachteten. Almanache des Imperiums von 1920 geben Hongkong eine kurze Galgenfrist, und die modernen Touristen jener Zeit hielten sich hier selten länger auf, obwohl sie während ihrer Reisen durch den Orient natürlich oft vorbeischauten.

Es war nur angemessen, daß Hongkong wenigstens optisch einen vollendeten Eindruck machte. Obwohl es noch immer der drittgrößte Hafen des britischen Empire war, befand es sich nicht in dem Zustand der Erregung, weder kommerziell noch imperialistisch, den wir bei früheren Besuchen beobachten konnten. Es war ruhiger geworden. Der Hongkong-Dollar, der 1919 sechs Shilling, zwei Pence wert war, stieg während der 20er Jahre niemals über drei Shilling an, und es war keine gute Zeit für abenteuerliche Bauten. Die Zwillings-Hafenstädte blieben die einzigen wirklichen Städte. Die modernen Stilrichtungen, die in Europa und Amerika auftauchten, sollten Hongkong nicht vor zwei weiteren Dekaden erreichen, und die Leute bauten so, wie sie es im großen und ganzen schon vierzig Jahre zuvor getan hatten.

Natürlich hatte es seit 1880 große Veränderungen gegeben. Victoria wurde durch Paul Chaters Plan der Praya-Neugewinnung verändert. Das Ufer der 80er Jahre war jetzt eine Häuserblockbreite vom Wasser entfernt, und auf dem gewonnenen Land erschienen neue Gebäude für den Hongkong-Klub, für einen neuen Obersten Gerichtshof und verschiedene kommerzielle Bauten, die alle mit ihrer Vorderfront zur neuen Esplanade, der Connaught Road standen. Statue Square, damals noch Royal Square [Königlicher Platz] genannte, hatte seine Größe verdoppelt. Er bot jetzt Platz für ein Ehrenmal für die Toten des Krieges und Standbilder der Königin Victoria unter einem Baldachin in der Mitte, Edward VII., George V., Königin Alexandria und dem namensgebenden Herzog von Connaught an der Esplanade. (Der künftige Edward VII. hatte ein Standbild seiner Person abgelehnt und vorgeschlagen, das Geld einer besseren Verwendung zuzuführen.) Der Uhrenturm der Pedder Street war verschwunden, da er zu einer Gefahr für den Verkehr erklärt worden war, und das Haus Jardine hatte sein Hauptquartier am East Point größtenteils aufgegeben: Die Teekisten in ihren Lagerhäusern waren mit Archivmaterial gefüllt, und 1921 wurde ihr Haus Nr. 1 mit einem sentimentalen Abendessen bei Kerzenschein und einem letzten Gruß aufgegeben. Über dem Wasser wurde das Kowloon-Ufer jetzt von dem Bahnhofsturm der Eisenbahn von

Kowloon nach Guangzhou und dem quadratischen Klotz des Peninsula Hotels beherrscht.

Aber all diese neuen Gebäude verblieben gelassen innerhalb der kolonialen Konventionen – ventilatorgekühlt, mit Geländerpfosten aus Teakholz, der Hongkong-Klub mit Mogultürmen über den Kolonnaden, der Oberste Gerichtshof mit einer klassischen Kuppel über Arkaden, der Bahnhof in einer Art Indo-byzantinischem Stil, das Peninsula ganz offensichtlich chinesisch und die meisten der Büroblocks in Variationen einer tropischen Gotik. Ein kurioses altes Begrüßungsschiff, der ehemalige Truppentransporter *Tamar*, der aber viel Ähnlichkeit mit der alten *Victor Emmanuel* hatte, beherrschte noch immer die Sicht auf den Hafen, und die Tatsache, daß die Praya sich nun weiter nach Westen erstreckte und in einem weiten Bogen auf dem Küstenvorland nach Possession Point verlief, wo alles begann, schien nur den Eindruck zu bestätigen, daß dies das endgültige Hongkong war, so wie es immer bleiben würde. Der französische Beobachter Albert Demangeon beschrieb es 1925 in einem scheinbar endgültigen, zusammenfassenden Satz als »das stolzeste Monument des kommerziellen Genies Englands«.[72]

Über den Bergen hinter Victoria verteilten sich jetzt die verstreuten, kalten, weißen Villen bis zur Südküste der Insel. Die Repulse Bay hatte ihre bezaubernde Karriere mit Tanztees und Sonnenuntergangsanbetern begonnen, und in Shek O, an der Westspitze der Insel, baute eine Gruppe von ausgewanderten Landbegeisterten an netten gefliesten Bungalows, zu denen Kieszufahrten und ornamentale Blumenbeete gehörten, fast so, als lägen sie irgendwo im Grüngürtel Londons. Selbst Kow-

---

72 In *The British Empire*, London 1925.

loon, obwohl es seit der Jahrhundertwende explosionsartig gewachsen ist, hat sich auf schickliche Art entwickelt. Der Bahnhofsturm war ein trefflicher Ersatz für den verlorenen Uhrenturm der Pedder Street und leitete die Fährschiffe bei Bodennebel genauso sicher zu ihren Anlegestellen.

Das koloniale Hongkong war in seiner Art beständig. Als britische Besitzung existierte es nunmehr fast 80 Jahre, und die Gemeinde der Zuwanderer hatte eigene Werte, Rituale und Konventionen entwickelt, die von Neuankömmlingen schnell aufgegriffen und Nachfolgern weitergegeben wurden. Sie nutzte die altvertraute Hackordnung nach Rasse, Funktion und Wohnung. Sie veranstalteten ihre Marinebälle und Kricketturniere. Seinen Freunden an der Anlegestelle der P.-&-O.-Linie mit der so beliebten Festlichkeit bei Grammophonmusik, Bändern und knallenden Sektkorken Lebewohl zu sagen war Teil des Lebens, wie es auch die Geburtstagsparty des Königs oben im Gouverneurspalast war, gleichgültig, was man auch vom Gouverneur dachte.

Jeder hatte in dieser Gesellschaft seinen Platz – die Abteilungsleiter des Hauses Lane Crawford in ihrem Betriebskasino, die Frau des Unteroffiziers in ihrer Dienstwohnung in der Murray-Kaserne, Lady Southorn, die Frau des Kolonialministers, in ihrem stattlichen Gesellschaftszimmer auf dem Gipfel, Captain Wotherham, ein Veteran nach 30 Jahren Dienst auf den Meeren des Ostens, in seinem neuen Pensionärsdomizil mit Blick auf die Schiffe von Kowloon, Mr. Kadoorie, der so ungeheuer erfolgreiche Finanzier, in seinem gewaltigen Haus an der Nathan Road, der Hafenmeister in der Hafenmeisterei, der General noch immer im Head Quarter House, der Astronom in seinem Haus neben dem königlichen Observatorium, Ethel Morrison in der Lyndhurst Terrace, der *taipan* des Hauses Jardine, wohlgenährt wie immer, auf dem Berg, der Gouverneur in seinem Palast, der jetzt elektrisch beleuchtet ist und der den Botanischen Gärten an der Upper Albert Road gegenüber liegt.

Zu dem Zeitpunkt hatten die großen Handelsgesellschaften, die einst so agil und räuberisch waren, eine würdevollere Haltung an den Tag gelegt – die Haltung des Establishments. Sie waren jetzt schon einige Generationen lang an der chinesischen Küste, und trotz der unsicheren Zeiten befanden sie sich auf dem Gipfel ihrer kommerziellen Vorherrschaft, genauso, wie auch Hongkong seinen Höhepunkt als Umschlagplatz des Chinahandels erreicht hatte. Nationalisten aus Guangzhou beschwerten sich darüber, daß die *hongs* Südchina im wirtschaftlichen Würgegriff hielten und auch sonst überall in China aktiv seien. Die Deutschen waren aus dem Fernen Osten eliminiert worden; – »die Auswirkung des Ersten Weltkrieges auf das Haus Jardine«, schrieb trocken einer der Firmendirektoren in einem Rückblick, »war nicht folgenschwer«[73] – unter seinen ausländischen Konkurrenten waren lediglich die Japaner von Gewicht, und die Beteiligung des Hauses an chinesischen Angelegenheiten schien jetzt nicht mehr ein großes Abenteuer, sondern einfach Geschäftspraxis zu sein.

Seine Schiffe beherrschten die chinesische Küste und stellten das Haupttransportmittel in das Landesinnere dar. Sein Geld steckte in den Eisenbahnen, Brauereien, im Pelzhandel, in den Hotels, Textilspinnereien und Zeitungen. Das Haus Jardine hatte Niederlassungen in allen bedeutenden Städten Chinas, wie auch in Japan, der Mandschurei und Taiwan. Die Hong-

---

73 Alan Reid in *The Thistle and the Jade*, London 1982.

kong Bank baute 1923 eine Niederlassung in Shanghai, die noch größer und großartiger war als ihre Hauptverwaltung in der Queen's Road Central Nr. 1 — und es war nur eines von einem halben Dutzend großer Gebäude am Bund[74], die durch die Hongkonger Architekten Palmer und Turner geplant waren.

Begünstigt durch die Tradition, wurden nun Männer mittleren Alters eingesetzt. Als er gewisse Unregelmäßigkeiten im Hause Swire erklären sollte, sagte einer seiner Manager, daß die Firma zunehmend durch »einen Haufen alter Gauner von 50 bis 55 Jahren und älter« beherrscht würde, und J. K. Swire selbst meinte, daß »da draußen im Osten zu viele Nassauer an der Spitze seien«. Dem jungen John Keswick wurde, nachdem er seine erste Arbeitsstelle in der Shanghaier Niederlassung des Hauses Jardine antrat, derselbe Federhalter übergeben, den schon sein Vater benutzt hatte, als der in die Firma eintrat, und er wurde daran erinnert, daß sein Großvater, sein Großonkel, sein Vater und sein älterer Bruder, alle zu ihrer Zeit Vorsitzende des Stadtrates von Shanghai gewesen waren. Die Repräsentanten der Hongkong und Shanghai Bank waren auch gewichtige Persönlichkeiten, sozusagen große Männer im Osten. Der blinde Sinologe Guy Hillier, 39 Jahre lang Direktor der Bank in Beijing, war gewißlich einer der einflußreichsten Leute der Hauptstadt, und als 1925 sein Nachfolger, Mr. Allen, ein Gespräch mit dem gerade das Feld beherrschenden Warlord Duan Qirui beendete, »begleitete mich der Marschall selbst zur Tür des Appartements, was, wie mir mein Dolmetscher bedeutete, ein ungewöhnliches, mir geltendes Kompliment war«.[75] All dies offenbarte sich in Hongkong, der Quelle

---

74 Durch seine kolonialen Großbauten berühmt gewordene Uferstraße am Huangpu-Fluß.
75 Aus: *Wayfoong* von Maurice Collis, London 1965.

von Macht und Profit, weniger jedoch durch einen pompösen Stil als vielmehr durch perfekte Routine. Die Handelsniederlassung hatte sich an sich selbst gewöhnt. Die Taipans pfiffen keinen Gouverneur aus, Skandale wurden unterdrückt, Verunglimpfungen waren aus der Mode. Wie im gesamten Empire, so war auch viel Glanz aus dieser Stadt gewichen. Wenn ein Dampfschiff der China Navigation Company des Hauses Swire jetzt nach Xiamen oder Fuzhou fuhr, so geschah das mit einer durch lange Praxis erworbenen Ruhe; alle Messingteile waren wie immer poliert, der schwarze Rumpf frisch gestrichen, die Hausflagge wehte stolz, seine Sonnensegel waren frisch und weiß, und seine Speisekarte bot Roastbeef und Yorkshire Pudding, aber auch Haifischflosse und Taubeneiersuppe. Insgesamt aber ließ all dies vielleicht doch die alte Großtuerei des Hochimperiums oder der Unrechtmäßigkeit vermissen.

Fast schien es, als hätten die Kolonisten Hongkongs als Antwort auf das Erlahmen des öffentlichen Überschwanges ein sehr intensives Privatleben. In jenen Tagen des Charleston und des Cocktails lebten die Menschen in der ganzen westlichen Welt sehr intensiv. Noch deutlicher wurde diese Lebensart in dieser winzigen Enklave westlicher Lebensart, die in den Archipel an der gewaltigen Flanke Chinas gesetzt war.

Die Gemeinde der Europäer und Amerikaner wurde zwar noch durch ihre Briten dominiert, jedoch nicht mehr so absolut. Die deutsche Kolonie ist durch den Krieg zerstreut worden, die Erinnerung an sie durch Propaganda besudelt — wie es ein in England entstandenes Siegeslied ausdrückte:

Der Hunne bekam eins ins Genick
und kriecht daher im Dreck,

er ist ein eklig-schmutzig Stück,
doch im Kampf durchaus auf Deck.[76]

Andererseits waren jetzt mehr Amerikaner anzutreffen – in den späteren 20er Jahren waren es etwa 500 – mehr Franzosen, mehr Holländer, weit mehr Japaner, während die jüdischen, indischen und portugiesischen Gemeinden alle reiche und herausragende Bürger hervorbrachten und so die Überlegenheit der Briten herausforderten.

Aber die Briten machten sich nichts daraus, denn die Art der Briten, die in Hongkong lebten, fühlte sich noch immer auf dem Gipfel ihrer nationalen Erfolge. Es dauerte eine Weile, bis weltstädtisches Gebaren in abgelegene Besitzungen gelangen konnte. Wie das Haus Jardine, so hatte auch Hongkong unter dem Großen Krieg nicht viel zu leiden gehabt, und die meisten Menschen fühlten sich durch das Schicksal begünstigt, wie es auch schon 40 Jahre zuvor der Fall war. »Sie hat dem China, in das sie das Schicksal geworfen hatte«, so schrieb Somerset Maugham über eine seiner Hongkonger Romangestalten[77], »niemals mehr als nur eine vorübergehende und etwas geringschätzige Aufmerksamkeit geschenkt«, und sie fühlte sich ohne Zweifel den Holländern fast so überlegen wie den Japanern (wurden doch zwei halbjapanische Mädchen, die in der Tat von den Offizieren der Royal Navy besonders bewundert wurden, von den hochmütigeren Hausherrinnen damals als unpassende Gäste betrachtet).

Zu Beginn der 20er Jahre schien vieles in der Kolonie den Besuchern merkwürdig altertümlich zu sein. Das hochmo-

---

76 Zitiert nach Paul Gillinghams *At the Peak*, Hong Kong 1983, dem ich vieles in diesem Kapitel zu verdanken habe.
77 In: *The Painted Veil*, London 1925.

derne Hongkong der 90er Jahre des vergangenen Jahrhunderts hatte man lange zurückgelassen. Wurde man zum Beispiel von Kowloon aus zu einer Abendgesellschaft geladen, so nahm man eine Rikscha zur Angelegestelle der Fähre, dann eine der Star-Fähren zum Zentrum, eine weitere Rikscha zur Talstation der Bergbahn, fuhr mit der Bergbahn zur Bergstation, und eine dritte Rikscha brachte einen zur Tür seines Gastgebers – für einen Reisenden aus dem Nachkriegs-London in der Tat ein Anachronismus. Die vorherrschenden Geräusche in den Straßen der City waren noch immer die alten Geräusche, das Geschrei der chinesischen Straßenhändler, das Läuten der Straßenbahnglocken, zu dem sich die Sirenen und das Tuckern der Schiffe auf See gesellte.

Im Verlaufe der Dekade haben sich die Dinge verändert. So kamen zum Beispiel in großer Anzahl Automobile an – »hustende, stotternde, hupende Dämonen«, wie sie ein chinesischer Protest an den Gouverneur bezeichnete. Der Gouverneur selbst hat seit dem versuchten Attentat auf Sir Henry May im Jahre 1912 lieber ein Auto als eine Sänfte benutzt. Bis zum Jahre 1929 gab es in der Kolonie 1400 Privatautos, meistens amerikanischen Ursprungs, aber auch zwei Rolls-Royces. Hinzu kamen 247 Taxis, 150 Omnibusse, 446 Lastkraftwagen und 460 Motorräder. Die Straßen begannen sich zu füllen, und schon 1925 wurde Howard T. Werschul, ein amerikanischer Mehlkaufmann, zu zwei Monaten harter Arbeit wegen »wilder Raserei« verurteilt.

Das soziale Leben der Europäer wurde im Laufe der Jahre kultivierter, trotz allem aber schienen sie eine erbärmlich provinzielle Gesellschaft gewesen zu sein. In den Kinos sahen sie die Filme des vorangegangenen Jahres (Abendkleider nur im ersten Rang), man spielte die Grammophonplatten von vorgestern (*One stolen Kiss,* oder *Deep in My Heart, Dear*), man las eifrig die neuen Gesellschaftsnachrichten aus London (»Neuig-keiten und Klatsch aus der Metropole«). Man ging oft zu Abendgesellschaften mit Tanz und zu Strandparties an der Repulse Bay, wo eine Reihe von 120 Mattenhütten Zuflucht für Eßkorb-Picknicks bot und wo Dampfbarkassen vor der Küste warteten, um die Nachtschwärmer wieder heimzubrin-gen. Man rauchte eine ganze Menge, trank ohne große Finesse – Gin vor dem Diner, Whisky während der Mahlzeit, Brandy nachher: Gouverneur Sir Henry May hat 1918 bei er Einwei-hung eines Trinkwasserreservoirs spitz bemerkt, daß wegen der allgemeinen Bevorzugung stärkerer Getränke nur einer von zwei euopäischen Beamten der unteren Laufbahnen es erlebte, in den Genuß der Pension zu kommen. Gelegentlich arrangierte die Straßenbahngesellschaft Abendexkursionen an die Strände des North Point, und Gruppen fanden sich zusam-men, die ausgelassen im Mondlicht zur Musik einer Kapelle schwammen.

Die Gemeinschaft war ihrer englischen Eigentümlichkeiten wegen stolz auf sich selbst. Manchmal waren es recht einfältige: der Gouverneur Sir Reginald Stubbs, der an jedem Donnerstag morgens und nachmittags den Versammlungen des Rates bei-wohnte, erwähnte, daß sein Mittagessen am Donnerstag ruhig aus Kutteln bestehen könne. Damit institutionalisierte er einen Imbißklub, der sich Victoria Tripe Hounds [Victoria-Kuttel-fanatiker] nannte und mit dem Master und den Whips[78] zu lustigem Geschwätz im Gouverneurspalast Kutteln mit Zwie-beln aßen. Zur gleichen Zeit wurde Anglo-Hongkong, wie die meisten Gesellschaften der englischsprechenden Welt, leicht

---

78 Parlamentsmitglieder, die auf die Disziplin achten und Parteigenossen zur Abstimmung zusammenbringen mußten.

amerikanisiert. Die Stars aus Hollywood waren ihre Kinostars, die Songs New Yorks waren die Songs der Rundfunkstation ZBW (mit Ausnahme sonntags, an dem die Sendezeit ausschließlich den höheren Dingen des Lebens vorbehalten war). »Cascade?« fragte eine Werbung für ein Bier. Und die Antwort in reinem Amerikanisch: »You Betcha!«

1922 erschien der Prince of Wales zu einem dreitägigen Besuch mit Lord Mountbatten als seinen Oberstallmeister. Es war für die Stadt irgendwie charakteristisch, daß ihnen, als sie zum ersten Mal den offensichtlich leeren Garten des Government House betraten, nach einem plötzlichen Pfeifensignal eine Horde Pfadfinder und Pfadfinderinnen aus den Gebüschen entgegensprangen, die, so wird berichtet, »alle schrill schrieen«.

An der Spitze der Aktivitäten von Auswanderern stand der Peak, jetzt schon eine protzigere Bergstation als irgendeine ihrer indischen Vorläufer. Sie wurde offiziell nach der Höhe definiert. Der Gipfelbereich umfaßte alles auf der Insel Hongkong, was über der 240-Meter-Höhenschichtlinie lag, – und seine allegorische Lage dort oben zwischen den Wolken bedeutete, daß die Höhe eine Art von fixer Idee geworden ist. Peakites [Gipflinge], wie sie genannt wurden, schauten nicht nur topographisch, sondern auch sozial auf die hinab, deren Häuser auf niedereren Höhenschichtlinien standen.

> Ehe Mathilda zum Gipfel aufstieg,
> (schrieb ein zeitgenössischer Lyriker)
> war schüchtern sie und bescheiden,
> aber jetzt kränkt sie nach diesem Sieg
> ihre Bowen-Road-Freunde entscheidend
> mit einem Lächeln, so kalt und schneidend.

Bowen Road? Wo war Bowen Road? Ach ja, darunter, auf der mittleren Ebene, wenigstens 70 Meter zu tief.

Jetzt war der Gipfel zu einem wunderschönen Wohngebiet geworden, seine gewundenen Gassen durch Bäume halbverdeckt und beidseitig mit Farnen und Buschwerk bestanden. Straßen für den Kraftverkehr gab es noch nicht dort hinauf, und die Gipfelbahn, die 1924 elektrifiziert wurde, war geschäftiger denn je und sehr gefällig. Hatte man durch irgendeinen Umstand die letzte Bahn hinauf verpaßt, die Victoria um 23.45 Uhr verließ, so konnte man bis drei Uhr morgens jederzeit eine private Bahn bestellen. Die traditionelleren der Großen des Gipfels wurden jedoch noch immer in Sänften hinauf- und heruntergetragen. Einige ließen sich in der Sänfte hinauftragen und kamen mit dem Fahrrad nach unten, und Mr. R. C. Hurley, dessen Haus weit unter der Gipfelstation der Bergbahn stand, hatte es gern, mit seinem »motorlosen Kraftfahrzeug« nach Hause zu fahren, einem vierrädrigen Wagen, mit dem er im Freilauf bis zu seiner Haustür kam.

Es gab jetzt Offiziersmessen auf dem Gipfel, und eine Anzahl von Messen beherbergte die jungen Mitarbeiter der großen Gesellschaften, so daß es ein angeregtes gesellschaftliches Leben gab. Um in die Gesellschaft Hongkongs eingeführt zu werden, war es unverzichtbar, seine Visitenkarte bei den Wohnsitzen auf dem Gipfel abzugeben, und jeder Haushalt, der auf sich hielt, besaß daher neben dem Tor einen Behälter für Visitenkarten. Lady Southorn schrieb[79], daß der Kasten für Visitenkarten das eigentliche Symbol westlicher Zivilisation sei – »der Westen besitzt den Kasten, der Osten nicht«. Bridge-Runden waren populär und die Crumpets [Teekuchen] im

---

79 In: *Under The Mosquito Curtain*, Hongkong 1935.

Gipfelhotel waren noch immer ausgezeichnet. Abendgesell-
schaften zogen sich in die Länge, es wurden sechs oder sieben
Gänge aufgetragen, der Smoking war obligatorisch, für die
Musik sorgten gelegentlich Filipino-Kapellen, und die zusätz-
lichen jungen Tänzer kamen mit den Empfehlungen der Royal
Navy.

Ein beachtlicher Anwohnerverein bewahrte den Geist dieses
Elysiums, und selbst europäische Gouvernanten wurden auf
Herz und Nieren geprüft, ehe sie eine Stelle annehmen durften
(doch oblag es dem Gouverneur nach dem Erlaß zum Schutz
des Gipfels von 1918 selbst, zu entscheiden, wer hier Hausbesitzer werden durfte). Die chinesischen Kulis, die Versorgungs-
güter zum Gipfel hinaufbrachten, durften die Bergbahn nicht
benutzen und mußten sich mit ihren schweren Lasten an
Kohle, Eis, Lebensmitteln und Baumaterialien auf den steilen
und oft durch Regen ausgewaschenen Fußpfaden hinaufquä-
len. Im Jahre 1921 entdeckte ein mitleidsvoller Geistlicher, daß
ein kleiner, sechs Jahre alter Arbeiter während zwölf Stunden
am Tag und an sechs Tagen der Woche, 58-Pfund-Lasten mit
Kohle vom Hafen zu einem Haus erhabener Würde hinauf-
schleppte.

Ein oder zwei Sprossen der sozialen Leiter darunter lebten
viele Europäer auf der mittleren Ebene in einem Verband von
Wohnstraßen zwischen dem Gipfel und dem kommerziellen
Hafengebiet, aber bis zur Mitte der 20er Jahre gab es eine Ver-
schiebung des sozialen Schwerpunktes ganz fort von der Insel,
quer über den Hafen nach Kowloon. Bis zur Angliederung der
New Territories 20 Jahre zuvor schien eine solche Verschie-
bung nicht vorstellbar. Niemand lebte dort in Kowloon, so
sagte man, außer Soldaten und Portugiesen, und fast niemand,
der etwas auf sich hielt, ging dort hin, außer zu einem Strand-
picknick. Dort gab es ohnehin nicht viel, was man tun

konnte, ausgenommen für Menschen mit ordinärem Geschmack. Zu jener Zeit war die Nathan Road, die Hauptverkehrsstraße, schon nach einem knappen Kilometer zu einem zerfurchten Landweg verkommen und endete bei der Boundary Street gänzlich an einem Bambuszaun, der die Grenze markierte. Dahinter lagen die Mysterien Chinas, dort regierte der Aberglaube, dort lauerten Banditen und Tiger, dorthin gingen die Taugenichtse zu Glücksspielen mit den Einheimischen, und in den Opiumhöhlen passierten unglaubliche Dinge. In den 20er Jahren waren die New Territories das Hinterland Hongkongs. Dorthin gingen Leute, um zu wandern und zum Picknicken, besichtigten die ummauerten Dörfer oder sammelten Wildblumen. Sportler schossen im Mai-Po-Marschland Enten, und der Gouverneur besaß in Fanling ein Landhaus (viel hübscher, dachten die meisten Amtsinhaber, als das Berghaus). Als Zugang zu allen diesen Vergnügen war Kowloon nicht mehr die verrufene Enklave von einer fremden Küste, sondern wurde rasch zur Zwillingsstadt von Victoria, und vieles der Tatkraft der Kolonie war mit dorthin übersiedelt.

Altmodische Damen fragten Männer immer noch: »Sind Sie verheiratet, oder wohnen Sie in Kowloon?«, aber tatsächlich hatte sich dort am Rand der Stadt, neben vielen bessergestellten Chinesen, Indern und Portugiesen, die es oftmals angenehmer fanden als die stickige Hongkong-Seite, eine durchaus solide britische Gesellschaft in geräumigen und schattigen Häusern im Kolonialstil niedergelassen. Ingenieure, Beamte der mittleren Ränge und Offiziere der Handelsmarine hatten sich dort angesiedelt und den Steuerzahlerverein Kowloon gegründet, der, wie der gewichtigere Verein auf dem Gipfel, versuchen sollte, die chinesischen Massen aus ihrem Stadtteil fernzuhalten. Und 1927 wurde das soziale Gleichgewicht durch die Eröffnung des Peninsula Hotels, des bei weitem großartigsten in Hongkong an der Straße vom Bahnhof am Ufer von Tsim Sha Tsui, noch weiter verschoben.

Dies war eine ganze Welt von den jetzt schäbigen Korridoren und altmodischen Salons des Hong Kong Hotels entfernt, das durch die fortschreitende Landgewinnung immer weiter vom Meer abrückte. Entworfen, um den internationalen Standards des Luxus zu entsprechen, war das Peninsula mit seinen sechs Stockwerken ein richtiges Durchgangshotel, für die Passagiere gebaut, die mit den Ozeandampfern anlegten, oder mit der Eisenbahn aus Guangzhou, Beijing, Moskau, Paris oder London ankamen. Es wurde jedoch der schickste Platz von allen, um dort zu tanzen oder eine Party zu feiern, der Mittelpunkt des sozialen Lebens der jungen Europäer und drei Jahrzehnte lang das bestbekannte Gebäude Hongkongs.

Auf der anderen Seite des Wassers lebten die Gouverneure so, wie es Gouverneure immer getan haben. Der Gouverneurspalast hatte eine Verwandlung erfahren. Aus einer netten Herrenvilla, die wir in den 1880er Jahren sahen, hatte er sich, unter Hinzufügung eines großen Anbaus, der fast so groß war wie das Originalgebäude selbst und einen Ballsaal, einen Billardraum, einen Raum für das Abendessen, Räume für das Kartenspiel und Rauchzimmer enthielt, zu einem Palast im überwiegend anglo-indischen Stil entwickelt. Der erste hochstehende Gast, der dort bewirtet wurde, war der Großfürst Nikolaus, der spätere Zar von Rußland, der in Hongkong, wie wir schon feststellten, eine ziemliche kühle Aufnahme durch die Öffentlichkeit erfuhr, einen Großteil seiner Zeit im Gouverneurspalast verbrachte und durch ein Teleskop auf dem Dach sein eigenes Schiff beobachtete.

Zwei Männer bewohnten den Palast in den 1920er Jahren

und boten in bezug auf ihren Regierungsstil einen scharfen Kontrast. Der erste war Sir Reginald Stubbs, ein sarkastischer und gelegentlich grimmiger Autokrat, der kein Chinesisch sprach und an körperliche Züchtigung der Eingeborenen glaubte. Er war Sohn eines berühmten Vaters, des Bischofs William Stubbs, des Verfassungshistorikers. Er selbst war Oxford-Absolvent mit erworbener Auszeichnung in zwei Fächern, der im Ruf stand, schlagfertig zu sein und keinen Sinn für Humor zu haben. Ironischerweise sollte man sich seiner in Hongkong nicht seiner despotischen Anwandlungen, sondern eines Versöhnungsaktes wegen am besten erinnern – an die Rückgabe der Kam-Tim-Tore.

Das waren die angestammten schmiedeisernen Tore von Kat Hing Wai, dem von einer Mauer umgebenen Dorf in Kam Tin, auf das wir schon einen Blick geworfen haben. 1898 wurden sie der britischen Regierung durch den Tang-Clan als Zeichen der Unterwerfung unter ihre Autorität geschenkt und durch den damaligen Gouverneur, Sir Henry Blake, in sein Heim nach Irland entführt. Die Tangs bedauerten schon lange, die Tore verschenkt zu haben, und wiederholt hatten sie um ihre Rückgabe gebeten. Stubbs nahm es in die Hand, sie zurückzuholen. Zunächst konnte niemand feststellen, wo sie waren, doch dann wurden sie schließlich in Irland aufgefunden und dem Dorf 1925 in einer freundlichen Zeremonie zurückgegeben. Eigentlich waren es nicht nur zwei, da Blake einfach die besten von insgesamt vier für sich ausgewählt hatte. Aber sie schauten dennoch schön genug aus, und neben ihnen wurde eine Tafel angebracht, die in Chinesisch und Englisch die Geschichte wiedergab (»das offenbart die tiefe Güte und große Rechtschaffenheit der britischen Regierung ...«).

Das war allgemein nicht der Stil von Stubbs. Sein Leben lang glaubte er an die feste Hand des Imperiums. Von Hongkong aus ging er als Gouverneur nach Jamaika, wo er nach dem *Dictionary of National Biography* gut gerüstet war, um jegliches Streben nach Demokratie »in den Grenzen des Realismus« zu halten. Dann ging er nach Zypern, wo wirklichkeitsfremde Untertanen kurz zuvor den Gouverneurspalast niedergebrannt hatten. Er beendete seine koloniale Laufbahn als Gouverneur von Ceylon und war somit einer der wenigen Männer, die je vier Kolonien regiert hatten. Während des Zweiten Weltkrieges wurde er Vorsitzender eines Gerichts für Wehrdienstverweigerer, nicht gerade ein sehr beruhigend wirkender Vorsitzender, möchte man meinen.

Die alten Hongkong-Routiniers müssen Stubbs seines Oxford-Gehabes wegen geliebt haben. Man kann sich ihn im Hongkong der 1890ern Jahre ohne weiteres vorstellen, zur Not selbst in den 1840er. Sein Nachfolger war ein viel modernerer Mann und entsprach dem Geschmack der hartnäckigen Reaktionäre viel weniger – ein richtiger Freund der Chinesen, des Mandarin und des kantonesischen Dialekts mächtig und ein geübter chinesischer Kalligraph. Als Sohn eines Offiziers der indischen Armee war Sir Cecil Clementi auch ein klassischer Philologe und hervorragender Linguist. Er hatte Familienverbindungen nach Hongkong, der Ort, an dem er auch seine eigene Karriere zu Beginn des Jahrhunderts begonnen hatte. Danach aber hatte er in British Guyana und Ceylon Dienst getan, eine berühmte Reise quer durch Zentralasien durchgeführt und ist, angefüllt mit liberalen Vorstellungen, als Gouverneur zurückgekehrt. Anders als Stubbs war er unverkennbar ein Mann der Zeit des neuen, aufgeklärten Imperialismus. Er war ein scharfer Kritiker rassischer Vorurteile und erklärte ganz freimütig, daß in Hongkong durch die Trennung in chinesische und europäische Gemeinschaften »der soziale, moralische, intellektuelle und selbst der kommerzielle und materielle Fortschritt der Kolonie verzögert würde«.

Gefährliche Worte im Hongkong der 20er Jahre, wo selbst die Insel Cheung Chau ihren eigenen, etwas niedrigeren Gipfel besaß, der den chinesischen Bewohnern verboten war und wo europäische Kaufmannsgehilfen nicht im Traum daran gedacht hätten, einem Chinesen die Hand zu schütteln. Aber Clementi antwortete mit Taten. Er ging so weit, einen Chinesen in seinen Verwaltungsrat zu berufen, der das Kabinett Hongkongs darstellte. Chinesen waren nun häufig Gäste im Gouverneurspalast, und einmal schlug der Gouverneur sogar vor, den Hongkong-Klub, das Heiligste der kolonialen Heiligtümer, zu beseitigen und durch einen Klub zu ersetzen, der für Mitglieder aller Rassen offen war.

Obwohl Hongkong es nicht erkannte, repräsentierte Clementi die Richtung, in der sich das britische Empire bewegte. Er sagte es frei heraus, daß die Tage der europäischen Dominanz in China wie auch in Indien zu einem Ende kämen. Bis zum Ende des Jahrzehnts hatten die Briten drei ihrer Konzessionen entlang der chinesischen Küste aufgegeben und im Prinzip zugestimmt, daß alle anderen exterritorialen Privilegien in China nach und nach abgebaut werden müßten. Dabei hat man nicht ausdrücklich die Besitzung Hongkong selbst eingeschlossen. Selbst ein Clementi konnte sich ihre Rückgabe an China noch nicht vorstellen. »Ich kann es nicht glauben, daß das britische Empire je die Rückkehr von Hongkong hinnehmen würde.« Trotzdem gab es Menschen, die es in der Kolonie erleben würden, nicht daß der Hongkong-Klub abgeschafft wurde, sondern daß er viele chinesische Mitglieder zählt.

Man mag es mögen oder nicht — man mag es ignorieren, wenn es möglich ist —, aber die 4500 Briten Hongkongs sind von 725 000 mitbewohnenden Chinesen umgeben.

Bis jetzt waren die Chinesen Hongkongs passive Beobachter seiner Geschichte. Für Besucher und Historiker zählten sie nur als amorpher Hintergrund, ohne Gesicht und anonym, abgesehen von den wenigen, die sich durch ihre Anpassung an westliche Erfordernisse eine gewisse Beachtung gesichert hatten. Nur sehr wenige chinesische Namen erschienen in den Geschichtsbüchern, weil auch nur sehr wenige Chinesen bei der Entwicklung Hongkongs eine öffentliche Rolle gespielt haben. Die Masse der chinesischen Bevölkerung schien, so die meisten Beobachter, öffentliche Ereignisse nicht zu beachten und ganz darauf fixiert zu sein, ihren Lebensunterhalt zu verdienen. »Das allgemeine Desinteresse der Chinesen an allen Angelegenheiten des öffentlichen Lebens«, sagte Stubbs einmal, »ist kaum glaublich.« Aber jetzt, in diesem ziemlich ereignislosen Jahrzehnt Hongkongs, zeigten die Chinesen zum ersten Mal ihre Stärke. Wenn sich jene Veteranen der 20er Jahre erinnern, wäre es letztlich nicht ihrer Gewöhnlichkeit oder ihrer Frivolität wegen, denen sich Hongkong zum ersten Mal gegenübersah und die die selbstzufriedene Kolonie frühzeitig vor Dingen warnte, die kommen würden.

China war damals in einem besonders verworrenen Zustand. Die Euphorie der Revolution von 1911, durch die die Manchu Dynastie beseitigt wurde, ist durch Konflikte der Revolutionäre untereinander, durch das Auftreten der Neuen Kulturbewegung, die die Abschaffung aller Traditionen befürwortete, durch die Geburt der Kommunistischen Partei Chinas und durch das Hin- und Hermarschieren der ruhelosen Warlords mit ihren Privatarmeen sehr bald zerstoben. 1921 war Beijing in den Händen von Warlords, und Sun Yat-sen, der Vater der

Revolution, wurde in Guangzhou zum Präsidenten der Republik gewählt. Er war wiederholt durch die Briten schroff abgefertigt worden, die ihn noch immer als Rebell ansahen und es mangels einer vernünftigen Politik ohnehin vorzogen, darauf zu bestehen, daß nur derjenige, der in Beijing regierte, der rechtmäßige Herrscher ganz Chinas sei. Sun Yat-sen machte sich das britische Empire ganz allgemein und Sir Reginald Stubbs im besonderen zum Feind, weil er sein Regime stark nach links orientierte, Gewerkschaften legalisierte und Hilfe der Sowjetunion willkommen hieß. Unter seinem Schutz entstand eine mächtige, revolutionäre und fremdenfeindliche Bewegung, die sich auf Guangzhou stützte und seine Aufmerksamkeit unausweichlich stromabwärts nach Hongkong richtete – jenem Würgegriff der Fremden, jener einen Ecke Chinas, wo fremde Kapitalisten unabhängig agierten.

In Hongkong selbst lebten Hunderttausende von Chinesen, wie der kleine Lastenträger auf dem Gipfel, ihr Leben unter schrecklichen Härten, arbeiteten furchtbar viele Stunden für miserablen Lohn, waren oft krank, oft von Drogen verwirrt. Nur wenige von ihnen waren in der Kolonie geboren, aber sie waren auch nicht mehr die Mitpioniere, wie es die ersten chinesischen Siedler gewesen waren; sie waren meistens Bauern aus der Provinz Guangdong, die sich plötzlich dem verwirrenden Druck einer fortgeschrittenen westlichen Verstädterung ausgesetzt sahen. Die Quartiere der armen Leute unterschieden sich kaum von denen, die Chadwick 1882 beschrieb, und die Regierung tat wenig, um das zu verbessern. Ein abwesender Hausbesitzer an der Hollywood Road, so wurde 1924 festgehalten, verpachtete sein Mietshaus an einen Mittelsmann, der die verschiedenen Wohnungen an andere Leute vermietete, die ihrerseits in jeder Wohnung kleine Zellen weitervermieteten, oftmals an 25 Menschen in einer einzigen Wohnung, oft noch weit mehr. In dem gleichen Jahr rauchte nach offiziellen Schätzungen etwa ein Viertel der chinesischen Bevölkerung Opium, und es gab wenigstens 2000 Opiumhöhlen. Alles Moderne in Hongkong war angelegt, um den Europäern, nicht den Chinesen zugute zu kommen. Die Rundfunkstation ZBW strahlte nur gelegentlich ein Programm in Chinesisch aus, und nur ein Filmtheater beschäftigte einen chinesischen Dolmetscher, der auf einem Stuhl neben der Leinwand saß und während des Filmablaufs übersetzte.

Aber die Chinesen waren auf keinen Fall so ohnmächtig, wie sie es noch vierzig Jahre zuvor waren. Wie es Clementis Abendgesellschaft zeigte, gab es auch viele wohlhabende und einflußreiche Bürger – in jedem Monat mehr, da vermögende Flüchtlinge den Unwägbarkeiten Chinas entkamen. Gebildete Chinesen waren in zahlreiche europäische Wohnbezirke eingedrungen, und Sir Robert Ho Tung spielte schon jahrelang auf dem Gipfel selbst den Herrn. Die Universität von Hongkong, die 1911 durch die persönlichen Bemühungen des Gouverneurs Sir Frederick Lugard gegründet wurde, brachte jetzt einen ständigen Strom chinesischer Absolventen hervor. Die Tung Wah hat sich zu einer starken kommunalen Organisation entwickelt. Ominöser waren aktive chinesische Gewerkschaften – nicht nur die althergebrachten Gilden wie die Industrielle und Kommerzielle Vereinigung der Feuerholzhändler oder der Ginseng- und Hirschhorn-Handelsgilde, die den konfuzianischen Vorstellungen von Loyalität und Ordnung verbunden sind, sondern moderne und militante Gewerkschaften mit ihrer Verwurzelung im revolutionären Marxismus und ihren Inspirationen aus Guangzhou.

Die überwältigende Mehrheit der fremden Bewohner hatte, wie es Maugham empfand, nicht die geringste Ahnung davon, was in den chinesischen Massen vorging. Diejenigen Chinesen, die sie auf gesellschaftlicher Ebene trafen, strahlten nur und hatten gleiche Interessen, Chinesen, die sie angestellt hatten, waren nur Charme und Kriecherei. Eine soziale Trennung hielt die Allgemeinheit auf Distanz und strenge Strafen hielt sie in Zucht – zum Beispiel zwölf Monate harte Arbeit und 18 Hiebe mit der Birkenrute für das Stehlen einer Handtasche mit $HK 24 Inhalt; drei Monate harte Arbeit für das Entwenden des Hutes eines Europäers, während er in der Rikscha saß. Obwohl es 1919 örtlich begrenzte Unruhen der Lebensmittelpreise wegen und 1922 einen Streik der Seeleute gegeben hat, wirkte es wie ein Schock, als man in der Mitte des Jahrzehnts entdecken mußte, daß die gewöhnlichen Verschwörungen zwischen Triade und Syndikat, die gewöhnlichen kriminellen Aktivitäten in den überfüllten Wohnhäusern von Wanchai und Kowloon, das Entreißen von Hüten oder Handtaschen auf politische Ziele ausgerichtet sein könnten.

Solch ein Schock! Die Unruhen waren zunächst kaum mehr als ein kommunales Murren, vom Gipfel aus kaum wahrzunehmen: aber 1925, nach dem Tod von Sun Yat-sen und dem sich anschließenden fremdenfeindlichen Aufruhr in Shanghai, mündete es in einen regelrechten Generalsteik, verbunden mit einem Boykott allen Handels zwischen Hongkong und der Provinz Guangdong und somit auch Guangzhou, woher die meisten Lebensmittel für Hongkong kamen. Es war fast genau der Aufstand, den die Briten seit der indischen Meuterei von Zeit zu Zeit befürchtet haben. Für ein paar Wochen war das Wirtschaftsleben der Kolonie erstarrt. Seeleute, Studenten, Hotelbedienstete, Stauer, Hauspersonal, Bus- und Straßenbahnfahrer, sie alle verließen ihre Arbeit. Selbst die Rikschafahrer lehnten Kunden ab. Die Lebensmittelpreise gingen in die Höhe, und ein Run auf die Banken setzte ein.

Es gab viel Gewalt und noch mehr hitziges Gerede. Einerseits drängten die Anführer die Arbeiter mit Einschüchterungen zum Streik, andererseits verhielt sich eine inoffizielle Körperschaft der Streikbrecher, das Labour Protection Bureau [Büro zum Schutz der Arbeit] genauso gangsterhaft. In der Mitte stand Sir Reginald Stubbs, bedrohte Einschüchterer mit Auspeitschung und befürwortete wie in alten Zeiten eine bewaffnete Intervention durch die Royal Navy. Schreckliche Gerüchte überzogen die Kolonie. Bolschewistische Schreckgespenster richteten sich drohend auf. Die Hongkong Volunteers [Freiwilligentruppe] wurden für einen möglichen Einsatz gemustert, und der Ausnahmezustand wurde ausgerufen. »Wer den Frieden der Kolonie stört«, verlautete Stubbs, »wird behandelt, wie es englische Art ist, gerecht, aber hart.«

Die Peakites sahen sich nunmehr verpflichtet, alle möglichen Arten von Arbeiten zu verrichten, an die sie nicht gewöhnt waren, wie das Bügeln ihrer eigenen Kleider, das Bereiten ihrer eigenen Mahlzeiten, das Vergraben ihrer eigenen Exkremente und sogar um ihre eigenen Kinder mußten sie sich kümmern. Freiwillige hielten den Betrieb in Hotels und Cafés aufrecht, fuhren die Straßenbahnen und verteilten die Post, während die Royal Navy den Betrieb der Star-Fähren übernahm, nicht völlig erfolgreich — wie sich eine lokale Zeitung beschwerte, denn ihre »makellosen Uniformen und ihre herumflatternden Behinderungen in Form von seidenen Taschentüchern und Schnüren« waren wohl kaum die richtige Ausrüstung. Die Streikführer ermutigten alle Chinesen, Hongkong völlig zu verlassen, und verbreiteten das Gerücht, daß die Briten vorhätten, ihre Trinkwasservorräte zu vergiften. Zur gleichen Zeit boten sie kostenlose Bahn- und Schiffsreisen nach Guangzhou an. Tausende gingen und hinterließen eine halbleere und einsame Stadt.

Um alles noch schlimmer zu machen, gab es eine Vielzahl

von Piratenangriffen auf britische Schiffe. Manchmal enterten die Piraten die Schiffe von Dschunken aus, manchmal fuhren sie als Passagiere mit und griffen die Besatzung an, wenn sie auf hoher See waren, und zwangen sie, in irgendeinen versteckten und ihnen genehmen Hafen an der chinesischen Küste einzulaufen. Eine Fähre wurde tatsächlich auf ihrem Weg von Cheung Chau zum Zentrum gekapert, den Angehörigen in Hongkong wurden die abgetrennten Ohren von drei Passagieren geschickt, und ein hohes Lösegeld wurde gezahlt. Eine Sonderwachtruppe, in der sich viele Weißrussen befanden, wurde durch die Regierung aufgestellt, und viele Schiffe stachen mit eisernen Gittern in See, die die Quartiere der Passagiere, die Kommandobrücken und die Maschinenräume sichern sollten.

Unter diesen Umständen schienen die Forderungen der Streikführer nicht übertrieben. Sie umfaßten einen Achtstundentag, das Verbot von Kinderarbeit, die Unterdrückung der Brutalität seitens der Polizei, eine Beendigung der Rassentrennung auf dem Peak, eine 25prozentige Verbilligung der Mieten und eine Vertretung der Arbeiterschaft im Exekutivrat. Diese Forderungen wurden in einer Schlagzeile der *South Morning Post* zusammengefaßt als AUSSERGEWÖHNLICHE HALTUNG DER ARBEITERSCHAFT, die dem Vertrauen in die Wirtschaft ernsthaft Schaden zufügten. Aktien, Anteile und Bodenpreise fielen drastisch, und es kam zu zahlreichen Konkursen − im September 1925 zwanzig am Tag. Eine Abordnung der Geschäftsleute bat Stubbs sogar, sich um ein Handelsdarlehen über $ 3 Millionen von Großbritannien zu bemühen, um ihnen über die Krise zu helfen. Ein Darlehen seitens der Regierung an die Großunternehmer Hongkongs, die Zeiten hatten alles auf den Kopf gestellt!

Das Geld wurde durch das Finanzministerium in London

zögernd bereitgestellt, eine Angelegenheit, die den britischen Steuerzahler dennoch nicht weiter belästigte. Es gab noch immer das Empire und das Geld wurde vom Westafrikanischen Devisenausschuß und der Wasserstraßenbehörde Malayas bereitgestellt.

Alles in allem waren die 1920er keine guten Jahre für Hongkong, aber sie waren andererseits auch nicht so schlecht. Es waren eigentlich Hundstage. Die politische Krise dauerte nicht lang und das schlimmste trat nie ein. Chinas Pläne änderten sich wieder. Guangzhous Feindseligkeit wurde weniger fanatisch. Gegen Ende des Jahres 1926 hatten sich sowohl Streik als auch Boykott wie auch der Generalstreik zu Hause in England totgelaufen und Clementi, der jetzt Gouverneur war, machte eine freundschaftliche Fahrt den Perlfluß hinauf, um ihr Ende zu besiegeln.

Das koloniale Leben in Hongkong nahm seinen alten Stil wieder auf. »Wir empfangen ständig«, verbreitete im Herbst 1926 der Katalog des Hauses Lane Crawford, »große Kollektionen faszinierender Kreationen von Abendkleidung, alle in London und Paris durch unseren eigenen Repräsentanten ausgesucht.« Der Chinese kehrte zur Fügsamkeit zurück, und niemand hatte künftig Schwierigkeiten mit Rikschafahrern – »man geht nur zur Tür und ruft ›Sha‹«, schrieb eine Engländerin ohne Böswilligkeit, »und sie kommen angelaufen, damit sie als erste zur Stelle sind«.

IX.
KONTROLLSYSTEME

1. Auf dem Statue Square

Auf dem Statue Square steht ein vornehmes Gebäude mit Kuppeln und Kolonnaden, mit ionischen Säulen und einem roten Ziegeldach, das ein seltener Überlebender vergangener Zeiten ist. Im Jahre 1900 wurde es im wesentlichen durch Sir Aston Webb, den Architekten des Victoria and Albert Museum in London, geplant und war früher der Oberste Gerichtshof Hongkongs, bis diese Behörde in ihr klimatisiertes Hochhaus im oberen Teil der Straße zog. Es war der Nachbar des palladionischen Rathauses, ehe dieser feine alte Bau abgerissen wurde, sowie des gotischen Hongkong-Klubs vor seiner Verwandlung in einen Wolkenkratzer. Es hatte einen Ausblick auf das Kricketfeld, bis die Torstäbe in ein weniger wertvolles Grundstück gesteckt wurden. Es sah auf die Standbilder der Königin Victoria und ihrer Nachfolger herab, bis Ihre Majestäten durch die japanische Armee entfernt wurden. Einige Generationen lang schaute das Gebäude auf den zentralen Festplatz Hongkongs, einen Steinwurf weit von der See, bis die Landgewinnung die See fortnahm und seine Kuppel eines der wesentlichen Symbole der Inselskyline wurde.

Heute wird es durch die umgebenden kommerziellen Bauten überragt, die diese einstmals feine Piazza auf einen pedantisch angelegten Stadtgarten reduziert haben, der durch Straßen in drei Teile zerschnitten ist. Das einzige verbliebene Denkmal ist das Ehrenmal für die Gefallenen des Krieges, das letzte Standbild ist das von Sir Thomas Jackson, dem Bankmanager. Die Überlieferung sagt, daß die Gärten selbst nur deshalb auf einem der wertvollsten Grundstücke der Welt verschont geblieben sind, weil sie für ein glückliches *feng shui* Hongkongs und der Hauptverwaltung der Shanghai Bank an ihrem oberen Ende entscheidend sind. Tatsächlich aber hat man sie nur deshalb verschont, weil Bank und Regierung 1901 übereinkamen, dort »für alle Zeiten« einen freien Raum zu bewahren.

Aber das alte, schon dem Untergang geweihte Gebäude überlebt, ist peinlich genau restauriert worden und ist jetzt das Dienstgebäude des Legislative Council, Legco [Legislativrat], der Institution, die für die Kronkolonie Hongkong einem Parlament am nächsten kommt.

An einem Mittwochnachmittag, wenn der Rat zusammentritt, kann man hier am besten mit der Untersuchung der Systeme beginnen, mit denen dieses Territorium während der letzten eineinhalb Jahrhunderte regiert wurde. Nehmen wir einen Mittwoch, der erst einige Jahre zurückliegt, nämlich 1986, ehe der drohende Wechsel der Souveränität alles zu ändern begann und die Briten nicht mehr ihr eigenen Herren in Hongkong sein ließ.

2. Arbeitsweise des Legislativrates

Eine Sitzung des Legislativrates im Jahre 1986 konnte schon eine reichlich komische Angelegenheit sein. Dort wurde das Establishment Hongkongs vorgezeigt. Es gab einen Briten mit Doppelnamen, es gab dort Chinesen mit Vornamen wie Rita, Lydia, Hilton oder Donald, aber weder Japaner noch Amerikaner – es war immer noch eine koloniale Versammlung der Briten, die nach ihren eigenen Gesetzen funktionierte. Hier zeigt sich Hongkong als das, was es ist, ein Florenz in der Kunst der Öffentlichkeitsarbeit. Fernsehkameras waren ständig auf die

Versammlung gerichtet, während Einzelaufnahmen durch die günstig liegenden Fenster zu beiden Seiten des Saales geschossen wurden. »Der Gouverneur trinkt während der Debatte einen Schluck Wasser«, sagt eine der Zeitungsüberschriften am nächsten Morgen, oder »Miss Lydia Dunne rückt ihr Mikrophon zurecht...«

Der unglückliche Gouverneur präsidiert von seinem hohen Mahagonipodium – unglücklich deshalb, weil er nicht nur als Sprecher, sondern auch mehr oder weniger als Sekretär agieren muß und Stunde um Stunde alle Vorgänge festzuhalten hat, während er nur gelegentlich selbst in die Debatte eingreift. Die britischen Angehörigen der Exekutive waren *ex officio* anwesend – der Erste Staatssekretär, der Staatssekretär für Finanzen, der Generalstaatsanwalt, Seite an Seite in der ersten Reihe wie Minister des Kabinetts. Die sieben berufenen Beamten waren gleichfalls anwesend, vom Sekretär für die Distriktverwaltung (der Ehrenwerte E. P. Ho) bis zum Sekretär für das Transportwesen (der Ehrenwerte I. F. C. Macpherson). Gleichfalls anwesend waren die 22 ernannten, nichtamtlichen Mitglieder – die meisten von ihnen Größen der Gemeinschaft, britische und chinesische Bankiers, Geschäftsleute, bekannte öffentliche Wohltäter, alle durch den Gouverneur auf diese Sitze berufen. Auf der anderen Seite des Saales saß die gewählte Minorität von 24 Mitgliedern, nicht durch direkte Wahl der Öffentlichkeit, sondern als Mitglieder der Distrikts-, Stadt- und Regionalräte berufen oder auch durch eine funktionale Wählerschaft gewählt – wo dann das eine Mitglied die Anwälte, ein anderes die Industrie, die Medizin oder Architekten vertritt. Von den insgesamt 57 Mitgliedern waren 47 Chinesen.

Hier kam Hongkong, solange es noch wirklich sein eigenes Schicksal lenken konnte, dem am nächsten, was man unter einer repräsentativen Regierung versteht, beziehungsweise dem, was die britische Regierung für Hongkong als geeignet ansah. Hongkong erfreut sich einer absoluten Freiheit der Rede und der Gelegenheiten, aber durchaus nicht der Freiheit, seine Regierenden selbst zu wählen. Das Grundprinzip des Systems der Kronkolonie ist, in der Legislative eine durch die Regierung bestellte Mehrheit zu haben, und in Hongkong ist man diesem Grundsatz immer gefolgt. Die einzigen direkten Wahlen sind die zu lokalen Räten: erst 1985 fand die erste und einzige Wahl zur Legislative statt, und selbst da war nur ein winziger Anteil der Bevölkerung stimmberechtigt – insgesamt etwa 70 000 Menschen. Alle Reformen, die künftig eingeführt werden, können als Reformen angesehen werden, die unter Druck entstanden: der Legislativrat 1986 war der eigene, freiwillige Höhepunkt der parlamentarischen Demokratie des britischen Empire in Hongkong.

Man könnte sagen, daß er ebenfalls der Höhepunkt des politischen Strebens der Chinesen Hongkongs war. Der Ausblick auf 1997 hat ihre Ansichen doch sehr beeinflußt, wie wir später sehen werden, denn noch vor kurzem wollte niemand von ihnen etwas mit Politik zu tun haben. In die konfuzianische Auffassung der Regierung durch eine eigens ausgebildete Elite hineingeboren, waren sie durchaus darauf eingestellt, die Briten all das Regieren für sich besorgen zu lassen, während sie selbst sich mit dem Leben beschäftigten. Der kanadische Sozialpsychologe Michael H. Bond von der Chinesischen Universität in Hongkong hat ihre Einstellung so definiert[80]: »Soziale Wahrheit enthüllt sich nicht durch einen offenen Zusammenprall wetteifernder Ansichten, sondern wird durch gewissenhafte

---

80 In: *Inter-Ethnic Conflict: Myth and Reality*, Beverly Hills 1986.

Führer nach sorgfältiger Erwägung der Probleme verkündet. Eine dankbare Bürgerschaft spielt ihre Rolle dadurch, daß sie die Bemühungen der Führung mit Loyalität und Anerkennung vergilt.« Doch demokratisch rivalisierende Politiker werden eine derartige Bürgerschaft wohl nicht so ohne weiteres finden. Ein chinesisches Sprichwort sagt, daß es ein Schritt zum Chaos ist, wenn man beginnt, Argumente auszutauschen.

Die Komödie im Legco 1986 kam dadurch zustande, daß jetzt, nachdem die Geschichte bald vorüber ist und alle künftigen konstitutionellen Änderungen nur mit stillschweigender oder ausdrücklicher Zustimmung der chinesischen Regierung in Beijing eingeführt werden können, der Legislativrat als eine Art ernsthafter Parodie der britischen parlamentarischen Praxis geführt wurde. Im echten Westminsterstil unbeholfen waren die Höflichkeiten, umständlich war der Sarkasmus, schwach, aber unbeschreiblich parlamentarierhaft waren die Witze. Diese Komture auf der ersten Bankreihe strahlten eine joviale Macht aus – drei fähige, aber hinreichend durchschnittliche Briten, könnte man meinen, die man täglich in einem Pendelzug für Börsenmakler zum Waterloo-Bahnhof antreffen könnte und die man in Ehrenwerte Minister auf der anderen Seite des Globus verwandelt hat. Wie nur die Mitglieder lachten, wenn einer dieser Mandarine einen geistreichen Ausspruch anbrachte, und mit welch gezügelter Bescheidenheit er seinen Sitz inmitten all der Belustigung wieder einnahm. Die ernannten Mitglieder, Erben einer Generationen währenden Kriecherei und des Eigennutzes, sprachen die Kammer im allgemeinen mit allem gewundenen Brauch von Westminster sehr höflich an: »Würde mir das sehr ehrenwerte Mitglied, der Herr Staatssekretär der Finanzen, nicht zustimmen...?« – »Ich überlasse das meinem ehrenwerten Freund, dem Herrn Staatssekretär für Wirtschaftsangelegenheiten...« Die gewählten Mitglieder, die sich zwar innerhalb der Grenzen parlamentarischer Gepflogenheit bewegten, demonstrierten ihre Unabhängigkeit durch Zeichen des Widerstandes – sie waren ja schließlich das einzige, was Hongkong jemals als eine Art offizieller Opposition zu sehen bekam, und sie waren erst im vorangegangenen Jahr erfunden worden. Die Reden wurden nahezu alle in Englisch gehalten mit einer Simultanübersetzung ins Chinesische und waren größtenteils ernst, aber langweilig. Die Themen waren gewöhnlich harmlos. Die Abstimmung der Körperschaft war, grob ausgedrückt, ohne Belang.

Denn der Gouverneur war auch 1986 allmächtig. Alles, was der Legco entschied, konnte durch ihn aufgehoben werden. Alles, was er anordnete, mußte vom Legco akzeptiert werden. Die Autorität des Gouverneurs, der da oben saß und, armer Bursche, so gelangweilt aussah, als der Ehrenwerte Herr Staatssekretär der Finanzen zum zweiten Teil seiner Argumentation über die Beziehungen zwischen Inflation und Wechselkursen kam, – diese Autorität des Gouverneurs erhielt seine Legitimation »von der Patenturkunde gefertigt unter dem Großsiegel des Vereinigten Königreichs« ab und unterlag nur den Entscheidungen des Herrn Ministers für Auswärtige Angelegenheiten in London oder dem Monarchen. Wie alle seine Vorgänger war er nicht *nur* der Gouverneur. Er konnte nicht mehr bei zahllosen Millionen akkreditiert werden, wie es bei Sir John Bowring noch der Fall war, aber er war der Titular-Oberbefehlshaber, der Präsident des Legco und der Repräsentant der Krone, womit er, wie es das offizielle *Handbuch* Hongkongs in einer delikaten Umschreibung ausdrückte, »einen wesentlichen Einfluß auf die Handhabung aller Angelegenheiten ausübte«. Er hatte einen Exekutivrat, der ihn beriet, dessen 14 Mitglieder alle *ex officio* oder auch offiziell bestallt waren, aber er war der Präsident und entschied, worüber er ihn beraten sollte, und die Verfassung zwang ihn ohnehin nicht, dem Vorschlag des Rates zu folgen.

Aber dort saß er, schien ein wenig müde zu blicken (es war zufällig der allgemein beliebte Sir Edward Youde, der noch im Laufe des Jahres im Dienst sterben sollte) und lenkte die Aussprache des Legco höflich auf den nächsten Punkt der Debatte – ob Preisnachlässe bei offiziell genehmigten Überschreibungen von Pachtgrundstücken genehmigt werden sollten. Es beschlich einen fast eine Art Carollscher Atmosphäre, wenn man aus dem phantastischen Tumult Hongkongs an jenem Mittwoch nachmittag gegen Ende der 80er Jahre in das Protokoll dieser Debattierkammer geriet.

3. Überholte Daseinsformen

Natürlich war es nicht wirklich komisch. In Hongkong ist nur weniges sehr lustig – es muß sich hier wohl um eine der berechnendsten und abwägendsten Gesellschaften der Welt handeln. Das Ausmaß der Macht des Legislativrates wie auch seinen Anteil am demokratischen System hat man unter Berücksichtigung der einmaligen Umstände in Hongkong höchst sorgfältig erwogen und kontrolliert und freigegeben oder gezügelt, etwa so, wie ein Ingenieur ein Dampfventil kontrolliert.

Läge Hongkong irgendwo anders, so wäre es schon längst selbständig geworden wie fast jede andere britische Kolonie, um schließlich, meine ich, in einer Daseinsform, wie sie Singapur besitzt, zu münden. Da es aber einmal auf chinesischem Boden steht, der Gnade Chinas zu chinesischen Bedingungen ausgeliefert ist, ist es geblieben, was es schon zu Beginn war, eine bürokratische Autokratie. Zu diesem Zeitpunkt entspricht seine konstitutionelle Situation als einem der fortschrittlichsten Finanzzentren der Welt etwa der von Gambia oder den Bermudas vor einem halben Jahrhundert. Es ist die allerletzte der klassischen britischen Kronkolonien. Selbst schwache Schutzgebiete wie St. Helena (Bevölkerung 5147) oder die Cayman-Inseln (Bevölkerung 22 000) haben jetzt gesetzgebende Körperschaften mit gewählter Majorität. Hongkong besitzt eine ansonsten schon überholte Daseinsform, die sich erstaunlicherweise gehalten hat, ein außergewöhnlich lebendiges Fossil, teilweise ein britisches imperiales Relikt, aber auf vielsagendere Weise auch ein Echo des verlorenen China – es ist angemessen, daß das Wappen der Kolonie auf der linken Seite von einem drohenden Löwen gehalten wird, rechtsseitig jedoch durch einen Drachen.

Der monarchische Status des Gebiets wie auch das des alten China schwebt wie ein dünnes Miasma über seinen Angelegenheiten. Bilder der Queen schmücken die Büros, das Gartenfest am Geburtstag der Königin ist eines der gesellschaftlichen Ereignisse des Jahres, der Jockeyklub, der Yachtklub, der Golfklub, die Polizeikräfte, sie alle sind stolz auf das Präfix »königlich«. Nachdem ihr Name huldvoll in den Ehrenlisten lobend erwähnt worden ist, werden solche Bürger in den lokalen Zeitungen groß abgebildet, wie ihnen die Orden im Gouverneurspalast oder, noch besser, im Buckingham-Palast überreicht werden, immer noch der Born der Ritterschaft Hongkongs. Königliche Visiten werden nie vergessen. Als Prinz Alfred als erstes Mitglied der britischen königlichen Familie 1869 an Bord des Kriegsschiffes *Galatea* eintraf, wurde das Ereignis durch einen lokalen Historiker J. W. Norton-Kyshe als einmalig in der Geschichte der Welt bezeichnet – »nie zuvor hatte je ein königlicher Prinz Länder besucht, die so fernab den Zentren der Zivilisation lagen«. Nur ein regierender Monarch, Elizabeth II., ist je seinem Beispiel gefolgt, aber der spätere Georg V. kam 1881, der künftige Edward VIII. 1922, und nach Youdes plötzlichem Tod im Jahre 1986 gaben ein paar Leute dem Thronerben, Prinz Charles, den Rat, ihm als Gouverneur nachzufolgen – administrative Erfahrung, so argumentierte man, Kenntnisse über China und seine Sprachen, diplomatische Fachkenntnisse, all das sei in Hongkong weniger wertvoll als ein Tupfer des königlichen Charismas.

Während der Frühlingsblüte der Azaleen sind die Gärten des Gouverneurspalastes, des Heims des Stellvertreters der Königin, einen Tag lang für die Öffentlichkeit zugänglich. Diese Gelegenheit scheint auf viele Chinesen Hongkongs einen geheimnisvollen Zwang auszuüben und erinnert mich an ein traditionelles chinesisches Fest unter den Mandschus, an ein Chrysanthemen- oder Lotusblütenfest vielleicht. An einem durchschnittlichen Azaleentag besuchen 100 000 Menschen die Gärten, und den ganzen Tag über eilen Menschenmengen den Berg zum Pförtnerhaus hinauf, wo der Wachposten in teils festlicher Stimmung (denn sie kommen in ganzen Familien und bringen ihre Kameras mit), aber auch mit einer gewissen Scheu steht.

Anscheinend sind natürlich die Gärten selbst die Attraktion des Tages – noch immer gefällig mit ihren Sträuchern und geneigten Rasenflächen, trotz aller grimmigen kommerziellen Gebäude, die nunmehr den Ausblick auf den Hafen verstellen. Auf seinen Kieswegen schlängelt sich die staunende Menschenmenge unentwegt rundherum und macht auf allen Wegen Aufnahmen mit Blumen – kleine Kinder mitten in die Blumen gesetzt, Gruppenbilder der Familie in Lauben – überall, bei jedem Farbklecks das erstarrte Lächeln und das Klick der Blenden. Es ist jedoch durchaus nicht die Natur, die im Mittelpunkt des Tages steht, sondern der Ort selbst und die königliche Mystik, die er darstellt. Als ich an einem Azaleentag in den Gärten war, sah ich einen Chinesen, der mühsam und ehrfurchtsvoll in Englisch die Hinweise abschrieb, die hier und dort angebracht waren: THIS WAY OUT, oder DO NOT PICK THE FLOWERS [Ausgang hier, oder Keine Blumen pflücken], ganz in der Art, in der man früher königliche Pergamente vervielfältigte.

4. Der imperiale Faktor

Ein Adjutant des Gouverneurs zeigte mir einst in seinem Raum im Gouverneurspalast, wie man die blauen und weißen Pfauenfedern an seinem festtäglichen weißen Tropenhelm (Hersteller Horton und Söhne, London) befestigt. Sie besitzen ein eigenes Federetui. Die Feder wird in Löcher an der Krone des Helms geschoben und von der Innenseite mit Muttern befestigt. Der Gouverneur, seine Begleitung und seine Streitkräfte, die noch immer mit vielen derartigen Attributen königlicher Tradition versehen sind, dienen als sichtbare Erinnerung an Hongkongs kolonialen Status.

Wir haben festgestellt, daß man in früheren Jahrzehnten, als Federetuis weit gebräuchlicher waren, dem imperialen Faktor nicht entgehen konnte. Lediglich im letzten halben Jahrhundert hat Hongkong sich zu einem Stadtstaat entwickelt, halbautonom und eigene Handelsbeziehungen mit fremden Mächten unterhaltend. Vor dem Zweiten Weltkrieg betrachtete es sich selbst nur als eine weitere imperiale Abteilung, und die Beamten sahen eine Versetzung nach Hongkong lediglich als Stufe auf ihrer Karriereleiter; ein Blick auf die jahrelange Liste der Gouverneure zeigt, daß sie in Besitzungen gingen oder dorther kamen, die so vielversprechend unterschiedlich waren wie Korfu, Neufundland, Gambia, Neusüdwales, Ceylon, Malaysia, Indien, Borneo oder die Kolonien der Karibik.

Die üblichen imperialen Wanderungen ereigneten sich ebenfalls. Pferde und Eukalyptusbäume kamen aus Australien, vertraglich gebundene Arbeiter gingen nach Südafrika, Mr. Rynes Kaninchen kamen aus England, Sträflinge wurden nach Malaya verbracht (Pope-Hennessy hat in der Tat sogar einmal vorgeschlagen, Labuan dem Territorium Hongkong als dessen eigene Strafkolonie anzuschließen). Die Chinesen Hongkongs, damals vollgültige Staatsbürger des Empire, reisten überall hin und siedelten dort, wo die britische Flagge wehte. Aber Hongkong stand noch viele Jahre nach seiner Gründung besonders unter dem Bann Britisch-Indiens. Jeder Kolonie im Osten ging es so. Das Kaiserreich Indien war die überwältigend größte der britischen Besitzungen, der Mittelpunkt, um den sich das gesamte Empire drehte. Es war Curzon, der so hingerissen über Hongkong schrieb und der erklärte, daß das gesamte Empire ohne die Besitzung Indien seinen Sinn verlieren würde.

Die Kolonie hatte niemals irgendwelche offiziellen Verbindungen mit Britisch-Indien. Sie ist niemals, wie vielleicht Aden oder Burma, von Kalkutta aus regiert worden, und ihre Verteidigung wurde durch Briten organisiert, die nicht der indischen Armee angehörten – Kipling berichtete 1888, daß der kommandierende General über nichts als die militärischen Angelegenheiten Englands redete, »die von denen in Indien ganz, ganz unterschiedlich sind«. Trotz allem war der anglo-indische Einfluß tiefgreifend. Die Schiffe aus Kalkutta oder Bombay, die indischen Soldaten, die man so oft zu sehen bekam, die Sikh-Polizisten, die hindustanischen Wörter, die ins Vokabular Eingang gefunden hatten, die reichen Kaufleute der Parsen, der generell anglo-indische Lebensstil – all das hinterließ bei britischen Besuchern den Eindruck, sie seien noch immer im Dunstkreis des *raj* [britische Regierung in Indien]. Kipling, der meinte, daß Hongkong »Kalkutta zu einem Weiler reduziert habe«, beobachtete trotzdem, daß selbst die reichsten der *taipane* jener Stadt eine merkwürdige Hochachtung entgegenbrachten. Am Ende des Jahrhunderts brachten Geodäten aus Indien die kartographische Erfassung der neu erworbenen Besitzungen der New Territories ; sie hatten das Höhengelände nach den Höhen der englischen Heimat benannt: Mendips, Cotswolds, Cheviots, South Downs, aber ihre Hauptflüsse nannten sie Indus und Ganges.[81]

Hongkong spielte auch eine Rolle bei jenem großen Spiel, durch welches das Schattenboxen zwischen dem Empire und dem Russischen Reich um die Kontrolle der Zugänge nach Indien verlängert wurde; als seine Bankiers den Japanern in den frühen Jahren des zwanzigsten Jahrhunderts Geld liehen, geschah das teilweise, um die japanische Position gegenüber Rußland zu stärken und so den Druck auf den *raj* in den abgelegenen Grenzgebieten des Hindukusch zu mindern. Die Beziehung zu Indien hatte einen Anflug von Zauber, und die Existenz dieser mächtigen Besitzung hinter dem Horizont bot den Briten zweifellos eine Rückversicherung für ihre Sicherheit. Wie könnte ihre Herrschaft bei einer derartigen Macht um die Ecke in den Meeren des Ostens erschüttert werden? Die Kolonie stellte ihr erste militärische Truppe in Indien auf – das Hong Kong Regiment, das 1890 aus den Patanen, Punjabis und Bengalis rekrutiert und mit schneidigen Uniformen in Gold, Scharlachrot und Blau mit roten Streifen ausgestattet wurde. Als die Japaner 1942 Hongkong angriffen, hatten die

---

81 Die Namen blieben nicht haften und sind inzwischen längst durch chinesische ersetzt worden.

Truppen der Radschputen [Stammkaste in Nordindien] die Wucht des ersten Angriffes zu tragen, und als alles vorbei war, begrüßte eine Kapelle der Jaipur-Garde den aus der Haft entlassenen Gouverneur.

Ein weiteres augenfälliges Totem des Imperialen war die Royal Navy. Die Größe ihrer Eskadron in diesen Gewässern hat sich im Laufe der Jahre verändert, aber immer schloß sie Schiffe der modernsten Art ein. »Große Scharen interessierter Besucher«, berichtete die *Navy and Armys Illustrated*, als der brandneue Kreuzer *Powerfull* 1898 in Kowloon ins Trockendock ging, »kamen täglich, um einen Blick auf den Monsterkreuzer in *puris naturalibus* zu werfen«, und derartige Blicke auf den Hafen enthüllen über die Jahrzehnte hinweg den Wandel der Flotte: zunächst die schwarzen und weißen Bootskörper der Segelfregatten, dann die wuchtigen Türme der Panzerschiffe – hohe, geneigte Schornsteine der Kreuzer der County-Klasse zwischen den beiden Weltkriegen, tief im Wasser liegende Kanonenboote (*Bee*, *Aphis*, *Ladybird*) vom Yangtze-Stützpunkt, der durch den Krieg angeschlagene Kampfverband, der von einem Schlachtschiff der modernsten Klasse angeführt wurde und 1945 die britische Souveränität in der Kolonie wieder herstellte.

In den letzten Jahren des neunzehnten Jahrhunderts war Hongkong der größte Stützpunkt der Marine im Osten und sollte, in Kombination mit der Basis in Esquimalt an der Westküste Kanadas, die Herrschaft der Royal Navy im Nordpazifik gewährleisten. Bis zum Bau der Befestigungen Singapurs in den 1930er Jahren war die Marinewerft in Victoria die einzige erstklassige Reparaturbasis ostwärts von Malta. Hongkong wäre damals ohne die Marine nicht Hongkong gewesen, denn sie war nicht nur einer der Hauptarbeitgeber der Kolonie, sie war auch Schrittmacher der sozialen Verhältnisse. Eine Einladung in den Gouverneurspalast mag das Höchste, eine Diner-tafel eines *taipans* das Luxuriöseste gewesen sein, aber es gab keine Party, die der Party auf dem Empfangsschiff des Kom-modores gleichkam, mit allen weißen Sonnensegeln und Lich-terketten auf seinem Liegeplatz im Hafen, und keinen Ball wie einen Marineball, wenn die reichhaltigsten und kunstvollsten Dekorationen die Stadthalle belebten. Und es gab immer einen neuen Trupp temperamentvoller junger Offiziere, die die Dinge am Laufen hielten.

Auch in späteren Jahren gab es für Marinedienstgrade keinen Klub, der dem Flottenklub China gleichkam. Im Jahre 1933 wurde er gleich außerhalb der Werft in Wanchai gebaut. Seine gastlichen Bars und Billardräume waren Seeleuten aus der gan-zen Welt vertraut und boten einen bierseligen, heimischen Spiegel des Britentums im Osten. Generationen von Männern der Royal Navy kannten Hongkong, umgekehrt wuchsen auch Generationen von Chinesen in Hongkong mit der Royal Navy auf. Die Werftarbeiter waren der Flotte unter der liebevollen Bezeichnung »mateys« [Kumpel] bekannt, die Sampanmäd-chen, die die Kriegsschiffe anstrichen, hatten Freunde auf jedem Schiff. Als die Werft 1959 schloß, verfaßten die zivilen Lords der Admiralität eine Denkschrift, gekleidet in die volle Glorie englischer Marinesprache, in der sie an die loyal gelei-stete handwerkliche Arbeit der chinesischen Kräfte erinnerten und endeten pompös: »Ihre Lordschaften wünschen, Ihre Dankbarkeit für alle Vorteile zum Ausdruck zu bringen, die der Royal Navy zugute kamen.«

Der Stil des Heeres war nicht so großartig, jedoch fast genauso eindringlich, denn Hongkong war ja von Beginn an eine Stadt des Militärs. In Erfüllung ihrer Aufgaben für das Imperium kam aus Großbritannien selbst oder aus Indien eine große Zahl britischer Regimenter nach Hongkong, manchmal als Garnisonstruppe für die Kolonie und manchmal auf ihrem Weg zu den Kämpfen der chinesischen Kriege, und alle haben sie Hongkong ihren Stempel aufgedrückt. Das Haus des Generals, das auf den ersten Fotografien hervorstach, wurde in Flagstaff House umbenannt und beherbergt jetzt ein Teemuseum. Es ist eines der sehr wenigen alten kolonialen Häuser, die noch im Zentrum stehen. In der Nähe überleben in bedenklichem Zustand auch noch Teile der alten Kaserne und breiten mit ihren hohen, schattigen Bäumen, ihren sich drehenden Ventilatoren, ihren dunklen, grünen Gärten und ihren Jalousien begehrenswert romantische Räumlichkeiten für Angehörige des Öffentlichen Dienstes.

Die Garnison selbst ist schon lange in Kasernen verlegt worden, die weit vom Zentrum entfernt sind, aber selbst jetzt hat Hongkong einen überall wahrnehmbaren Hang zum Militärischen. Der kommandierende General ist *ex officio* Mitglied des Exekutivrates des Gouverneurs, und die Streitkräfte unterhalten ihr Hauptquartier auf dem Gelände der alten Werft. Ihr Hochhaus steht auf einem sich nach unten verjüngenden Sockel, der unter den Architekten der 50er Jahre als modern galt und von dem Besserwisser behaupten, es sei eine Sicherheitsmaßnahme, um Eindringlinge von den darüberliegenden Stockwerken fernzuhalten. In Hongkong wehen noch die Flaggen, man hört gelegentlich Signalhörner, Hubschrauber heben vom Kai ab, und nebeneinander liegen fünf außergewöhnlich teure und eigens für die Eskadron Hongkong konstruierte Schnellboote.

Hongkong hat für einen Teil seiner eigenen Sicherheit immer selbst gezahlt – gegenwärtig sind es 70 Prozent –, und seine Streitkräfte verbringen den größten Teil ihrer Zeit damit, illegale Immigranten fernzuhalten. Dessenungeachtet ist das nur ein Bruchteil des britischen Militärsystems. Die Eskadron

Hongkong übt mit der Royal Navy fern von der Heimat, und Hongkong bleibt einer der wenigen exotischen Orte, an den Angehörige der britischen Streitkräfte versetzt werden können. Dort sind normalerweise drei Bataillone Infanterie stationiert, die durch ein Versorgungscorps von 1300 Chinesen Hongkongs unterstützt werden. Während sich ein Bataillon normalerweise aus britischen Soldaten rekrutiert, die im viktorianischen Fort in Stanley stationiert sind, setzen sich die anderen aus Gurkha-Söldnern aus Nepal zusammen, den letzten Erben der anglo-indischen Armee des Raj.

Wie George Curzon, so stellte sich auch das Empire Hongkong als eine Festung vor — sie hatte einen Festungskommandanten und Festungsartillerie. Es war ein Stützpunkt, von dem aus Briten ihre imperialen Aufgaben im ganzen Osten ausüben konnten. Der Zweite Weltkrieg führte diese Vorstellung ad absurdum, und heutzutage tut niemand so, als könne das Gebiet sich gegen einen starken Gegner je selbst verteidigen. Die Trockendocks der Royal Navy sind zugeschüttet worden, und nur ihre übriggebliebenen Betonformen deuten an, wo die Kanonenboote und Unterseeboote einst lagen. Jedermann weiß, daß die Garnison nur noch da ist, um den Status quo für ein weiteres Jahrzehnt aufrechtzuerhalten, bis die Kasernen und Geschützstellungen, vielleicht sogar das Flagstaff-Haus der Volksbefreiungsarmee übergeben werden.

5. Imperialismus und die New Territories

Wie überall im britischen Empire erreichte das imperiale Element im Jahre 1897 seinen Höhepunkt, denn 1897 war das *anno mirabilis imperii*, das Jahr des diamantenen Thronjubiläums von Königin Victoria, des krönenden Festaktes des Empire, in dessen Festparade chinesische Polizisten aus Hongkong in konischen Hüten mit ihren Kameraden aus allen Ecken der Welt durch London marschierten. Noch vor dem Ende des gleichen Jahres schnitten die Briten bei der chinesischen Regierung die Frage einer Verpachtung der New Territories an. Die Überstellung der neuen Ländereien im Jahre 1898 war das formellste imperialistische Ereignis in der gesamten Geschichte der Kolonie.

Zum einem war es ein einzigartiges Beispiel militärischer Unterdrückung der klassisch imperialistischen Art während der Anwesenheit der Briten in Hongkong. Zum anderen war es Teil eines allgemeinen europäischen Griffes nach China — um, wie es die fanatischeren unter den Expansionisten hofften, der zeitgenössischen Rangelei um Afrika nachzueifern. Die Menschen in Hongkong hatten schon lange auf eine Ausdehnung der Grenzen nordwärts von Kowloon gedrängt, teils weil sie glaubten, die Chinesen könnten die Kolonie eines Tages angreifen, teils weil sie dort Möglichkeiten für eine Landspekulation sahen. Als dann jedoch die Zeit kam, stimmte London dem Erwerb der New Territories zuletzt nicht aus wirtschaftlichen Gründen oder aus Furcht vor den Chinesen zu, sondern vielmehr, weil die Franzosen, die Deutschen, die Russen und die Japaner alle ihre eigenen Kolonien oder Einflußgebiete an der chinesischen Küste erwarben.

Die Briten wußten, daß das Festland und die Inseln der New Territories eine Art Ausstellung des Chinesentums in seiner unverfälschten Form und außerdem ein gutes Gebiet für Sportexpeditionen waren. »Fahren Sie während der Nacht mit der Dampfbarkasse nach Deep Bay«, riet 1896 ein Sportführer, der von R. C. Hurley, dem Mann mit dem motorlosen Auto herausgegeben wurde, »und lassen Sie sich dabei von einem Sampan oder einem kleinen Punt oder Dingi begleiten. Folgen Sie

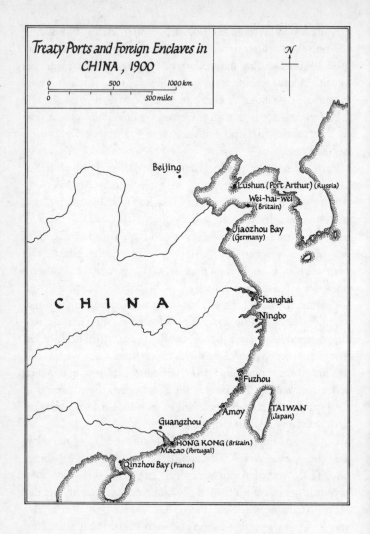

Treaty Ports and Foreign Enclaves in CHINA, 1900

Beijing

Lushun (Port Arthur) (Russia)

Wei-hai-wei (Britain)

Jiaozhou Bay (Germany)

CHINA

Shanghai

Ningbo

Fuzhou

Amoy

TAIWAN (Japan)

Guangzhou

HONG KONG (Britain)

Macao (Portugal)

Qinzhou Bay (France)

Vertragshäfen und fremde Enklaven in China, 1900

dem Trampelpfad, der entlang der vielen Dörfer verläuft... und während man die ganze Zeit der Jagd nachgehen kann, gelangt man nach einigen Stunden zum Strand von Castle Peak Bay, wo die Dampfbarkasse bereitliegen sollte, um Sie wieder nach Hongkong zurückzubringen.« Die Strategen trachten nach dem Festlandterritorium als Pufferzone und den Inseln als Schirm. Unter dem gegebenen Stand der Dinge, so argumentierten sie, wäre eine feindliche Armee jenseits der Grenzstraße, die seit 1856 die Nordgrenze des britischen Territoriums darstellte, zwar in Schußweite der Artillerie der Insel Hongkong, aber jeder könne einsehen, welche Gefährdung durch einen Feind auf den benachbarten Inseln ausgehen würde.

China war zu dem Zeitpunkt durch seine verschiedenen Peiniger halbwegs zu Boden geworfen, und die Briten erzwangen ihre Konzessionen ohne allzu große Schwierigkeiten. Im Vertrag von Peking kam man überein, daß die neue Grenze etwa dreißig Kilometer weiter nördlich verlaufen sollte, wo das Bergmassiv in der dahinterliegenden Ebene auslief. Sie würde die Halbinsel zwischen Mirs Bay und Deep Bay entlang des allgemeinen Verlaufs des Sham-Chun-Flusses (Ganges bei den anglo-indischen Geometern) durchschneiden, wobei beide Flußufer den Briten zugeschlagen würden. Gleichzeitig würden etwa 200 größere und kleinere Inseln, einschließlich Lantau, das doppelt so groß war wie die Insel Hongkong, britisch werden. Man kam überein, daß die Pacht eine Laufzeit von einem Jahrhundert haben sollte, bis 1997 – nach britischen Standards eine Ewigkeit, nach chinesischen ein Augenblick –, und britische wie chinesische Beauftragte führten zusammen eine nicht immer sehr genaue Vermessung der neuen Grenze durch. Hier und dort kann man noch immer die Steinmarkierungen sehen, die sie aufgestellt haben.

Das war Macht! Kein Pachtzins wurde festgelegt oder je gezahlt. Die Chinesen behielten sich ihre Autorität lediglich für die mauerumgebene Stadt Kowloon vor, deren Beamte ihre Zuständigkeiten weiter ausüben konnten, »ausgenommen insoweit, als die militärischen Erfordernisse einer Verteidigung Hongkongs dies notwendig machen«. Die Briten gaben bekannt, daß die New Territories künftig »einen wesentlichen Bestandteil Ihrer Majestät Kolonie von Hongkong bildeten, und zwar in gleicher Weise und in jeder Hinsicht, als wären sie von Beginn an Teil besagter Kolonie gewesen«.

Der Vizekönig von Guangdong beruhigte pflichtgemäß die Menschen in dem gepachteten Territorium. Die Briten hätten versprochen, so sagte er, sie »mit außergewöhnlicher Güte« zu behandeln, und er rief sie dazu auf, die Gesetze ihrer neuen Herrscher zu beachten. Die Briten ihrerseits nahmen an, daß ihre neuen Untertanen dem Regierungswechsel mit Freude zustimmen würden – und wenn schon nicht mit Freude, wie der Gouverneur Sir Henry Blake diese Vorstellung selbst modifizierte, dann doch wenigstens mit Gleichmut. Die Königin-Kaiserin, erzählte er ihnen, hoffte, daß sie wohlhabend und glücklich werden, so wie ihre Untertanen sonst überall.

Die Dinge im Land waren jedoch nicht so einfach. In Nachahmung der »Zittere und Gehorche«-Befehle des Drachenkaisers ging Blake dazu über, die Einheimischen dahingehend zu warnen, daß bei allem Gleichmut »alle unbedingten Gehorsam zu leisten haben«. Alle machten das jedoch nicht. Der Vizekönig von Guangdong mag die neuen Arrangements sanktioniert haben, aber die Menschen in den über 400 Dörfern der New Territories betrachteten sie äußerst mißtrauisch. Sie hatten jahrhundertelang ihre eigenen Angelegenheiten unter der wankelmütigen, aber doch vertrauten Herrschaft der Mandschus selbst geregelt. Ihr System des Landbesitzes war unendlich kompliziert, und das System ihrer Familienverbände war mächtig. Sie hatten Angst, daß die Briten ihre Traditionen übel zurichten und den *feng shui* schwer zerstören würden. »Wir hassen die englischen Barbaren«, proklamierte ein Plakat, »die jetzt im Begriffe sind, unsere Grenzen zu überschreiten, unser Land zu nehmen und uns endloses Unglück zu bringen.«

Durch die Ältesten der Clans wurde ein bewaffneter Widerstand organisiert, den der Clan der Tangs anführte. Dorfmilizen wurden durch Meldegänger und Signaltrommeln zusammengebracht, bis etwa 2000 Mann unter Waffen standen. Als die Briten damit begannen, in Tai Po eine Mattenhütte als erstes Amt unter ihrer Herrschaft aufzurichten, wurde sie durch einen Mob niedergebrannt. Als sie darüber den Union Jack aufzogen, wurden sie durch Milizen angegriffen. Truppen des Hongkong-Regiments griffen mit Artillerieunterstützung an und Kriegsschiffe wurden gerufen, um ihre Flanke zu schützen – so ernst schien die Situation für einen Tag oder zwei zu sein, daß die Hong Kong Volunteers in Bereitschaft versetzt wurden, um mögliche Angriffe auf Kowloon selbst abzuweisen. Was zuerst wie eine überlegene, unkomplizierte Ausdehnung britischer Macht schien, verkehrte sich zu der Gelegenheit, bei der, von städtischen Unruhen abgesehen, die Chinesen Hongkongs der britischen Herrschaft endlich physischen Widerstand entgegensetzen konnten.

Natürlich konnten sie nicht lange Widerstand leisten. Der Gouverneur war durch die Entwicklung der Ereignisse nicht sehr bestürzt – derartige plötzliche Anflüge von Reizbarkeit, sagte er, kämen in Irland oft vor –, und die Truppen und die Royal Navy hätten miteinander den Widerstand bald im Griff gehabt. Als Zeichen ihrer Unterwerfung übergaben die Ältesten von Kam Tin, dem wichtigsten Stützpunkt der Tangs, Blake jene berühmten Tore ihrer Vorfahren, die ihnen keine praktischen Dienste mehr leisten würden, hatten die Briten doch die sie stützenden Mauern gesprengt. Der Union Jack wehte von Tai O bis Sha Tau Kok, und selbst die Gewässer der Deep Bay und der Mirs Bay wurden zu britischen Gewässern proklamiert. Ein weiterer Keil der Zivilisation, den man China hineingetrieben hat, frohlockte die *Hong Kong Weekly Press* in bestem imperialistischen Stil.

Mit der schlagartigen Ausdehnung der Kolonie um das Zehnfache erlangte Hongkong sofort einen neuen Status und neue Sicherheit. Der zweite Vertrag von Peking war jedoch schlecht entworfen. Die Briten haben ihn in vollem Bewußtsein ihrer imperialen Überzeugung aufgedrängt, jedoch ließ er unglücklicherweise unterschiedliche Interpretationen zu. Die Briten betrachteten ihre Pacht als gleichbedeutend mit einer Abtretung, die ihnen in den New Territories volle souveräne Rechte gab − ein »wesentlicher Bestandteil Ihrer Majestät Kolonie«. Die Chinesen glaubten, daß sie die Oberhoheit behielten, die Einwohner Chinesen blieben und nicht britische Untertanen würden. Den Vertrag bezeichneten sie als einen der »Unequal Treaties« [Ungleichen Verträge], durch die, so meinten sie, der Westen sie zur Unterwerfung zwang. Die unterschiedlichen Ansichten sollten weiterwirken, bis fast ein Jahrhundert später das nahende Ende der Pachtdauer auch das Ende der Kronkolonie signalisierte.

In der Zwischenzeit dehnten die Briten ihre Systeme bald auf die neuen Gebiete aus. James Stewart Lockhart, der Koloniale Staatssekretär Hongkongs, erhielt den Auftrag, eine Verwaltung aufzubauen. Eine Zeitlang befürwortete er eine Ausweisung all derjenigen, die Widerstand geleistet hatten − »diese Männer wollten an den Vorteilen der britischen Herrschaft keinen Gefallen finden, und so wird es für sie keine große Härte sein, wenn sie ihre Energien auf einem Boden wirksam

werden lassen, der ihnen sympathischer ist« —, und er igno-
rierte unbarmherzig alle Regeln des *feng shui*, als er seine Polizeiposten einrichtete.

So hatten also die den Widerstand leistenden Ältesten recht
gehabt, und wenn die Nichtbeachtung der kosmischen Kräfte
den Dorfbewohnern selbst kein Unglück brachte, so würde auf
lange Sicht dieser kleine Streich des Empire auf die Imperialisten zurückfallen und ihre Ruhe stören.

6. Schwindender Kolonialismus

Heutzutage ist der Besitz von Hongkong für die Briten ein
zweifelhafter Aktivposten — einige behaupten, es sei eine Belastung. Ihre imperialen Funktionen sind verkümmert, und in
mancher Beziehung ist sie kaum noch eine Kolonie. Sie ist im
Grunde genommen in ihren inneren Angelegenheiten selbständig. Ihre Währung richtet sich nach dem US-Dollar, nicht
dem britischen Pfund, und ihr Wohlstand kommt der britischen Wirtschaft nur ganz indirekt zugute, nämlich durch
den Wohlstand der Gesellschaften in britischem Besitz. Strategisch ist sie für die Briten ohne Bedeutung, diplomatisch war
sie eher eine Last, industriell steht sie oft in direktem Wettbewerb mit den heimischen Industrien. Das Ideal des *civis britannicus sum* ist in der östlichsten Besitzung schon lange nur noch
graue Theorie — eine Reihe durch das Parlament in London
verabschiedeter Gesetze hat sichergestellt, daß nur sehr wenige
Bürger Hongkongs befähigt sind, einen vollgültigen britischen
Paß zu besitzen, oder das Recht haben, sich in Großbritannien
selbst niederzulassen.

Schon das Wort »Kolonie« ist jetzt in Hongkong fast tabu,
und der Koloniale Staatssekretär wurde 1976 in Chief Secre-

tary [Erster Staatssekretär] umbenannt. Seit 1971 kommen die Gouverneure Hongkongs nicht mehr aus dem Kolonialdienst, sondern sind Diplomaten mit Erfahrung in China, und ihrem Stab gehört jetzt ein politischer Berater aus dem Außenministerium an, eine Mahnung, daß die Angelegenheiten Hongkongs in London jetzt eher als eine Angelegenheit der Außenpolitik als des imperialen Dienstes angesehen werden. Die Gouverneure von heute erscheinen kaum noch in ihrer geckenhaften Uniform mit vollem Federschmuck; Youde, früher Botschafter in Beijing, zog es vor, gar nicht in ihr zu erscheinen. Es war für alle wie ein anachronistischer Schock, als 1982 der Exekutivrat von Hongkong verlangte, einen Betrag von £ 10 Millionen zu den Kosten den Falklandkrieges beizusteuern. Es war ein letztes Echo der Willkür aus den Tagen, als sich die Kolonien um die bedrängte Flagge scharten.

Hin und wieder stößt man auf Erinnerungen an das alte Dominion. Noch 1987 konnte man in der Presse lesen, daß der stellvertretende Chief Secretary als Gouverneur auf die Cayman-Inseln versetzt würde. Verwaltungsfachleuten wird gelegentlich noch der Imperial-Service-Orden verliehen, dem nicht mehr als 600 überseeische Mitglieder angehören, und Polizisten sind immer noch stolz, wenn ihnen die Medaille der Kolonialpolizei verliehen wird, die einen im Relief geprägten Gummiknüppel aufweist. Die Briefmarken tragen den Kopf der Königin. Die Schiffe der Eskadron Hongkong, deren Schornsteine mit zusammengerollten Drachen geschmückt sind, lassen noch ein wenig das alte Gepränge durchblicken.

Die Polizeistation in Yau Ma Tei, ein finsterer und massiver, mit Stacheln bewehrter und mit Funkmast versehener Block, erinnert mich immer an imperiale Polizeistationen vor langer Zeit in Palästina, und hier und dort findet man die unverkennbar weißen Häuser der Distriktsbeamten mit den Fahnenmasten in ihren Gärten. Das schönste ist das Island House in Tai Po, 1906 als lokales Hauptquartier des britischen Empire in den New Territories gebaut, das halbverdeckt durch Bäume am Ende eines Dammes steht – einst einsam vom Wasser des Tolo-Hafens umgeben, etwa so wie in Venedig, heute jedoch von den Hochhäusern einer unmittelbar dahinterliegenden Neustadt bedrängt. Es ist nicht mehr die Residenz der Regierung, aber im Garten sieht man eine traurige Erinnerung an seinen ursprünglichen Zweck: das Grab eines jungen Engländers, des einzigen Sohnes des Distriktkommissars der New Territories, der bei einem Autounfall auf der Castle Peak Street tödlich verunglückte.

Und gelegentlich kann man auch jetzt noch, anläßlich eines Gedenktages oder einer Feier, ein imperiales Spektakel alter Art erleben, mit Kapellen und laut kommandierenden Hauptfeldwebeln, alle Federn aus den Etuis sind aufgesteckt, die Richter tragen Perücken und rote Roben, die Medaillen klirren an der Brust der Offiziere, die mit Degen und weißen Handschuhen ausstaffiert sind, und seine Exzellenz präsentiert sich in vollem Wichs. Ich schaute an einem Sonntag einer solchen Parade zum Jahrestag des Waffenstillstandes zu. Ich stand auf einem kleinen Balkon, der über das Hauptportal des Hongkong-Klub[82] hinausragt. Ich blickte auf das Ehrenmal, das Gebäude des Legislativrates und auf die Zeremonien unter mir. Alles war so, wie es immer war. Die Kommandos wurden gebellt. Die traurigen alten Hymnen wurden gesungen. Trompeten schmetterten. Salute wurden salutiert.

Um die Rasenfläche hatte man eine Leine gezogen, und eine

---

82 Angeblich angebaut, damit der Vorsitzende des Zentralkomitees eine Begrüßungsplattform hat, wenn er 1997 ankommt.

Handvoll Europäer, ich vermute Touristen, stand dort zu zweit und dritt und schaute zu. Gleich hinter ihnen, auf dem Statue Square, ließ sich die sonntägliche Vielzahl der Filipina-Frauen zu ihrer allwöchentlichen Vergnügung, zu Geschnatter, Lachen und ihrem Hantieren mit Papiertüten nieder, während hinter ihnen das Leben der großen Stadt weiterging, ohne die wenigen Imperialisten überhaupt zu beachten, die mit ihren Wachen und Musikern ihren Ritualen am Ehrendenkmal nachgingen.

7. Hongkong, eine doppelsinnige Besitzung

Auf jeden Fall war Hongkong selbst zur Blütezeit des Imperiums nie ganz so wie andere Kolonien, obwohl die mächtigen Verbindungen des Raj und die Seemacht Zeichen einer ausgedehnteren Größe waren. Sie ist es wirklich nie gewesen. Im Jahre 1842 hatte Lord Stanley, der Kolonialminister in London, dem ersten Gouverneur Pottinger einen Ratschlag übermittelt, der darauf hinauslief, daß Hongkong geographisch, historisch und wirtschaftlich einmalig sei. »Daraus folgert man«, schrieb Stanley, »daß in Hongkong Verfahrensmethoden anzuwenden sind, die andere britische Kolonien nicht kennen.«

Mit dem Erwerb der New Territories sollte es noch eigenartiger werden, stellte sie sich doch als der seltsamste Hybride aller britischen Territorien heraus. Ein Teil davon war endgültiger imperialer Besitz, und ein Teil war bis 1997 gepachtet. Mit der Zeit wurde klar, daß der eine Teil ohne den anderen nicht überleben konnte. Nirgendwo war sonst eine derartig kleine Besitzung so stark bevölkert und durch eine uralte fremde Kultur so sehr dominiert und dabei mit Ablauf der Jahre so hochentwickelt und so reich geworden — »all dieser

Reichtum«, rief Kipling, »Reichtum, über den man sonst nur in Romanen liest!« In gewissem Sinne war Hongkong immer nur eine Figur der Außen- und kaum der Kolonialpolitik; ihre Existenz ist nicht nur eine Reaktion auf China, sie spielte auch in den britischen Beziehungen zu Frankreich, Deutschland, Rußland, Japan und schließlich auch zu den Vereinigten Staaten eine unvermeidliche Rolle.

»Sie ist«, so sagte man 1843 offiziell, »nicht im Hinblick auf eine Kolonisierung besetzt, sondern aus diplomatischen, wirtschaftlichen und militärischen Gründen«, und in der Tat war sie kaum eine Kolonie im herkömmlichen Sinne des Wortes. Die Briten haben sie nie richtig besiedelt — nur sehr wenige von ihnen beabsichtigten je, für eine länger Zeit zu bleiben, während eine Handvoll Briten sie zu ihrer Heimat machten. Dessenungeachtet sollte der Kolonialdienst und nach ihm der Auswärtige und der Commonwealth-Dienst Hongkong trotz Lord Stanley ausreichend konventionell regieren.

Von Fidji bis Bermuda, wo immer sie bestand, war die Struktur der Kronkolonie mehr oder weniger die gleiche, und die Standarddienstgrade, die wesentlichen Ränge und Gehaltstabellen trafen auch auf Hongkong zu[83]. Die Distriktsbeamten

---

83 Der Jargon auch. Früher hatten einige Kolonialbeamte das Recht, wegen der langen Seereise nach Hause Extraurlaub zu beanspruchen. Als Luftreisen einsetzten, wurden sie aufgefordert, diese freiwillige Sozialleistung gegen Bildungsprivilegien aufzugeben, und diejenigen in Hongkong, die das akzeptierten, werden noch immer malerisch als »Old Terms Opted New« [diejenigen, welche sich für alte Bedingungen neu entscheiden] klassifiziert. Bis zum heutigen Tage haben sich einige ausgewanderte Beamte das Recht vorbehalten, am Ende ihrer Laufbahn mit dem Schiff nach Hause zu reisen, und 1988 interpretierte eine Anzahl von ihnen das listig als Genehmigung, eine teure Seereise auf dem Linienschiff *Canberra* anzutreten, das sie dann schließlich nach Southampton brachte. Nichts schärft ein Auge mehr für die große Chance, als ein Leben lang Hongkong.

Hongkongs entsprachen praktisch den Distriktsbeamten im übrigen Empire. Ihre Aufgaben wurden durch einen von ihnen definiert als »Grundbuchrichter, Friedensrichter, öffentlicher Auktionator ... Leiter kleiner öffentlicher Arbeiten, Amtsrichter für geringere Vergehen, Erheber der Grundsteuer, Beurkunder von Landverkäufen, Einzieher von Abzahlungsraten, zuständiger Beamter für Eheauseinandersetzungen, Forstverwalter, Landwirtschafts›experte‹ (sogenannter), zuständiger Beamter für die Rückgabe von Grund und Boden und sechs oder sieben andere Dinge, die mir jetzt nicht einfallen«.

Eine administrative Neuerung war vielleicht die Absicht, auch über *städtische* Distriktsbeamte zu verfügen, die dann 1968 eingeführt wurden. Dadurch wurde der imperialen Legende eine sorgfältige Zusatzklausel beigefügt, um Carruthers, der mit seinem Tropenhelm im Busch unterwegs war, durch einen jungen Mann im Geschäftsanzug in einem Büro über einem Laden auszutauschen. Sonst war in diesem System alles standardisiert, ausgenommen Größe und Extravaganz. Das öffentliche Personal war eines der größten in einer Kronkolonie, und der Gouverneur gehörte immer zu den höchstbezahlten aller kolonialen Gouverneure.

Schien sein Status also manchmal in Hongkong großartiger zu sein als anderswo, dann deshalb, weil er in dieser Kolonie ganz absichtlich aufgewertet wurde. Die meisten der Gouverneure Hongkongs waren Berufsbeamte, Männer der britischen mittleren Laufbahnebene; es ist in diesem Territorium Gewohnheit gewesen, aus ihnen *magnificos* zu machen. Der äußere Prunk wurde hier immer als wichtig für ihre Funktion angesehen. Mir wurde immer wieder von der besonderen Tüchtigkeit von Sir Murray MacLehose berichtet, der von 1971 bis 1982 Gouverneur war, und das nicht seines Intellekts oder seiner Entschlußkraft wegen, sondern weil er 1,95 Meter groß war.

Wie wir gesehen haben, wurden früher die Gouverneure in Sänften getragen. Bis 1949 war der Vordersitz der Gipfelbahn für sie reserviert. Heutzutage sind sie die einzigen britischen Beamten, die, außer der Königin selbst, über ein Dienstauto der Marke Rolls-Royce Phantom verfügen. Daneben steht ihnen eine altehrwürdige Regierungsyacht, die *Lady Clementi*, zur Verfügung. Ihre Bezahlung belief sich in den späten 1980er Jahren auf £ 93 000 im Jahr — das ist mehr als das Doppelte des britischen Premierministers. Ihnen gehört nicht mehr das Berghaus, dessen Grundstück 1945 nach seiner Zerstörung in einen öffentlichen Park umgewandelt wurde, aber sie haben noch immer das Fanling-Haus in den New Territories, und als Repräsentanten der Königin beanspruchen sie den sozialen Vorrang vor fast jedem, der die Kolonie besucht.

Bis noch vor kurzer Zeit konnte man dem Gouverneur in Hongkong nicht entgehen. Eine Untersuchung der Nomen, Verben und Adjektive, die durch das Seminar für Linguistik an der Universität Hongkong durchgeführt wurde, fand heraus, daß das Wort »Gouverneur« das dritthäufigste war, das die *South China Morning Post* gewöhnlich benutzte, so mannigfaltig sind die Aktivitäten des Gouverneurs, und so umfassend wird ihnen Beachtung geschenkt. Gouverneure und ihre Damen eröffneten alles, überreichten alles, nahmen jeden Salut entgegen, präsidierten bei jeder Zeremonie, während ihnen ein albernes Zuviel an Straßen, Gebäuden, Höhen und Institutionen zukam, die nach ihren jeweiligen Exzellenzen benannt wurden.

Bislang hat es in Hongkong 27 Gouverneure gegeben, und sie alle hat man ihrer Mühen wegen in den Ritterstand erhoben, selbst diejenigen, die keine uneingeschränkten Erfolge aufzuweisen hatten. Obwohl viele unter ihnen verhältnismäßig unscheinbare Männer waren, gab es dennoch einige außergewöhnliche. Sir Frederick Lugard zum Beispiel, (an ihn erinnert die Lugard Road), der Gründer der Universität Hongkong, entwickelte ein System kolonialer Administration, das er indirekte Herrschaft nannte. Als Lord Lugard wurde er einer der patriarchalischen Weisen des britischen Imperialismus. Über seine Zeit in Hongkong sagte er, er hätte nie in seinem Leben »eine derart beständig feindliche und spöttische Kritik« erfahren. Sir John Davis, jener »nette, kleine Herr« (Davis Street, Mount Davis) rief ein Stipendium für das Studium der chinesischen Sprache in Oxford ins Leben, das bis heute vergeben wird. Sir John Bowring (Bowrington Road) soll dreizehn Sprachen beherrscht haben. Er war eine Zeitlang Abgeordneter des Unterhauses, dann Redakteur der *Westminster Review*, schrieb viel über jeden Aspekt der europäischen Literatur, von den finnischen Runen bis zu den böhmischen Versen und war der Autor einer sehr beliebten Hymne, In the Cross of Christ I Glory [Über Christi Kreuz frohlocke ich.]

Sir Henry Pottinger (Pottinger Street, Pottinger Peak) machte eine abenteuerliche Reise durch Baluchistan und Sind und schrieb ein Buch darüber. Sir Hercules Robinson (Robinson Road – und Rosmead Road, denn er wurde britischer Pair) war fast der Urtyp eines viktorianischen imperialen Administrators, war Gouverneur in Neuseeland, Australien und, am wichtigsten, in Südafrika, wo er sein bestes tat, um den Burenkrieg zu vermeiden. Sir Mathew Nathan (Nathan Road) wurde als 32jähriger Junggeselle Gouverneur. Er war der einzige Jude, der dieses Amt bekleidete, und erlangte in seinem späteren Leben als Unterstaatssekretär in Irland zur Zeit des Osteraufstandes traurige Berühmtheit. Sir David Wilson, der 1987 sein Amt antrat, war nicht nur Redakteur der *China Quarterly*, sondern auch ein ausgezeichneter Bergsteiger. Als später die Zeit kam und er gefragt wurde, was man nach ihm benennen sollte, schlug er irgendeine Felswand vor.

Ihre Arbeit war nie eine Sinekure, sondern hat, dem Stand der Geschichte entsprechend, ganz unterschiedliche Bedeutung gehabt. Bowen schrieb einmal, daß »die gewöhnliche Arbeit eines Zivilgouverneurs in Hongkong ... sich nicht wesentlich von der gewöhnlichen Arbeit des Oberbürgermeisters in Portsmouth unterscheidet«, während Lugard sagte, daß es seine Aufgabe wäre, Narren fröhlich zu ertragen, ständig seinen Namen zu schreiben, den Vorschlägen des Kolonialministers zuzustimmen und sicherzustellen, daß die Endstation der Hauptstrecke der chinesischen Eisenbahn Kowloon bleibt. Andererseits beschwor Bowring persönlich einen Krieg gegen China herauf. Sir Mark Young war der erste britische Gouverneur, der jemals eine Kolonie dem Feind übergeben sollte. In den letzten Jahren, als die Zukunft Hongkongs ein großes diplomatisches Problem wurde, hat das Amt des Gouverneurs ein außerordentliches Feingefühl abverlangt – ein falsch gewähltes Wort hätte eine Vertrauenskrise heraufbeschworen, Beijing zu einem gefährlichen Gegner gemacht oder den Börsenindex katastrophal stürzen lassen. Es ist eine eigenartige Ironie der imperialen Geschichte, daß der letzte Gouverneur dieser letzten großen britischen Kolonie auf eine gewisse Art der wichtigste Gouverneur von allen ist.

8. Ein öffentlicher Dienst riesigen Ausmaßes

Angeblich spricht man in Hongkong von »Regierung« und nicht von »der Regierung«, um sie von der Regierung des Vereinigten Königreiches in London zu unterscheiden. Das verleiht der Verwaltung nach meiner Überzeugung ein angemessen gestaltloses Gefühl. Sie wird durch einen enormen öffentlichen Dienst unterstützt, dessen untere Ränge fast ausschließlich Chinesen und deren höchste selbst heutzutage größtenteils Europäern vorbehalten sind. Seine leitenden Zuwanderer werden sehr gut bezahlt und sind komfortabel untergebracht. 1986 erhielt der Staatssekretär der Finanzen ein Gehalt von etwa £ 6 500 monatlich, plus £ 450 Aufwandsentschädigung und bekam ein großes, möbliertes Haus, einen Dienstwagen und zwei Hausangestellte, einen Koch und einen Fahrer zugewiesen. Seine Stromrechnung für das Jahr, die durch die Regierung bezahlt wurde, belief sich auf etwa £ 15 000, und im Falle seines Ausscheidens stand ihm anstelle einer Pension eine Entschädigung von etwa £ 72 000 zu. Hier werde ich wieder an das alte China erinnert, denn dieser privilegierte Beamtenkader entspricht der gefeierten Bürokratie des Himmlischen Reiches ziemlich genau, die in sich selbst eine vollständige Gesellschaftsschicht darstellte und sich von den gewöhnlichen Leuten streng separat hielt.

Viele Jahre lang wurden die maßgebenderen Administratoren Hongkongs willkürlich ausgewählt. Die Regierungsgewalt wurde durch eine gemischte Zusammenstellung von Soldaten, Marineoffizieren und den verschiedensten Abenteurern ausgeübt, die oftmals auf ihrer Suche nach Glück von Australien heraufgezogen waren und unter denen die Kenntnis der chinesischen Sprache nicht als Vorteil, sondern als suspekt betrachtet wurde.

Einige dieser Zufallsberufenen waren fleißige und fähige Männer – zu ihnen gehörten Eitel, der Historiker, und J. R. Morrison, der als bester Sinologe seiner Zeit angesehen wurde und dessen Tod 1843 in Macao durch Pottinger als irreparable nationale Katastrophe bezeichnet wurde. Andere Männer waren Pöstchenjäger, die ihre offiziellen Stellungen offen dazu benutzten, sich selbst zu bereichern, und vielleicht war William Caine ihr Urbild.

Caine setzte sich selbst in Hongkong fest, noch ehe sie offiziell Kolonie wurde. Als Captain der Infanterie mit unbestimmter Vergangenheit (man sagt, er sei schon als Knabe in Indien Soldat gewesen), wurde er 1841 zum Polizeirichter ernannt und hatte die Befugnis, englische Siedler nach englischem Recht und Chinesen nach chinesischem Recht abzuurteilen. Obwohl es scheint, als habe er durch seine völlige Unkundigkeit im Anwenden beider Rechtssysteme ein Präjudiz geschaffen, wurde er nie schwankend. Er war auch Direktor des Gefängnisses und Mitglied des ersten Legislativrates, er wurde kolonialer Staatssekretär in Hongkong und schließlich, 1854, Vizegouverneur der Kolonie — 13 Jahre lagen zwischen Unbekanntheit und Einfluß.

Aber er hatte weit mehr erreicht als bloße Bedeutung. Er wurde dadurch außergewöhnlich reich, daß er sich zum Besitzer eines großen Teiles der Auswandererkommune ernannt hat. Er kaufte und verkaufte Grundstücke mit enormem Gewinn und schuf durch private Spekulation einen ganzen neuen Straßenzug — ursprünglich unverblümt Straße des Caine genannt, die jetzt aber abgemildert Caine Road heißt (es gibt auch noch eine Caine Lane). Caine setzte sich zur Ruhe und ging heim nach England, gerade noch rechtzeitig, ehe der seiner Eignung wegen ernannte Sir Hercules Robinson daranging, den Stall Hongkong zu reinigen. Viele örtliche Freunde, die an seinem Erfolg teilhatten, verabschiedeten ihn herzlich, und chinesische Geschäftsleute überreichten ihm einen Spiegel mit Einlegearbeit. »Zweifellos«, bemerkte die *Illustrated London News* zweideutig, als sie über dieses erfreuliche Geschenk berichtete, »hat Colonel Caine seinen chinesischen Freunden so manchen Gefallen getan.«

Caine war einer von vielen. Ihr Hongkong war eine Pionier-
stadt, deren Methoden in der nüchternen Blütezeit des Viktorianischen kaum offiziell toleriert werden konnten. Als Robinson 1859 ankam, mußte er erschreckt feststellen, daß nicht ein
einziger der leitenden Beamten die chinesische Sprache
beherrschte. Zwei Jahre später führte man ein Nachwuchssy-
stem ein, um den Grundstock für einen ordnungsgemäßen,
professionellen öffentlichen Dienst aufzubauen. Anwärter
wurden durch eine Prüfung in England ausgewählt, wie sie
auch für den öffentlichen Dienst in Indien, jenem Vorbild des
imperialen Systems, vorgeschrieben war. Sie erhielten dann
eine zweijährige Sprachausbildung und gingen daraufhin
zunächst als Dolmetscher und später als Verwaltungsfachleute
nach Hongkong und verbesserten so schrittweise die Standards
der dortigen Regierung. Für nahezu ein Jahrhundert waren sie
alle Briten, hatten nahezu alle das Gymnasium und Oxbridge[84]
absolviert, bildeten untereinander eine eigene Kaste, die sich
selbst innerhalb des öffentlichen Dienstes in Hongkong deutlich abhob — sie waren oft gelehrtenhaft, immer eines Gentle-
mans würdig, gewöhnlich ehrlich, neigten aber zu Cliquenbil-
dung und konservativem Denken — sie verbrachten gewöhnlich ihr ganzes Leben in der Kolonie und in Gesellschaft von
ihresgleichen[85]. Nach dem Zweiten Weltkrieg hatten einige
Chinesen die Möglichkeit, Beamtenanwärter zu werden, ehe
das System aufgegeben wurde. Es gibt noch immer leitende
Beamte in Hongkong, die Produkte dieses Systems sind und
die immer noch stolz annehmen, daß man weiß, worüber sie

---

84 Die Universitäten Oxford und/oder Cambridge.
85 Ihr Hongkong wurde durch einen Beamten des Kolonialamtes 1934 als
»selbstzufriedenste aller Kolonien außer Malaya« bezeichnet. (Zitiert in *Hong
Kong under Imperial Rule, 1912–1941*, von Norman Miners, Hongkong 1987.)

sprechen, wenn sie sagen, daß sie ihre Laufbahn als Hong-
kong-Anwärter begannen.

Trotz allem sind die ausgewanderten Beamten ein bemerkenswert gemischter Haufen geblieben. Die Beamten von
heute, sowohl die leitenden Verwaltungsbeamten als auch die
Polizeibeamten, sind ganz verschiedener Herkunft und stammen aus unterschiedlichen Verwaltungs- oder technischen Dis-
ziplinen. Möglicherweise hat man sie aus den verlorenen Kolonien »geerbt« – viele kamen in den 60er Jahren aus Afrika
und noch mehr in den 70ern aus Singapur und Malaysia. Man
hat sie sich vielleicht aus privaten Unternehmen geholt. Manche sind wie in früheren Zeiten einfach aufgetaucht, und viele
von ihnen besitzen nur Zeitverträge. Diejenigen, die sich die
Verwaltung zum Beruf erwählen, müssen nach britischer kolonialer Tradition nachweisen, daß sie sehr vielseitig sind. 1986
war der Staatssekretär der Finanzen ein früherer Vorstandsvorsitzender des Hauses Swire, während der Chief Secretary, nachdem er als Matrose der Handelsmarine begann, dann Kolonial-
beamter in Malaysia und einer der wenigen Ausländer war, die
sowohl den kantonesischen als auch den Hokka-Dialekt sprachen. Der Generalstaatsanwalt, früher Berater im Verteidi-
gungsministerium in London, war auch der Mitherausgeber
der *Temperley's Merchant Shipping Acts*. Der Oberrichter, ein
früherer Generalstaatsanwalt von Gibraltar, ist der Autor von
The Bones of the Wajingas und *How to Dispense with Lawyers*.
Der stellvertretende Handelsdirektor war eine Zeitlang dem
königlichen Amt für Besucher zugeordnet, und der für Straßenhändler und Märkte zuständige Sachbearbeiter war vordem
Koordinator des Festivals der Asiatischen Kunst. Die Hälfte
der Juristen in der Regierung schienen Australier oder Neusee-
länder gewesen zu sein.

Insgesamt gibt es wenigstens 170 000 Staatsdiener, 98 Prozent davon sind Chinesen, was die Regierung zum größten Arbeitgeber Hongkongs macht. Das Telefonverzeichnis der Regierung hat einen Umfang von 367 Seiten. Die staatliche Land Transport Agency verfügt über mehr als 6000 Fahrzeuge, das sind rund viereinhalb je Straßenkilometer. Aber das heterogenste aller Ressorts der Verwaltung ist das Informationsamt, das Aushängeschild aller, in der es zwölf leitende Informationsbeamte, 24 Hauptinformationsbeamte, 75 Oberbeamte und 84 einfache Informationsbeamte gibt, so einfach ist das. Es geht ein Gerücht um, daß es manchmal als Desinformationsamt tätig ist. Ein konservatives Parlamentsmitglied, Robert Adley, behauptete in den 80er Jahren, daß das ISD (Information Service Department), mit seinen ketzerischen Ansichten zur Zukunft Hongkongs seinen Ruf in voller Absicht besudelt habe, und reformfreudige Bürger Hongkongs haben sich auch schon als Opfer seiner Gutachten gefühlt.

Im ganzen gesehen, ist es jedoch ein riesiges kompetentes Instrument der Öffentlichkeitsarbeit. Es veröffentlicht eine Unmenge an Büchern und Druckschriften, von Wirtschaftsauszügen bis zu Leitfäden für Architekten. Es bringt einen unaufhörlichen Strom an überseeischen Journalisten, Politikern und Geschäftsleuten nach Hongkong, betreut sie sorgfältig und entläßt sie dann nach Hause, damit sie die ihnen vermittelte Wahrheit über das Gebiet weiterverbreiten. Das Amt betreut auch ausländische Korrespondenten bei der Erfüllung ihrer Aufträge, es informiert Verwaltungsbeamte über ihr Image, produziert in jedem Jahr die Jahresübersicht Hongkong, die fast ebenso viele Farbdrucke wie Statistiken aufweist und von der im Territorium mehr Exemplare verkauft werden als von irgendeinem anderen Buch. Es veröffentlicht auch einen täglichen Auszug aus der chinesischen Presse.

Es ist ausgesprochen nett zu Menschen, die Bücher schreiben.

In dieser Organisation hat eine erstaunliche Mischung von Menschen aus vielen Teilen der Welt Arbeit gefunden. Mit Büros, die über ganz Hongkong verteilt sind, und Repräsentanten in London, Brüssel, Tokio, San Francisco und New York bilden alle zusammen eine höchst wirkungsvolle Propagandamaschine. Gemessen an der Größe der Kolonie, würde ich meinen, die größte, aktivste und aggressivste aller Werbemaschinen eines Staates — so wichtig ist diesem Regierungssystem das Image.

9. Eine Auswahl an Juristen

Kaum weniger unterschiedlich sind die Beamten, die in Hongkong das öffentliche Recht verwalten. Man verlangt von ihnen nicht mehr, auch das chinesische Gewohnheitsrecht anzuwenden, und es wird von ihnen nicht erwartet, die chinesische Sprache zu verstehen — abgesehen von besonderen Verhandlungen von Bagatellsachen, ist die Gerichtssprache Englisch, wobei dann umständlich in das Kantonesische, Hakka, Hoklo oder Tanka übersetzt wird. Es gibt vom Magistratsgericht bis zum Berufungsgericht vier Abstufungen, und in schweren Kriminalfällen müssen sieben Schöffen zu einem Spruch kommen. Ich habe während vieler Jahre an sehr vielen Tagen meine Zeit in den Gerichten Hongkongs vom Obergericht bis zu den Magistratsgerichten der Distrikte verbracht, und ich habe niemals, nirgendwo in der Welt, ein derartig unterschiedliches Sortiment an Juristen angetroffen.

Da gibt es Richter von wahrhaft schrecklichem Englischtum, die wahrhafte Verkörperung des öffentlichen Rechts, natürlich mit allem Drum und Dran ausgestattet, der Allonge-perücke, den Schnallenschuhen und gewandt in den Weit-schweifigkeiten ihres Berufs. Da gibt es studierte Chinesen, ähnlich ausgestattet, auch mit der Perücke auf dem Kopf und kaum weniger Haltung, als seien sie dafür geboren. Da sind die unvermeidlichen Australier. Ich denke mit Zuneigung an einen schmächtigen, netten Richter, Schotte glaube ich, der in einem Zustand ununterbrochener zappeliger Bewegung zu sein schien, nie still, nie ruhig – jetzt den Kopf hin- und herbewe-gend und plötzlich seine Brille absetzend, jetzt den Federhalter bewegend, dann seine Papiere neu ordnend, sich plötzlich im Gerichtssaal umblickend, seine Perücke zurechtrückend, den Federhalter hinlegend, den Federhalter aufnehmend und das allen sichtbar, als sei er eine Art mechanisches Spielzeug, zwei-fellos *Made in Hongkong*, das gleich zu einer Sitzungspause ver-schwinden würde.

Es wäre ein Wunder, hätten alle Juristen Hongkongs einen hohen Standard. Für die meisten von ihnen ist Geld der ein-zige Anreiz, im Territorium zu arbeiten. Die Qualität des Gesetzes, das sie anwenden, scheint mir entschieden variabel zu sein. Für meinen Geschmack ist es entwürdigend genug, daß die Bevölkerung, die zu 98 Prozent chinesisch ist, nach 150 Jahren britischer Herrschaft ihre Gerichtsfälle in Englisch ver-handelt sieht. »Was ist los? Ist was passiert?« fragen Richter manchmal irritiert, wenn Übersetzer bei schwierigen Überset-zungspunkten aufgehalten werden, und ihr Zwischenruf klingt beschämend. Wie schrecklich, wenn man wie ich voll Mitleid eines Tages mit ansehen muß, daß ein junger Mann aus einem Flüchtlingslager, dem im Elend seiner Situation ein Mord vor-geworfen wurde, durch einen europäischen Richter und Juri-sten aus Großbritannien, Australien, Indien und Neuseeland sowie fünf europäische und zwei chinesische Schöffen abgeurteilt wurde, und das alles in einer Sprache, die er nicht verstand, unter dem Wappen eines Monarchen, der auf der anderen Seite der Welt wohnt. Ich wollte nicht durch einen der Anwälte verteidigt werden, die in den Gerichten Hongkongs auftreten. Auch wäre ich nicht froh darüber, sollte ich vor einem der Magistratsbeamten erscheinen müssen. Sie sind zwar alle Berufsbeamte im öffentlichen Dienst, aber einige sind sowohl professioneller und auch höflicher als andere.

Beobachten wir zum Beispiel den Magistratsrichter, Nationalität ist belanglos, wie er in einem der klimatisierten Räume der unteren Gerichtsbarkeit die geringfügigeren Fälle dieses Morgens hört.

Er ist Meister des juristischen Klischees, außerdem ein Pedant auch hinsichtlich der letzten Feinheiten des Gewohnheitsrechtes. Die Gesetze der Beweisaufnahme sind ihm sakrosankt, die Pedanterien des Gerichts sind ihm das Brot des Lebens. Da er sein Amt allein wahrzunehmen hat und sich mit Fällen beschäftigt, die einfache Chinesen betreffen, in einer Sprache, die er nicht versteht, hat er schon seit langem seine Technik der einsilbigen Autorität vervollkommnet – »Klappe halten, öffne ja nicht den Mund, um etwas zu sagen«.

Er schüchtert die Beschuldigten unbarmherzig ein: »Ich stelle die Frage zehnmal, hundertmal, tausendmal wenn nötig, bis sie in deinen dicken Schädel geht.« Gereizt tut er seine eigene Wichtigkeit kund – »Dies ist ein Gerichtshof, nicht ein Fischmarkt, und ich stehe diesem Gericht vor. Verstehst du das? Kannst du mich hören? Ich spreche nicht Deutsch oder Griechisch mit dir.« Und wenn er dann schließlich eine armselige Prostituierte zu einer Geldstrafe verurteilt oder einen verwirrten Straßenhändler in die Zelle schickt, dann tut er das ohne einen Funken Mitleid, ohne eine Spur Verständnis, nur

in einer verdrießlichen Ausübung seiner eigenen Überlegenheit[86].

10. Der Staatsrat, das höchste Gericht

Natürlich ist er in der Hierarchie der imperialen Justiz weit
unten angesiedelt, die in Hongkong noch immer so, wie es früher einmal im ganzen Empire der Fall war, bis zu jenem höchsten Berufungsgericht, dem Justizausschuß des Staatsrats in
London, aufsteigt.

Einst war das der allererhabenste aller Gerichtshöfe mit
einem Zuständigkeitsbereich, der den des Römischen Reiches
bei seiner größten Ausdehnung noch bei weitem übertraf. Er
befaßte sich mit Anrufungen aus allen Teilen der britischen
Dominions. Seine Richter wurden aus der gesamten britischen
Welt berufen, und seine Ankläger und Verteidiger kamen
ebenso überall daher, wo die Flagge wehte. Heute ist seine
Macht beklagenswert geschrumpft, nur wenige Länder erkennen seine Zuständigkeit an, aber weit entfernt, in London,
repräsentiert er immer noch die letzte Hoffnung auf Gerechtigkeit für Appellanten in Hongkong[87].

In der Tat erreichen Gerichtsfälle den Staatsrat sehr selten —
es ist nicht leicht, dort für eine Revision zugelassen zu werden,
und die Kosten sind hoch. Unter jenen, die in der Vergangenheit dort Gehör fanden, haben wohl einige Fälle die Herzen
Whitehalls verzagen lassen, so besonders komplex waren die

---

86 Ich habe diesen schändlichen Menschen dem Leben nachgezeichnet und
verbatim zitiert, und ich hoffe, er erkennt sich wieder.
87 Wenigstens bis Anfang der 90er Jahre, wenn er durch ein höchstes Appel-
lationsgericht mit Sitz Hongkong ersetzt werden soll, das ad hoc mit Richtern
aus anderen Ländern mit Gewohnheitsrecht besetzt werden soll.

Angelegenheiten in dieser Besitzung. Die Fälle der Grundbesitztitel waren immer besonders unangenehm, und nur zu oft griffen die Rechtsfälle Hongkongs auf die eine oder andere Art in das internationale Recht ein. Ein pikantes Beispiel war der Fall des Herrn Generalstaatsanwaltes Ihrer Majestät der Königin für die Kolonie Hongkong versus Kwok A Sing, der 1863 den Justizausschuß erreichte.

Kwok A Sing war einer der 320 chinesischen Einwanderer, die in Macao ein französisches Schiff bestiegen, um in Peru ein neues Leben zu beginnen. Sie waren Vertragsarbeiter und wurden fast wie Sklaven behandelt, bei Nacht unter Deck gehalten und von den Mannschaftsquartieren durch schwere Barrikaden getrennt. Das war nicht, was Kwok A Sing erwartet hatte, als er zu einem neuen Anfang aufbrach, und nach einigen Tagen auf See griffen er und mehrere weitere Männer den Kapitän und die Besatzung an. Sie töteten einige und zwangen den Rest, das Schiff nach China zurückzubringen. Die Meuterer verschwanden, doch Kwok A Sing tauchte umgehend in Hongkong auf. Dort wurde er als verdächtige Person festgenommen, und als seine Identität festgestellt war, beantragten die chinesischen Behörden seine Auslieferung.

Die wurde abgelehnt. Der Oberrichter Hongkongs stellte fest, daß das Auslieferungsabkommen mit China sich weder auf politische Straftaten bezog, was bei Kwok angeblich der Fall war, noch auf Piraterie, derer man sich in Hongkong annehmen würde. Außerdem, so wurde argumentiert, waren die Verhältnisse an Bord des Schiffes von einer Art, die einen Mord gerechtfertigt erscheinen ließen, als Teil »des ersten Naturgesetzes, begangen mit dem Recht auf Selbsterhaltung«. Jedenfalls, so entschied der Oberrichter, da das Verbrechen an Bord eines französischen Schiffes auf hoher See begangen worden war, könnte lediglich Frankreich eine Auslieferung verlangen.

Die Franzosen hatten in der Tat Überlegungen angestellt, ob sie das tun sollten, waren dann aber vielleicht der Ansicht, daß es vorteilhafter sei, die Verhältnisse an Bord eines französischen Schiffes nicht zur Schau zu stellen, und entschieden, den Anspruch nicht weiter zu verfolgen. Kwok wurde freigesetzt. Der Generalstaatsanwalt ließ ihn sofort wieder festnehmen und beschuldigte ihn der Piraterie, einem Verbrechen, das in der Kolonie ohne Rücksicht auf die Nationalität des Schiffes, auf dem sie verübt worden war, strafrechtlich verfolgt wurde. Aber der Oberrichter ordnete unmittelbar an, ihn wieder auf freien Fuß zu setzen, da die Tatsachen sich nicht geändert hätten und kein Beschuldigter wegen der gleichen Straftat zweimal vor Gericht gestellt werden dürfe.

Unglücklicher Kwok. Die Chinesen wollten ihn haben, die Franzosen wollten ihn, obwohl sie ihn eigentlich nicht wollten, und die Briten in Hongkong wurden sich nicht einig. Sechstausend Meilen entfernt brüteten Richter über Recht und Unrecht seiner Situation – Sir John Colville, Sir R. Phillimore, Lord Justice [Lordrichter] Mellish, Sir Barnes Peacock und Sir Montague E. Smith – weit weg vom Chinesischen Meer und in der Tat auch weit weg von dem Sklavenschiff auf seinem Weg nach Peru. Was sie nun entschieden, war dies: daß einerseits der Mord durch einen Chinesen, der nicht Staatsbürger von China war und außerhalb chinesischen Territoriums begangen wurde, kein Verbrechen gegen die Gesetze Chinas darstellt und Kwok daher dorthin nicht auszuliefern sei. Andererseits war der Generalstaatsanwalt im Recht, und er sollte in der Tat wieder verhaftet und in Hongkong der Piraterie nach internationalem Recht angeklagt werden.

Aber dieses Urteil, obwohl es in den Rechtsbüchern aufgenommen wurde, war ohnehin nur hypothetischer Natur, denn Kwok A Sing hatte inzwischen Hongkong vernünftigerweise für immer verlassen. Von ihm hat man nichts mehr gehört.

11. Der Hang zu Sensationen

Man muß leider sagen, daß ein Charakterzug, der die Regierung Hongkongs von allen ihr vergleichbaren kolonialen Regierungen der Welt unterscheidet, ihr Hang zum Sensationellen ist. Von Anbeginn bis zum heutigen Zeitpunkt ist das offizielle Hongkong periodisch durch Beschuldigungen der Korruption und durch gelegentlich betrügerische und manchmal auch nur exzentrische Streitereien und Intrigen erschüttert worden. Nach asiatischen Standards waren sie lediglich unwillkommen, nach britischen imperialen Standards waren sie sensationell: Pope-Hennessys Regenschirmattacke auf den Gerichtsvorsitzenden, die vom Opfer als »mit einer ganz unvorstellbaren Wut«, beschrieben wurde, war nur die absurdeste in einer Reihe von Schandtaten, die in britischen Kolonien einmalig waren.

Während eines Zeitraumes von zehn Jahren, von 1845 bis 1855, passierte folgendes: der Oberrichter wurde wegen Trunkenheit entlassen, der oberste Standesbeamte wurde beschuldigt, mit Piraten gemeinsame Sache gemacht zu haben, der Generalstaatsanwalt wurde wegen Verleumdung eines Kollegen entlassen, der Polizeipräsident wurde beschuldigt, finanziell an Bordellen beteiligt zu sein, der stellvertretende koloniale Staatssekretär wurde beschuldigt, Bestechungsgelder angenommen zu haben, der stellvertretende Gouverneur (Caine) wurde beschuldigt, Provisionen von Marktleuten genommen zu haben, der Gouverneur (Bowring, dessen Sohn Direktor im Hause Jardine war) wurde der Parteilichkeit beim Abschluß von Verträgen bezichtigt.

Die Einführung der gutbezahlten und gut ausgebildeten Beamtenanwärter verbesserte die Dinge, aber Skandale ergaben sich weiter, selbst bei den »Bindestrich-Bürgern«. 1893 wurde der höchst geachtete N. G. Mitchell-Innes wegen vermeintlicher Unregelmäßigkeiten bei seiner Führung der Konten der Staatskasse entlassen (obwohl er später in England der Inspizient der Gefängnisse war). 1938 kam Oberstleutnant A. H. S. Steele-Perkins als Direktor für Vorkehrungen gegen Luftangriffe in die Kolonie, ein hochangesehener Fachmann für Zivilverteidigung. Fast unmittelbar wurde er durch die Kolonie korrumpiert, und seine Freundschaft mit Miß Mimi Lau, Sekretärin der chinesischen Gesellschaft, die vorgefertigte Betonblöcke für seine Luftschutzräume lieferte, wurde sehr intensiv. Unglücklicherweise waren die Blöcke, obgleich sie auffallend teuer waren, unzweifelhaft von minderer Qualität. Im Verlauf der sich anschließenden Nachforschungen in der Abteilung von Steele-Perkins, bei der alle möglichen Unterschlagungen zu Tage traten, erschoß sich ihr Chefarchitekt, einer seiner leitenden Ingenieure machte einen Selbstmordversuch, Zeugen tauchten unter und Dokumente verschwanden. Steele-Perkins selbst wurde nie angeklagt, aber sein fehlerhaftes Material bereicherte für einige Zeit die Volkssprache Hongkongs als »Mimi-Lau-Blöcke«.

Skandale aus neuerer Zeit betrafen im allgemeinen die Königliche Polizeitruppe Hongkongs, deren leitende Beamte meistens Briten sind. In den Jahren nach dem Zweiten Weltkrieg kamen viele in den Osten, nachdem sie ihre Beschäftigungen in Palästina, auf Zypern und in Ostafrika verloren hatten. Die koloniale Polizei war oftmals das schwächste Glied in der Kette der imperialen Redlichkeit, und in Hongkong ist sie oftmals durch die allgemeine Schlüpfrigkeit des Lebens verführt worden. Die weithin verbreitete Vorliebe für das Glücksspiel, die Chance zu schmuggeln, die uralte Gewohnheit des »squeeze« [erpreßtes Geld], die enormen Profite aus dem Drogenhandel, das Zurschaustellen des großen Reichtums, die vertraute Einstellung Hongkongs zum Leben-und-leben-lassen, all diese Faktoren sind für Polizisten mit minder standhaftem Charakter, gleichgültig ob Brite oder Chinese, fatal gewesen. 1898 wurde die Hälfte der gesamten Polizeitruppe wegen Korruption entlassen[88]. Von den europäischen Polizeibeamten, die 1952 der Polizeitruppe als Unterinspektoren beitraten, endeten vier im Gefängnis. 1966, als der Einfluß der Triaden in dieser Truppe überhand nahm, gab Hongkongs Polizeipräsident zu, daß es Korruption in allen Schichten gab, fügte aber erfreut hinzu, daß »die Polizeitruppe, was die Bezahlung anbelangte, wahrscheinlich nicht die schlechteste sei«.

»Korruption«, schnaubt John Le Carrés weltverdrossener Polizeipräsident Hongkongs wütend im 1974 geschriebenen Roman *The Honourable Schoolboy*, »die werden demnächst glatt das Rad noch mal neu erfinden«. Während der 70er Jahre bevölkerten die in Verruf geratenen Polizeibeamten einer nach dem anderen die Schlagzeilen, zuerst in den lokalen Zeitungen Hongkongs, dann in den Londoner Boulevardblättern. Eine länger anhaltende Sensation war der angebliche Selbstmord von Polizeiinspektor John MacLennan, dessen homosexuelle Beziehung zu einem Chinesen bekannt wurde. Viele Leute glaubten jedoch, daß er durch seine eigenen Kollegen, die sich selbst schützen wollten, erschossen wurde. Noch berühmter

---

88 Zu diesen in Ungnade Gefallenen gehört Polizeiinspektor Quincey, ein chinesisches Findelkind, der von General Charles Gordon während seiner Feldzüge in China in Obhut genommen wurde und seine Schulbildung in England erhielt – »ein feiner junger Bursche«, dachte der General, der glücklicherweise in Khartum zu früh starb, um noch die Wahrheit zu erfahren.

war Chief Superintendent Peter Godber, Träger der Kolonialen Polizeimedaille für hervorragende Dienste, der einige Jahre lang die örtliche Dämonenlehre beschäftigen sollte.

Nachdem er in Verbindung mit Hongkongs Verbrechersyndikaten sehr große Geldsummen durch dubiose Praktiken verdient hatte, floh Godber gerade in dem Moment aus Hongkong, als die Untersuchungen ihn überführt hatten, und lebte einige Zeit lang komfortabel und ohne eine Ausweisung befürchten zu müssen in seinem Landhaus in Sussex, ein ständiges Fotoobjekt der Fleet-Street-Fotografen. Beschuldigungen einer anderen Art ermöglichten es den Behörden Hongkongs jedoch, ihn zurückzuholen, und aufgrund der Aussage von zwei weiteren eingestandenermaßen unehrlichen Polizeibeamten, eines Briten und eines Chinesen, wurde er 1975 wegen Korruption im Dienst verurteilt. Er verbüßte 31 Monate einer vierjährigen Haftstrafe und zog sich in eine Villa in Südspanien zurück, wo er auf viele Kollegen, Freunde und Sympathisanten traf.

In den Straßen Hongkongs war man wahrscheinlich nicht sehr überrascht: die unteren Ränge der Polizeitruppe waren, wie jedermann wußte, fast ohne Ausnahme korrupt, und daher war auch anzunehmen, daß ihre höheren Ränge es auch seien. Die ernstzunehmende Elsie Tu hat das jahrelang behauptet. Jedoch machte die wiederholte Aufdeckung der Korruption in der Polizei die Käuflichkeit Hongkongs, deren Wirtschaft so sehr von ihrem guten Namen abhing, weltweit offenkundig und führte zur Einsetzung der Unabhängigen Kommission gegen die Korruption, der ICAC [Independent Commission Against Corruption], deren kalte Lichter wir an jenem Abend nach dem Essen vom Parkplatz an der Murray Road aus sahen. Ihr erster Einsatzleiter war ein außergewöhnlicher, imperialer Nachrichtenoffizier, Sir John Pendergast, der zuvor in Palästina, an der Goldküste, in Ägypten, Kenia, auf Zypern und in Aden Dienst getan hatte. Die Wirkung stellte sich unmittelbar ein. Viele der weniger prominenten Täter wurden gefaßt und Polizeibeamte mit belastendem Gewissen verkrochen sich in Mauselöchern in der ganzen Welt.

Weniger spektakuläre Korruption ist noch immer auf vielen Ebenen des Lebens in Hongkong zu finden. Bei Ablegen der Fahrprüfung, sagt man, oder beim Erwerb von Häusern, wenn man einen Gewinn abwerfenden Schuhputzstand behalten will, bei zahllosen kleinen Angelegenheiten des täglichen Lebens, kann Bestechung hilfreich sein. Mir wurde gesagt, daß Feuerwehrleute manchmal Bestechungsgeld verlangen, ehe sie den Schlauch aufdrehen – oder zudrehen. Aber alles ist nicht annähernd so schlimm wie sonst irgendwo in Asien, und in der Regierung hat es schon einige Zeit keinen größeren Skandal mehr gegeben[89]. Selbst die Polizei wurde aus Scherereien herausgehalten – seitdem in der zweiten Hälfte der 70er Jahre 140 Polizeibeamte wegen einer Beteiligung an Verbrechersyndikaten festgenommen wurden und einige von ihnen in einem letzten traditionsgemäßen Bravourstück versuchten, in die ICAC-Büros einzubrechen, um die Beweismittel zu vernichten. »Das ist gewiß der richtige Ort, um Polizeibeamter zu sein«, sagte ich eines Tages zu einem ausgewanderten Polizisten an einer weitbekannten Schmuggelstelle entlang der Grenze und dachte dabei an die Möglichkeiten, aufregende Arbeit zu leisten. »Aber nicht mehr, seit die ICAC besteht«, erwiderte er mit einem Augenzwinkern und dachte dabei an die Möglichkeiten der Korruption.

---

89 Obwohl in diesem Augenblick ein leitender Architekt der Regierung für sechs Jahre hinter Gittern sitzt und ein Richter gerade zurückgetreten ist, weil man herausgefunden hat, daß er Angaben zu seinen Akten und Wehrdienstunterlagen fälschte...

12. Eine straff verwaltete Kolonie

Hongkong hat immer nach den freiesten Regeln des freien Unternehmertums gelebt. Die Regierung regelt die Bankgeschäfte und Börsenstandards, ist kürzlich in Erscheinung getreten, um verschiedenen kränkelnden Banken zu helfen, und sah sich verpflichtet, der Terminbörse während des großen Krachs im Jahre 1987 aus der Klemme zu helfen. Sie manipuliert gleichfalls den Wechselkurs des Hongkong-Dollar, indem sie ihn an den US-Dollar anbindet. Das Wesentliche ihrer Wirtschaftspolitik ist die Entschlossenheit, alles einmal zu versuchen, verbunden mit dem Vorsatz, Dinge, die sich gut entwickeln, danach in Frieden zu lassen. Die strikt gelenkte Wirtschaft Singapurs, Hongkongs Rivale im Süden, wird als Beispiel dafür angesehen, wie man es nicht machen sollte. Die Besteuerung ist sehr gering, es gibt keine Einschränkungen bei der Bewegung von Valuta, und da Hongkong Freihafen bleibt, sind nur eine Handvoll Güter (Tabak, Alkohol, Erfrischungsgetränke, Benzin, Kosmetikartikel) besteuert. Die Energien des Marktes bleiben ungehemmt.

Abgesehen von der Wirtschaft, sind die amtlichen Überwachungssysteme jedoch bei weitem nicht zwanglos. Auch heute noch, glaube ich, kann man unter den scheinbar freizügigen Bürobauten im Zentrum dicke Schwaden der Autorität entdecken, die allegorisch den Abhang des Berges hinunterziehen, den man Government Hill [Regierungshügel] nannte: vom symbolischen Peak durch den Gouverneurspalast und seine Gärten, durch die Anglikanische Kathedrale und ihre Einfriedung, über den Autoparkplatz an der Murray Road, den Obersten Gerichtshof und das Legco-Gebäude, bis sie am militärischen Hauptquartier enden, das sich immer noch in der alten Werft am Meer befindet. Es ist wie bei einer der energiegeladenen »ley«-Linien, die in England heilige Orte miteinander verbinden sollen, oder wie die mystischen Wege, denen die Mandschu-Kaiser folgten, wenn sie die Verbotene Stadt verließen, um mit den Göttern im Himmelstempel Kontakt aufzunehmen.

Manchmal fühlt sich Hongkong auf britische Art übermäßig beherrscht. In den 50er und 60er Jahren wurde jedes Zeichen politischen Protests vehement unterdrückt, und ein ironisches Element des Puritanismus versucht immer noch, das Gebiet in der Hand zu behalten – Glücksspiele verboten, ausgenommen bei Pferderennen oder in Wettannahmestellen, Homosexualität generell verboten, Prostitution verboten, Entzünden von Feuerwerkskörpern verboten, ausgenommen zu besonderen Anlässen (aber trotzdem knallen sie oft), Verzehr von Hunden verboten (obwohl sie in Restaurants unter dem Pseudonym Ziegen auftauchen). In einem sehr kleinen Überlandbus notierte ich mir einmal die folgenden Anweisungen, die neben dem Fahrersitz in Großbuchstaben aufgeklebt waren: KEINE STEHPLÄTZE, FAHRGELD PASSEND ENTRICHTEN, NICHT MIT FAHRER SPRECHEN, NICHT RAUCHEN, NICHT NEBEN DER TÜR STEHEN, HUNDE NICHT ERLAUBT. Für fast alles, was man tun will, braucht man eine Lizenz, jedenfalls scheint es so. Nur die wenigen letzten Rikschafahrer, die die letzten Jahre ihres Berufes an der Anlegestelle der Star-Fähre hinauszögern, werden von den lizenzerteilenden Behörden ignoriert, weil sie offiziell nicht mehr existieren.

Zur Polizeitruppe gehören 30 000 Männer und Frauen, und zu ihr gehören Truppen innerhalb der Truppe. Die Gruppe für Schwerkriminalität ist hauptsächlich mit den Triaden beschäftigt und soll 200 Detektive einsetzen, um die Gesellschaften zu beobachten und zu unterwandern. Die Sonderabteilung ist eine politische Polizeitruppe und beschäftigt sich manchmal mit kommunistischen Aktivitäten und manchmal mit der Kuomintang. Ihre leitenden Beamten sind nahezu alle Briten. Chinesen bevorzugen es, nicht das Risiko etwaiger Repressalien nach 1997 einzugehen. Die reguläre Truppe bleibt niemals für lange Zeit unsichtbar. Überall fahren glattgesichtige, roboterhafte chinesische Polizisten auf ihren makellosen Motorrädern umher, kreuzen auf Motorbarkassen oder machen Eintragungen in Streifenbüchern, die man gelegentlich an öffentlichen Plätzen an Nägeln hängen sieht und die unerklärlicherweise von den Vandalen ignoriert werden. Sie sind zweifelsohne bei Gelegenheit noch immer korrupt, sehen jedoch unversöhnlich korrekt aus. Man liest ständig von nicht genehmigten Marktständen, die zwangsweise entfernt werden, von Straßenhändlern ohne Lizenz, die Geldstrafen erhalten, und man kann kaum auf die Gewässer Hongkongs hinausblicken, ohne zu beobachten, wie ein Polizeiboot einen vorbeischwimmenden Sampan zur Kontrolle stoppt.

Als eine schulische Wohlfahrtseinrichtung in den 50er Jahren vorübergehend eine Freiluftbühne für einen wohltätigen Zweck errichten wollte, mußten dazu Genehmigungen vom Sekretariat für Chinesische Angelegenheiten, dem Polizeipräsidenten, der Feuerwehr, dem Stadtrat, dem Bauamt und dem Finanzamt eingeholt werden. Die Bürokratie hat immer noch einen langen Arm. »Ferngelenkte Spielzeugautos und andere derartige Vorrichtungen sind im Bereich der Parks streng verboten«, werden Kinder mit einem Anschlag am Victoria-Park strikt verwarnt. Die Strafe für Nichtbeachtung kann vierundzwanzig Tage Haft betragen und die einschlägigen Vorschriften, so wird den Kindern mitgeteilt, finden sich in den Abschnitten 17 und 18 der Ausführungsbestimmungen für Erholungsgelände. Im Po-Lin-Kloster sah ich einmal folgende

Bekanntmachung: REVISED EX-GRATIA COMPENSATION RATES FOR RESUMED LAND [Revidierte Ex-Gratia-Ausgleichszahlung für beanspruchtes Land][90]. In einer verwahrlosten chinesischen Hinterstraße von Cheung Chau, mit verrotteten Holzhäusern und schlafenden Hunden, fand ich einen offiziellen Anschlag auf einem winzig kleinen, verkrauteten und abfallübersäten Grundstück zwischen zwei Holzbuden: PROPERTY OF THE CROWN [Eigentum der Krone] sagte er gewichtig.

Man würde es aus ihrem verwirrenden zerwürfelten Aussehen kaum ableiten können, aber Hongkongs Entwicklung, besonders in den pedantisch genau geplanten Neuen Städten, richtet sich nach strikten Bebauungsplänen. Man benötigt heutzutage schon einen überzeugend auftretenden Geomanten, um einen Bebauungsplan geändert zu bekommen. Zwölf Stockwerke ist die Maximalhöhe, die in Kowloon genehmigt ist, wodurch ein monoton wirkender Kaufhaus-Look selbst bei den modernsten neuen Bauwerken zustande kommt, während die Vorschriften auf der Hongkong-Seite von Distrikt zu Distrikt wechseln. Das Gebäude der Hongkong und Shanghai Bank, achtundvierzig Stockwerke hoch, nutzt die in diesem Distrikt genehmigte Höhe voll aus. Aber zum Vorteil für die Beziehungen zu Beijing steht die neue kommunistische Bank von China, die viel, viel höher geplant ist, zwar ganz in der Nähe, aber schon in einem anderen Sektor des Bebauungsplanes.

Hongkong ist ein Gebiet der Sperrzonen – Sperrgebiete, Sicherheitsbereiche, Strafanstalten, Entziehungsanstalten für

---

90 Hinter dieser Bekanntmachung verbirgt sich folgender Inhalt: Nahezu jedes Kloster betreibt eine Herberge. Der Gast wird hier um eine »freiwillige Spende für das in Anspruch genommene Nachtlager« gebeten.

Drogenabhängige und einer erstaunlichen Anzahl von Haftanstalten. Die Regierung hat geschlossene Lager eingerichtet, um Flüchtlinge aus Vietnam, die Boat-people der 70er Jahre, unterzubringen. Obwohl sie fürchterlich eng und von Stacheldraht umzäunt sind, werden sie im allgemeinen doch menschlich genug betrieben. Ihr Zweck ist logisch — Flüchtlingen eine Unterkunft zu bieten, die darauf hoffen, eine Genehmigung zu erhalten, sich anderswo dauerhaft niederlassen zu dürfen, und denen diese Erfahrung des Unwillkommenseins klar wird, damit andere genügend abgeschreckt werden. Aber in der offiziellen Art Hongkongs haben sie eine abstumpfende institutionelle Atmosphäre, mit ihren Umzäunungen, ihren Baracken und ihrem blazergekleideten und mit dem königlichen Wappen geschmückten Mitarbeiterstab, der von der Verwaltung der Strafanstalten abgestellt worden ist. Während die Jahre sich dahinschleppen und niemand den armen Insassen eine freundlichere Zufluchtstätte bietet, scheinen sie Gefängnissen immer ähnlicher zu werden.

Man fühlt selbst dort einen Hang zur Bestrafung. Bestrafung statt Reform ist traditionell die Art Hongkongs gewesen, um Gesetz und Ordnung aufrechtzuerhalten, und ihre Methoden sind oft rauh gewesen. Selbst in den 20er Jahren wurden Menschen an den Pranger gestellt und die Zwangsarbeit war in der Tat schwer. In einer Form bestand sie aus dem Bohren von Sprenglöchern und dem Schleppen von Steinen, jeweils abwechselnd in Zeitabständen von einer halben Stunde und nicht länger als für achteinhalb Stunden je Tag; in einer anderen Form aus dem Drehen einer Kurbel mit einem Widerstand von sechs Kilo, 12 500 mal am Tag. Chinesischen Streikführern, so erklärte 1923 Sir Reginald Stubbs, der Sohn eines Bischofs, sollte man »auf eine Art begegnen, die ihre tiefsten Gefühle wahrscheinlich ansprechen wird, das heißt, mit der ›Katze‹«.

Für einen Tempel des Laissez-faire ist das also ein sehr diszipliniert Ort. Prügelstrafen werden angewandt, und die Todesstrafe steht auch noch im Gesetzbuch, obwohl sie der Gouverneur schon seit vielen Jahren immer in lebenslängliche Haft umgewandelt hat. Ein Engländer mit militärischer Haltung, der mich einmal nach Lantau mitgenommen hat und mir über seine häufigen Erfahrungen als Filmstatist, normalerweise in autoritären Rollen, berichtete, stellte sich später als Henker heraus.

13. Auf halbem Wege zum Wohlfahrtsstaat

Aber in ihrem letzten Jahrzehnt ist Hongkong, vielleicht etwas spät und für viele unerwartet, auch auf dem halben Wege zu einem Wohlfahrtsstaat.

Vor dem Zweiten Weltkrieg war die offizielle Haltung zu einem sozialen Fortschritt in der Kolonie äußerst vorsichtig. Dies wurde damit begründet, daß Menschen aus allen Territorien ringsherum zuströmen würden, wenn die Verhältnisse zu leicht wären – das gleiche Argument, das jetzt die Lager der Boat-people bestimmt. »Reformen nach westlichen Vorbildern«, sagte 1936 ein offizieller Bericht, »sollten in Hongkong nur eingeführt werden, wenn sie mit den in Nachbarländern erzwungenen einigermaßen übereinstimmen.« In den 30er Jahren war die obligatorische Reinigung der chinesischen Viertel, die wenigstens zweimal im Jahr durchgeführt wurde, schon fast die äußerste Grenze. Tausende von Menschen lebten wie in Kalkutta auf den Straßen, und 1937 ging ein Berichterstatter der *North China Herald* so weit zu behaupten, daß die Hälfte der Bewohner Hunger litt – »Produkte des Sozialsystems der Kolonie, das nicht einmal Löhne beschert, mit denen eine chinesische Durchschnittsfamilie leben kann«.

Tatsächlich ließen sich aber die Verhältnisse in Hongkong durchaus zu ihren Gunsten mit denen in anderen Teilen des Empire vergleichen, mit Indien zum Beispiel oder mit den schrecklich vernachlässigten Kolonien in der Karibik, ganz zu schweigen von denen in China. Aber die Verhältnisse sollten sich erst drastisch ändern, als 1949 die chinesische kommunistische Revolution ausbrach. Der Zustrom der Flüchtlinge in die Stadt ließ alles, was bislang geschehen war, unbedeutend erscheinen und setzte Hongkong unter einen derartigen sozialen Druck, daß es fast unregierbar wurde. Das Verwalten der Kolonie hatte sich der zuversichtliche Bowen nicht schwieriger als das Regieren von Portsmouth vorgestellt, jedoch konnte er das jetzt wohl kaum mehr behaupten.

Nach 1949 lebten Hunderttausende von Bewohnern Hongkongs jahrelang in baufälligen Hütten oder Mattenhütten oder waren zu einem Kuddelmuddel auf stinkenden Sampans zusammengepreßt, in einer Enge, die selbst Osbert Chadwick 70 Jahre zuvor schockiert hätte. Eine Zählung zeigte 1952, daß von 1000 chinesischen Familien 687 jeweils einen Raum bewohnten und 120 in Teilen eines Raumes; 23 Familien lebten auf Gebäudedächern und nur acht besaßen ein Haus. Es gab praktisch keine öffentlichen Wohnungen. Einfluß ohne Einschränkungen, das war die Regel der neuen Industriellen, die sich damals in Hongkong ausbreiteten. In scheußlichen, in Mietwohnungen versteckten Ausbeutungsbetrieben und in schmutzigen Fabriken arbeiteten acht- bis achtzigjährige Arbeiter grausam viele Stunden, um Spielzeug zusammenzusetzen, Perücken zu knüpfen oder gefährliche Maschinen zu bedienen.

Als ich selbst in den 60er Jahren eines Abends spät in Hongkong ankam und aus dem Fenster meines bescheidenen Hotels in Kowloon sah, bemerkte ich hinter der dunkeln und mit

Abfall übersäten Grube des Grundstücks die Betonfläche eines düsteren Industriegebäudes. Jedes seiner Fenster war hell beleuchtet, obwohl es nahezu Mitternacht war, und jedes gab den Blick auf eine freudlose Ansicht Hongkongs frei, die sich alle voneinander unterschieden. Hier saßen vier Mädchen angespannt an ihren Nähmaschinen, still und ohne zu lächeln, dort stand allein ein Mann in Hemdsärmeln unter dem Licht einer nackten Glühbirne über seine Akten gebeugt. Dazwischen schienen acht oder neun Familien in einen Raum gepackt zu sein. Ich konnte nur in Augenblicken Kinderglieder, Falten von Textilien, Eimer, schwarzes loses Haar, Bettzeug sehen. Jeder Raum war voll erleuchtet, jeder Raum war vollgepfercht, und über den schwarzdunklen Zwischenraum hinweg konnte ich Radios, das Klicken von Maschinen, Rufe und Kindergeschrei hören.

In einer anderen Stadt, dachte ich damals, mag das Leben dort drüben ein Trost sein, ein Hinweis darauf, daß um mich herum die Wärme der Gemeinschaft zu spüren ist. In Hongkong fühlte ich etwas ganz anderes, so, als ob niemand den anderen auch nur die geringste Beachtung schenkte. Hongkong war gewiß nicht für sein soziales Gewissen bekannt, die meisten der Europäer zogen es vor, das Elend um sie herum nicht zu beachten, und die meisten Chinesen kümmerten sich nur um ihre eigenen Familien. Liberale Besucher fuhren oft entsetzt nach Hause und verlangten sofortige Reformen. Aber in der Kolonie selbst wurde der Sinn der Regierung lediglich darin gesehen, zu regieren und die konfuzianische Ordnung zu schaffen, die es den privaten Unternehmen ermöglichte, zu gedeihen.

Parlamentsmitglieder in London haben oft parlamentarische Institutionen für Hongkong als angemessene Kur gegen seine Ungerechtigkeiten befürwortet, und sie wurden durch ein paar

Modernisten an Ort und Stelle unterstützt. Die Regierung Hongkongs zögerte aber, das Boot zu schaukeln, wie es ein beliebtes Hongkonger Idiom ausdrückte. Jede Bewegung in Richtung auf Selbstbestimmung könnte die Obrigkeit in Beijing verärgern, die dem Gedanken an einen kapitalistischen chinesischen Stadtstaat an der Mündung des Perlflusses keinen Geschmack abgewinnen würde. Außerdem mißtrauten viele Menschen in Hongkong der Vorstellung von einer gewählten Regierung. Kommunisten oder auch Kuomintang-Anhänger könnten an die Macht gelangen und der anderen Hälfte das Leben entschieden weniger angenehm machen, und was soll's, die Briten sorgten für eine angemessen wohlwollende Art von Autokratie, in der die Reichen reicher werden konnten und die Armen wenigstens nicht noch ärmer.

So herrschte das Laissez-faire, sowohl in der Sozial- als auch in der Finanzpolitik. Hinsichtlich der britischen Staatsgeschichte kann es nur Erstaunen auslösen, daß diese archaische koloniale Autokratie in gar nicht langer Zeit zur höchst sozialen Interventionsregierung werden sollte, die eine Kronkolonie je hatte. Es war am Ende des Zweiten Weltkrieges vorauszusehen, daß sich die öffentliche Wohlfahrt in Großbritannien von der Wiege bis zur Bahre in den Kolonien widerspiegeln müsse, und die Londoner Weisung an die erste Nachkriegsregierung in Hongkong sprach von »einem Generalplan für die soziale Wohlfahrt«. Jahrelang passierte nichts, und dann geschah alles erstaunlich plötzlich.

Am offensichtlichsten wurde die Wandlung beim Wohnraum. Ein Jahr lang wurden unzählige arme Flüchtlinge in Hongkong in jene traurigen primitiven Lager getrieben, die entlang der Abhänge in stinkendem grauem Durcheinander wucherten und alle vertrauten Symptome des Elends des zwanzigsten Jahrhunderts aufwiesen: Bretterbuden mit Zeltdächern, aasfressende Hunde aller Rassen, aufgetriebene Bäuche und eingesunkene Augen, alte Frauen, die sich in den Ecken der Hütten zusammenkauerten, geplagte, sich verteidigende Beamte, überarbeitete Sozialhelfer, die versuchten, gute Arbeit zu leisten, laufende Nasen, faulende offene Abflüsse, Fliegen, halbnackte Kinder und Morast. Entlang der Straßen hatte man Dosen an Stöcken befestigt, in die die Bevölkerung tote Ratten werfen konnte; 13 000 war die Durchschnittsbeute eines Monats.

Nach der Amtszeit von ein paar Gouverneuren und der Veröffentlichung von fünf oder sechs Jahresberichten, finden wir plötzlich eine halbe Million Menschen, die in nagelneuen, durch die Regierung errichteten Siedlungen untergebracht sind, die vollkommen anders sind als alles, was man bislang in Hongkong zu sehen bekam. Man hatte die Regierung gezwungen, ein riesiges Programm der öffentlichen Wohlfahrt und Stadtplanung in Angriff zu nehmen — eigentlich durch den unkontrollierbaren Zustrom an Flüchtlingen aus dem kommunistischen China, aber insbesondere auch durch ein verheerendes Feuer am Weihnachtstag 1953, das nicht nur 50 000 Siedler obdachlos machte, sondern auch die Welt über die schreckliche Lage des neuen Proletariats in Hongkong unterrichtete. Die Kolonie blickte niemals zurück. Mit einem Bauprogramm, das das schnellste der Welt gewesen sein soll, wurden die Zwillingsstädte des Hafens in einigen wenigen Jahren in eine komplexe, mit mehreren Zentren versehene und durch den Staat organisierte Metropole verwandelt.

»Hat man massive Probleme, dann sind massive Lösungen anzuwenden«, verordnete der Gouverneur Sir David Trench schon zu einem frühen Zeitpunkt dieser Revolution. Die Bevölkerung Hongkongs verdoppelte sich zwischen 1951 und 1971, und die zusammengeballten und im allgemeinen häßlichen Gebäude der öffentlichen Siedlungen, einige von ihnen mit aufgemalten großen Nummern wie bei Barackenblöcken, einige in eine Parklandschaft eingebettet, einige angelehnt an zerklüftete felsige Abhänge, brachen mehr oder weniger zusammen, so wie es die Widerstand leistenden Ältesten der New Territories vor 80 Jahren durch das allgemeine *feng shui* vorausgesagt hatten. Heute wird die Apotheose all dessen durch die sieben Neuen Städte in den New Territories verkörpert, die ersten wirklich geplanten Stadtzentren Hongkongs und Wunder der sozialen Intervention. Große, neue Straßen verbinden sie. Industrien sind an ihren Flanken gewachsen, Schiffe legen an ihren Kais an, schnittige elektrische Züge gleiten in ihre Bahnhöfe und verlassen sie wieder, und in diesen Städten leben etwa so viele Menschen wie früher in den ursprünglichen städtischen Siedlungen.

Das Bauamt der Regierung ist jetzt einer der größten öffentlichen Landbesitzer der Welt, und die Herausforderung, für all die Hunderttausende der mittellosen Flüchtlinge annehmbaren Wohnraum zu beschaffen, scheint auf die ganze Art der Regierung des Territoriums eingewirkt zu haben. Der Himmel weiß, es gibt immer noch genügend soziales Elend – was ein Chief Secretary der Kolonie mir einst als »die rauhen Ecken des Kapitalismus« definierte. Wohnraum bleibt verzweifelt knapp, die Bevölkerung hat zugenommen, und zwar um eine Million in jedem Jahrzehnt, und das ist schneller, als selbst Hongkong bauen kann. Trostlose Slums wuchern – die ersten schnell errichteten Gebäude des öffentlichen Wohnungsbaues in den 50er Jahren sind jetzt selbst verslumt –, und hier und dort markiert jener graue verschwommene Fleck auf einem Hang immer noch das Vorhandensein eines primitiven Lagers. Es gibt Bettler bei den U-Bahn-Stationen und Menschen, die in den Seitengassen auf der Straße nächtigen. Ein lohnendes

Objekt für Journalisten, die zu Besuch kommen, ist das Überleben der »Käfig-Leute«, jener armen Ruinierten, deren Schlafstellen in verkommenen primitiven Herbergen Kowloons oder Wanchais nicht mehr als mit Maschendraht gesicherte Käfige sind, um wenigstens Diebe fernzuhalten. Kein Zweifel, in so manch einem Hinterhofbetrieb werden Arbeitsregeln immer noch mißachtet.

Aber die Dinge haben sich unvorstellbar gebessert, seitdem ich in jener einsamen Nacht aus meinem Hotelfenster in Kowloon blickte. Heute lebt fast die Hälfte der Gesamtbevölkerung in Appartements, die auf die eine oder andere Art durch den Staat bereitgestellt wurden — sehr oft noch immer schrecklich vollgestopft, besonders in den älteren Blöcken, aber wenigstens mit elektrischem Licht, fließendem Wasser und wahrscheinlich einem Telefon. Niemand hungert in Hongkong, und die öffentliche Wohlfahrt reicht aus, um sicherzustellen, daß niemand vollständig ohne Geld dasteht, selbst die Obdachlosen und die »Käfigleute« nicht. In den 20er Jahren waren 90 Prozent der Bevölkerung Analphabeten; heute werden 18 Prozent des Regierungshaushalts, der größte Einzelposten, für die Bildung aufgewendet. Es gibt kein Schulgeld, aber eine Schulpflicht bis zum Alter von 15 Jahren. Das Analphabetentum ist verschwunden, ausgenommen bei den alten Leuten, und selbst die Tanka-Bootsgemeinschaften haben jetzt dank der Fischmarktorganisation ihre eigenen Schulen — wie sie in ihrem Dialekt zum Abschluß ihres jährlichen Sommerlagers singen:

Fische sind der Schatz des Meeres,
Wissen ist der Schatz der Bücher
Für uns, die Kinder der See,
fleißig, hart arbeitend und tapfer.
So kommt, kommt zusammen,

ihr Kinder des Fischervolks,
wir wollen alle zusammen singen!

Es gibt zwei Universitäten, die Universität Hongkong, deren
erste Sprache das Englische ist, und die Chinesische Universität, deren Unterrichtssprache primär das Chinesische ist. Eine
dritte ist geplant, und es gibt auch zwei Polytechniken, ein
Baptistenkolleg und diverse technische Institute. Trotz allem
bewerben sich zehn Leute um jeden freien Platz, und zum jetzigen Zeitpunkt sind etwa 30 000 Studenten zum Studium ins
Ausland gegangen – etwa die gleiche Anzahl der zu Hause
Studierenden.

Auch das Gesundheitswesen in Hongkong, das viele Generationen lang als eines der ungesündesten Gebiete im britischen
Empire verrufen war, ist einem Wandel unterlegen. Die
gefürchteten Epidemien hat man schon lange in den Griff
bekommen, und die sanitären Einrichtungen sind weit besser,
als sie es früher waren.[91] Die medizinische Versorgung ist nicht
frei, mit Ausnahme für diejenigen, die in tiefster Armut leben,
aber sie ist sehr billig und wahrscheinlich so gut wie nur irgend
etwas in Asien. Die Kindersterblichkeit, die 1953 noch
73,6 Promille betrug, liegt heute bei 7,6 Promille. Nach den
Angaben der Weltgesundheitsorganisation ist die Lebenserwartung im Territorium – man denke an 1882 – die höchste
überhaupt und verspricht der männlichen Bevölkerung
75,1 Jahre und der weiblichen 81,4 Jahre, in denen sie ihr
Glück machen können.

---

91 Obwohl der Appetit der Fremden nicht immer angeregt wird, wenn in
chinesischen Garküchen abgewaschen wird, und noch weniger bei den einfa-
cheren schwimmenden Restaurants, wo man das Geschirr einfach in der schau-
migen Dünung des Hafens ausspült.

14. Leistungsstark — das oberste Ziel

Trotzdem sind die Systeme in Hongkong nicht in erster Linie auf Wohltätigkeit, sondern auf Leistungsfähigkeit ausgerichtet. Leistungsfähigkeit bedeutet Wohlstand und der wiederum bedeutet Stabilität. Dennoch wird uns klar, was das chinesische Volk vor allem will. Trotz aller sozialen Verbesserungen bleibt eine geschäftskundige Version des Laissez-faire die vorherrschende Philosophie dieser Kolonie in ihrem letzten Jahrzehnt: alle möglichen Techniken der Moderne des zwanzigsten Jahrhunderts unterstützen die viktorianischen Prinzipien des freien Handels, des freien Unternehmertums und der offenen Tür, die durch einen Staatssekretär der Finanzen in den 70er Jahren als »positiver Nicht-Interventionismus« neu definiert wurden.[92]

Hongkongs ganzes Sinnen ist in der Tat davon abhängig, in der Technik einen Schritt vor seinen Nachbarn zu liegen. In früheren Zeiten war der Kontrast zum rückschrittlichen Asien noch viel ausgeprägter. Wenn man vor einem Jahrhundert den Perlfluß von Guangzhou hinunterkam, fuhr man aus einer Welt in eine andere. Guangzhou war eine ekelhafte, mauerumgebene Stadt mit engen Gassen und Gestank (»Pfui!« schimpfte Kipling. »Ich will zurück zum Schiff«). Hongkong war mit all den Bequemlichkeiten von Dampf, Gas, Elektrizität, Telegraph und Artillerie versehen. Die virtuose Gipfelbahn kletterte den Berghang hinauf, die zweistöckigen elektrischen Straßenbahnen rollten unten das Küstenvorland entlang.

Sie rollen in der Tat noch immer — jetzt die allerletzten

---

92 »Die durch Nero«, so kommentiert einer meiner Informanten, »nachgewiesenermaßen zum ersten Mal angewendet wurden.«

ihrer Art in der Welt, transportieren elf Millionen Fahrgäste im Monat, schaukeln mit ihren Bänken aus knarrenden Holzlatten fast wie Dschunken die Schienen entlang und sind sich dabei so hart auf den Fersen, daß oft nur wenige Sekunden zwischen einer und der nächsten Straßenbahn liegen. Die Hongkong-Straßenbahn-Gesellschaft, die jetzt, wie auch die Star-Fähren, durch Sir Y. K. Pao kontrolliert wird, ist der einzige überlebende Erbauer der hölzernen, zweistöckigen Straßenbahnwagen (obwohl sie eigentlich nicht dort gebaut, sondern vielmehr als eine Art von Palimpsest instandgehalten werden, wobei Einzelteile ständig ausgewechselt und Verbesserungen hinzugefügt werden, so daß keines ihrer 160 Fahrzeuge genau einem anderen gleicht und für keines mehr das eigentliche Entstehungsdatum festgestellt werden kann).

Bei den öffentlichen Dienstleistungen Hongkongs sind die Straßenbahnen jedoch fast die letzten der nostalgischen Technologien, wo sonst in der Regel nur das Allerneueste gerade gut genug ist. Keiner hat Sehnsucht nach den letzten überlebenden Rikschas, und die allerletzte Sänfte fand man 1965 verlassen in einer Straße. Das heutige Transportsystem ist der allgemeinen Auffassung nach brillant – Peter Hall, die Autorität für Stadtplanung, nannte es[93] »vielleicht das modernste und leistungsfähigste Transportsystem aller großen Städte der Welt«.[94] Außer jenen 160 Straßenbahnen, den unzählbaren Sampans, den 11 000 Bussen und den 16 478 Taxis bietet die U-Bahn als Massenverkehrsmittel zu Stoßzeiten so gute Dienste wie sonst kaum wo, vorausgesetzt, man selbst beherrscht die

---

93 In *The World Cities*, London 1984.
94 Wie ein Amerikaner es mir gegenüber eines Tages ausdrückte, als er aus einem heruntergekommenen städtischen Sampan ausstieg, der uns mit einer älteren chinesischen Dame am Ruder nach Lantau gebracht hatte: »Wir haben nichts dergleichen in Illinois.«

Technik des Hineinschlängelns und Vorwärtsdrängens, um einen Sitz zu ergattern.

Kaum hatte man einen Tunnel unter dem Hafen gebaut, der jetzt »die befahrenste vierspurige Strecke der Welt« sein soll, begann man auch schon mit der Arbeit an einem weiteren. Eine große Anzahl an Laufgängen und Unterführungen, zu denen zahllose Rolltreppen führen, verbinden die Büros des Zentrums gleich einem Spinnennetz miteinander. In den New Territories hat man eine Bucht abgesperrt, das Seewasser abgepumpt und den Regen für den Plover-Bay-Wasserspeicher aufgefangen. Ein Tunnel durch die Berge der Insel Hongkong verbindet das Zentrum mit Aberdeen. Ein weiterer durchbricht das Kowloon-Massiv von Süd nach Nord, und selbst in Anbetracht des nahenden 1997 hat die Regierung einen zweiten, von Ost nach West führenden Tunnel in Auftrag gegeben. Millionen von Dollars wurden vor ein paar Jahren in ein Programm investiert, um den Verkehr innerhalb des Stadtgebietes einzuschränken; Autos sollten mit automatischen Aktivatoren ausgerüstet werden, die beim Vorüberfahren Impulse an Sensoren entlang der Straße abgaben, um so gezählt zu werden, und nur die unbeugsame Opposition der Geschäftswelt brachte diese Idee zu Fall.

Alles muß raffiniert, flott, glänzend sein. Die Stadtpläne Hongkongs sind sehr genau, der Jahresbericht ist aufwendig. Ich sah einmal, wie ein leitender Polizeibeamter in seinem großartigen grauen Streifenboot auf Cheung Chau ankam und das Boot mit einem tiefen Brummen der Dieselmotoren anlegte. Der Beamte ging, stramm salutiert, an Land und schritt dann in die Stadt, die katzbuckelnden Ältesten und ihre Untergebenen um Haupteslänge überragend. Ich dachte, die Art und Weise des ganzen Ereignisses war weniger Empire als vielmehr Hollywood. Der Chief Secretary wie auch der Staatssekretär für Finanzen der Regierung Hongkongs werden in wunderbaren dunkelblauen und mit Funktelefonen ausgestatteten Mercedes-Limousinen herumgefahren – nicht unbedingt ein Fahrzeug, das man bei britischen Kolonialbeamten erwartet, nicht einmal bei Old Terms Opted New.

15. Die öffentlich-private Allianz

Die Pfennigfuchserei war im gesamten Empire gang und gäbe: Hongkong ist so, wie es ist, denn seine Systeme schufen immer einen Ausgleich zwischen privaten und öffentlichen Unternehmungen. Der im Ruhestand lebende Kolonialoffizier Harold Ingrams, der 1950[95] aufgefordert wurde, ein Buch über Hongkong aus der Sicht des Kolonialamtes zu schreiben, endete mit der Feststellung, daß man Hongkong nicht wie all die anderen als Kolonie betrachten sollte, sondern als Kaufhaus, dessen Aufsichtsrat von den führenden Bürgern, sowohl den offiziellen als auch den inoffiziellen, gestellt wurde. Oft genug, wie wir gesehen haben, hatten diese beiden Teile nicht viel füreinander übrig, aber es ist wahr, daß das Territorium schon immer durch eine Diarchie aus Regierung und britischem, chinesischem und fremdem Big Business regiert wurde. »Hurra dem privaten Unternehmen!« schrieb Sir Alexander Grantham, der 1945 durch die britische, sozialistische Regierung in sein Amt als Gouverneur berufen wurde.

Nichts entspricht Hongkong noch mehr als der Eingang zum ersten Hafentunnel, der 1972 vollendet wurde. Es ist eine der großen Arterien des gesamten Territoriums, die Hauptver-

---

95 *Hong Kong*, London 1952.

bindung zwischen ihren ursprünglichen Zwillingsstädten, über dessen hohem Portal die folgenden Worte zu lesen sind: THE CROSS HARBOUR TUNNEL CO., LTD. Das erinnert mich immer an Brunels große Aufschrift über der Tamar-Brücke der Great Western Railway Company in Cornwall – dem mannshohen I. K. BRUNEL –, ein Mahnmal kapitalistischen Stolzes und kapitalistischer Schaffenskraft. Die Regierung hat den Tunnelbau gefördert. Die Cross Harbour Tunnel Co., Ltd. (gegenwärtiger Vorstandsvorsitzender Sir Y. K. Pao) scheute das Risiko nicht und erntete die Profite.

Vieles in Hongkong hängt von derartigen Verträgen ab. Es war Gouverneur Lugard, der die Gründung einer Universität Hongkong vorschlug, aber es war die Geschäftswelt, die dafür zahlte. Heute ist der Schatzmeister der Chinesischen Universität gewöhnlich der Vorstandsvorsitzende der Hongkong und Shanghai Bank, und die dritte Universität soll größtenteils durch den Jockeyklub finanziert werden. Ein Großteil der Landgewinnung ist durch Privatunternehmen geleistet worden: selbst der Name des trockengelegten Distrikts Kai Tak, in dem sich der Flughafen befindet, erinnert an seine kapitalistischen Schöpfer Sir Kai Ho-kai und Mr. A. Tack[96].

Die Reiterschwadron des Freiwilligenregiments Hongkong wurde durch das Haus Jardine aufgestellt und befehligt. Bis 1922 gab es keine öffentliche Feuerwehr – jedes Handelshaus hatte seine eigene. Die Busse, die Straßenbahnen, die Gipfelbahn, die Fähren, die Telefone, die Elektrizitätsversorgung werden alle privat betrieben. Von den grundlegenden Dienstleistungen wird nur das Wasser durch die öffentliche Hand

---

96 Kein Druckfehler – so wenigstens erschien Mr. Tacks Name auf den ursprünglichen dekorativen Toren des Flughafens.

bereitgestellt. Die Hafenlotsen sind Mitglieder einer privaten Kooperative, Rundfunk und Fernsehen sind weitgehend kommerzialisiert, und viele der Krankenhäuser und Kliniken werden durch den Jockeyklub oder Privatunternehmen finanziert.

Am bezeichnendsten ist, daß die Hongkong und Shanghai Bank in Wirklichkeit die Staatsbank Hongkongs ist, eine der sehr wenigen Privatkonzerne, die eine derartige Rolle in der modernen Welt spielen. Sie hält die Geldreserven der Kolonie und gibt, zusammen mit der Chartered Bank, die Teil eines Londoner Konzerns ist, alle Banknoten mit einem Nennwert von fünf Dollar und mehr aus. Sie sind mit Bildern der Bank geschmückt und vom Hauptbuchhalter unterzeichnet. Stitt, der liegende Löwe, ist auf der $HK-500-Note und Stephen, der Faucher, auf der $HK-1000-Note abgebildet.

Es nimmt nicht wunder, daß die Regierung, die Anteile an verschiedenen großen Gesellschaften besitzt, viele kaufmännische Verhaltensweisen und Praktiken bei sich selbst eingeführt hat. Die Versteigerung zum Beispiel ist immer ein Instrument ihrer Politik gewesen. Sie hat von Beginn an Landpachten, Opiumkonzessionen und früher auch die Positionen der Tempelverwalter versteigert. Noch immer bietet sie die Glücksnummern der Autokennzeichen auf Auktionen an. Noch kürzlich hatte auch die Werbeindustrie einen großen Einfluß auf das Verhalten der Regierung. Der Informationsdienst der Regierung ist in vielerlei Hinsicht nichts weiter als eine riesige Gesellschaft für Öffentlichkeitsarbeit und produziert Broschüren und Berichte, die so extravagant sind wie die eines Privatunternehmens, während das Königliche Observatorium Hongkong in seinen kargen Räumen auf einem Hügel in Kowloon in jedem Jahr einen Kalender herausgibt, der in einem derartigen Hochglanz gestaltet ist, daß man bei seinen Monatsblättern fast die Porträts heiratsfähiger Mädchen und nicht eine Abbildung der Mirs Bay oder der Forstwirtschaft in der Provinz Guangdong erwartet. Als »einen der größten Häuserbauer der Welt« bezeichnet sich das Wohnungsamt Hongkong selbst.

In dieser Bastion des Kapitalismus scheint all dies nur natürlich zu sein. Es ist das System, das allem zugrunde liegt. Die öffentlich-private Allianz ist sehr alt, und jede Seite hat Gaben, die sie der anderen Seite übereignen kann. In den 80er Jahren waren sechs Vorstandsmitglieder der China Power and Light Company Träger des Komturkreuzes des Ordens des britischen Empire, und bald nachdem die Gesellschaft bei britischen Herstellern die Ausrüstung für ihre neue Castle Peak-Station bestellt hatte, einer der größen Einzelaufträge, die je der britischen Industrie zukamen, wurde Lord Kadoorie ihr Vorsitzender.

X.

1940ER JAHRE:
KRIEG UND FRIEDEN

Nordwestlich von Kowloon, zwischen dem großen Jubile-Wasserreservoir und der Südküste der New Territories, gibt es einen Höhenrücken, genannt der Schmuggler-Höhenrücken. Obwohl er selbst kahl ist, sieht man von ihm nordwärts in ein bewaldetes Gebiet und nach Süden über die hochragenden Wohnblocks von Kwai Chung, die sich Jahr um Jahr unerbittlich dem Höhengelände nähern.

Eine Reihe von Strommasten überquert den Höhenrücken, in der Nähe führt ein Wanderpfad vorbei, der nach Sir Murray MacLehose benannt ist, und nicht weit entfernt liegt ein Picknickplatz mit erläuternden Hinweistafeln. Aber auf der Höhe, fast unmittelbar unter den Stromkabeln, befindet sich ein Platz mit äußerst unangenehmer Ausstrahlung, wo man sich selbst an einem hellen Sonnentag, selbst bei den fröhlichen Stimmen der Spaziergänger, die durch das Unterholz herüberschallen, beunruhigend verlassen fühlen kann.

Verscharrt in dem sandigen Boden dort oben, halb vergraben und völlig verlassen, liegen hier die Überreste einer Befestigung. Stufen führen in sandgefüllte Bunker, Schießscharten durchteilen die Betonplatten, Luftschächte ragen aus dem Boden empor, unterirdische Gänge mit Namen wie Shaftesbury Avenue oder Regent Street führen ins Nirgendwo. Es ist ein sehr gespenstischer Ort. Der Wind bläst ständig über den Höhenrücken und gibt in den Drähten oben ein Pfeifkonzert. Die zerfallenen unterirdischen Kammern sind mit Abfall übersät, stinken nach Exkrementen, und manchmal bleibt das Herz fast stehen, wenn ein streunender Hund wie ein Dämon der Erde plötzlich aus einem dunklen Tunnel auftaucht und wie verrückt an einem vorbei ins Tageslicht springt. Die wellenförmige Landschaft nach Norden zu sieht trostlos aus. Die vertrauten Häuserblocks von Kwai Chung, die knapp außer Sichtweite sind, scheinen viel zu weit entfernt zu sein.

Vor etwa 50 Jahren, als der Höhenrücken der Schmuggler wirklich ein noch einsamerer Platz war, hatte die Shingmun-Befestigung die Schlüsselstellung der militärischen Verteidigung Hongkongs inne. Es war hier in der Nacht des 9. Dezember 1941, im hundertsten Jahr des Bestehens der Kronkolonie, als die 38. Division der japanischen Dreiundzwanzigsten Armee über diese Bunker herfiel, Handgranaten die Luftschächte hinunterwarf, die Maschinengewehre auf die Treppen richtete und in wenigen Stunden des Kampfes den britischen Widerstand gebrochen hatte. So sorgten sie dafür, daß die 40er Jahre ein Jahrzehnt sein würden, das in der Geschichte Hongkongs eine Sonderstellung einnahm.

Wie fast jedermann, so hatten die Japaner die Chinesen jahrelang bedroht und schikaniert. 1933 hatten sie weit oben im Norden die Mandschurei besetzt und das Marionetten-Kaiserreich Mandschukuo unter Pu-yi, dem Prätendenten auf den Mandschu-Thron, gegründet. 1937 hatten sie Beijing genommen und sich auf einen langen und zerstreuten Vormarsch südwärts durch die chinesischen Provinzen begeben. Ihr Vorrücken setzte dem Bürgerkrieg Chinas ein vorläufiges Ende, und eine Zeitlang kämpften die Truppen des Kuomintang und der Kommunisten gemeinsam unter der Führung von Chiang Kai-shek mit seiner Hauptstadt Chongqing (Chungking). Die Japaner hatten eine zweite Marionettenregierung in Nanjing (Nanking) unter dem ehemaligen Kuomintangpolitiker Wang Jingwei ins Leben gerufen. Seit Herbst 1939 hatten sie sich in Guangzhou, nur ein wenig stromaufwärts von Hongkong, niedergelassen und an der Grenze zur Kolonie Truppen stationiert (wo sie gelegentlich Bier und Höflichkeiten mit den britischen Posten auf der anderen Seite austauschten).

Jahrelang hatten auch die britischen Militärplaner darüber nachgedacht, was man am besten tun könnte, wenn die Japaner je auf Hongkong vorrücken würden. Sie waren unterschiedlicher, sich ständig ändernder Ansichten. Die Hauptbefestigung der Briten im Osten war jetzt Singapur, für deren Verteidigung die Regierung Hongkongs vernünftigerweise die Summe von £ 250 000 angeboten hatte. Die eigene Verteidigung der Kolonie war unbedeutend. Trotzdem argumentierten einige Strategen, daß man wenigstens versuchen sollte, sie dem Feind so lange wie möglich zu verweigern, und einige meinten, daß man sie auf Biegen und Brechen halten solle, bis Entsatz kommen könne. Es gab Pläne, die ganze Kolonie zu verteidigen oder aber das Festland aufzugeben und die Insel als Belagerungsfestung zu halten. Manchmal wurde vorgeschlagen, daß die Region entmilitarisiert und gar nicht verteidigt werden solle. Der häufigste Vorschlag indes lautete dahingehend, lediglich einen symbolisch-exemplarischen Scheinwiderstand zu leisten.

1941 befand sich das britische Empire im Kriegszustand mit Deutschland und Italien, mit denen Japan ein Bündnis hatte, und Winston Churchill, der Premierminister in London, schien sich bei den Planern mit seinem Entschluß durchgesetzt zu haben. Sollten die Japaner angreifen, so war Hongkong es nicht wert, ernsthaft verteidigt zu werden. Seine Garnison bestand aus zwei britischen Infanteriebataillonen, zwei Bataillonen der indischen Armee, einigen fest stationierten und mobilen Artillerieeinheiten, einer lokalen Freiwilligentruppe, einer Handvoll kleiner Kriegsschiffe, zwei Flugbooten und drei betagten Torpedo-Bombern ohne Torpedos. »Sollte Japan in einen Krieg mit uns eintreten«, verfügte der Premierminister, »dann gibt es nicht die geringste Chance, Hongkong zu halten oder zu entsetzen.« Die Truppenstationierung konnte nur symbolischen Charakter haben, und ein Scheinwiderstand war die einzig vernünftige Möglichkeit. »Ich wünschte, wir hätten dort weniger Truppen, aber Verlegungen wären jetzt zu offensichtlich und gefährlich.«

So standen die Dinge im Herbst des Jahres 1941. In Hongkong war man allgemein der Auffassung, daß die Japaner, obwohl sie sich verrückt verhielten, doch nicht so verrückt sein würden, diesen berühmten Vorposten der britischen Krone anzugreifen. Er war bis zu dem Zeitpunkt *noch nie* angegriffen worden und stand ohnehin im Ruf, uneinnehmbar zu sein. Außerdem pflegte er alte, freundschaftliche und profitable Verbindungen mit den Japanern. In der Kolonie gab es eine blühende japanische Gemeinde, und die Leute verbrachten ihre Ferien oft in Japan (»Orientalischer Charme«, wie es die Reiseprospekte sagten, »wird inmitten der fortschrittlichsten orientalischen Zivilisation eifersüchtig gehütet«).

Die öffentliche Meinung wurde durch die *South China Morning Post* als eine Mischung von Reaktion, Glauben, Entschlossenheit, nervöser Erwartung, Ausflüchten und einfachem Fatalismus definiert. Der Konflikt in Europa schien in der Tat weit entfernt zu sein, aber wie alle britischen Besitzungen, so befand sich auch Hongkong seit 1939 im Kriegszustand. Erwachsene britische Männer konnten eingezogen werden, und im Juni 1940 wurden europäische Frauen und Kinder zwangsweise nach Australien evakuiert (obwohl etwa 900 Frauen, viele davon mit Kindern, durch Mogelei einen Weg gefunden hatten, um zu bleiben). Wichtige Gebäude wurden gegen Bombendetonationen durch Sandsäcke geschützt, die Strände durch Stacheldraht geschlossen. Es gab ab und zu Verdunkelungsübungen und Werbefeldzüge für Kriegsanleihen

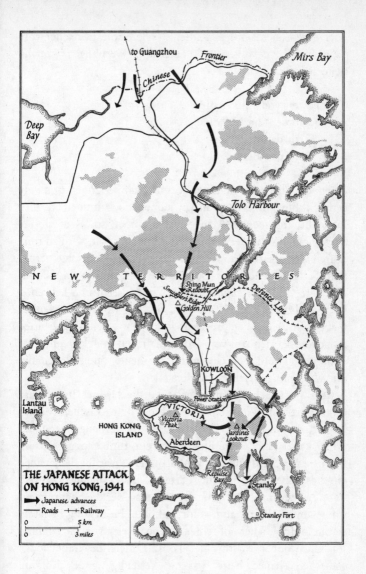

to Guangzhou

Frontier

Mirs Bay

Chinese

Deep
Bay

Tolo Harbour

N E W   T E R R I T O R I E S

Shing Mun
Redoubt

Smugglers Ridge

Golden Hill

Defence Line

KOWLOON

Power Station

Lantau
Island

VICTORIA

Victoria
Peak

HONG KONG
ISLAND

Aberdeen

Jardines
Lookout

Repulse
Bay

Stanley

Stanley Fort

THE JAPANESE ATTACK
ON HONG KONG, 1941

Japanese advances
Roads
Railway

0   5 km

0   3 miles

oder gegen leichtsinniges Reden — wie es die Hersteller von Tiger-Bier der Bevölkerung in einer ihrer Werbungen bezeichnend nahebrachten:

Fetzen von Information
gefährden die Nation,
sprich dafür
vom Tiger-Bier!

Aber sonst lief alles ziemlich normal. Schiffe kamen und gingen, die Flugboote der PanAm kamen noch immer an, niemand litt irgendeinen Mangel. Ein Räuber, so lesen wir im September 1941 in der *South China Morning Post*, wird zu fünf Jahren Zwangsarbeit und zwölf Hieben mit der Katze verurteilt. Seine Exzellenz der Gouverneur besucht die chinesische Premiere von *Lady Hamilton* mit Vivien Leigh und Laurence Olivier. Jimmy's Kitchen wirbt für ihr wohlschmeckendes Gabelfrühstück. Die regierungsamtliche Zeitung erbittet Angebote für den Bau von Trockenlatrinen in Telegraphy Bay Village und veröffentlicht beantragte neue Warenzeichen für die Wing-Hing-Strickwaren-Hersteller.

Aber im gleichen Monat besetzen die Japaner Indochina, ohne dort auf Widerstand seitens der französischen Vichy-Regierung zu stoßen, und als Antwort verhängen erst die Amerikaner und dann die Briten ein Embargo gegen alle Exporte von Stahl und Öl nach Japan. Dies war für die Japaner ein drastischer Schlag — »der härteste Schlag«, meinte *The New York Times*, »mit Ausnahme des Krieges«, der die Spannungen im gesamten Pazifikraum sofort erhöhte. Hongkong bereitete sich nun dringlicher auf seinen eigenen Krieg vor. Generalmajor Christopher Maltby, der kommandierende General der indischen Armee, hatte, was die Verteidigung der Kolonie anbelangte, eine starre Haltung. Er glaubte in der Tat, daß sie in eine Angriffsbasis für eine Offensive gegen die Japaner in China verwandelt werden könne, und setzte sein Vertrauen in eine Linie von Stützpunkten, die, mit der Befestigung Shing mun im Zentrum, die New Territories von Ost nach West durchqueren könnte. Dort, etwa 20 Kilometer südlich der Grenze, könne man alle eindringenden Streitkräfte lange genug halten, um eine ordnungsgemäße Evakuierung Kowloons zu gewährleisten, und auf der Insel die Kräfte zusammenziehen – die dann aushalten würden, bis Hilfe von Singapur käme. Minenfelder wurden verlegt, um die Zugänge zur See zu schützen, und auf der Insel Hongkong wurde ein Netz von 72 Bunkern fertiggestellt.

Unerklärlicherweise hatte sich jetzt Churchill, vielleicht durch anderweitige Ereignisse zu sehr in Anspruch genommen, zu Maltbys Ansicht bekehrt und überreden lassen, daß nur eine angemessene Verstärkung Hongkong in die Lage versetzen würde, sich nennenswert zu verteidigen. Als Resultat wurden zwei Bataillone halbausgebildeter kanadischer Truppen, die meisten von ihnen französischsprechend, am 16. November ohne Motorfahrzeuge in Hongkong ausgeschifft, um die unhaltbare Kolonie verteidigen zu helfen. In Ottawa fielen sie offiziell in die Kategorie »für operationellen Einsatz nicht zu empfehlen«. Nur drei Wochen darauf, am 8. Dezember, griffen die Japaner gleichzeitig Pearl Harbor an, besetzten die malayische Halbinsel und überschritten die Grenze Chinas nach Hongkong. Das schwere Bombardement Kai Taks schaltete sofort die Royal Air Force aus, und die britischen Vorposten im Norden der New Territories wurden überrannt. Am folgenden Abend erreichten die Japaner die Befestigung Shing mun.

Dort wurde ihr Vormarsch kaum aufgehalten. Maltby hatte

geglaubt, die Befestigung könne sich eine Woche lang halten, aber sie fiel in wenigen Stunden und ist seit damals nie wieder bemannt worden. Ein großer Teil der Besatzung starb in den Bunkern, der Rest gab die Stellung auf. Die Japaner machten keinen Halt. Sie bombardierten und beschossen Kowloon und bestrichen dabei besonders Schiffe und die Straßen. Sie trieben britische und indische Truppen in wilder Hast die Halbinsel hinunter auf Fähren, Sampans, Kriegsschiffe und Barkassen, die sie zur Insel Hongkong übersetzten. In vier Tagen hatten sie die gesamte Halbinsel fest im Griff. Die letzte Star-Fähre zog sich nach Blake Pier zurück. Die letzten erschöpften Kräfte der Nachhut wurden über die Lyemun Gap zurückgeführt. Die Briten auf der Hongkong-Seite konnten entsetzt und verstört zusehen, wie sich die Truppen der japanischen 38. Division am Ufer Kowloons sammelten, und hörten auch die furchterregenden Rufe aus ihren Lautsprechern, die abwechselnd mit Aufnahmen des Liedes *Home Sweet Home* über die vertraute Wasserstraße drangen — »Gebt auf und die Japaner werden euch schützen! Vertraut auf die Güte des japanischen Heeres!«

Es dauerte nicht lange, und die japanischen Kanoniere schossen über den Hafen hinweg und die Sturzbomber rasten heulend auf das Zentrum zu. Zum ersten Mal wurden die Ufergelände vom Chaos erfaßt, die, wie wir von Jahrzehnt zu Jahrzehnt in den Kapiteln dieses Buches verfolgt haben, so beständig gewachsen und zu Wohlstand gekommen sind. Das hatte man sich kaum vorstellen können. Es war wie ein Traum, in dem plötzlich alle vertrauten Dinge zerschlagen oder verformt waren. Die *Tamar* hatte sich davongemacht. Brände wüteten in Wanchai. Statue Square war von dickem, beißendem Rauch überdeckt. Um Mitternacht fielen eines Nachts Bomben auf die Ställe des Jockeyklubs in Happy Valley und die Pferde flohen. Zitternd und blutverschmiert rasten sie in Panik hier und dort durch die dunklen Straßen.

Bis zum 13. Dezember waren alle britischen Kräfte auf den 31 Quadratmeilen der Insel versammelt. »Wir werden den Feind aufhalten«, sagte eine offizielle Verlautbarung, »bis die strategische Situation einen Entsatz ermöglicht. Die einfache Aufgabe für jedermann ist es jetzt, durchzuhalten.«

Hinter den Bergen grimmig und kahl
(schrieb ein britischer Soldat, während er auf den Angriff wartete)
wie ein verwundeter Löwe wir liegen,
Ach, wie würde die Löwenmutter hier nützen
zu helfen, ihr friedfertig Lager zu schützen
und nach schwerumkämpftem Tag zu siegen...

Der Gouverneur Hongkongs war Sir Mark Young, ein ansehnlicher und reservierter Eton-Schüler, der zwei Monate zuvor von Barbados hierhergekommen war, um seinen Dienst anzutreten. Der koloniale Staatssekretär, seine rechte Hand, war Franklin Gimson, der gerade am Tag der Invasion aus England gekommen war und nie zuvor in Hongkong gewesen war. Weit weg war Winston Churchill, der Premierminister, Kriegsherr und Imperialist, der davon gesprochen hatte, daß das britische Empire 1000 Jahre währen würde, und der jetzt seine Meinung über die Sinnlosigkeit der Verteidigung geändert hatte. »Da darf«, sagte er in einer Botschaft an den Gouverneur, »kein Gedanke an eine Kapitulation aufkommen... Jeder Tag, an dem Sie Widerstand leisten können, werden Sie und Ihre Männer bleibende Ehren erringen, die Ihnen nach unserer Überzeugung zukommen.«

Dem Kriegskabinett in London wurde mitgeteilt, daß die

Insel Hongkong noch wenigstens vier Monate aushalten könne, selbst wenn die New Territories und Kowloon verlorenge-
hen sollten. Nun, sie hielt sich gerade noch eine gute Woche.
Weit davon entfernt, bis zum letzten Mann zu kämpfen, über-
lebten sieben von zehn der Soldaten unter britischem Kom-
mando und ergaben sich. Und sie übergaben ihren Feinden
enorme Mengen an Kriegsmaterial. Die Führung der Verteidigung war wirkungslos, die Truppen waren allgemein auf Straßen angewiesen und somit unbrauchbar, die Ausrüstung war
schlecht und die Einstellung zum Krieg war widersprüchlich.
Die Verteidigungskräfte umfaßten Inder und Kanadier, die
kein Englisch sprachen, Pioniere als Infanterie, Infanterieba-
taillone ohne Transportmittel, Bodenmannschaften der RAF
und Matrosen der Royal Navy. Es war ein Feldzug, den man
anhand der Stiefel charakterisieren kann, die sich hier auf beiden Seiten gegenüberstanden — auf der einen Seite die britischen Kampfstiefel, schwere, mit groben Nägeln beschlagene
Dinger aus rauhem Leder mit einer seit dem Burenkrieg unver-
änderten Form, auf der anderen Seite die leichten japanischen
Kampfstiefel, biegsam, mit Gummisohlen, leise. Schwerfällig,
phantasielos und archaisch war die britische Gefechtsführung,
schnell, verwegen und innovativ die der Japaner.

Trotzdem war das Versagen zu verstehen. Das war der erste
bewaffnete Konflikt, der zwischen den Japanern und den Briten ausgetragen wurde, und die Briten wurden schrecklich
überrascht. Ihre erstarrte Haltung imperialer Selbstzufrieden-
heit hatte sie glauben gemacht, daß kein Asiat ihnen je ebenbürtig sein könne. Vor einem halben Jahrhundert hatte man
die Japaner ihrer Kampffähigkeit wegen enorm bewundert; sie
hatten 1900 während der Belagerung der ausländischen
Gesandtschaften in Beijing besseres geleistet als alle anderen,
und Admiral Heihachiro Togo, der Sieger der Schlacht von

Tsushima im Jahre 1905, ist in der Tat Träger des britischen Verdienstordens geworden. Aber aus Gründen, die nicht so ganz klar sind, wurden sie jetzt für hoffnungslos unterlegen gehalten – kurzsichtig, schlecht ausgerüstet und außerstande, bei Dunkelheit zu kämpfen. Es war den Briten ein entsetzlicher Schock, als die zähen und erstaunlich aktiven japanischen Regimenter sie mit einer derart erschreckenden Leichtigkeit von der Halbinsel vertrieben und über den Hafen jagten. Maltby und seine Soldaten haben eigentlich niemals ihr Vertrauen wiedergefunden. Die Schlacht um Hongkong ging am Höhenrücken der Schmuggler verloren.

Die Aufklärung der 38. Division war gut. Vor dem Krieg gehörten zur großen japanischen Gemeinde in Hongkong (von der selbst am Tag der Invasion noch 80 dablieben) auch viele Spione – der weitbekannte Frisör des Hong Kong Hotels, dem wir kurz in einem früheren Kapitel begegnet sind, stellte sich als Fregattenkapitän heraus, der er immer gewesen ist. Die Division war mit Karten der britischen Verteidigungsanlagen gut versorgt, auch mangelte es ihr nicht an einheimischen Führern. Mit diesen Vorteilen ausgestattet, erarbeiteten die Japaner einen Plan für die Einnahme der Insel Hongkong, der einfach und entscheidend war und außerdem perfekt funktionierte. Nach schwerem Granatfeuer und Bombenangriffen auf die Insel, landeten sie in der Nacht des 18. Dezember ihre ersten Truppen am East Point, nicht weit entfernt vom alten Jardineschen Hauptquartier. Als nächstes stießen sie in gerader Linie zur Mitte der Insel über das Höhengelände ostwärts des Gipfels vor und teilten so die britischen Kräfte in zwei Teile, Ost und West. Schließlich wandten sie sich gegen diese beiden separaten Teile, schnitten sie voneinander ab und säuberten die Räume von Feindkräften.

Im Verlauf des Gefechts ahmte der Gouverneur den Stil

Churchills aus seinem Bunker unter dem Gouverneurspalast in einer eigenen Botschaft nach: »Kämpft weiter. Haltet durch für König und Empire. Gott schütze Euch alle in dieser unserer vornehmsten Stunde« – und Churchill selbst gab zu verstehen, daß um jeden Teil der Insel gekämpft werden müsse, wenn erforderlich, von Haus zu Haus. Es gab wiederholte, von offizieller Seite lancierte Meldungen zur Stützung der Moral, die besagten, daß chinesische Armeen auf dem Wege seien, um die Insel zu entsetzen. Bis die Realität von Pearl Harbor zur Gewißheit wurde, hatte man gehofft, daß die US-Navy zur Rettung heraneilen würde, und bis die Großkampfschiffe *Repulse* und *Prince of Wales* der Royal Navy im Südchinesischen Meer versenkt wurden, hatte man geglaubt, daß irgend etwas aus Singapur kommen könnte. Aber alles das war Illusion. Die Briten hatten keine Chance. Ihre Kräfte waren unwiderruflich zersplittert und verstreut und gegenwärtig auf isoliert weiterkämpfende Einheiten reduziert, die voneinander praktisch nichts wußten. Da entwickelte sich bei ihnen keine zusammenhängende Strategie des Widerstandes, sondern sie schlugen in einer hilflosen Serie von Abwehraktionen und halbherziger Gegenangriffe den Feind lediglich dort zurück, wo er es diktierte. Die armen, halbausgebildeten Kanadier, die in dieser ihnen so völlig fremden Umgebung erst vor kurzer Zeit ausgeschifft worden waren, kamen nie zu ihren Motorfahrzeugen und wußten nur selten genau, wo sie sich befanden. Selbst die Royal Scots, eines der berühmtesten britischen Infanterieregimenter, kämpften mit einem bedauernswerten Mangel an Überzeugung. Für nahezu jeden von ihnen war es eine Feuertaufe, nur einige sind schon in Europa oder Afrika eingesetzt gewesen, und eine Handvoll Veteranen hatte, jedoch unter ganz anderen Umständen, im Ersten Weltkrieg gekämpft. Sie hatten nie Hoffnungen gehegt, und ihr Widerstand machte ohnehin für den Ausgang des Krieges keinen, auch nicht den geringsten Unterschied. Es war eine große Tragödie, daß so viel Redekunst verbraucht und so viele Leben fortgeworfen wurden, nur um eine derart trostlose Sache zu veranschaulichen.

Die Briten gaben am Weihnachtstag zur dankbaren Überraschung der Japaner auf, die damit gerechnet hatten, wenigstens einen Monat kämpfen zu müssen. Verlustzahlen sind niemals ordnungsgemäß ermittelt worden, aber auf britischer Seite sollen etwa 2000 getötet und 1300 schwer verwundet worden sein, auf japanischer Seite entschieden mehr. Wenigstens 4000 Zivilisten starben, fast alle waren Chinesen. Etwa 9000 britische, indische und kanadische Soldaten gingen in Kriegsgefangenschaft. Die Verteidigung war zwar keine Schande, aber gewißlich auch nicht das Heldenepos, das Churchill anscheinend gewollt hatte. Der Verlust Hongkongs war für das britische Empire ein demütigendes Ereignis und ein kurzes Vorspiel für den weit schrecklicheren Konflikt um Singapur.

Angesichts dieses erstaunlichen und erschreckenden neuen Feindes, der mit solch heimtückischer Raffinesse und Mut kämpfte, reagierten trotzdem einige auf britischer Seite mit der alten Begabung. Besonders viele Männer der Hong Kong Volunteers, sowohl Briten als auch Chinesen, gaben heroische Beispiele. Sie kannten das Gebiet und waren ihm verbunden, und wenn britische Kräfte einen vorübergehenden Erfolg verbuchten, so kann man es wenigstens den Unterlagen entnehmen, haben Männer aus Hongkong dazu beigetragen. Am North-Point-Kraftwerk und am Norduufer wurde durch vier Offiziere und 55 Männer der Volunteer Special Guard , die durch einen Versicherungsmanager mit Namen A. W. Hughes aufgestellt worden war, eines der am entschlossensten geführten Nachhutgefechte geliefert. Sie waren alle über 55 Jahre alt, erhielten verschiedene Spitznamen, die Hugheseliers und die Methuseliers, und wurden durch J. J. Paterson, den *taipan* des Hauses Jardine, geführt, der Kriegsteilnehmer des Ersten Weltkrieges war. Einer der Soldaten, 70 Jahre alt, war ein Neffe von Gouverneur Des Voeux; ein weiterer, 67 Jahre alt, war *taipan* des Hauses Hutchinson (später Hutchinson-Whampoa). Diese älteren Herren, wahre Säulen des Hongkonger Establishments, verteidigten sich 14 Stunden am Kraftwerk gegen wiederholte japanische Angriffe und ununterbrochenes Sperrfeuer von Mörsern und gaben erst auf, nachdem ihre ganze Munition verschossen war.

Die Royal Navy kam gleichfalls ihren Traditionen getreu nach. Wir lesen über das alte Fluß-Kanonenboot *Cicala*, das unter seinem einarmigen Kapitän John Boldero im gesamten Kampfgebiet hierhin und dorthin eilte, jetzt vor der Küste der New Territories die Japaner mit seiner 7,62-cm-Kanone beschoß, darauf Menschen über den Hafen setzte, dann unerschrocken, trotz seines Alters von 30 Jahren, in die japanischen Invasionsflottillen stürmte, bis es schließlich, nachdem es 64 Bombenangriffe überlebt hatte, im Lamma-Kanal versenkt wurde. Wir lesen von den fünf Motor-Torpedobooten der 2. Flottille, die, vorbei an der Grünen Insel, aus allen Rohren feuernd und volle Kraft voraus gegen die Dschunken, Barkassen und Sampans stürmten, die japanische Truppen über den Hafen setzten. Sie versenkten sie zu beiden Seiten, bis zwei der Boote verlorengingen, eines beschädigt wurde und die Hälfte der Besatzungen tot oder verwundet war.

Eine Handvoll Soldaten und Matrosen entkamen in den nicht besetzten Teil Chinas. Alle übrigen wurden am Weihnachtstag 1941 durch Sir Mark Young, den Gouverneur und Oberbefehlshaber, zusammen mit all seinen Befugnissen dem Generalleutnant Takashi Sakai der Kaiserlich Japanischen

Armee übergeben. Es war das erste Mal, daß eine britische Kronkolonie je einem Feind übergeben wurde. »Ich selbst hatte geglaubt«, sagte ein portugiesischer Offizier der Hong Kong Volunteers, »was mir als Befehl an meine Truppen mitgegeben wurde, daß wir bis zum letzten Mann, bis zur letzten Patrone kämpfen würden. Daher war für mich der Befehl zur Kapitulation ein schwerer Schock.«

Fast alle Briten kamen hinter Gitter: die Soldaten in Kriegsgefangenenlager in Kowloon, die Zivilisten in ein Internierungslager an der Küste in Stanley, der Gouverneur für ein paar Wochen in eine Suite des Peninsula-Hotels, ehe er mit anderen wichtigen Gefangenen in die Mandschurei gebracht wurde – und nachdem die Briten alle aus dem Weg waren, konnten die Japaner mit Hongkong machen, was sie wollten. Im Februar 1942 kam ein Militärgouverneur an. Es war Generalleutnant Rensuke Isogai, ein Chinaspezialist. Er soll ein begabter Kalligraph und Meister der Teezeremonie gewesen sein, aber seine erste Proklamation, die dauerhaft auf dem Sockel der Statue von Königin Victoria auf dem Statue Square festgehalten wurde, sagte: »Alle, die den Pfad des Rechts verlassen und sich nicht in ihren korrekten Grenzen halten, werde ich ohne Gnade nach den Militärgesetzen aburteilen.« Es war eine Warnung, die ironischerweise der glich, die Blake den gerade eroberten Eingeborenen der New Territories 44 Jahre zuvor erteilt hatte.

Die Japaner hatten gesagt, sie würden Hongkong in ihre gemeinsame Groß-Ostasiatische Wohlstandszone einbeziehen. Und beziehungsreich richteten sie ihre Verwaltungszentrale im Gebäude der Hongkong und Shanghai Bank ein (Isogai belegte die Räumlichkeiten des Vorstandsvorsitzenden im neunten Stock), und Schiff um Schiff fuhr beutebeladen heim nach Japan, wobei sie die meisten der Hongkonger Autos mitnahmen – ein amerikanischer Journalist[97], der in jenem Januar über den Hafen fuhr, zählte 26 Schiffe mit Decksladungen, die aus Fahrzeugen bestanden. Aber wie es sich herausstellte, brachte Hongkong der Gemeinsamen Wohlstandszone noch einige andere Vorteile. Den Japanern war Hongkong militärisch auch nicht viel nütze, und auf lange Sicht war es ihnen wahrscheinlich eher ein Last- denn ein Aktivposten. Auf Befehl Tokios wurde es nicht in die Verwaltung des durch Japan besetzten China einbezogen, das flußaufwärts von Guangzhou aus beherrscht wurde, und es wurde auch nie einer der beiden Marionettenregierungen angeboten, die jetzt über große Teile Chinas unter japanischer Schutzherrschaft regierten. Es blieb ein militärisches Gouvernement, »Das Eroberte Territorium von Hongkong«.

Obgleich sie selbst nur sehr wenige Denkmäler ihrer Eroberungen hatten, unternahmen sie nur wenig mit Hongkong. Der Gouverneurspalast wurde durch einen 26jährigen Eisenbahningenieur, Seichi Fujimura, wieder aufgebaut und durch eine Firma aus Osaka mit neuer Innenausstattung versehen, die Gärten wurden durch einen Gärtner aus Kyoto gestaltet und mit einem hohen pagodenartigen Turm japanisiert. Auf dem Gipfel des Mount Cameron, oberhalb des Zentrums, wurden in einer Zeremonie die Fundamente zu einem krönenden Siegesdenkmal, dem Tempel der göttlichen Winde, gelegt. Shinto-Priester präsidierten, und ein heiliges Schwert wurde in das Mauerwerk des Monumentes gebettet,

---

97 Gwen Dew, *Prisoner of the Japanese*, New York 1943. Die Japaner nahmen auch eine Anzahl Bücher aus der Bücherei des Hong-Kong-Klub mit, die nach Kriegsende auf einem Kai in Yokohama gefunden und in ihre Regale zurückgebracht wurden.

das 25 Meter hoch werden und auf zwölf Betonpfeilern ruhen sollte. Einmeißeln wollte man viereinhalb Meter hohe chinesische Schriftzeichen mit der Bedeutung »Heldendenkmal«. Sonst bauten die neuen Herrscher Hongkongs praktisch nichts, sondern nutzten vielmehr nur, was sie fanden, so, als sei es immer ihr Eigentum gewesen: Japanischen Ringkämpferteams wurden Medaillen verliehen, auf denen in Flachrelief das Gebäude der Hongkong und Shanghai Bank geprägt war, so wie es sonst mit Abbildungen ihres Klubhauses der Fall gewesen sein mag.

Im großen und ganzen war das Verhalten der Japaner in Hongkong verachtenswert. Während des Kampfes haben sie wiederholt Gefangene mit Bajonetten erstochen, nachdem ihnen Hände und Füße gebunden worden waren, und sie haben Ärzte, Krankenschwestern und Patienten in Militärlazaretten ermordet. Unmittelbar nach der Kapitulation ließen sie ihre Truppen absichtlich marodieren, die überall vergewaltigten und plünderten. Ihre Behandlung von Gefangenen, Soldaten und Zivilisten gleichermaßen, war grausam, unehrenhaft und offensichtlich abhängig von Launen. Der arme General Maltby wurde einmal geschlagen, weil er angeblich schmutzige Fingernägel hatte. Sollten die reguläre Armee Japans und öfter noch die japanische Marine sich manchmal ehrenhaft verhalten haben, so war es die scheußliche Kempeitai, die Militärpolizei, die ihre Opfer so bereitwillig und brutal wie jede Gestapo folterte.

Insoweit diese gräßliche Beschäftigung einen logischen Sinn hatte, war es der, ein Empire durch ein anderes zu ersetzen, und die Japaner taten ihr bestes, um ihre Vorgänger in Mißkredit zu bringen. Mutwillig vernichteten sie britische Unterlagen und ersetzten das britische Verwaltungssystem durch ihre eigene, kaum weniger umständliche Bürokratie. Aber ihre

Methoden waren nicht folgerichtig. Einerseits wurde die chinesische Bevölkerung mit bösartiger Arroganz behandelt – so wurden zum Beispiel Passanten, die es versäumten, sich vor japanischen Posten zu verbeugen, bestenfalls ins Gesicht geschlagen oder mit dem Gewehrkolben gestoßen, schlimmstenfalls ins Gefängnis geworfen. Andererseits ließen die Japaner nichts unversucht, um die Chinesen zur Zusammenarbeit zu bewegen. Was ist besser, so lautete ihre rhetorische Frage, die korrupte, fremde Art der Briten, dekadent, materialistisch und egoistisch, oder die majestätische Art der Kaiserlichen Armee, die konfuzianische Art, die den Japanern und Chinesen gemeinsam sei?

Während der gesamten Besatzungsdauer druckten die Japaner eine englischsprachige Zeitung, die *Hong Kong News*, die vor dem Krieg japanische Eigentümer hatte. Im Rückblick lassen die Belegexemplare dieser Publikation einen eisigen Einblick in das Leben der gefangenen Kolonie zu – bis vor kurzem noch durch die Stubbes, Pattersons und Lady Southorns beherrscht und jetzt in den Händen von Isogai und der Kempeitei.

Natürlich war es ein Propagandablatt, höchstwahrscheinlich für diejenigen in Umlauf gebracht, die weder Chinesisch noch Japanisch lesen konnten – die wenigen Neutralen, die in der Kolonie verblieben waren, sowie kollaborierende Inder und die Gefangenen in ihren Lagern. Eine ihrer Aufgaben war es, den Eindruck der Normalität zu vermitteln. Ihre Sprache blieb die eines relativ literarischen Englisch. Ihr Ton, wenigstens in den ersten Jahren, war unbeschwert. »Der Zuschauer« bot zum Beispiel in seiner Kolumne »Blick in die Welt« die vertrauten Scherze am unteren Rand der Seite, die vielleicht noch aus Vorräten stammten (»So mancher Mann lebt heute vom Schweiß seiner Frau«), während die Kolumne mit dem Titel »In der

Stadt« es sich zur Aufgabe gemacht hatte, den Eindruck eines gepflegten Klatsches zu vermitteln (»Im Gegensatz zu den Tagen unmittelbar nach den örtlichen Kampfhandlungen, sieht man nunmehr viele schöne Mädchen wunderhübsch gekleidet und im allgemeinen ohne männliche Begleitung in der Stadt«).

Die Kleinanzeigen strahlen einen ebenso alltäglichen Eindruck aus. Da gibt es Kameras zu verkaufen, Räume zu vermieten, ein englischsprechender Neutraler sucht einen japanischen Privatlehrer, chinesischer Herr sucht japanischen Partner für wagemutiges Exportunternehmen. Jimmy's bleibt der Platz, wo man essen kann. Obwohl die Snackbar des Hongkong Hotels in einen Grillraum umgebaut wurde, spielt George Pilo-Ulski, der Akkordeon-Virtuose, während des Gabelfrühstücks. Harry Roys Tiger-Ragamuffins können noch immer im Radio gehört werden, und Frau A. Steinschneider, ehemaliges Mitglied der Wiener Staatsoper, stellt sich weiterhin für Gesangsunterricht zur Verfügung.

Aber mit der Zeit überschattete *Hong Kong News* ein düsterer Zug. Obwohl die Aufmachung vertraut war und der Stil beharrlich beibehalten wurde, erinnerte die Zeitung Tag um Tag mehr daran, daß Hongkong völlig der Gnade der Eroberer ausgesetzt war, völlig außerhalb der Einwirkungsmöglichkeiten der Freunde lag. Was konnte für die eingekerkerten Briten deprimierender sein, als zu erfahren, daß »hochrangige deutsche und italienische Offiziere« ihre Kolonie »inspiziert« hatten? Die Neuigkeiten aus Europa kamen nur aus den neutralen Ländern, Portugal, Spanien, Schweden oder aus Vichy-Frankreich, und im Verlauf der Jahre wurde Großbritannien zunehmend herablassend als Vasall der Vereinigten Staaten porträtiert. Angebliche japanische Grausamkeiten wurden mit einem Zynismus abgetan, der es kaum notwendig fand, sich zu verkleiden, da jedermann in Hongkong die Wahrheit kannte: Diese Gerüchte seien durch die britische Propagandamaschine erfunden worden, soll ein Sprecher Tokios gesagt haben, und »seien absolute Phantasie«.

Selbst Großbritanniens angeblich loyale Staatsbürger wären untreu geworden, suggerierte die Zeitung ständig. Führer des chinesischen Rehabilitationskomitees haben dem Kaiser im Namen der Bevölkerung Hongkongs eine Botschaft gesandt und ihm zu den japanischen Siegen gratuliert. Der chinesische Abgeordnetenrat verordnete, daß am folgenden Tag, dem Tag der Marine, an dem des japanischen Sieges über die Russen im Jahre 1905 gedacht würde, alle Geschäfts- und Wohngebäude die japanische Flagge zu hissen hätten. Mr. P. A. Krishna, der Vorsitzende der Indischen Unabhängigkeitsliga, übergab dem Neuen Kriegswaffenfond 20 000 Yen ...

Und gelegentlich zeigte sich das Gefühl kalten Triumphes viel freimütiger. »Wehe allen, die das Gesetz mißachten!« warnt ein Leitartikel, und ab und zu wurden frostige Verordnungen im vollen Wortlaut abgedruckt. Schwere Strafen hätten die Eigentümer schmutziger Wohnräume zu erwarten, sagte die *News* an einem Tag im Jahre 1942, nachdem alle Wohnhäuser inspiziert worden waren. Die Leser werden gewarnt, daß Englisch zwar die Amtssprache war, solange Hongkong den Briten gehörte, jetzt aber das Japanische die wichtigste Sprache sei; und die Zeitung veröffentlichte eine tägliche Lektion in Japanisch, zusammen mit einer Auswahl alter, manchmal ziemlich aphoristischer, japanischer Sprüche.

Die *Hong Kong News* sollte den Eindruck einer gesicherten, leistungsfähigen, strengen, aber allgemein wohlwollenden Besatzungsmacht vermitteln. Es trifft zu, daß die japanische Verwaltung ein paar Vorzüge aufwies. Ihre Übertragung von Verantwortung auf die örtlichen Ältesten brachte die Menschen der Selbstbestimmung näher, als es bei den Briten je der Fall war. In den Städten hielten ihre gnadenlosen Hausinspektionen die Krankheiten im Zaum. Ihre Ingenieure bauten den Flugplatz aus und verlegten das erste Stromkabel unter dem Hafen, um die Stromversorgung der Insel wiederherzustellen (aber Schiffe hakten immer wieder mit ihren Ankern ein und es wurde erst in den 80er Jahren erneuert).

Aber allgemein gesehen waren die drei Jahre japanischer Anwesenheit vollkommen vergeudete Jahre, und die Eroberer zeigten sich nur von ihrer schlechtesten Seite. Im Gegensatz dazu waren die Briten Ausbunde von Tugend. So wichtigtuerisch die alten Gouverneure sich auch gegeben haben mögen – sie warfen einen nicht sofort in eine Zelle, wenn man bei ihrem Vorübergehen nicht stockstoff stehenblieb. Die britischen Polizisten waren manchmal brutal und oftmals unehrlich, aber sie waren Engel im Vergleich zu den Männern von Kempeitei mit ihrem furchterregenden Netz von Informanten und ihren Folterzellen, die man geringschätzig auf den Veranden von Sir Aston Webbs Oberstem Gerichtshof aufgebaut hatte.

Die Japaner verwandten viel Energie darauf, das Aussehen des Gebietes zu verändern. Oberflächlich wenigstens wurde alles japanisiert, die Läden, die Banken, die Hotels, der Jockeyklub und selbst die Pferde, die nunmehr japanische Namen trugen und durch japanische Pferde ergänzt wurden. Das Haus Lane Crawford hieß jetzt Matsuzakaya und die Angestellten wurden, wie in den alten Tagen vor dem Haupteingang fotografiert, förmlich um ihren japanischen geschäftsführenden Direktor gruppiert. Das Peninsula Hotel wurde das Toa, Jimmy's Kitchen das Sai Mun Café und die Queen's Road die Nakameiji-dori. Der Militärgouverneur zog nicht in seinen neu orientalisierten Gouverneurspalast, sondern bevorzugte eine requirierte Unterkunft an der Repulse Bay, aber japanische Wachposten standen vor den alten Wachhäusern an der Upper Albert Road und die Aufgehende Sonne flatterte, natürlich in Großformat, über dem neuen Turm. Die Star-Fährboote waren beschlagnahmt, und einige von ihnen wurden für den Verkehr nach Guangzhou eingesetzt – das erste Mal, daß sie je den Hafen verlassen hatten. Alle Standbilder der königlichen Familie wurden schließlich vom Statue Square entfernt (»ein folgerichtiger Schritt«, bemerkte die *News* unterwürfig) und zum Einschmelzen nach Japan verbracht.

Worum drehte sich alles? Die Japaner müssen sicher manchmal, während sie jahrelang ihre Gefangenen bewachten, erstaunt beobachtet haben, wie Hongkong unter ihren Händen ins Elend abstieg. Die während der Kämpfe zerbombte, zerschossene und ausgebrannte Stadt hatte sich unter der Schirmherrschaft der gemeinsamen Groß-Ostasiatischen Wohlstandszone gewiß nicht erholt. Die New Territories verfielen mehr oder weniger der Anarchie, in denen Banden von Gesetzesbrechern und Piraten, von kommunistischen Befreiungsgruppen und Anhängern der Marionettenregierung in Nanjing durchsetzt, von Agenten der Kuomintang, der Kommunisten, der abwesenden Briten und der Japaner selbst ihre Kämpfe austrugen. Die Städte wurden schäbiger, ärmer, leerer, trister. Die Schulen leerten sich. Lebensmittel und Brennstoffe wurden verzweifelt knapp, so daß die Japaner unter Anwendung zwangsweiser Räumungen möglichst viele Chinesen auf das Festland zurückjagten. Manchmal, so wird ihnen nachgesagt, setzten sie alte Menschen, Frauen und Kinder auf öden Inseln oder an schwer zugänglichen chinesischen Küsten ab. Sie hatten die Absicht, die chinesische Bevölkerung um 1000 je Tag zu verringern, und schafften während der ganzen Besatzungsdauer eine Zahl von 23 000 im Monat.

Wie beängstigend plötzlich, wie fruchtlos und, wie sich dann herausstellte, kurzlebig war doch diese Verwandlung! Es war, als hätte man das Jahrhundert der kolonialen Geschichte Hongkongs mit einem Strich ausgelöscht. Der berühmte üppige Reichtum der Stadt war völlig dahin, und mit der Zeit schwand auch ihre Vitalität. Als sich das Kriegsglück gegen die Japaner wendete – vielleicht dämmerte es ihnen da, daß Hongkong sich als absolut unnützer Erwerb herausstellte –, versank der dritte Hafen des britischen Empire im Elend. Geld hatte seine Bedeutung verloren, und ein Schwarzmarkt, den die Triaden betrieben, übernahm im wahrsten Sinne des Wortes die Versorgung der Bevölkerung. Im Jahre 1945 waren die beiden Zwillingsstädte des Hafens halb verwaist.

Selbst der *News* kam, als sich die Monate dahinzogen, dieses Gefühl absoluten Versagens zu Bewußtsein. Eine winselnde, selbstrechtfertigende Note kroch in ihre Prosa. Die Japaner haben nicht für sich selbst gekämpft, sagte ein Leitartikel im Mai 1945, sondern für die Milliarden Einwohner des Größeren Ostasien. Die Kolumne »In der Stadt« hatte ihren ganzen Dünkel verloren und brachte jetzt nur noch eine Reihe bürokratischer Verlautbarungen – eine anstehende Überprüfung der Fahrrad-Lizenzen, eine Anhebung der Telefongebühren. Hitler wurde von Zeit zu Zeit immer noch glorifiziert, und *Mädchen in Uniform*, ein ausschließlich mit weiblichen Darstellerinnen produzierter Film der UFA, wurde im Meiji-Theater gezeigt. Aber jetzt tauchten auch schon Berichte über deutsche Niederlagen in Europa und sogar Hinweise auf die Greuel der Konzentrationslager auf. Als die Atombombe auf Hiroshima fiel, machte das in der Zeitung Schlagzeilen: »Letzte Karte des Feindes«, nannte es die *News*, allerdings nicht mit viel Überzeugung.

Die letzte Ausgabe, die fast mit dem Augenblick der Kapitulation von Kaiser Hirohito zusammenfiel, enthielt einen Leitartikel mit dem Titel »Gesundheit ist Reichtum« über die medizinischen Errungenschaften der Japaner in Hongkong, einen Essay über Faktoren, die den japanischen Nationalcharakter prägen, einen Bericht mit der Überschrift »Sumatra erkennt Japans Wohlwollen an«, eine Suchanzeige für einen »Golfsatz für Damen« und ein letztes, wenn auch nicht weniger rätselhaftes altjapanisches Sprichwort (»Ein Ostwind in den Ohren des Pferdes«).

Als die britischen Soldaten als Kriegsgefangene zu Beginn der Besatzung in ihre Lager marschierten, stellten sie fest, daß chinesische Zuschauer durchaus willig waren, ihr Gepäck für sie zu tragen, und während der gesamten Besatzung gelang es chinesischen Händlern, Lebensmittel und vereinzelte Luxusartikel durch den Drahtzaun an europäische Gefangene zu verkaufen. Manchmal waren ihre Preise unerhört, aber oft genug waren sie gewillt, Schecks oder Schuldscheine anzunehmen, die nur nach Kriegsende einlösbar waren, sobald, sollte das je der Fall sein, wieder normale Verhältnisse herrschten. Es war schließlich zu erwarten, daß sie in diesen miserablen Zeiten, wie in allen anderen auch, ihre übliche kommerzielle Auftriebskraft zeigen würden. Was mehr überraschte, war ihre oftmals echte Loyalität gegenüber einer Kolonialmacht, die ihnen gegenüber nicht immer sehr rücksichtsvoll war, wie wir gesehen haben.

Viele waren natürlich gefährdet. Die fünfte Kolonne, die die 38. Division bei ihrem zügigen Vormarsch anführte, bestand überwiegend aus Chinesen, und nach der Niederlage fanden die Japaner hier einen unvermeidlichen Anteil von Kollaborateuren. Es gab drei wesentliche Marionetten-Körperschaften: das Beratungskomitee für den Wiederaufbau, der chinesische Abgeordnetenrat und der chinesische Rat für Zusammenarbeit. Einige der bekanntesten chinesischen Bürger traten ihnen bei und gaben dafür ihre britischen Titel auf. Sir Robert Kotewall war vor dem Krieg ein führendes Mitglied des Exekutivrates und einer der bestbekannten Männer in der Kolonie. Er wurde zu Lo Kukuwo. In den New Territories gab es das Institut für Asiatisches Wachstum, dessen Mitglieder umgangssprachlich mit *shing lei yau*, den »Genossen des Sieges« bezeichnet wurden. Einige Chinesen unterstützten die Japaner wenigstens anfänglich als asiatische Brüder, und einige glaubten an die Marionettenregierung in Nanjing, die aber in Wirklichkeit nur den chinesischen traditionellen Interessen wahrhaft diente. Man sagte, daß ihr mehr Poeten angehörten als sonst einer Regierung der Welt, die aber in den Japanern eine geringere Bedrohung sahen als in der Kuomintang oder den Kommunisten. Einige wurden Informanten und Agenten der Kempeitei, wie sie es vordem schon für die britische Kolonialpolizei waren.

Aber im allgemeinen waren sie nicht verräterisch. In jenen Tagen gab es kaum so etwas wie einen chinesischen Hongkong-Patrioten. Aber die meisten Menschen fühlten zweifellos eine Loyalität China gegenüber, nachdem sie durch die Japaner so barbarisch überfallen worden waren, und viele bekannten sich zu einer unverbrüchlichen persönlichen Zuneigung zu den Briten. »Es kann angenommen werden«, sagte ein amerikanischer Nachrichtenbericht seinerzeit, »daß die Briten auf viele dieser Menschen einen starken Einfluß haben«, und es traf zu, daß viele Chinesen sehr große Risiken eingingen, um ihren Kolonialherren zu helfen. Sie schmuggelten für die Gefangenen Botschaften und Heilmittel, sie halfen Entflohenen und sie unterhielten eine ständige Verbindung zu den britischen Streitkräften im nichtbesetzten China. Zu den Agenten, die für die Briten arbeiteten, gehörten ein früherer

Kraftfahrer des Gouverneurs, ein Tankstellenwart des Gouverneurspalastes, ein Krankenhauskoch, ein Werftschreiber und mehrere Studenten. Einer der großen Kriegshelden war ein Medizinstudent, Ha Chan, der bei der Invasion der Japaner nach China entkam, aber zu furchterregenden Spionageaufträgen für die Briten wiederholt nach Hongkong zurückkehrte, obwohl er zweimal durch die Kempeitei festgenommen worden war — eine schwächliche Figur mit Brille, wie Tausende, die man heute in Hongkong sieht.

Einige der prominenteren Kollaborateure mögen der Ansicht gewesen sein, daß sie moralisch dazu berechtigt waren — Kotewall und verschiedene andere erklärten, daß sie vor der Kapitulation durch leitende britische Beamte eigens darum gebeten wurden, mit den Japanern im Interesse der chinesischen Bevölkerung zusammenzuarbeiten. Die anderen waren selten politisch motiviert, sondern kümmerten sich lediglich um ihr eigenes Überleben. Für die überwältigende Mehrzahl der Bevölkerung gab es keine heldenhafte Alternative, sondern einfach die, durchzukommen so gut es ging: wenn sich die Gelegenheit bot, ein verlassenes europäisches Haus auszurauben oder die Balken als Feuerholz zu nutzen, den Schwarzmarkt voll zu nutzen, der an jedem Ort florierte, und sich wie immer auf die eigenen fünf Sinne und die familiären Verbindungen zu verlassen.

Fast alle Briten und ihre imperialen Soldaten befanden sich in Gefangenschaft, jedoch wurden einige freigelassen und wenige verblieben in Freiheit. Chinesische Soldaten wurden bald entlassen, während viele indische Kriegsgefangene für den Beitritt zur Indischen Nationalarmee optierten, die Unabhängigkeitsstreitkräfte, die durch die Japaner unterstützt wurden und den Besatzungsmächten als Wachen und Hilfspersonal dienten. Während der ersten Monate der Besatzung wurde eine

Anzahl der Bankiers mit ihren Familien in eines der unbedeutenderen Hotels in Victoria gesteckt, so daß ihr fachlicher Rat den Japanern zur Verfügung stand, und ein Arzt der Regierung, Selwyn Clarke, wurde ebenfalls durch die Militärs festgesetzt. (Der Professor für Pathologie der Universität, dem aufgetragen wurde, seine Arbeit im Bakteriologischen Laboratorium fortzusetzen, beging jedoch Selbstmord.)

Naturgemäß brachten es ein paar Abenteurer fertig, ihre Freiheit zu behalten, indem sie sich als neutrale Bürger ausgaben oder sich versteckten. Eine Handvoll floh nach China, und einige von diesen, angeführt durch einen Universitätsprofessor für Medizin, den Australier Lindsay Ride, wurden zu einer Nachrichteneinheit, der British Army Aid Group [Unterstützungsgruppe der Britischen Streitkräfte, BAAG] zusammengefaßt. Zu ihren Förderern gehörte John Keswick, vormals im Haus Jardine, jetzt Nachrichtenagent an der britischen Botschaft in Chongqing [Chungking]. Die BAAG operierte vom Gebiet des nichtbesetzten China aus, sandte aber oftmals Emissäre nach Hongkong und blieb mit den Gefangenenlagern in Kontakt. Einmal hegte sie den heroischen Plan eines Massenausbruchs aller Gefangenen. Sie blieb die ganze Zeit der direkte Draht zwischen den in Hongkong festgehaltenen Briten und der Außenwelt.

Innerhalb des Stacheldrahtes ging es sehr britisch zu, obgleich die Überzeugung schwand, denn schlechte Ernährung und Krankheiten schwächten Autorität und Unternehmungsgeist gleichermaßen. Mehrere tausend Soldaten wurden als Arbeitskräfte nach Japan geschickt (mehr als 1000 starben, als ihr Schiff von einem amerikanischen Unterseeboot durch einen Torpedo versenkt wurde), und viele der anderen mußten an Projekten wie der Verlängerung des Flugplatzes Kai Tak arbeiten. Es gab sporadische Fluchtversuche ins nichtbesetzte

China, von denen einige auch glückten. Mehrere Offiziere und Männer wurden ihrer Kontakte zur British Army Aid Group wegen erschossen. Sonst folgte ihre lange Zeit der Gefangenschaft dem Standardmuster des Leidens, das allen Kriegsgefangenen in japanischer Hand gemeinsam war – Langeweile, Hunger, schlechter Gesundheitszustand, sporadische Grausamkeiten und ständige Demütigungen.

Im Lager Stanley ging es ganz anders zu. Dort kopierten die Zivilisten in einem grotesken Mikrokosmos nahezu all die Charakteristiken des Hongkong in Friedenszeiten. Gimson, der ranghöchste internierte Beamte, hatte in keinem Augenblick seine Amtsautorität über seine Mitgefangenen aufgegeben. »Die britische Regierung ist in Hongkong«, so proklamierte er, »immer noch intakt und funktionsfähig, ausgenommen dort, wo sie durch die Japaner daran gehindert wird.« In der Tat beanspruchte er als maßgebender Repräsentant der Krone, auch die Außenpolitik der Regierung im Gefangenenzustand zu gestalten – das heißt, ihre Beziehungen zu ihren Eroberern. Er widersetzte sich allen Vorschlägen, die britischen Zivilisten zu repatriieren, wie es mit den Amerikanern zu dem Zeitpunkt gerade geschah, und zwar mit der Begründung, daß das dem Status von Hongkong nach dem Kriege schaden könne. Als einige der Internierten eine Petition unterschrieben, die ihn aufforderte, seinen Standpunkt zu ändern, nannte er sie Verräter an der britischen Sache.

Die Internierten verhielten sich im großen und ganzen so, wie man es von ihnen erwartete. Sie waren schließlich das koloniale Hongkong auf kleinem Raum zusammengefaßt, Männer, Frauen und Kinder, Menschen aller Ränge, denen man ihre Dienstboten fortgenommen und deren ehemals abgeschottete Kreise man nun alle zusammengeworfen hatte. Sie zankten sich um Rangordnung und Vorrechte. Sie bildeten

Komitees. Sie organisierten Theateraufführungen. Sie erinnerten sich an die glücklichen vergangenen Tage. Wenn sie einem Japaner begegneten, verbeugten sie sich, wie man es von ihnen verlangte, und wurden im Laufe der Jahre weit einfallsreicher, wenn es galt, sich um eigene Belange zu kümmern. Die Geschäftsleute murrten, wie es zur Tradition Hongkongs gehörte, über Gimson und über die Regierung, der viele von ihnen vorwarfen, Hongkong nicht zur Offenen Stadt erklärt zu haben. Gimson, nicht weniger traditionsbewußt, murrte über sie – »sie können sich nicht mal dem Anschein nach eine andere Welt vorstellen als eine, in der sie Geld verdienen und sich zur Ruhe setzen können«.

Und insgeheim kämpften einige heroische Seelen innerhalb ihrer Rangordnungen weiter. Verbindungen zur Stadt wurden immer noch aufrechterhalten – während der ersten Monate mit den Bankiers in ihrem Hotel, mit Selwyn Clarke, der bis zu seiner Verhaftung, Folterung und Einkerkerung die laufende Versorgung des Lagers mit Medikamenten aufrechterhielt. Ab und an trafen Botschaften mit jungenhafter Großtuerei von Ride und der BAAG ein. »Das Empire braucht dich, nicht Stanley«, lautete eine, mit der junge Internierte zur Flucht aufgefordert wurden. »Wie viele Gäste wären an Liberty Bonds [Obligationen der Kriegsanleihe] interessiert?« fragte eine andere. Sir Vandeleur Grayburn, Vorstandsvorsitzender der Bank, wurde der Spionage bezichtigt, verhaftet und grausam mißhandelt. Im Oktober 1943 wurden sieben Zivilisten am Strand von Stanley, fast in Sichtweite des Lagers, enthauptet, weil sie ein Rundfunkgerät besaßen. Zu ihnen gehörte der ehemalige Staatssekretär für Verteidigung der Kolonie.

Betrachten wir das alles rückblickend, so stellen wir fest, daß die Gemeinschaft hinter Stacheldraht durch die Zeichen der Tragödie nach und nach ernüchtert und reifer wurde. Die traurigen, kleinen, improvisierten Grabsteine auf dem Friedhof oberhalb des Lagers vermehrten sich. Jetzt wurde ein Internierter und dann ein weiterer abgeführt, um gefoltert, eingekerkert oder gar getötet zu werden. »Zu meinem tiefsten Bedauern«, hieß es in einer Verlautbarung, die von Gimson unterzeichnet war, »habe ich den Tod von Sir Vandeleur Grayburn mitzuteilen, der am 22. d. M. um 7.30 Uhr im Lazarett des Gefängnisses von Stanley eingetreten ist« – und jeder wußte um das Grauen, das zwischen diesen Zeilen lag. »D. W. Waterton«, lautete ein falsch buchstabierter Graffito in einer Zelle, neben dem einzelne Tage eines Kalenders durchgestrichen waren, »*FESTGENOMMEN LAGER STANLEY AM 7. JULI 1943, VERURTEILT AM 19. OKTOBER OHNE VERTEIDIGUNG, TODESURTEIL, EXEKUTION AM TAGE, AN DEM DER KALENDER ENDET...*«

In all dieser Zeit bestand der nicht unterzukriegende Gimson auf seiner Autorität, und als am 16. August 1945 die Nachricht von der bedingungslosen Kapitulation der Japaner vor den Alliierten Stanley erreichte, machte er unverzüglich von ihr Gebrauch. Die Japaner waren demoralisiert, die Internierten halbverhungert. Niemand war da, der Einspruch erhob, als Gimson sich selbst zum Stellvertretenden Gouverneur und Repräsentanten seiner Majestät Königs Georg VI. in der britischen Kronkolonie Hongkong ernannte. Erst elf Tage später erreichte ihn eine Botschaft aus London, die über Macao geleitet war und durch einen Agenten der BAAG überbracht wurde, die ihn ermächtigte, so zu handeln. Gimson hatte sich da bereits mit einem Verwaltungsstab in Büroräumen an der Queen's Road in bedeutungsvoller Nähe der Bank eingerichtet. Am 30. August erschien die *South China Morning Post* nach einer Unterbrechung von nahezu vier Jahren wieder in den Straßen

Hongkongs. Sie bestand insgesamt aus sieben Kurzartikeln auf einem einzigen Blatt. Sie trug zärtlich den Titel EXTRA und begann folgendermaßen:

Das erste Kommuniqué der Regierung Hongkongs an die Bevölkerung seit Dezember 1941 wurde heute morgen um 11 Uhr wie folgt herausgegeben: »Konteradmiral Harcourt liegt vor Hongkong mit starken Seestreitkräften. Die Marinewerft hat auf seine Ankunft heute mittag vorbereitet zu sein...«

Gimsons Verhalten mag den Lauf der Geschichte verändert haben. Die alliierten Mächte waren dahingehend übereingekommen, befreite Territorien denen zu überlassen, die sie befreit hatten. Da nun eigentlich niemand Hongkong tatsächlich befreit hat, gebot es die Logik, und auch die Japaner setzten dies voraus, daß es dem Oberkommandierenden der Kriegszone übergeben werden sollte, in dem das Gebiet lag. Das war Chiang Kai-shek, der, soweit wir wissen, die Rechtmäßigkeit britischer Anwesenheit in Hongkong in Zweifel zog. Eine Übergabe der Kolonie an ihn, der dazu noch von einem Amerika unterstützt wurde, das dem britischen Empire ausgesprochen unsympathisch war, konnte sehr wohl bedeuten, daß die britische Flagge niemals wieder über dem Gouverneurspalast aufgezogen würde.

Aber Gimson schaffte ein *fait accompli*, das umzukehren sich niemand imstande sah. Als die Japaner zwei Wochen später nach einer Besatzungsdauer von drei Jahren und sieben Monaten in Hongkong formell kapitulierten, übergaben sie ihre Degen an Admiral Sir Cecil Harcourt von der Royal Navy, der mit seinem Flaggschiff, dem Kreuzer *Swiftsure*, und in Begleitung des Schlachtschiffes *Anson*, von zwei Flugzeugträgern, acht Zerstörern und einer Flottille von Minenräumbooten in den grauen, zerfallenen und noch mit Wracks übersäten Hafen eingelaufen war.

Kapitän Shadwell, R. N. von der *H. M. S. Maidstone* war unter den ersten, die das Lager Stanley erreichten. Durch einen begeisterten Internierten wurde er als »so reizend und fröhlich, mollig und unbezahlbar« beschrieben, und die Ankunft der Royal Navy tat Wunder bei der Wiederherstellung von Moral und Zuversicht. Es war fast wie in alten Zeiten! Die Marine stellte Filme für die Kinos und Tanzkapellen für Wiedersehensfeiern zur Verfügung, und nach drei freudlosen Jahren wurde der Stadt, so erzählt es uns die *South China Morning Post*, der Jitterbug unter der sachverständigen Leitung von rhythmusbegeisterten Angehörigen der Flotte vorgestellt.

In einer erstaunlich kurzen Zeit hatte Hongkong sich wieder gefangen – früher vielleicht als jedes andere besetzte Gebiet auf irgendeinem Kriegsschauplatz des Zweiten Weltkrieges. Eine britische Militärverwaltung übernahm von Gimson die Verantwortung und gab sie acht Monate später an eine wiederhergestellte Kolonialregierung weiter; schon sehr bald war das Leben im Territorium in fast jeder Hinsicht wieder normal, und die Briten hatten nahezu alle Spuren ihrer Demütigung getilgt.

Den Bahnhofsturm am Gouverneurspalast ließen sie stehen. Sie hatten geplant, den Berg höher hinauf einen ganz neuen Herrensitz zu bauen, aber die Japaner hatten das alte Gebäude so gründlich wiedererrichtet, daß man diese Idee aufgab und der Turm zu einem der bekanntesten architektonischen Wahrzeichen Hongkongs wurde: seine Räume waren bei den Damen der Gouverneure beliebt – sonnige, kleine Kammern, die man über steile Holztreppen erreichte und die sowohl für Kalligraphie als auch für Stickarbeiten geeignet waren. Jedoch sprengten die Militärs nach mehreren Versuchen den Shinto-Tempel des Göttlichen Windes, den die Japaner aus Zeitmangel nie vervollständigen konnten. Heute sind nur seine gigantischen Grundmauern zu sehen, die ein Podest für die drei Cameron-Gebäude genannten Appartementblocks oberhalb der Magazine-Schlucht abgeben und immer noch einen der überwältigendsten Ausblicke in Asien bieten.

Mehrere japanische Offiziere und Mannschaften sind wegen ihrer Grausamkeiten verurteilt worden, einige wurden in furchtbarer Gerechtigkeit in Stanley exekutiert, andere wurden zu Haftstrafen verurteilt oder freigesprochen. Ein Chinese aus Hongkong wurde als Verräter gehängt, eine besonders gemeine Kreatur der Kempeitei. Man hatte sich aber entschlossen, daß nur diejenigen, die den Japanern bei grausamen Handlungen gegen die Bevölkerung direkt geholfen hatten, für Kollaboration mit dem Feind bestraft werden sollten. Schließlich wurden etwa 50 Menschen aller Rassen für schuldig befunden. Man ersetzte die japanische Militärwährung durch neue Geldnoten, die innerhalb eines Monats von London eingeflogen wurden. Die sogenannten »Notgelder« wurden anerkannt. Es waren Noten der Hongkong und Shanghai Bank, die durch die Japaner ohne ordnungsgemäße Deckung ausgegeben worden waren. Da gab es viel Spekulation um dieses gänzlich illegale Geld, und seine im Jahre 1946 erfolgte offizielle Anerkennung war der Grundstück mehrerer Vermögen. Gleichfalls anerkannt wurden die meisten Schuldscheine aus Kriegszeiten, gelegentlich sogar die der himmelschreiendsten Profitmacher.

Sie gedachten ihrer Toten auf einem herrlichen Soldatenfriedhof der Insel Hongkong oberhalb Chai Wan mit Blick über die Wasserfläche nach Osten, auf dem der Soldaten jeglicher Herkunft gedacht wurde, die Seite an Seite dort lagen: Grenadiere aus Winnipeg neben Infanteristen aus Rajput, sechs Trommler des Middlesex-Regiments neben einigen armen Burschen, deren Namen man nicht kennt. Man stellte auch einen Grabstein auf dem einzigen Grab innerhalb der Umfriedung der Anglikanischen Kathedrale auf, dem Grab des

Soldaten R. D. Maxwell, von den Hong Kong Volunteers, gefallen am 23. Dezember 1941.

Man barg Hölzer von der *Tamar* und fertigte daraus neue Türen für die Kathedrale. Man fand die geraubten Standbilder der Könige und Königinnen des Statue Square unversehrt in Japan, aber die Zeit hatte sich geändert, und lediglich das Standbild der Königin Victoria wurde wieder aufgestellt, allerdings weit entfernt vom Zentrum — im Victoria Park an der Causeway Bay, dort, wo es Kindern nach den Statuten für Rasenplätze verboten ist, ihre ferngelenkten Autos um den Sockel herumfahren zu lassen.

Gimson wurde in seiner Stellung als Kolonialer Staatssekretär bestätigt und dann als Gouverneur nach Singapur versetzt. Sir Mark Young setzte wieder seine unterbrochene Tätigkeit als Gouverneur fort, Lindsay Ride erhielt seine Professur zurück und wurde der erste Vizekanzler der Universität. Ha Chan wurde mit dem Military Cross [Militär-Kreuz] ausgezeichnet. Eines Sir Robert Kotewall wurde man sich nie wieder ganz sicher. Da er aber ein sehr alter Freund vieler von ihnen und dazu noch einer der reichsten Männer der Kolonie war, gewährte man ihm das *in dubio pro reo.*

Auffallend bei diesen Nachwirkungen war die schnelle Abnahme der Gegenbeschuldigungen. Einziges Ziel eines jeden war es, ins Geschäft zurückzukommen. Das Territorium war verwüstet. Überall gab es Bombenschäden. Der Hafen war voller gesunkener Schiffe, alles war schmutzig und ohne Farbanstrich. Nur 150 Autos waren in der gesamten Kolonie übriggeblieben, und die 17 000 Telefone des Jahres 1939 waren auf 10 000 geschrumpft. Es blieb keine Zeit für Schuldzuweisungen, da sich Regierung und Geschäftswelt gleichermaßen, Briten und Chinesen, Zivilisten und Militärs an die Beseitigung der Schäden machten. Als seine Schiffe an jenem Tag im Hafen einliefen, hatte es sich Admiral Harcourt zur Aufgabe gemacht, Hongkong »Freiheit, Verpflegung, Gesetz und Ordnung und eine stabile Währung« zurückzubringen. Die Aufgabe wurde so erfolgreich erledigt und das Vertrauen in die Kolonie war so schnell wiederhergestellt, daß die Bevölkerung am Ende des Jahres 1945 wieder auf 1,6 Millionen angestiegen war — gerade so viel wie zu Beginn des Jahres 1941 —, und Sir Robert und Lady Ho Tung konnten ihre diamantene Hochzeit ganz im alten Stil unter Anwesenheit seiner Exzellenz im Hongkong Hotel feiern.

Als die befreiten Soldaten und die gefangenen Japaner mit ihren Truppentransportern abfuhren und viele der in Stanley Internierten zur Erholung nach Hause reisten, strömte eine neue Welle von Opportunisten nach Hongkong. Sie kamen nicht nur aus China, wo der Krieg jetzt zwischen der Kuomintang und den Kommunisten fortgesetzt wurde, sondern auch aus Europa, Australien und Amerika — eine neue Generation von Händlern, Kaufleuten, Spekulanten und Unternehmern. In dem vorherrschenden Nachkriegsklima des liberalen Imperialismus gab es Pläne, den Menschen in Hongkong ein gewisses Maß an Selbstbestimmung einzuräumen, aber die Öffentlichkeit reagierte gleichgültig und der Plan wurde bald zurückgestellt. Alle wiederbelebten Energien Hongkongs wurden in das Ansammeln von Profiten gesteckt. Innerhalb von ein paar Jahren waren alle Docks wiederhergestellt, die Wracks im Hafen waren geborgen und 46 000 Schiffe verließen den Hafen in einem einzigen Jahr. Die Bank kam wieder zu höchster Blüte, die alten *hongs* schnellten wieder hoch und selbst die japanische Gemeinde gedieh sofort wieder. Schon bald nach all diesem Elend entdecken wir die ersten zaghaften Umrisse des Wolkenkratzer-Stadtstaates, der die Kolonie einmal werden sollte.

Trotzdem hatte die Erfahrung des Krieges Hongkong tiefgreifend und dauerhaft verändert. Der Pomp der Regierung war bald wiederhergestellt, aber man würde sich nie wieder so ganz wie in einer britischen Kolonie fühlen. Sein Gleichgewicht hatte sich für immer verschoben. Ride sagte 1942, daß die Briten als »die reißaus nehmenden Briten« bekannt geworden sind, und als Admiral Harcourts Befreiungsflotte ankam, wurde er lediglich durch eine Vielzahl chinesischer Flaggen begrüßt. Kaum ein Union Jack war an Dschunken oder Hausdächern zu sehen. Es scheint, daß die Kolonisten nach dem Krieg nicht sehr oft mit ihrer militärischen Niederlage geschmäht wurden – sie sind ja schließlich triumphal zurückgekommen, und es gibt gewiß auch ein chinesisches Sprichwort über die, die zuletzt lachen. Es war aber unausweichlich, daß die Beziehungen zwischen den Rassen durch die Ereignisse verändert wurden. Die Briten konnten sich nicht mehr den Asiaten in allen Dingen überlegen fühlen. Obwohl die rassischen Vorurteile selbst blieben, verschwanden ihre äußeren Formen.

Die letzten Überreste der Rassentrennung wurden aufgegeben. Ende der vierziger Jahre durfte jeder auf dem Gipfel wohnen, der es sich leisten konnte. Der Hongkong-Klub stimmte widerstrebend der Aufnahme von Chinesen zu. Alte Einwohner, die nach dem Krieg zurückkehrten, waren über die neue freie und unbekümmerte Art der rassischen Beziehungen erstaunt. Das soziale Leben der Zuwanderer war nie wieder ganz dasselbe – die Teegesellschaften im Repulse Bay Hotel waren nie wieder so unbeschreiblich, der Klub nie wieder so unaussprechlich klubartig, die Badestrände, die einst so vertraut an Bournemouth erinnerten, waren jetzt von Asiaten überlaufen. Sehr bald waren die Chinesen in alle Lebensbereiche eingebrochen, die sozialen und auch die wirtschaftlichen, und forderten die Briten in bezug auf die finanzielle Dominanz in Hongkong heraus.

Außerdem begann Hongkong sich mehr und mehr wie ein halbautonomer Staat zu verhalten. Das britische Empire bewegte sich jetzt auf eine schnelle Auflösung zu, nachdem Kolonie um Kolonie ihre Selbstbestimmung beziehungsweise Unabhängigkeit gewann. Aber bei Hongkong war es anders. Auf dieses besondere Territorium, so scheint es, traf keiner der gewöhnlichen Standards der Bestrebungen zu. Curzon hatte mit seiner Prophezeiung recht, daß nach dem Austritt Indiens das ganze übrige Empire folgen würde. Aber Hongkong zählte nicht. Hongkong marschierte nach einem anderen Trommelschlag. Hongkong kümmerte sich um seine eigenen wirtschaftlichen Angelegenheiten, entwickelte bald ein neues und noch strahlenderes Image und war in der Tat das einzige Territorium des gegenwärtig zu kaum mehr als einem Lumpensack bedürftiger Inseln reduzierten abhängigen Empire, das in der Lage war, auf seinen eigenen Füßen zu stehen. Mit dem Ablauf der Jahre verblaßte das arrogante Empire zu einem allgemein freundlicheren Commonwealth, und die aufeinanderfolgenden Regierungen in London lernten, Hongkong in allen Angelegenheiten eine ständige Ausnahme zuzugestehen.

Das Ende der imperialen Ära hat Hongkong im Stich gelassen, aber zur gleichen Zeit war eine andere mächtige, historische Fortentwicklung dabei, das Territorium in ihr Fahrwasser zu ziehen; am Ende der 40er Jahre kamen die Kommunisten in China an die Macht, und alles änderte sich wieder.

XI.
DER HAUSHERR

1. Ein Mahnmal chinesischer Beständigkeit

Geht man, zum Zeitpunkt, zu dem ich dies schreibe (denn es wird sie nicht mehr lange geben), die Tung Tau Tsuen Road nördlich des Flugplatzes hinauf bis kurz hinter die Grenze zwischen Kowloon und den New Territories, so entdeckt man zur rechten Hand eine Reihe von Einrichtungen, die selbst nach den Standards dieses abstrusen Ortes kurios sind. Eine nach der anderen mit der Glasfront zur Straße gewandt, sind dies die Praxen unqualifizierter Zahnärzte. Ihre Fenster sind mit konservierten Abszessen, Illustrationen eingeklemmter Weisheitszähne sowie grinsenden Reihen von Gebissen gefüllt, und im Hintergrund einer jeden Praxis wartet ein Behandlungsstuhl, manchmal von einem Zahnarzt besetzt, der sich darauf zwischen der Behandlung zweier Patienten ausruht, während seine dekorativen Goldfische (gut für die Nerven der Patienten) in beleuchtetem Bassin im Hintergrund ihre Kreise ziehen.

Nichtqualifizierte Ärzte und Zahnärzte praktizieren überall in Hongkong, aber diese besonderen Praktiker sind aus historischen Gründen dort. Sie glauben, dort außerhalb des Geltungsbereiches der Gesetze und Inspektionen der Regierung zu sein, weil jene Seite des Abschnittes der Tung Tau Tsuen Road einst den Schutzwall der alten Stadt Kowloon bildete. Das war der Ort, wenn wir uns zurückerinnern, den die Mandschus als befestigtes Hauptquartier unterhielten, noch ehe die Briten je nach Hongkong kamen, und wo sie auf ihren Herrschaftsansprüchen bestanden, als die New Territories 1898 abgetreten wurden.

Zur damaligen Zeit war es eine mauerbewehrte Stadt, die 1847 eigens als Verteidigungsanlage gegen die Briten jenseits des Wassers wiedererrichtet wurde. Sie hatte sechs Wachtürme, fünf Meter starke Mauern, eine Garnison von 500 Soldaten, und ein *yamen*, das Verwaltungsbüro, lag sicher in der Mitte des Ganzen. Ihre Kanonen waren schwarz mit roten Mündungen, und ihr Auftreten konnte grimmig sein: Es gibt Bilder von verurteilten Verbrechern, die außerhalb ihrer Tore mit Plakaten um den Hals kauerten, und von Piraten, die durch die Royal Navy aufgegriffen worden waren und am nahegelegenen Strand enthauptet wurden, mit freundlicher Empfehlung des *yamen*.

Als die Briten die New Territories übernahmen, entledigten sie sich sehr bald der chinesischen Beamten in Kowloon und stützten sich dabei auf unklare Formulierungen in den Verträgen von Peking. Die darauf folgenden Rechtsstreitigkeiten haben den Status des Ortes nie richtig festgelegt. Er wurde zu einer Art von Niemandsland und nur als die Mauerbewehrte Stadt bekannt. Die Chinesen erhoben Einspruch, wenn immer die Briten vorschlugen, das Ganze abzureißen. Die Briten dehnten all ihre gewöhnlichen städtischen Verordnungen niemals auf diesen Ort aus, und noch in den 70er Jahren sagte man, daß dort die einzige wirkliche Regierungsgewalt durch die Triaden ausgeübt würde.

Als die Stadt um sie herum wuchs, wurde die Mauerbewehrte Stadt zum berüchtigten Zufluchtsort für Bösewichter. Da sie sich ihrer Rechte niemals absolut sicher waren, ließen es die Briten allgemein dabei bewenden und hofften, daß alles von selbst verschwinden würde. Das war beinahe der Fall; 1933 gab es dort noch etwa 400 Einwohner und 1940 waren fast alle ihre Häuser zerstört. Aber nach dem Zweiten Weltkrieg erwachte sie in bemerkenswerter Weise, als Tausende unrechtmäßig Besitz von der Stadt ergriffen, und in den späten 80er Jahren wurde ihre Bewohnerzahl auf nahezu 30 000 Menschen geschätzt.

Jetzt hat das Viertel keine Ähnlichkeit mit jener befestigten Stadt der Mandschus mehr. Ihre Mauern wurden alle durch die Japaner niedergerissen, und der Schutt wurde für den Ausbau des Flugplatzes verwandt. Nur sehr wenige ihrer Bauten sind älter als 30 Jahre. Trotzdem fühlt sie sich wie eine Enklave innerhalb der Stadt, exterritorial und irgendwie unwirklich. Sie ist ein fürchterlicher Slum. Kein Fahrzeug kann sie befahren – es gibt keine Straße, die breit genug wäre –, und ihre Gebäude, die manchmal bis zu zehn oder zwölf Stockwerke hoch sind, hat man so unentwirrbar zusammengepackt, daß sie ein geronnener Klumpen Mauerwerk zu sein scheinen, der durch überlappende Strukturen, Leitern, Gänge, Rohre, Kabel verschweißt ist und nur durch stinkende Luftschächte belüftet wird.

Ein Labyrinth dunkler, naßkalter Gassen durchzieht diese Masse von einer Seite zur anderen. Tageslicht erreicht sie praktisch nicht. In Schleifen gezogene Stromkabel schmücken ihre niedrigen Decken wie Girlanden, und die Feuchtigkeit tropft alarmierend herab. Es ist wie im Bunker. Manchmal scheint man ganz allein zu sein, alle Türen ringsherum sind geschlossen. Manchmal wird eine Gasse plötzlich von der Beleuchtung einer Wäscherei oder eines Ausbeuterbetriebes erhellt, und laut hallt die chinesische Musik heraus. Auf dem einzig belüfteten Platz dieses Labyrinths steht noch immer das alte *yamen*, ein niedriges Holzgebäude, das jetzt als Schule und Gemeinschaftszentrum genutzt wird. Bis heute hat man den Eindruck einer festgefügten, zusammenhaltenden und homogenen Gemeinschaft, ganz anders, als es draußen in der Kolonie ist. Die sanitären Verordnungen Hongkongs werden immer noch nicht befolgt. Feuergefahren werden mißachtet. Die einzige Planungseinschränkung, die je durchgesetzt wurde, betrifft die Höhe der Gebäude –

ohnehin kommen Flugzeuge, die in Kai Tak landen wollen, mit lautem Lärm beunruhigend niedrig über die Hausdächer geflogen.

Die chinesischen Regierungen haben, genau wie die Briten, die Mauerbewehrte Stadt im Verlaufe der Jahre zwiespältig betrachtet. Einerseits haben sie niemals ihren Anspruch aufgegeben, in ihren Grenzen Autorität auszuüben, und von Zeit zu Zeit haben sie das bei unbedeutenden Angelegenheiten auf die Probe gestellt. Andererseits waren sie der Ansicht, daß zuviel Wirbel um die Mauerbewehrte Stadt, die Anerkennung der britischen Rechte im Territorium als Ganzem implizieren könnte. Der Slum ist dementsprechend ein fremdartiger Hinweis auf Chinas Interesse an Hongkong und die schleichende, geduldige, Katz-und-Maus-Art, mit der die Chinesen den Fortschritt der Kolonie verfolgt haben.

Nun, die Mauerbewehrte Stadt in Kowloon wird schließlich doch noch vor 1997 abgerissen, und sowohl Briten als auch Chinesen sind darüber nicht mehr zerstritten[98]. Mit ihr wird aus Hongkong eine uralte Sensation verschwinden. Obwohl ich selbst erfahren habe, daß jedermann in der Mauerbewehrten Stadt die Freundlichkeit selbst gewesen ist, und obgleich in den letzten Jahren die Hongkonger Polizei hier ihre Runden macht, werden auch jetzt noch Touristen aus Sicherheitsgründen davor gewarnt, sie zu betreten, und man kann sie dabei beobachten, wie sie einen unzeitgemäßen Schauder oder ein letztes Frösteln vor dem mysteriösen Orient oder dem unergründlichen China genießen, wenn sie an den konservierten Abszessen vorbei in diese reizlose Umgebung blicken.

---

98 Etwa 4500 der Bewohner haben bereits vorgetäuschte Ausgleichsansprüche gestellt: viele sind lediglich aus diesem Grunde in die Mauerbewehrte Stadt gezogen.

2. Die ungleichen Verträge: Grundlage

Ich sage ein letzter Schauer des Unergründlichen, weil wenigstens theoretisch das Abkommen von 1984 zum ersten Mal Offenheit über Hongkong in die anglo-chinesischen Beziehungen brachte. Bis dahin war nichts aufrichtig und die verschwommenen unterschiedlichen Auffassungen über den Status der Mauerbewehrten Stadt könnten als Paradigma für die Einstellung zur Kolonie selbst gelten.

Wenigstens seit dem Fall der Mandschu-Dynastie haben die Chinesen den Briten jegliches Recht abgesprochen, in Hongkong zu sein. Sie bestanden darauf, daß sowohl die Abtretung Hongkongs und Kowloons als auch die Pacht der New Territories zur Kategorie der Ungleichen Verträge zählen: das heißt, zu den Verträgen, die einem vorübergehend geschwächten China durch die ruchlose militärische Stärke von Fremden in unfairer Weise aufgezwungen wurden. Die Ungleichen Verträge erreichten gegen Ende des neunzehnten Jahrhunderts ihren Höhepunkt, als Großbritannien, Deutschland, Frankreich, Rußland, Portugal und Japan alle ihre territorialen Konzessionen entlang der Küste Chinas besaßen und sich gemeinsam mit den Vereinigten Staaten aller möglichen Arten von Privilegien in Form von Vertragshäfen und Einflußsphären erfreuten.

Obgleich die Briten es ständig versuchten, war es unmöglich, die Ungleichheit der Verträge zu negieren. Die Chinesen waren in der Tat durch eine *force majeure* gezwungen, diese Konzessionen zu machen, und erhielten dafür keinerlei Gegenleistung. Als China wieder auflebte, wurden diese fremden Rechte eines ums andere aufgehoben. Die meisten der Niederlassungen wurden zwischen den beiden Weltkriegen liquidiert – die Briten verließen Weihaiwei im Jahre

1930[99] —, und 1944 wurden die fremden Rechte in allen Vertragshäfen formell aufgehoben. Die große internationale Kolonie in Shanghai erlosch 1945. In der zweiten Hälfte des zwanzigsten Jahrhunderts verblieben an der Küste Chinas nur die zwei Enklaven, mit denen alles begonnen hatte: Portugals Macao, das 400 Jahre existiert hatte und so winzig war, daß man es beinahe als bedeutungslos ansehen kann, und das Hongkong Großbritanniens.

Es hört sich etwas komisch an, wenn man von den Beziehungen zwischen Hongkong (Bevölkerung 5,6 Millionen) und der Volksrepublik China (Bevölkerung 1000 Millionen) auch nur redet — etwa so wie der gefangene Gimson und seine Außenpolitik mit dem Kaiserreich Japan. Aber es handelt sich nicht nur um Beziehungen zwischen einer winzigen Kolonie und einem Koloß, sondern zwischen zwei bedeutenden historischen Kräften — zwischen Kulturen und Traditionen, Systemen, Rassen und Werten. Es war die unwiderstehliche Energie des modernen Westens, der sich dem Gipfel seiner Überlegenheit näherte und die Kolonie Hongkong an den Rand Chinas gesetzt hatte, und es war die Unfähigkeit der traditionellen chinesischen Zivilisation an ihrem Tiefpunkt, die das ermöglichte; es ist die allmähliche Angleichung beider Systeme und die Ausbreitung der Technologie, die sie beide vereinigt und die jetzt für diese Verbindung den entscheidenden Ausgang herbeiführt.

---

99   Seine Dorfbewohner baten die britische Regierung dringend, so berichtete seinerzeit die *Times*, die Rückgabe des Territoriums aufzuschieben, bis die Zeiten besser wären.

3. Hongkong – niemals teilnahmslos

Hongkong mit einer Größe von einem Neuntausendstel seines gigantischen Hausherrn ist oft mit einem Parasiten auf der Haut Chinas verglichen worden. Wenn man dann gelegentlich vom Gipfel zum Festland hinüberblickt und an die fast unendlichen Landschaften Chinas denkt, die hinter den Bergen Kowloons beginnen und sich unfaßbar nach Tibet oder in die Mongolei erstrecken, dann kommt es mir zum Bewußtsein, daß Hongkong für die Führer Chinas nicht mehr sein kann als ein irritierendes Jucken der Haut. Dieser Vergleich ist jedoch falsch. Hongkongs Rolle ist nie passiv oder gar fordernd gewesen. Die Kolonie war die Agentur weit größerer Mächte, und in ihrem Verkehr mit China hat sie ebensoviel gegeben, wie sie bekommen hat.

Während langer Zeiträume ihrer Geschichte war sie bedrohender, als sie selbst bedroht wurde. Von Beginn an widersetzte sie sich den Gesetzen und Traditionen Chinas, gleichgültig, ob sie die Göttlichkeit des Kaisers oder das Verbot des Exports chinesischer Technologie an Fremde betrafen. Sie diente wiederholt als Basis für Angriffe auf das chinesische Festland, die in Lord Elgins Demütigung der Mandschus im Jahre 1860 und der Zerstörung des Sommerpalastes in Beijing gipfelten. Während des ganzen neunzehnten Jahrhunderts behandelte die Kolonie China in der Tat mit allgemeiner Mißachtung. »Ich weiß nicht«, bemerkte Keswick vom Haus Jardine im Jahre 1895, am Ende von Chinas elendstem und demütigendstem Jahrhundert, »ob es für China gut sein kann, mit Nachsicht behandelt zu werden, weil sonst die Lektionen der Not und des äußersten Unglücks vergessen werden könnten«.

Von Hongkong aus hat der Westen in guten und schlechten Zeiten ein wachsames Auge auf China gerichtet. Die Kolonie war immer eine Basis für Nachrichten und Propagandatätigkeiten auf dem Festland. Heute sind jene großen elektronischen Antennen und Schüsseln, die den Himmel über dem Territorium absuchen, Vorposten des Nachrichtenhauptquartiers der Regierung in Cheltenham in England und Teil des weltumspannenden anglo-amerikanischen Horchsystems, während andere den Chinesischen Dienst der BBC bis in die entferntesten Ecken der Volksrepublik ausstrahlen. Auch jetzt findet man die gründlichste Berichterstattung über chinesische Angelegenheiten in der Presse Hongkongs, sowohl in Chinesisch als auch in Englisch. Viele Seiten sind den Sitzungen des Nationalen Volkskongresses in Beijing gewidmet, und unzählige Dinge werden festgehalten, die in der Volksrepublik niemals an die Öffentlichkeit gelangen.

Auch haben hier in der Kolonie die Gegner der Herrschenden in Beijing oder Guangzhou gewöhnlich ihre Umsturzpläne unter dem Schutz der britischen Flagge vorbereitet, Republikaner gegen Mandschus, Kommunisten gegen die Kuomintang, die Kuomintang gegen Kommunisten. Zhou Enlai flüchtete 1927 zu Beginn seines Aufstiegs zur absoluten Macht in China nach Hongkong, und die Kuomintangbehörden in Taiwan, die noch immer von einer Rückkehr auf das Festland träumen, haben es als Basis für Unruhestiftung in Südchina benutzt. Manch ein verschwundener Warlord hatte sich nach Hongkong zurückgezogen, um seine Rückkehr zu planen – der weithin bekannte »General« Pipe Lee zum Beispiel, der jahrelang zusammen mit seinen neun Frauen in einem stark befestigten Landhaus in den New Territories pompös hofhielt.

Der westliche Imperialismus war immer eine Triebkraft der Entwicklung und der Ausbeutung, und auch Hongkong übertrug ständig neue Vitalität in die sterbende Masse Chinas. Ob es nun gut war oder nicht, aber ihr ständiger Drang nach

450

einem Zugang zu Chinas Handel öffnete das Land allmählich den modernen Realitäten. Selbst der Opiumhandel lehrte wenigstens die chinesischen Bankiers die modernen Tauschverfahren, demonstrierte die Vorteile der zeitgenössischen Schiffe und Bewaffnungen und half, den Mandarinen die Augen dafür zu öffnen, daß die Fremden vielleicht Barbaren, aber nicht ausnahmslos Narren waren. Die Mittelsmänner, die mit den Hongkonger *hongs* zu tun hatten, wie auch später die chinesischen Kompradoren, die ihnen dienten, gehörten zu den ersten wirklich kosmopolitischen Chinesen und traten als Agenten der Aufklärung, aber auch der Habgier auf. Westliche Techniken wurden oft auf orientalische Fundamente verpflanzt: erstes Symbol eines erwachenden China war die Konstruktion einer Dschunkenmischform, der *lorcha*, die einen chinesischen Bootskörper mit westlicher Takelage kombinierte.[100]

Später spielten Kaufleute und Bankiers aus Hongkong führende Rollen in Chinas eigener industrieller Revolution – wenn man diese überhaupt so nennen kann. Sie stellten sich gigantische neue Märkte vor, die sich dort westlichen Experten öffneten und großartige Gelegenheiten für Investitionen boten. Da sie sich wie immer durch das Dickicht chinesischer Korruption, Obstruktion, Unwissenheit und Mißverständnisse hindurchtasten mußten, drangen sie bei den kurzsichtigen Mandschu-Behörden ständig auf Fortschritt. Hongkong war weniger ein Juckreiz verursachender Parasit als eine Wespe,

---

100 Und eine von ihnen, die *Arrow*, die sich in chinesischem Besitz befand, aber in Hongkong registriert war, lieferte den durchaus geeigneten Kriegsgrund des Jahres 1856, in dem schließlich Streitkräfte des Westens in die Verbotene Stadt selbst vordrangen.

die summend und stechend den lethargischen Riesen zu Bewußtsein brachte.

Es war hauptsächlich der Triebkraft Hongkongs zu verdanken, daß die Dampfkraft, jenes bedeutendste Werkzeug der Veränderungen im neunzehnten Jahrhundert, China erreichte. Die stabilen Flußdampfer der Häuser Russell, Dent, Jardine und Swire wurden die Haupttransportmittel in das Innere Chinas, und die Dampfschiffe Hongkongs dominierten im Küstenhandel. Die erste chinesische Eisenbahn wurde durch das Haus Jardine gebaut. Eine wunderliche Schmalspurstrecke wurde 1876 zwischen Shanghai und Wusung eröffnet, bestand jedoch nicht lange, da die Mandschu-Regierung dieser Initiative nicht wohlgesonnen gegenüberstand. Aber es war der Beginn einer gewaltigen Entwicklung des Eisenbahnwesens, die China im letzten Teil des neunzehnten Jahrhunderts verändern sollte. Es war nur folgerichtig, daß letztlich ein Konsortium des Hauses Jardine und der Hongkong und Shanghai Bank den größeren Teil des Streckennetzes finanzieren und entwickeln sollte.

Geld strömte aus der Kolonie in den Subkontinent. Ganz abgesehen von Investitionsmitteln wurden den chinesischen Regierungen wiederholt Anleihen gewährt, und die Hongkong und Shanghai Bank wurde in Beijing eine der mächtigsten Kräfte. Einige Jahre lang war sie die alleinige Bank, bei der alle chinesischen Zollgebühren eingezahlt wurden, und als China 1935 die Silberwährung abschaffte, wurde sämtliches der Regierung ausgehändigte Silber in den Stahlkammern der Bank eingelagert. Auch die Warlords wandten sich an Hongkong, um die Mittel für ihre Feldzüge zu beschaffen, und in den 30er Jahren kamen etwa 70 Prozent der Mittel für den chinesischen Kriegsbedarf gegen Japan über die Kolonie.

Ingenieure aus Hongkong halfen mit, die ständigen Hochwasser des Gelben Flusses in den Griff zu bekommen. Der

erste Aufzug in China wurde durch das Haus Jardine einge-
baut. Hongkong speiste auch elektrischen Strom in Chinas
Elektrizitätsnetz. Es gab sogar Zeiten, in denen die kleine
Kolonie mithalf, die Lebensmittelknappheiten Chinas zu lin-
dern. F. D. Ommanney, der in den 50er Jahren in Hongkong
lebte, als Chinas Landwirtschaft im Chaos versank, berich-
tete[101], daß seine *amah* [Hausmädchen] bei ihren Besuchen in
Guangzhou für ihre hungrigen Verwandten jenseits der
Grenze zwei Hühner, eine Ente, Obstpäckchen, Würste, Eier,
Tee und Naschereien, große Mengen getrocknetes Brot und
drei Säcke mit angesetztem Reis mitnahm, den sie von den
Böden der Pfannen geschabt hatte.

4. Ein überzeugendes Beispiel

»Ein himmlischer Palast in einem Märchenland«, so hat der
chinesische Gelehrte Wei Yuan im neunzehnten Jahrhundert
Hongkong beschrieben. Oft bedienten sie sich poetischer
Übertreibungen und Höflichkeitsfloskeln, aber es gibt keinen
Zweifel daran, daß die Chinesen von Hongkong mit seiner
technischen Kunstfertigkeit und seinen raschen Veränderungen
beeindruckt waren. Schon 1845 schrieb ein leitender Beamter
Guangzhous eine Ode auf die Kolonie und stellte sie als Stadt
von königlichem Weiß dar, die auf einen Felsen gebaut ist und
deren Gebäude in der Morgensonne glänzen — »während
kürzlich noch an der Stelle nur die Hütten der umherziehenden Fischer zu sehen waren. Wohin sind sie? — fortgezogen
wie die Schwalben des vergangenen Herbstes!« 1870 sagte der

---

101 In *Fragrant Harbour,* London 1962.

Dichter Wang Zuaxian, daß die Kolonie »verflochten sei mit einer See der Musik und des Gesanges, ihre Berge werden von Fleisch und Wein überflutet«. Der Politiker Wang Dao verglich sie mit einer Kette fliegender Wildgänse, und der politische Reformer Kang Youwei, der die vorherrschende Strategie dieser Kolonie bewunderte, schrieb über die »Pracht der Gebäude, die ordentliche Anordnung der Straßen, das gewichtige Erscheinungsbild der Polizei...«

Hongkong ist den Chinesen jenseits der Grenze und entlang der Küste ein überzeugendes Beispiel gewesen. Sie betrachten die Kolonie wie eine Ausstellung der Moderne, und der bloße Kontrast des materiell Erreichten zwischen der kleinen Kolonie und der riesigen Republik kann auf eine Art nur als Ansporn wirken – ein Auto auf jeweils 22 Menschen in Hongkong und eines für je 10 220 in China! China sucht in Hongkong Vorbilder des Managements, des Konstruktionswesens, der Architektur, des Finanzwesens. Das Computerzeitalter erreicht die Volksrepublik im wesentlichen über den Vermittler Hongkong, und das Konzept des Handelsrechts, das im kommunistischen China unbekannt, aber für zufriedenstellende Verträge mit dem Ausland zwingend erforderlich ist, sickert in China über Hongkongs Anwaltsgemeinde ein.

Als Lugard die Universität Hongkong gründete, sah er sie insbesondere als intellektuelles Beispiel für China – ein britischer Leuchtturm, dessen Strahlen die ganze Umgebung erleuchten würde. Hongkong war auch immer ein Fundament des christlich evangelischen Glaubens, und selbst während der Zeit unter Mao Zedong wurde das Christentum über diese nicht sehr christliche Kolonie nach China getragen: Boten der New Life Literature, einer missionierenden Organisation, verbrachte Bibeln auf das Festland, und das Chinese Research

Centre zeigte sich wie schon so viele Missionsgesellschaften vorher über die Tatsache besorgt, daß »die Herzen vieler Chinesen leer sind«.

Vor allem findet die Ideologie des Kapitalismus, die nunmehr innerhalb der Volksrepublik sporadisch wiederauflebt, ihr nächstgelegenes Vorbild in Hongkong, das man kaum umgehen kann. Millionen chinesischer Genossen haben in der Kolonie Verwandte, noch viel mehr haben die Stadt selbst gesehen, und auf jeden Fall hat die Geschichte bewiesen, daß man China niemals von den Mustern Hongkongs fernhalten kann. Von hier aus nahm Sun Yat-sen, ein Medizinstudent in der Kolonie, die Ideen mit, die dann die Monarchie stürzen sollten und das Reich des Himmels schließlich zwangen, sich auf den Status einer zeitgemäßen Großmacht hinzubewegen. Da er als Gefahr für den Frieden und die öffentliche Ordnung galt, wurde er eine Zeitlang aus Hongkong verbannt, aber 25 Jahre später erzählte er einer Zuhörerschaft an der Universität Hongkong, daß die Quelle seiner revolutionären Inspiration Hongkong selbst war – er sei tief beeindruckt gewesen von der ordentlichen Ruhe und Sicherheit der Kolonie, vergleicht man sie mit der Unordnung und Unsicherheit seiner Heimat, der Provinz Guangdong, nur 80 Kilometer entfernt. »Der Unterschied der Regierungen hat mich tief beeindruckt.«

Vielleicht mit Ausnahme der einfachsten und abgelegensten Bauern wissen alle Chinesen von Hongkong. Es ist eine Metropole Großchinas, das sich in großen und kleinen Gemeinschaften um die ganze Welt erstreckt. Und jede Ecke dieses riesigen, zwanglosen Reiches unterhält mit der Kolonie Familien- oder Wirtschaftsbande. Der Rückfluß des Geldes in das Mutterland wird über Hongkong geleitet. So auch seine Bürger, so daß das Territorium ein Warteraum oder vielleicht eine Druckkammer geworden ist, durch den ein ununterbrochener Strom jener Großchinesen oder Überseechinesen, wie sie in der Volksrepublik genannt werden, auf ihrer Reise zum Festland geschleust wird.

Ich buchte einmal eine Passage auf einem chinesischen Schiff von Hongkong nach Shanghai und fand, daß das Schiff selbst ein Mikrokosmos der chinesischen Welt war. Es war wie eine Wiedervereinigung, als wir von der Schwelle Hongkong in das große Festland eintraten. Die Besatzungsmitglieder waren Bürger der Volksrepublik, fröhlich, fähig, immer bereit, einen hageren Entenschenkel in Pergamentpapier von der Snackbar zu holen, und sahen geflissentlich darüber hinweg, wenn man durch eine Tür mit der Aufschrift NUR BESATZUNG ging. Die Passagiere waren Chinesen aller Arten. Zu ihnen gehörten ältere Leute, die von Besuchen bei ihren Verwandten im Ausland zurückkehrten, reiche Überseechinesen aus Taiwan und den Philippinen, Studenten aus Hongkong und chinesisch-amerikanische Geschäftsleute sowie ein paar Akademiker, die von Studienaufenthalten in Europa zurückkehrten.

Drei Tage lang fuhren wir durch das Südchinesische Meer, ständig begleitet von Fischerbooten und selten außer Sichtweite der Küste, auf deren besondere Merkmale die Passagiere sich gegenseitig aufgeregt aufmerksam machten. Bis wir in den Nebenarm des Yangtse fuhren, um stromaufwärts nach Shanghai zu kommen, hatte ich eine zweifach sinnbildliche Erfahrung hinter mir. Ich fühlte mich wie in einer Gesellschaft von Wanderern, die zu ihren Familien zurückkehren, aber mir war auch so, als ob ich mich im Fahrwasser all der Schiffe befand, die je die chinesische Küste von Hongkong aus hinaufgefahren oder – gesegelt sind, all der Opiumschmuggler, Teeklipper, der Dampfschiffe der Häuser Swire und Jardine, all der Vielzahl an Dschunken und Sampans, die auf allen Seiten dieses

Buches die Kolonie mit dem Festland verbunden haben. Selbst während ich diese Zeilen schreibe, sehe ich, wenn ich aus meinem Fenster über den Hafen Hongkongs hinwegschaue, dasselbe Schiff, die *Shanghai* mit der roten Flagge an ihrem Heck, beim Beladen der sie begleitenden Leichter für die nächste Heimreise.

5. Das allgegenwärtige China

Wenn auch die 1067 Quadratkilometer Hongkongs einen überraschend langen Schatten über China werfen, so türmt sich die Gegenwart der 9,58 Millionen Quadratkilometer der Volksrepublik doch entscheidend über Hongkong auf. Physisch kann man ihr nirgendwo in der Kolonie entkommen noch die Tatsache organisieren, daß Hongkong geographisch und geologisch ein Teil Chinas ist, der von seinem riesigen Nachbarn hinsichtlich eines Großteils seines Trinkwassers und fast aller Lebensmittel abhängig ist. Wenn ich vom Peak aus prüfend über das Land blicke, finde ich es schwer herauszufinden, welche Inseln oder Berge in diesem verwirrenden Panorama von Land und See britisch und welche chinesisch sind.

Für den Chinesen ist Hongkong niemals etwas anderes als ein Teil Chinas gewesen. China ist für sie China und traditionell kann jeder Chinese nur Staatsbürger Chinas sein. Die bloße Besetzung eines Stückchens chinesischen Gebietes durch Fremde vermag nicht, es dem Mutterland zu entfremden. Von Anfang bis Ende sind die Chinesen aller Regime von der Annahme ausgegangen, daß die Fremden mit Ablauf der Zeit die Kontrolle über Hongkong verlieren würden. Ihre Einstellung ist allgemein die eines ausweichenden Hinhaltens gewesen. Sie haben über Hongkong selten ihre Ruhe verloren, sondern haben den letzten der Ungleichen Verträge gesetzmäßig verfallen lassen — es waren die Briten, nicht die Chinesen, die 1984 die Verhandlungen initiiert haben.

Als Hongkong ihnen 1842 fortgenommen wurde, war ihre feste und törichte Überzeugung, daß China in jeder Hinsicht die Mitte der Welt sei. Das Schriftzeichen für »Mitte« stand auch für China, und der Titel Reich der Mitte war ein Hinweis darauf, daß sich alles andere um dieses Herzstück China drehte. Westliche Gesandte wurden wie Lakaien oder Kinder behandelt. Die Königin Victoria selbst wurde durch Lin Zexu, den kaiserlichen Hochkommissar in Guangzhou, streng gemaßregelt, weil sie es gestattet hatte, daß der Opiumhandel fortgesetzt wurde — »bei Empfang dieses Schreibens«, riet ihr der Mandarin, »antworten Sie uns schnell und teilen Sie uns die Maßnahmen mit, die Sie zu treffen gedenken. Weichen Sie nicht mit falschen Beschönigungen aus oder verschleppen es ...«

Wenn ich die Geschichte Hongkongs lese, habe ich manchmal das Gefühl, daß die Kolonie an Großbritannien eher als Spielzeug abgetreten wurde, das man einem widerspenstigen Kind gibt, um es ruhig zu halten. Sicherlich ließen die Chinesen den Dingen eine lange Zeit ihren Lauf, ohne sich, wie es scheint, über den Status Hongkongs große Sorgen zu machen. Oft waren sie physisch zu nichts anderem in der Lage, aber zu anderen Zeiten schienen sie diese Gleichgültigkeit als ihre Politik begriffen zu haben. Wenn sie in die Angelegenheiten der Kolonie eingriffen, taten sie das im allgemeinen heimlich, aber nicht immer wirkungslos. Es geschah zuerst in den 1860er Jahren, der sogenannten Blockade Hongkongs, als die Chinesen der riesigen Mengen an Schmuggelgut überdrüssig wurden, die aus der Kolonie nach China kamen. Wie es seinerzeit der britische Gesandte in Beijing zugab, war aus Hongkong »ein wenig mehr als ein riesiges Depot von Schmuggelgütern« geworden.

Die Briten beriefen sich darauf, daß Hongkong ein freier Hafen sei und es daher den chinesischen Autoritäten selbst oblag, illegalen Handelsverkehr zu unterbinden. Die Chinesen kauften demzufolge einige neue (in Großbritannien gebaute) Kanonenboote, errichteten auf den Inseln rings herum Zollstationen (die manchmal durch britische Offiziere des Kaiserlichen Chinesischen Zolls geleitet wurden), und neunzehn Jahre lang stoppten und durchsuchten chinesische Schiffe alle ein- und auslaufenden Fahrzeuge aus Hongkong. Diese sich in die Länge ziehende und gelegentlich gleichgültig wirkende Aktion hatte Erfolg, und 1886 gestanden die Briten offiziell ein, für die Kontrolle von Schmuggelware, die in den Hafen kam oder ihn verließ, selbst verantwortlich zu sein. Hier und dort kann man im Archipel noch immer die Reste der Zollstationen finden, die während der Blockade errichtet wurden, und auch die Bezeichnung Smuggler's Ridge für die Stelle, an der die Shining-mun-Befestigung stand, erinnert an diesen Disput.

Nach der Revolution von 1911, als das Mandschu-Regime gestürzt wurde und die Wellen des Nationalismus in China hochschlugen, gab es einen Schwall chinesischer offizieller und inoffizieller Einmischungsversuche in die Angelegenheiten Hongkongs. Die Kolonie hatte alle Anstrengungen unternommen, sich von den verschiedenen subversiven Bewegungen fernzuhalten. Aus dem Grunde wurde Sun Yat-sen 1896 ausgewiesen — sein Protest, er habe lediglich versucht, »meine elenden Landsleute von der Grausamkeit des tartarischen Joches zu emanzipieren«, machte auf die Briten keinen Eindruck. Der Fall der Monarchie zog Hongkong jedoch weitaus tiefer hinein. Ein großer Teil seiner chinesischen Bevölkerung stand enthusiastisch auf seiten der Revolution und glaubte in der Tat, daß sie durch den Sturz der britischen Kolonialherrschaft an ein ersehntes Ziel gelangen könnte, und so löste das Ende der Mandschus Hongkongs erste wirkliche politische Tumulte aus. Europäer wurden auf den Straßen angegriffen, Polizisten wurden mit Steinen beworfen, europäische Läden wurden boykottiert, Soldaten mit aufgesetzten Bajonetten patrouillierten auf den Straßen, und aus Indien wurden Verstärkungen herangebracht. Zu der Zeit wurde auf Sir Henry May ein Attentatsversuch unternommen. Die Briten waren über dieses Vorkommnis aufgebracht, war es doch eines der sehr seltenen Ereignisse, bei dem einer ihrer Kolonialgouverneure je körperlich angegriffen wurde. Aber die chinesische Bevölkerung Hongkongs scheint weniger schockiert gewesen zu sein, und die damals einzige Zeitung in chinesischer Sprache zog es vor, über den Vorfall gar nicht zu berichten[102].

In den 20er Jahren gab es noch eine belastende Serie von Streiks und Boykotten, und 1949 veränderte die kommunistische Revolution in China das Wesen der Beziehungen noch einmal, sandte sie doch ihre Kader nach Hongkong, die mit ihren kleinen roten Büchern ausschwärmten und die Bühne für den verlängerten und verwirrenden letzten Akt der Kolonie vorbereiteten. Obwohl die britische Regierung eine der ersten war, die das neue kommunistische Regime anerkannte, wurde die Kolonie seitens der Volksrepublik, die unsichere Jahre der Konfrontation mit dem Westen durchlebte, vielen Arten von Provokationen ausgesetzt. Im Mai 1962, als die Dinge in China besonders schwer waren, wurden plötzlich ohne Warnung 70 000 Flüchtlinge über die Grenze entlassen

---

102 Ein Brief der Hauswirtin des Beinahe-Attentäters, der durch die Polizei abgefangen wurde, erwähnte nur beiläufig, daß ihr Logisgast versucht hatte, den Gouverneur zu ermorden, und »unglücklicherweise nicht getroffen habe«.

– im Hinblick auf die Lebensmittelvorräte und Unterbringungsmöglichkeiten der Kolonie eine furchtbare Belastung. Als die britische Botschaft in Beijing 1967 durch Aktivisten der Kulturrevolution besetzt wurde, lösten diese Ereignisse jenseits der Grenze die gewalttätigsten Aufstände aus, die Hongkong je kennenlernte. Mobs durchzogen die Straßen mit wehenden roten Fahnen, schwangen die roten Bücher mit den Gedanken des Vorsitzenden Mao und sammelten sich zu Tausenden vor den Toren des Gouverneurspalastes, die über und über mit Propaganda-Plakaten beklebt waren.

Dann detonierten Bomben. Autos wurden in Brand gesteckt. Drohende Botschaften, sagte man, erreichten den Gouverneur aus dem Politbüro, und dann wurde eine berühmte und unverwüstliche Hongkonger Legende geboren – daß nämlich, wie jedem Besucher erzählt wurde, Mao Zedong in Beijing nur einen Telefonhörer abzuheben brauchte, um die Briten aus der Kolonie zu vertreiben. Nervöse Zuwanderer glaubten, daß das Ende nahe sei, und eine Zeitlang schien es wahrscheinlich, daß die Chinesen zu Beginn der trockenen Jahreszeit der Kolonie ihre Wasserversorgung verweigern und sie so zur Aufgabe zwingen würden. Einer der großen Augenblicke der Erleichterung Hongkongs von historischer Dimension war gegeben, als pünktlich wie immer am 1. Oktober das Telefon von jenseits der Grenze läutete und die gewöhnlich ruhige Stimme des Ingenieurs fragte, ob die Kolonie für das Aufdrehen der Sperrhähne bereit sei.

Die Zeit war noch nicht gekommen. Die Chinesen wollten Hongkong nicht in diesem Augenblick ihrer Geschichte übernehmen, und ihre Pseudo-Intervention war weiter nichts als eine Demonstration. Vielleicht hofften sie, die Regierung Hongkongs zu irgendeiner demütigenden Geste der Beschwichtigung zwingen zu können, wie es in der Tat mit der

Regierung Macaos geschehen war, so hatten sie hier keinen Erfolg. Der Gouverneurspalast blieb für die Geschehnisse vor seinen Toren in überlegener Weise unempfänglich, und die Krise wurde im großen und ganzen durch entschlossenes und schnelles Handeln der Polizei beigelegt, unterstützt durch eine allgemein sympathisierende Öffentlichkeit. Es war kein Zufall, daß sich die Polizei nach den Ereignissen von 1967 mit zu den monarchistischen Ständen von Sportlern und Astronomen gesellte und zur Royal Hong Kong Police Force [Königliche Polizeitruppe Hongkong] erhoben wurde.

Die Dinge kehrten zu ihrer besonderen Normalität zurück. Für ein weiteres Jahrzehnt blieb China fast allen Fremden verschlossen, und eine der großen Aufregungen einer Reise erlebte man, wenn man Lok Ma Chau besuchte, eine Höhe mit einer Polizeistation, die nach Nordwesten über die Ebene Guangdong blickte – in jenen Tagen machte es den Eindruck eines ganz friedlichen, sanften, idyllischen Landes und ließ China als Ort der letzten Unschuld erscheinen, fern und für immer unerreichbar. An Souvenirständen neben der nahen Fahrstraße verkauften Straßenhändler nicht nur die üblichen Fächer, Heuschrecken aus Stroh und Göttinnen aus Keramik, sondern auch Kopien des kleinen roten Buches des Vorsitzenden Mao. Mir ist die sonderbare und aufreizende Unruhe noch deutlich im Gedächtnis, die mich an jenem Ort befiel, als mir die Händler, einer nach dem anderen, diesen Text vor Augen hielten, während hinter ihren Rücken der gewaltige, stille Druck des Heimatlandes zu spüren war.

6. Stellvertretende Hauptstadt?

Entlang der Straße, die vom Gebäude der Hongkong und Shanghai Bank kommt, erhebt sich das höchste Gebäude außerhalb der Vereinigten Staaten über die alte Kuppel des Legislativrates und beherrscht auf imposante Weise den Blick vom Gouverneurspalast am Hang des Berges und stört so vermutlich vollständig sein *feng shui*. Es ist die Hauptverwaltung der Kommunistischen Bank Chinas in Hongkong und steht mit seinen 70 Stockwerken gegen nur 47 der Hongkong und Shanghai Bank. Selbst vor der kommunistischen Revolution war es unumstößlich, daß die chinesische Bank symbolisch höher als die britische zu sein hatte und daß sie am besten das höchste Gebäude Hongkongs sein sollte. Ihr Planer, I. M. Pei, war einer der ersten chinesisch-amerikanischen Architekten, die Aufträge im kommunistischen China annahmen[103]. Obgleich gewiß nicht überheblich oder anmaßend, so ist ihr Stil dennoch ein Manifest für die geographische und funktionelle Zugehörigkeit Hongkongs zu China.

In gewisser Weise ist Hongkong so etwas wie eine stellvertretende Hauptstadt Chinas – eine Hauptstadt der Finanzen vielleicht, während Beijing als politische Hauptstadt fungiert, vergleichbar mit Rotterdam und Den Haag. Lord Kadoorie verglich es einmal mit einer Freihandelszone der Volksrepublik unter britischem Management. Gewiß hat die chinesische Regierung starke finanzielle Anteile in Hongkong, wo sie die kapitalistische Art, Geld zu verdienen, schon seit langem beherrscht. Die Bank von China, die zunächst unter den Kuomintang gegründet wurde, ist die Hauptagentur der Volksrepu-

---

103 Sein Vater war in den 30er Jahren der erste Manager der Bank von China in Hongkong.

blik für finanzielle Geschäfte mit dem Ausland und die reichste und weltlichste aller Banken der chinesischen Regierung. Etwa 35 Prozent aller Devisen der Republik gehen auf ihrem Wege nach Beijing durch ihre Hände, und sie kümmert sich auch um die Hunderte der Hongkonger Unternehmen, die nunmehr ganz oder teilweise im Besitz des kommunistischen China sind.

Aufgrund der schwer zu bestimmenden Aktivitäten Chinas in Hongkong und ihrer Verwicklung nicht nur in dunkle politische wie diplomatische Geschäfte, sondern auch in das dichteste Spinnennetz des Kapitalismus, sind diese Unternehmungen manchmal nur schwer auszumachen. Aber sie sind zweifelsohne gewaltig. Man sagt, daß zu ihnen wenigstens 13 Banken, viele Immobiliengesellschaften, Fabriken verschiedenster Art und, wie einige meinen, Bordelle gehören. Sie lassen sich oft von Konzernen in kapitalistischem Besitz nicht unterscheiden — so sehr ist die China Resources Holding Ltd., die große staatliche *hong*, die alle chinesischen Wirtschaftsaktivitäten im Ausland überwacht, auf westliche Managementsysteme festgelegt, daß sie 1987 einen Engländer zu ihrem regionalen geschäftsführenden Direktor bestellt hat.

Diese Wirtschaftskoalition ist nichts Neues. Wie auch immer die öffentliche Meinung der Briten in den Tagen ihrer Vorherrschaft war, insgeheim waren sie sich immer bewußt, daß man die Kolonie nie von ihren Wurzeln trennen könne — dies war die einzig britische Besitzung, deren Mutterland nicht England war. In Wirklichkeit war Hongkong kaum mehr als der größte der Vertragshäfen, der eben die britische Flagge zeigte. So wie viele der unternehmungslustigsten Chinesen ihre Talente und Investitionen nach Shanghai oder Xiamen brachten, wo sie mit Unternehmern verhandeln konnten, deren Wirtschaftssprache sie verstanden und deren Ziele sie allgemein auch verfolgten, so zogen viele weiter und überquerten die Grenze nach Hongkong. Bis 1940 konnten sie nach Belieben kommen und gehen, denn der Zugang aus China wurde nicht kontrolliert.

So haben die aufeinanderfolgenden Immigrationswellen, die Hongkong bevölkerten, in ihren Augen wohl kaum aus Immigranten bestanden, sondern lediglich aus Umsiedlern aus einem Teil Chinas in einen anderen. Hongkong war für China wie ein Überdruckventil und jede Erschütterung auf dem Festland, jeder Wechsel der Politik oder des Regimes brachte wieder ein paar tausend Umsiedlern über den Sham-Chun-Fluß. Die von Fremdenhaß geprägten Boxeraufstände von 1900 verursachten eine Welle besonnener Neuankömmlinge – es war damals gefährlich in China, Kontakt zu Fremden zu haben –, und viele Chinesen, die in Firmen von Ausländern gearbeitet hatten, hielten es für klüger, hierher zu kommen und unter einer fremden Flagge zu leben. Viel mehr noch strömten in den Nachwirkungen der Revolution von 1911 und während der japanischen Kriege der 30er Jahre nach Hongkong. Eine riesige Anzahl floh und flieht immer noch vor den Auswirkungen des chinesischen Kommunismus. Die Hauptaufgabe der bewaffneten Kräfte Hongkongs ist es heutzutage, illegale chinesische Immigranten aufzuhalten, die sie mit Hubschraubern, Schnellbooten, elektronischen Spürgeräten und Scheinwerfern von 65-Millionen-Lichteinheiten erfüllen.

Wenn die Zeiten es erforderlich machen, wandern die Umsiedler wieder zurück – 80 000 gingen im Pestjahr 1894, 60 000 während des Ersten Weltkrieges, und am chinesischen Neujahrstag des Jahres 1986 überquerten 500 000 die Grenze, nur um ihre Verwandten in Guangdong zu besuchen. Sie sind nicht oft nur aus ideologischen Gründen gekommen, nicht aus Prinzip, sozusagen. Geschäftsleute und Industrielle kamen, weil sie in Hongkong besser ihr Geld verdienen konnten. Landbesitzer kamen im Kielwasser ihres Kapitals, das sie aus Gewohnheit in der Kolonie beiseite gelegt hatten. Religiöse Menschen kamen, um der Säkularisierung der chinesischen Gesellschaft sowohl unter den Kuomintang mit ihren Vorurteilen gegen den Aberglauben als auch unter den Kommunisten mit ihrer Vorliebe für den Atheismus zu entgehen; die buddhistischen Klöster auf Lantau wurden in den meisten Fällen durch Einwanderer vom Festland gegründet, und genauso wie Hongkong ein Ruhe- und Erholungszentrum für kampfmüde amerikanische Soldaten war, so war es auch eine Zuflucht für seelisch erschöpfte christliche Missionare.

Oft brachte sie die Politik her. Es hat immer eine chinesische politische Präsenz in der Kolonie gegeben, die verschiedenen zeitgenössischen Gruppierungen, die ihre eigenen Agenten und Drahtzieher unterstützten und ihre vielschichtigen Festlandsfehden oftmals nach Hongkong ausdehnten. Zu unserer Zeit wird die hauptsächliche Auseinandersetzung zwischen der Kommunistischen Partei und der Kuomintang ausgetragen. Die Kommunisten betrachten Hongkong einfach als eigenes Gebiet und warten darauf, es zu übernehmen; die Führer der Kuomintang in Taiwan sehen Hongkong als ihre politische Grenze, und die vor der Küste liegenden Inseln Quemoy und Matsu sind in ihren Augen ihre vorgeschobenen militärischen Stützpunkte gegen das kommunistische China. Jede Seite hat in der Kolonie viele und leidenschaftliche Anhänger mit den dazugehörenden loyalen Zeitungen und Gewerkschaften. Jahrelang haben örtliche Kommunisten als Delegierte der Provinz Guangdong am Volkskongreß in Beijing teilgenommen, während das in den neuen Territorien an der Küste gelegene Dorf Rennie's Mill seit 1950 gänzlich von Pro-Kuomintang-Flüchtlingen bewohnt wird. Selbst jetzt, kurz vor 1997, ist die Rivalität heftig. Am 1. Oktober, dem Jahrestag der Revolution von 1949, wehen in ganz Hongkong überall die roten Fahnen des Kommunismus, vom Gebäude der Bank von China bis zu den Geschäftsstellen obskurer Gewerkschaften oder den Fenstern der Aktivisten in Hochhäusern. Neun Tage später wird das Doppel-Zehn-Fest begangen, der 10. Oktober und damit Jahrestag der Revolution von 1911, und heraus kommen die Fahnen der Kuomintang.

Die Triaden haben sich nie auf eine Ideologie festgelegt und die Grenzen zwischen Politik und Verbrechen verschleiert, aber China in Hongkong kraftvoll repräsentiert. Früher haben die Briten sie nicht nur als Verbrecherorganisationen, sondern auch als fremdenfeindliche Agitatoren gefürchtet, und seinerzeit waren sie auf vielfältige Weise an politischen Aktionen beteiligt – an Wirtschaftsboykotten, Streiks, Tumulten oder anti-japanischen Aktivitäten während des Zweiten Weltkrieges. Es wurde ihnen oftmals nachgesagt, mit den Kuomintang unter einer Decke zu stecken. Sie sind gewißlich keine Freunde der kommunistischen Regierung in Beijing, die sie gnadenlos bekämpft. In den 60er Jahren halfen sie der Regierung Hongkongs, die herüberwogenden Kräfte der Kulturrevolution zu bekämpfen, eine Verbindung, die leicht zustande kam, haben sie doch immer schon die Polizeikräfte mit einigen Informanten in besten Betätigungsfeldern versehen.

Chinesische Schurken vielerlei Art fanden es zweckdienlich, nach Hongkong zu kommen, wo die Gesetze weniger drakonisch als in China sind und der Arm des Gesetzes traditionell wenigstens genauso leicht zu beugen ist. Bis in die frühen 50er Jahre waren Piraten vom Festland noch in den Gewässern der Kolonie tätig, und den Fischern Hongkongs wurde das Tragen von Feuerwaffen zur Selbstverteidigung gestattet. Heute wird jeder in China, der am Schmuggeln und insbesondere dem

Schmuggeln von Drogen Gefallen findet, wahrscheinlich sehnsüchtig zur Kronkolonie schauen. Es gibt Verbrechergruppen, die sich auf die illegale Emigration aus China spezialisiert haben, und die größte aller Raubzüge in Hongkong, der Überfall auf den Panzerwagen einer Bank im Jahre 1975, wurde durch ehemalige Rote Garden verübt, die so nach dem Zusammenbruch der Kulturrevolution ihre Talente in die Kolonie einbrachten.

Einige Worte zur diplomatischen Vertretung Chinas in Hongkong: formell hat es nie eine gegeben – keinen Konsul, keinen Hochkommissar. Zhou Enlai hatte einmal vorgeschlagen, daß Beijing eine diplomatische Mission in Hongkong eröffnen solle, aber die Briten lehnten dieses Angebot ab – Sir Alexander Grantham soll gesagt haben, daß für zwei Gouverneure kein Platz in der Kolonie sei. In den 40er Jahren gab es jedoch einen Vertreter der Kuomintang-Regierung in der schillernden Persönlichkeit des Admiral Chank Chak von der chinesischen Marine. Dieser engagierte Offizier war klein und sehr unterhaltsam. Während eines Gefechts gegen die Japaner auf dem Yangtse hatte er ein Bein verloren, und er gab sich selbst im Stile Nelsons. Als Hongkong vor den Japanern kapitulierte, entkam er auf einem Motortorpedoboot der Royal Navy und wurde dann später Oberbürgermeister von Guangzhou und Ritter des britischen Empire ehrenhalber.

Er hatte in Hongkong zwar keinen Nachfolger, aber unter dem Deckmantel des Schattenboxens und jahrelanger Täuschungsmanöver ist trotzdem eine offizielle Vertretung der kommunistischen Regierung stillschweigend anerkannt worden. Es wurde lange Zeit angenommen, daß sie in der Bank von China untergebracht sei, und während der langen Entfremdung von Beijing sollten dort alle möglichen dunklen

Machenschaften vor sich gehen — wenn jemand nachts Lichter brennen sah, lief das Gerücht um, daß das die Beleuchtungen der Intriganten, der subversiven Kräfte oder Instrukteure seien. Heute jedoch ist ein begrüßendes Lächeln in der Bank von China unerläßlich, und ich halte sie für die bequemste Einrichtung zum Eintausch von Traveller Cheques — es stehen selten Schlangen an, und die Umtauschraten sind günstig.

Später war die inoffizielle Chefrepräsentation der Chinesen in Hongkong der örtliche Manager von Xinhua, der Neuen Chinesischen Nachrichtenagentur, deren Büros weniger auffallend in Nähe des Rennplatzes Happy Valley zu finden waren und Schlafräume für ihr Personal aufwiesen. Im Laufe der Jahre offenbarte sich dieser Funktionär allmählich. In den angespannten Tagen der 60er Jahre wurde er zum Boten, der die Warnungen Beijings an die Kolonie übermittelte. In den 80er Jahren gab er bereits öffentliche Erklärungen für die Volksrepublik ab, nahm Funktionen in quasi-diplomatischer Rolle wahr und verhielt sich im allgemeinen wie ein Fast-Regierungskommissar.

Sobald Beijing der Kolonie einen Hinweis geben möchte, wird er wahrscheinlich in den Spalten des *Mirror Monthly*, Xinhuas Hongkong-Magazin, erscheinen. Sollte Beijing es für notwendig erachten, eine halbverschleierte Geste der Autorität zu machen, so war es Xinhuas Manager, der fotografiert wurde, wie er sich langsam einen vorsichtigen Durchgang durch die rattenbefallenen Korridore der mauerbewehrten Stadt bahnt. Und wenn, wie während der nervenaufreibenden Monate der frühen 80er Jahre, als die ganze Zukunft Hongkongs in Zweifel gezogen wurde und die Aktienkurse eine Schwäche zeigten, die sowohl in Beijing als auch bei Jardine, Matheson Besorgnisse auslöste, war es der Manager Xinhuas, der delegiert wurde, um eine beschwichtigende Erklärung über die Aussichten einer friedlichen Übereinkunft abzugeben.

Das kommunistische China ist demzufolge in der Masse Hongkong tief verwurzelt und spielt bei all ihren Tätigkeiten eine raffinierte und gelegentlich sogar entscheidende Rolle. Aber trotzdem gibt sich China selbst jetzt, in diesem schonungslos modernen Territorium, eigenartig naiv und altmodisch, und gelegentlich, wenn ich seine Gegenwart überdenke, habe ich genau die Empfindungen nostalgischer Sehnsucht, die ich auf jenem Hügel von Lok Ma Chau in den Tagen fühlte, als die Grenze geschlossen war. Will man irgendwo in Hongkong noch solide, althergebrachte Handwerkskunst, Volkskunst oder einheimisches Geschirr finden, dann ist es in den Kaufhäusern der Chinese-Products-Gesellschaft oder des Chinese Merchandise Emporium, wo die Preise niedrig, der Lagerbestand ein wenig verstaubt und die Bedienung gemächlich ist. Das erinnert mich paradoxerweise an Tuchwarenläden auf dem Lande in Großbritannien vor langer Zeit oder an Eisenwarenläden im Mittelwesten.

Gelegentlich segelt auch eine Dschunke aus China in den Hafen, eine richtige Segeldschunke ohne Motor, die sich lautlos zwischen den Frachtschiffen des Hafens hindurchschiebt. Wie unendlich alt schaut sie doch aus! Ihre Segel erinnern an die sehr dünnen Membranen irgendeines Flugtieres der Urzeit und auf ihrem Deck ruhen teilnahmslos zerlumpte Chinesen mit knochigen Ellenbogen.

7. An der Grenze

Oberhalb der Grenze zwischen Hongkong und China wachen selbst jetzt Soldaten des britischen Empire in ihren Vorpostenstellungen auf den Hügeln, die, getarnt und mit Sandsäcken verstärkt, den kleineren Stellungen des Khaiber-Passes in den großen Tagen des indischen Raj gleichen. Sie mögen Gurkha-Söldner oder auch Briten sein. Vor ihnen ist die Grenze zwischen Mirs Bay auf der einen und Deep Bay auf der anderen Seite über eine Länge von 40 Kilometern durch eine dicke Doppelreihe Stacheldraht, die vielleicht zweieinhalb oder drei Meter hoch ist, markiert. Dazwischen läuft über fast die gesamte Länge ein schmaler, schlecht zu befahrender Weg.

Eine Fahrt entlang dieser besonderen Verkehrslinie, die auf jeder Seite durch dieses Metallgewirr begrenzt wird, zählt zu den ausgefallendsten Ausflügen in der Umgebung Hongkongs. Selbst am Ende der 80er Jahre, zur Zeit unbeschwerter anglo-chinesischer Beziehungen und angesichts der bevorstehenden Rückgabe der Kolonie, ist das gesamte Grenzgebiet für Besucher gesperrt, und besonders das Betreten dieses Weges, der dem eigentlichen Grenzverlauf folgt, ist strikt verboten. Wenn man sich im Landrover durch den Korridor windet, wird man zwischen den Stacheldrahtreihen kaum auf viel Verkehr treffen; vielleicht ein paar britische Soldaten, die auf hohen, altmodischen Fahrrädern wie die Dorfpolizisten in Agatha Christies Geschichten zu ihren Posten fahren, oder Gurkhas, die von Statur kleiner sind und eine Art von BMX-Rädern fahren, wie sie Kinder für ihre Fahrradakrobatik benutzen. Durch den Stacheldraht sieht die Schlucht des Sham-Chun-Flusses noch immer wie das Urbild einer Grenze aus.

Wie an jeder Grenze macht das Land einen trostlosen und öden Eindruck. Entlang der Straße, auf der anderen, der chinesischen Seite des Flusses, sieht man gelegentlich Autos und graubraune Lastkraftwagen. In dem Niemandsland neben dem Fluß sind Bauern mit großen Strohhüten bei der Arbeit, und ein paar Frauen sitzen, vielleicht um Passanten zu beobachten, träge auf einer kleinen Brücke. Im großen und ganzen ist es

471

jedoch ein leerer Ort. Man passiert diese eingezäunte Durchfahrt wie einen Safaripark ohne Tiere, wie eine Landschaft, in der durch eine Katastrophe jegliches Leben erloschen ist. Hier und dort, manchmal sogar unmittelbar hinter dem Stacheldraht, hat man chinesische Wachtürme in den Boden eingelassen. Dennoch spürt man überall die Gegenwart der britischen Posten außer Sichtweite in ihren Unterständen auf den Hügeln.

Auf diese Truppen, die an der Grenze ständig »im Hinterlicht liegen«, kann man sich verlassen. Sie sind untereinander durch ein elektronisches Horchsystem, Vindicator genannt, verbunden, das jedes Geräusch entlang dieses Korridors, jedes bloße Herumschneiden am Stacheldraht, das vorsichtigste Scharren der Füße registriert. An den Übergangsstellen findet sich alles, was zu einer Grenze gehört, die Polizeiposten, die Zollbeamten, auf einer Seite eine seidene chinesische Flagge, die gefällig in der Brise weht, und auf der anderen Seite ein Union Jack aus Flaggentuch, der schlaff herabhängt.[104]

Auch wenn die Grenze über weite Strecken einen verlassenen Eindruck macht, so hat man an den Übergangsstellen den Eindruck, daß sich halb China in die eine oder die andere Richtung unablässig durch die Sperren zwängt. Bei Lo Wu überquert die Eisenbahnlinie nach Guangzhou eine Stahlbrücke. Die Schnellzüge fahren ohne Aufenthalt durch, aber die Fahrgäste der Bummelzüge müssen hier umsteigen und strömen zu Tausenden durch eine Gebäudegruppe, die, besonders dann, wenn man zu denen gehört, die hier durchgeschleust werden, stark an Viehställe erinnern. In Man Kam To passieren endlose Lastkraftwagen-Konvois die Straßenbrücke.

---

104 Obwohl es ausgewiesenermaßen eine seidene Flagge war, die die Briten 1898 ursprünglich über den New Territories gehißt haben.

Seit 1898 markiert die China-England-Straße die Grenze im Dorf Sha Tau Kok. Es ist wie ein kleines Berlin. Eine Reihe von Steinmarkierungen entlang der Straßenmitte zeigt die genaue Trennungslinie zwischen britischem und chinesischem Territorium an. Nur die Dorfbewohner dürfen sie überqueren. Aber ein ständiger Strom ausländischer Journalisten, Parlamentsabgeordneter und Mitglieder des US-Repräsentantenhauses, die das Territorium besuchen, und verschiedene Persönlichkeiten aller Nationalitäten schauen von benachbarten Hausdächern mit freundlicher Genehmigung des Staatlichen Informationsdienstes hinüber und werden durch forsche britische Polizeiinspektoren in gutgebügelten Hosen in die Lage eingewiesen.

All dies paßt nicht mehr in unsere Zeit. Es hat Momente gegeben, als diese Grenze mit Waffengewalt gegen fremde Angriffe geschützt wurde und die unheilvolle Anziehungskraft eines Eisernen Vorhanges besaß. Aber diese Zeiten sind lang vorüber. Die Stützpunkte konnten militärischen Angriffen nicht länger als für eine oder zwei Stunden standhalten, und eine moderne Streitmacht könnte den Stacheldraht im Handumdrehen überwinden. Der einzige Zweck der Sperre ist jetzt, illegale Immigranten von Hongkong fernzuhalten. Die Streifen in ihrem Hinterhalt sind sicherlich nicht dafür ausgerüstet, einen Vortrupp der Volksbefreiungsarmee anzugreifen, und Vindicator teilt den Soldaten nur mit, daß wieder einmal ein paar arme Chinesen aus der Provinz Guangdong bei ihrer Suche nach besserer Entlohnung oder besseren Zukunftsaussichten ein Loch in den Draht geschnitten haben.

Aber die britischen Grenzwachen, sowohl Polizei als auch Militär, klammern sich für mein Empfinden geradezu rührend an frühere Verhaltensweisen, so als hätte sich nichts verändert. Selbst jetzt haben nur sehr wenige von ihnen chinesischen

Boden betreten, und sie sehnen sich nach den gefährlichen Geheimnissen vergangener Zeiten. Damals umgab Sha Tau Kok ein gewisser Glanz, als man eigentlich nie genau wußte, was dort passierte, als verrückte Revolutionäre auf Polizeiposten schossen oder halbverhungerte Massen plötzlich aus dem Mutterland auftauchen konnten. Aber die Notwendigkeit dieser Grenze, ihre bloße Existenz, schwindet jetzt immer mehr dahin, jetzt, da die beiden Seiten sich auf 1997 vorbereiten und der ganze Apparat der Stacheldrähte, Polizeiposten, Sicherheitszonen, Einweisungen, Buchan'schen Befestigungen und des Vindicators einen seltsamen und überholten Eindruck macht. Mit Ausnahme Gibraltars, dessen Grenze nur eine Straße breit ist, und Nordirlands, dessen Grenze abstrakt ist, liegt hier die letzte Landgrenze des british Empire, und jene unhaltbaren Posten auf »ihren« früheren Mendip-Höhen, die auf »ihren« früheren Ganges hinabblickten, sind wirklich die letzten Nachkommen von Attock und Gilgit.

8. Die langwierige Debatte: Hongkongs Rückkehr nach China

Nur einmal in all den 150 Jahren der Geschichte Hongkongs schien es möglich, daß die Chinesen sich das Gebiet mit Gewalt zurückholen könnten. 1945, am Ende des Zweiten Weltkrieges, zogen zwei chinesische Kuomintang-Armeen durch Kowloon, um auf amerikanische Schiffe Richtung Mandschurei zu gehen, die kurz zuvor von den Japanern befreit worden war. Kolonne um Kolonne marschierte Tag für Tag zu den Straßen zum Kai und den wartenden Truppentransportern. Die Kolonie beobachtete sie mit angehaltenem Atem, so wie sie fünf Jahre zuvor die Ankunft der Japaner beobachtet hatte. Die britische Regierung hatte ihrem Durchmarsch durch Hongkong zugestimmt, aber es bestand, zumindest nach Ansicht der einfachen Leute, natürlich immer die Möglichkeit, daß sie nicht mehr fortgehen würden.

Daran muß auch Chiang Kai-shek gedacht haben, aber die Zeiten waren für derartige Überlegungen ungeeignet. Daraus könnten sich, gab der Generalissimus zu, »alliierte Mißverständnisse« ergeben. Es hat eigentlich niemals die ernsthafte Gefahr einer gewaltsamen Inbesitznahme bestanden. Im neunzehnten Jahrhundert waren die Chinesen dazu nicht in der Lage, und im zwanzigsten haben sie es wahrscheinlich nicht mehr für erforderlich erachtet. Hätten sie es gewollt, so hätten sie sich Hongkong nach der Kommunistischen Revolution nicht nur mit Waffengewalt, sondern auch durch das Sperren der Wasserversorgung oder durch eine Lebensmittelblockade zurückerobern können. Viele Jahre lang haben die Briten regelmäßig einen Teil des Reisbedarfs für Hongkong aus Thailand importiert, teils für den Fall einer Hungersnot in China, teils aber auch für den Fall einer chinesischen Blockade. Im Jahre 1949 wurde die britische Garnison für den Fall einer möglichen Invasion auf 30 000 Mann verstärkt, ein nie zuvor dagewesenes Kontingent, das doppelt so groß war wie jenes, das den Japanern Widerstand geleistet hatte. Aber der schlimmste Fall trat nie ein, allmählich wurde die Garnison wieder auf ihre gewöhnliche Stärke reduziert, und nur die unablässige Jagd auf illegale Immigranten kam dem am nächsten, was man unter einem regulären Einsatz von Soldaten und Matrosen versteht.

Die Briten hätten sich ohnehin nicht ernsthaft widersetzen können. Was auch immer die Generale dachten, die politische Meinung zu Hause hätte es niemals zugelassen. Selbst die erzkonservativste Regierung Churchillscher Art wäre für Hongkong nicht in den Krieg gezogen, wie Mrs. Thatchers Regierung für die entlegenen und nutzlosen Falkland-Inseln in den Krieg zog. Zum einen hätte nicht die leiseste Aussicht auf Erfolg bestanden, und zum anderen waren es durchaus keine absoluten Prinzipien, die auf dem Spiel standen. Nicht nur die Chinesen betrachteten jene Verträge als ungleich, viele der Briten selbst konnten an die Existenz Hongkongs, so glänzend sie auch von britischem Unternehmungsgeist und selbst von Wohltätigkeit zeugte, nicht ohne einen Schauder nachempfundener Scham denken. Die meisten von ihnen wußten nur sehr wenig über Hongkong, aber sie wußten, daß mit ihrer Inbesitznahme irgend etwas Unehrenhaftes verbunden war. Hatte es nicht irgend etwas mit Opium zu tun? Wurde nicht gesagt, daß die Polizei bestechlich sein soll? Hatte man nicht irgend etwas im *Guardian* über einen schändlichen Mangel an demokratischen Rechten gelesen?

In der Tat hat es während der ganzen Geschichte Hongkongs Briten gegeben, die ihre Rückgabe an China vorgeschlagen haben, manchmal aus moralischen und manchmal auch aus rein praktischen Gründen. Die Liberalen Gladstones glaubten natürlich, daß das Gebiet von vornherein niemals hätte in Besitz genommen werden sollen. Später im neunzehnten Jahrhundert argumentierten die Leute manchmal dahingehend, daß ihr Besitz nicht die Mühe wert sei, die er verursachte. Im Jahre 1918 meinte der britische Botschafter in Beijing, Sir John Jordan, daß es weise sein könnte, wenigstens die New Territories an China zurückzugeben (»altruistische Spekulation«, notierte Curzon, damals Außenminister – »kommt nicht in Frage«). In den 20er Jahren befürwortete eine Gruppe Gleichgesinnter im Außenministerium eine gemeinsame anglochinesische Verwaltung der Kolonie. Während des Zweiten Weltkrieges schlug das Kolonialamt in bestem Whitehall-Idiom vor, daß seiner Majestät Regierung sich darauf einstellen sollte, mit der Regierung Chinas die künftige Position Hongkongs zu erörtern, und »ihrerseits das Aufrechterhalten britischer Souveränität über die Kolonie nicht als Angelegenheit betrachten sollte, die den Rahmen derartiger Diskussionen sprengen würde«.

In den Nachkriegsjahren haben britische Sozialisten wiederholt auf die freiwillige Rückgabe der Kolonie an die Chinesen gedrängt, insbesondere der Walliser Parlamentarier Emrys Hughes, der sie gegen Handelsprivilegien in China tauschen wollte und dessen Vorstellungen zu einer charakteristischen Versserie in der *South China Morning Post* anregten:

> The vughes of Mr. Emrys Hughes
> Provoke a wheen disgusted phughes!
> Wot, swap Hong Kong for I. O. Ughes?
> Out upon ugh, we refughes!

> [Die Ansichten von Mr. Emrys Hughes
> provozieren ein kleines enttäuschtes Pfui
> Wir Hongkong gegen Schuldscheine tauschen?
> Außer Frage, wir lehnen das ab!]

Die Chinesen haben für ihren Teil keine direkten Forderungen für eine Rückgabe Hongkongs gestellt. Daß die Inbesitznahme durch die Briten schmerzte, daran gibt es keinen Zweifel — sie schmerzte seit 1842. Wie wir wissen, hat der Kaiser Hongkong mit seiner zinnoberroten Unterschrift nur mit ungläubiger Trauer aufgegeben. Der Staatsmann Zuo Zongtang hatte vier Gedichte der Trauer Chinas über den Verlust geschrieben und war in der Tat durch diesen Vorgang derart betrübt, daß er ernsthaft daran dachte, sich für den Rest seines Lebens in eine

Eremitage in den Bergen zurückzuziehen – so empfand ein patriotisch Gesinnter diese Schmach.

Aber während der nachfolgenden Generationen wurde es den Herrschern Chinas bewußt, daß Hongkong nur mit List und Geduld zurückgewonnen werden konnte. Ihr Pathos bedeutete dem unerschütterlichen Westen nichts, und ihr Zorn erschreckte sie nicht sonderlich. Sie lernten es, mit dem britischen Empire vorsichtig umzugehen. Gemäß den Verträgen von Nanking hatten sie es zu unterlassen, die Briten in offiziellen Dokumenten als »Barbaren« zu bezeichnen, und ihre allgemeine Haltung entwickelte sich von der beleidigenden Arroganz über eine verdrossene Einwilligung zu wachsamer Berechnung – wie Qi-ying seinem Kaiser 1843 gestanden hatte, »muß man mit dieser Art von Menschen von außerhalb der Grenzen der Zivilisation bei den wesentlichen Vorgängen ihrer Unterwerfung und Beschwichtigung diplomatisch sein«.

Die Chinesen brachten durchaus zum Ausdruck, daß Hongkong ihnen gehörte. Bis in die 30er Jahre beanspruchten sie immer noch Mineral-Schürfrechte in den New Territories. 1967 bezeichnete ein Sprecher Hongkong als »einen unveräußerlichen Teil des chinesischen Territoriums«, und 1972 gab ein anderer bekannt, daß seine Zukunft »vollständig in das souveräne Recht Chinas eingebettet sei«. Sie protestierten gegen den Status Hongkongs jedoch nicht mehr, wie sie es gegen die Existenz der Vertragshäfen getan hatten, und knüpften nach einiger Zeit freundliche Verbindungen zu den Briten. Läßt man einmal den Koreakrieg von 1950 außer acht, in dem britische Truppen als Teil der Streitkräfte der Vereinten Nationen gegen China kämpften, so hat es zwischen Großbritannien und China seit dem Boxer-Aufstand von 1900 keine Feindseligkeiten gegeben. So hat selbst die Errichtung einer kommunistischen Regierung in Beijing, die die Menschen in

Hongkong als Bedrohung empfanden, das Ende der Kolonie nicht herbeigeführt. Die Chinesen verlangten das Ende nicht, die Briten boten es nicht an, und mit den üblichen Pendelschwüngen zwischen Vertrauen und Panik, Trostlosigkeit und Hoffnung vergingen in Hongkong die 60er und 70er Jahre, wobei die Zukunft so weit wie möglich verdrängt wurde. Es war nicht die engstirnige Feindschaft des Mao-Regimes noch der Irrsinn der Kulturrevolution, sondern das Auftauchen des pragmatischen und offenbar wohlwollenden Deng Xiaoping zu Beginn der 80er Jahre, der das Schicksal Hongkongs präzise und ein für allemal in den Mittelpunkt rückte.

9. Auf dem Weg zur Eigentumsübertragung

Damals war das Auslaufen der Pacht der New Territories weniger als 20 Jahre entfernt, und ohne die New Territories, wie es alle mit Ausnahme einiger weniger komischer Kauze oder Unverbesserlicher erkannten, konnte die Insel Hongkong nicht als britische Kolonie weitergeführt werden. Die Chinesen waren hinsichtlich ihrer Zukunft nicht aggressiver als gewöhnlich, aber der Verstand der örtlichen Kapitalisten arbeitete wundervoll konzentriert, und die Angelegenheit wurde durch die Schwierigkeiten zur Entscheidung gebracht, die sich jetzt aus der Erneuerung der Pachtverträge des Landes ergaben. So wurden auf britische Initiative Verhandlungen zwischen Margaret Thatchers Regierung in London und Deng Xiaopings Regierung in Beijing aufgenommen. Insgeheim verhandelte man mehrere Jahre abwechselnd in Großbritannien und China. Wilde Gerüchte ergriffen von Zeit zu Zeit die Kolonie, und finanzielle Zuversicht wechselte zwischen Hochs und

Tiefs. Das Haus Jardine alarmierte alle durch ein überstürztes Verlegen seiner Hauptverwaltung auf die Bermudas. Die Hälfte der Bevölkerung versuchte, die Angelegenheit zu verdrängen, während die andere Hälfte über nichts anderes mehr sprach.

Niemals waren Verhandlungen derart in historische Feinheiten verstrickt. Da Hongkong selbst nicht beteiligt war, handelte es sich eigentlich um Verhandlungen zwischen zwei Imperien, die eineinhalb Jahrhunderte zuvor der gleichen Streitpunkte wegen aneinandergeraten waren. Innerhalb dieser Zeit ist die ganze Balgerei um China entstanden und wieder vergangen. Die Franzosen, die Russen, die Japaner, die Deutschen hatten alle ihre Stützpunkte an der Küste aufgegeben. Die Vertragshäfen, Einflußsphären, internationalen Niederlassungen und außerterritorialen Privilegien und alles, was dazugehörte, sind aufgegeben worden. Nur die beiden alten Imperien, die sich hier vor so langer Zeit Auge in Auge gegenüberstanden, begegneten einander noch immer am Verhandlungstisch — das eine ernstzunehmender, als es 1841 war, das andere unendlich schwächer.

Die Chinesen lehnten es ab, die Gültigkeit irgendeiner der drei Verträge über Hongkong anzuerkennen, so daß man das Problem nicht einfach durch eine Verlängerung des Pachtvertrages für die New Territories lösen konnte — in ihren Augen gab es gar keinen Pachtvertrag. Andererseits beharrten die Briten auf dem Standpunkt, daß alle drei Verträge absolut legal seien und durchaus nicht ungleich; sie hätten ein Recht darauf, die Insel Hongkong zu behalten, solange es ihnen beliebte, und Mrs. Thatcher äußerte deutlich in der Öffentlichkeit, daß ein Volk, das einen Vertrag nicht einhielt, auch wahrscheinlich einen weiteren nicht einhalten werde. Die Gespräche wurden aus folgenden Gründen fast konspirativ vertraulich weitergeführt: die geringste Andeutung einer unterschiedlichen Meinung würde die Aktienkurse in Hongkong wahrscheinlich sinken lassen, etwas, das beiden Seiten gleichermaßen unangenehm war, und jede Andeutung einer Pattsituation konnte Grund dafür sein, daß Kapital in zuverlässigere Investitionsmärkte abfloß. Sowohl die Briten als auch Chinesen traten sehr vorsichtig auf und lächelten grimmig, wenn sie sich den Fototerminen der Presse stellten.

Ihre Ziele waren offensichtlich. Die Briten, die niemals ernsthaft gehofft haben können, ihre Herrschaft in Hongkong zu verlängern, wollten das Überleben ihres kapitalistischen Systems sicherstellen und gleichzeitig einträgliche Beziehungen zu China unterhalten. Die Chinesen, die zwar Hongkong zurückhaben wollten, hatten nicht die Absicht, die kapitalistische Gans zu schlachten, die ihnen so viele goldene Eier legte. Außerdem hofften sie, daß sie durch einen großzügigen Vertrag die widerspenstigen Herrscher in Taiwan in den Schoß der Familie zurücklocken könnten.

Von den Menschen in Hongkong wußten wahrscheinlich nur sehr wenige, was sie sich wirklich wünschen sollten. Die Geschäftswelt fürchtete natürlich ihren Untergang in einem kommunistischen Regime. Die Flüchtlinge aus China hatten Angst vor einer möglichen Vergeltung und sahen einer Rückkehr zum kommunistischen Leben gewißlich mit Entsetzen entgegen. Es gab viele Anhänger der Kuomintang, die es lieber gesehen hätten, wenn Hongkong sich Taiwan zu einer antikommunistischen Konföderation der Inseln anschlösse, und es gab einige, die von einem unabhängigen Stadtstaat wie Singapur träumten. Einige verlangten eine Volksabstimmung oder die Schaffung aller demokratischen Institutionen, aber die meisten, um bei der Wahrheit zu bleiben, wollten einfach, daß die Dinge so blieben, wie sie waren.

So vergingen Monate. Hin und wieder gelangte Hongkong in

die Schlagzeilen der Welt, wenn ein weiterer rätselhafter Bericht veröffentlicht wurde oder ein weiteres Gerücht durch die Nachrichtenbörsen wirbelte. China stieß seine Türen auf, um die Welt und ihr Geld immer herzlicher zu begrüßen. Deng sprach beschwichtigend. Mrs. Thatcher sprach thatcherisch. In London sprach das Unterhaus 30 Minuten eintönig über die Zukunft der letzten großen britischen Kolonie. Der Leiter von Xinhua wurde oft interviewt und ermunterte nahezu jeden, indem er mit der Hälfte seines Personals zur Eröffnung des neuen und sehr rassigen Volvoklubs erschien, – »des größten Nachtklubs der Welt in japanischem Stil«[105]. Der Gouverneur Hongkongs sagte nichts dazu. Die englischsprachigen Zeitungen der Kolonie debattierten die Angelegenheit in scharfen Tönen. Die chinesischsprachigen Zeitungen, die fast alle unter kommunistischer Leitung stehen, debattierten diese Angelegenheit kaum.

Schließlich, im Jahre 1984, nur 13 Jahre vor dem Auslaufen des Pachtvertrages für die New Territories, erreichte man eine Übereinkunft und alles änderte sich. Nicht nur, daß Mrs. Thatcher in der Großen Halle des Volkes in Beijing erschien, um das vierte und letzte anglo-chinesische Abkommen über Hongkong zu unterzeichnen, sondern selbst der Gouverneur Hongkongs, der so lange Zeit im kommunistischen China eine Unperson war, stand an ihrer Seite. Es gab nur Lächeln, Bankette, Höflichkeiten und seichte diplomatische Scherze. Die Bilder zeigen, daß sich auf beiden Seiten die meisten Bera-

---

105 Er beschäftigt 1000 Hostessen und fährt seine Gäste in Autoveteranen an ihre Tische, ist mit 200 Abbildungen nackter Mädchen geschmückt und wird durch die Volvo-Autogesellschaft Schwedens heftig abgelehnt. Gegenwärtig streitet ein ehemaliger Staatssekretär der Finanzen in Hongkong mit der Regierung um sein Recht, im Ruhestand Vorsitzender des Klubs zu werden.

ter und Mitarbeiter verbeugen und gesellig lachen, aber hier und dort bemerkt man einen Chinesen mit undurchdringlichem Gesicht, der sich selbst dort abseits hält, und man erinnert sich an Qi-yings Bericht an den Kaiser, daß man die Barbaren fröhlich stimmen muß.

10. Ein einmaliger Vertrag

In der ganzen Geschichte der Diplomatie hat es nie einen Vertrag gegeben, der dem anglo-chinesischen Vertrag über die Zukunft Hongkongs annähernd gleichkommt. Die Chinesen hatten fast alle Trümpfe in der Hand, politisch und vielleicht sogar moralisch. Die Briten konnten nur dahingehend argumentieren, daß Hongkong in seiner bestehenden Form für China von größtem Nutzen war und es keiner Seite dienlich wäre, das alles zu vernichten. Dieses Argument setzte sich unerwartet durch. Die Briten stimmten zu, das gesamte Territorium Hongkong im Jahre 1997 an China zurückzugeben, und die Chinesen stimmten zu, daß es seine Sozial- und Wirtschaftssysteme sowie seinen »Lebensstil« für ein weiteres halbes Jahrhundert danach, d. h. bis zum Jahre 2047, beibehalten solle.

Hongkong würde in der Volksrepublik als halbautonomes Besonderes Verwaltungsgebiet mit der Bezeichnung Hong Kong, China, eingegliedert. Die Einwohner würden die chinesische Staatsbürgerschaft erhalten, die Volksbefreiungsarmee würde das Gebiet besetzen, aber ausgewanderte Beamte dürften erforderlichenfalls bleiben, und den Strukturen des Handels und der Finanzen Hongkongs, der Börse, den Versicherungsgesellschaften, dem System der Vermögensentwicklung − dem Ganzen würde eine weitere Gnadenfrist von 50 Jahren eingeräumt. »Ein Land, zwei Systeme« nannte Deng seine Lösung eines sonst unlösbaren Problems.

Für die Chinesen war die Konzession fast so radikal, wie es die ursprüngliche Abtretung Hongkongs gewesen ist. Innerhalb der Volksrepublik gab es bereits vier autonome Regionen, aber keine von ihnen hatte ihre Selbständigkeit durch internationale Verhandlungen erworben, und wenigstens eine von ihnen, Tibet, schien theoretisch weit autonomer zu sein, als es tatsächlich der Fall war. Hongkong erhielt seinen besonderen Status durch eine Übereinkunft mit einer fremden Macht, und die Volksrepublik schien sich zum ersten Mal zu einem bestimmten Verhaltenskurs, dazu noch zu einem bestimmten ideologischen Verhalten innerhalb seiner eigenen Grenzen verpflichtet zu haben. Es drängt sich der Gedanke auf, daß Mao Zedong, so wie Zuo Zongtang vor ihm, ein oder zwei Gedichte des Kummers geschrieben hätte.

Für die Briten war dieses Abkommen auch etwas Neues. Es entspricht nicht ganz der Wahrheit, wie es zu der Zeit oft gesagt wurde, daß sie nie zuvor eine Besitzung einer fremden Macht übergeben hätten. Sie hatten den Spaniern Menorca zurückgegeben und den Griechen die Ionischen Inseln sowie Helgoland den Deutschen. Aber sie hatten nie ein Gebiet aufgegeben, das in der Tat ihre eigene Schöpfung war, und noch bedeutsamer ist vielleicht, daß sie gewißlich nie zuvor einer derart modernen Kolonie die Alternative der Selbstbestimmung verweigert hatten. Sie hatten die Fischer der 5000 Inseln nicht gefragt, als sie Hongkong in Besitz nahmen, und sie haben auch nicht die 5,6 Millionen Menschen des Stadtstaates um Rat gefragt, als sie seiner Aufgabe zustimmten.

Auf jeden Fall nicht vor dem Ereignis. Um wenigstens eine Befragung des Volkes anzudeuten, richtete die Regierung Hongkongs nach Abschluß des Abkommens, aber vor seiner

Unterzeichnung ein Bewertungsbüro ein, um festzustellen, wie die Masse der Menschen damit umging. Sir Patrick Nairne, Rektor des St.Catherine's College in Oxford, ging nach Hongkong, um seine Arbeit zu überwachen (kam im Hilton Hotel und nicht im Mandarin unter, um den Briten nicht zu sehr auf der Tasche zu liegen), und zu ihm gesellten sich Simon Li Fook-sean, Richter in Hongkong. Unter den Institutionen, deren Ansichten gehört wurden, befanden sich die Vereinigung ehemaliger Schüler der Hon Wah Middle School, die Wohlfahrts- und Bruderschaftsgemeinschaft der Gemüse- und Lebensmittelhändler, der Dicht- und Gesangklub der New Territories, die Dschunkenbauergesellschaft Sai Yee und das Komitee für gegenseitige Hilfe des Bohnen- und Gänsehauses der Shatin-Sha-Kok-Besitzung. Alle Meinungsäußerungen wurden festgehalten, die des Legislativrates, dessen Mitglieder, wie vorauszusehen, das Abkommen fast einstimmig guthießen, bis zu der Sun-Yat-sen-Gedächtnisgesellschaft, die der Meinung war, daß man die Verhandlungen mit Beijing gar nicht erst hätte führen sollen, sondern mit der Kuomintang-Regierung in Taiwan. Erst hätte es ein Referendum geben müssen, meinte die Gewerkschaft der Freien Arbeiter der Baumwollbleicher und Färber. »Mein Herz ist nicht wirklich ruhig dabei«, erklärte eine nichtgenannte Person.

Sir Patrick und Lichter Li fanden, daß die Reaktionen eine »überwältigende Zustimmung ausdrückten, aber sie wußten das natürlich in Wirklichkeit besser. Sie wußten, daß die Menschen sich vorsichtig ausdrückten, und klugerweise taten sie dasselbe. »Das zustimmende Urteil«, fügten sie dem letzten Absatz ihres Berichtes an, »impliziert weder positiven Enthusiasmus noch passives Ergeben. Die Antwort an das Bewertungsbüro hat den Realismus der Menschen Hongkongs demonstriert.«

Ganz recht! Wie es zu Beginn gewesen war, so war es jetzt, da sich die Geschichte dieses ungewöhnlichen Außenpostens seinem Ende nähert. Vorsichtig haben sich die beiden Imperien während dieser Jahrzehnte beobachtet, auch wie die Zeichen des einen stiegen und des anderen fielen. 150 Jahre lang hatte die Kolonie davon gelebt, daß sie aus der Konfrontation das Beste machte. Realismus war ihr Rüstzeug.

11. Ein Donnerstag morgen

Ich schreibe dies an einem Donnerstag morgen in meinem klimatisierten Hotelzimmer im Zentrum. Vor meinem Fenster kann ich, wie in einem Stummfilm, all die Aktivitäten eines Stadtstaates in der Wochenmitte zwar sehen, aber nicht hören.

Der unvermeidliche Preßlufthammer gräbt lautlos ein Loch für eine neue Unterführung. Ein Kran schwenkt herum, drei Planierraupen rollen auf einem Bauhof umher, und eine Anzahl von Männern mit Schutzhelmen und in Geschäftsanzügen beugt sich über einen Plan. Die gewohnte Menschenmenge strömt in die Anlegestation der Star-Fähren. Der gewohnte, endlose Verkehr kriecht die Connaught Road hinunter, Motorräder der Polizei mit eingeschaltetem Blaulicht suchen sich hier und da einen Weg zwischen den Fahrzeugen.

In jedem neonbeleuchteten Fenster des Geschäftsblocks auf der Straßenseite gegenüber kann ich eine andere Szene beobachten: ein junger Makler in Hemdsärmeln an seinem Schreibtisch, eine telefonierende Sekretärin, drei oder vier Leute, die sich aufmerksam über irgend etwas auf einem Tisch beugen, ein einsamer leitender Angestellter, der aus dem Fenster über die Stadt hinausblickt. Auf der Promenade hinter dem Postgebäude sitzen Menschen zu zweit und dritt im Sonnenschein oder trinken im Café am Ende der Pier ihren Kaffee. Fußgänger hasten zu Tausenden über die Straßenbrücke und hinunter zur U-Bahn, die Bürgersteige entlang, hinein zu McDonald's und hinaus, den Fußsteig entlang zur Fährstation zu den Außeninseln. Ich zähle 35 Frachter, die innerhalb meines Blickfeldes vor Anker liegen, einige von ihnen so von Leichtern umgeben, daß sie in einem Schwimmdock zu sein scheinen. Ein weißes Kreuzfahrtschiff liegt am Ocean Terminal, achteraus ein mit Früchten beladenes Schiff und dann die unvermeidliche Armada der Barkassen, Barken, Schlepper und Sampans, die alle wie in einem Festzug durch den Hafen fahren.

Über dem Wasser meine ich ein Hitzeflimmern oder vielleicht auch ein Flimmern von Abgasen zu sehen, darüber das Massiv Kowloons, in dem sich die Nine Hills [Neun Berge] in blaugrauer Farbe undeutlich abzeichnen. Eine Boeing 747 verschwindet hinter den Gebäuden, um einen Augenblick später bei der Landebahn in Kai Tak aufzukreuzen. Die Sonne wird durch entferntere Fenster reflektiert. Ich verlasse für einen Augenblick meine Schreibmaschine, öffne die gläsernen Schiebetüren und trete auf den Balkon hinaus; und, nicht mehr in der isolierten Stille des Hotels, trifft mich sofort das schreckliche Geräusch Hongkongs wie ein Trompetenstoß der Geschichte, das Brüllen des Verkehrs, das Klopfen des Preßlufthammers, das Geplapper einer Million Stimmen in der ganzen Stadt unter mir. Und wieder erreicht mich starrsinnig der Geruch Chinas nach fetter Ente und Benzin.

XII.
INTERIM

Jetzt wird Hongkong schneller als zuvor seiner nächsten Inkarnation entgegengetrieben. Für ein Finale ist es zu früh – ich kann nur eine vorläufige oder Zwischenlösung zur beliebigen Verwendung bieten, muß aber sagen, daß sie einer Betrachtung der Mysterien des Todes durchaus nicht unähnlich ist.

Das Abkommen von 1984 wurde sowohl in Chinesisch als auch in Englisch bei den Vereinten Nationen erfaßt, um ihm wenigstens den Anschein einer internationalen Zustimmung zu geben. In der Tat betrachtete es die Welt als einen Triumph der Friedensdiplomatie, besonders der britischen, die ihre letzte große Kolonie ohne Schmach, ja vielleicht sogar mit Vorteilen zu verlassen schien. Innerhalb Hongkongs, wie es jene Beobachter feststellten, wurde es wahrscheinlich durch die meisten Bürger als ungefähr das beste betrachtet, was man aus dieser ziemlich aussichtslosen Situation herausholen konnte. Deng schien ehrlich und wohlwollend zu sein. Seine erklärte Politik der »Offenen Tür« klang eher wie das Gegenteil von Chauvinismus. China bewegte sich offenbar einer freien Marktwirtschaft entgegen. Das Jahr 2047, in dem das Abkommen seine bindende Kraft verliert, schien fast so entfernt, wie es das Jahr 1997 zu sein schien, als die Briten das zweite Pekinger Abkommen unterzeichneten.

Aber niemand weiß, wer Deng Xiaoping, der ja bereits ein alter Mann ist, einmal folgen wird und welche Art von Regierung in China zum Zeitpunkt der Aufgabe der Kolonie an der Macht sein wird. Niemand weiß, ob die Kulturrevolution der letzte derartige Wahnsinnsausbruch der chinesischen Geschichte war oder ob nicht innerhalb weiterer zehn oder zwanzig Jahre ideologische Fanatiker China nicht wieder in eine fremdenfeindliche Isolation zurückzwingen. Man kann sicher davon ausgehen, daß die Chinesen selbst nicht wußten, was sie mit Hongkong tun werden. Keine Seite wußte genau, was man unter »Lebensstil«, »Besonderem Verwaltungsgebiet« oder anderen beruhigenden Worten und Phrasen im Vertrag von 1984 zu verstehen hatte. Als die Chinesen eine gewählte, gesetzgebende Versammlung versprachen, meinten sie da, daß die Wahl nach dem Muster von Westminster oder von Beijing stattfinden solle? Als sie sich selbst auf die Überwachung der Exekutive durch die Legislative festlegten, dachten sie da an die Verpflichtung zum Gehorsam oder nur zur bloßen Weitergabe von Meldungen? Die Chinesen entwarfen für das Besondere Verwaltungsgebiet eine neue Verfassung, das Grundgesetz, das den Gesetzbüchern der Republik hinzugefügt werden soll; aber niemand wußte, ob sie als Verfassung im westlichen Sinne angewandt würde, indem sie die Rechte der Menschen garantiert, oder als Verfassung im kommunistischen Sinne, die die Macht des Staates festschreibt. Wie es mir gegenüber ein amerikanischer Sinologe in der Semantik chinesischer Diplomatie einmal ausdrückte, sind »Wörter wie Gummi«, besonders, wenn sie in zwei Sprachen ausgedrückt werden, und je vertrauter man mit dem Wortlaut des Vertrages wurde, desto dehnbarer schien er.

Gemessen an der chronisch unebenen Normalität Hongkongs lief in den ersten vier Jahren alles ausreichend glatt. Es gab schließlich etwas, was dem Ablauf der Ereignisse massiv innewohnte, so als sei die Rückkehr Hongkongs zum Mutterland schicksalsbestimmt und unausweichlich. Wie wir gesehen haben, ist die Kolonie eigentlich niemals richtig von ihm gelöst worden und hat auch nie das Empfinden der Einheit mit allem, was fundamental chinesisch war, verloren. Selbst bei ihren atemberaubendsten, modernen Ansichten fühlte sie im Grunde chinesisch, und ihre Philosophien des *Laissez-faire* hätte Konfuzius, der sehr davon überzeugt war, daß man sich um seine eigenen Angelegenheiten kümmern solle, ebenso sympathisch gefunden wie auch Adam Smith oder Jeremy Bentham. Hongkong bewahrte sich sogar eine Art von politischer Loyalität gegenüber der Vorstellung von einem chinesischen Staat, auch wenn diese nicht der Wirklichkeit entsprach. Es ist unwahrscheinlich, denke ich, daß irgendein britischer Gouverneur im taoistischen Pantheon Hongkongs zur Gottheit erhoben wird, aber unter den verehrten Göttern der New Territories fanden sich, zusammen mit den Göttern der Erde, der See und des Himmels auch die beiden Gouverneure der Provinz Guangdong, die im neunzehnten Jahrhundert den Küstenbewohnern nach der großen Aussiedlung bei der Rückkehr in ihre Heimat halfen.

Bis zum Jahre 1988 hatten viele der großen Magnaten Hongkongs ihren Frieden mit dem marxistischen China gemacht. Lord Kadoorie, der Pair des Empire, hat sich selbst an Chinas erstem Atomkraftwerk an der Daya Bay direkt hinter der Grenze beteiligt, das elektrischen Strom sowohl in die Volksrepublik selbst als auch in das Besondere Verwaltungsgebiet liefern sollte. Sir Y. K. Pao, das Urbild eines Milliardärs aus Hongkong, dessen Familie vor dem Kommunismus nach Hongkong geflüchtet ist, wurde in Beijing ebenso schnell einflußreich wie in der Kolonie. Bei jemandem wie Sir Y. K. — eine imperiale Wendung, die in den Zeitungen statt des Sir Yue-Kong Pao auftauchte —, der schon so lange jedem in Hongkong vertraut ist, darf man gespannt sein, wie lange es wohl dauern wird, bis er seine imperialen Bräuche und Ehrentitel ganz vergißt und taktvoll wieder zu der Person wird, als die er geboren wurde — Bürger Yue-Kong Pao aus der Provinz Zhejiang.

Er sah zweifellos die Möglichkeit voraus, auf dem Festland riesige neue Vermögen zu machen. Als China seine Politik der Liberalisierung der Wirtschaft und der Zusammenarbeit mit dem Ausland einschlug, schienen die Aussichten für die Magnaten Hongkongs gut zu sein. Auf ihrer Ebene schien die Osmose, die wir am Anfang dieses Buches aufzeigten, den Übergang zu 1997 zu erleichtern. Bei den Joint Ventures, mit denen Beijing sich kapitalistischen Methoden anpaßte, schien das Geld Hongkongs eine große Rolle zu spielen, und einige Visionäre glaubten, daß jetzt erst das ursprüngliche Versprechen Hongkongs erfüllt würde, nämlich seinen Händlern jenen enormen chinesischen Markt zu erschließen, worauf sie eigentlich schon seit Beginn hofften.

Der Verbund der beiden Wirtschaften wurde schon sichtbar, und der Vorgang war durchaus nicht einseitig. Unmittelbar jenseits der chinesischen Grenze, wo einst die Reisfelder und Wiesen mir ein Unterpfand der Unschuld zu sein schienen, entstand jetzt Shenzhen, eine von Chinas Wirtschaftssonderzonen, in der ausländische Investitionen ermutigt wurden und eine Art von Halb-Kapitalismus bereits regierte. Sie war von Hongkong fast nicht mehr zu unterscheiden. Die eine Seite war nicht mehr ganz ländliche Einfachheit und die andere hochmodern. Die gleichen Hochhäuser standen jetzt auch nördlich der Grenze, und der Wolkenkratzer Shenzhens mit dem Drehrestaurant an der Spitze wurde zufällig durch den gleichen Millionär finanziert, der auch den Wolkenkratzer mit dem Panoramarestaurant auf der Insel Hongkong finanzierte. Dutzende von Gesellschaften Hongkongs hatten ihre Fabriken in die Wirtschaftssonderzone verlegt, in der die Löhne niedriger waren und die künftigen Möglichkeiten unbegrenzt zu sein schienen.

Shenzhen war natürlich noch nicht Hongkong. Eine undefi-

494

nierbare Atmosphäre von kriecherischer Unzufriedenheit, verbunden mit einem etwas schmuddeligen oder negativen Milieu, hat die Schneide des Unternehmens stumpf werden lassen und allen zu erkennen gegeben, daß man in der Volksrepublik war. Man fühlte sich trotzdem wie in einer Filiale Hongkongs, nahezu einem Vorort, so, als sei es die Kolonie, die die Republik übernehmen wolle und nicht umgekehrt. Die Grenze zwischen der Wirtschaftssonderzone und dem künftigen Besonderen Verwaltungsgebiet trocknete schon aus (täglich wurde sie durch Hunderte von Lastkraftwagen überquert). Die wirkliche Grenze ist weiter zurück nach China verlegt worden und trennt mit Polizeiposten und Stacheldraht das halb-kapitalistische Shenzhen von dem weniger verfälschten Landstrich dahinter.

Ich sage »weniger«, weil tatsächlich Dengs Wirtschaftsreformen, durch die ländliche Gebiete den Kräften des Marktes eröffnet werden, die gesamte Provinz Guangdong schrittweise in eine Zone freier Unternehmungen umwandelte. Die Menschen von Guangdong, die mit ihren Angehörigen jenseits der Grenze in der Kolonie die Lebhaftigkeit, den Scharfsinn und das scharfe Auge für die einmalige Chance teilen, taten ihr bestes, um sich zu bereichern. Ihre Provinz fühlte sich dem Geiste Hongkongs viel näher verwandt als der freudlosen Unermeßlichkeit Beijings und des Nordens – der auf vielerlei Art von diesen lebendigen südlichen Teilen so weit entfernt ist wie in den Tagen der Mandschus.

Nach der ersten Hälfte der 80er Jahre lief das Leben in der Kolonie offenbar genauso ab wie immer, mit den gewöhnlichen bühnenreifen Erschütterungen und Enthüllungen. Verschiedene finanzielle Stürme wurden überstanden, und wenigstens äußerlich war das Gebiet so überschwenglich wie immer. Eine Reihe neuer Verwaltungshochhäuser verlieh dem Statue

Square wieder einiges seiner monumentalen Würde, die jetzt sowohl architektonisch als auch im übertragenen Sinne von der riesigen Bank von China angeführt wurden, deren Plinthe entfernt an die Große Mauer erinnert, aber deren glänzende Aufbauten, die weit über die spießbürgerliche mittlere Ebene der Hochbauten hinausragen, um die Herrschaft des Peak selbst herauszufordern, strahlen eine sehr reiche, moderne Macht aus – besonders dann, wie ich es an einem Abend sah, wenn ein großer Wasserschwall aus ihrem Kühlsystem von dem noch nicht fertiggestellten obersten Stockwerk kaskadenartig austrat, um sich bei der Nachtbeleuchtung schimmernd in einem funkelnden Sprühnebel über die Straßen der Stadt zu verbreiten.

Die gewöhnlichen, grandiosen Projekte zierten die Schlagzeilen. Ein dramatischer Ersatz war für Kai Tak geplant. Hierzu gehörte der Bau eines Fußweges quer über den Hafen, der längsten Hängebrücke der Welt, und ein Inselflugplatz hinter Lantau. Der zweite Hafentunnel wurde eingeweiht, die Gipfelbahn wurde mit neuen Wagen aus Schweizer Produktion ausgestattet, neue Hotels erlangten neues Ansehen. Ein neues Terminal für Fährschiffe nach China wurde in goldfarbenes Glas gekleidet. Die Chartered Bank baute in einem Anflug kleinkapitalistischer Herausforderung ihre neuen Verwaltungsräume unmittelbar neben der Hongkong und Shanghai Bank, um nur wenige Meter höher als Fosters Meisterstück. Geschäfte, Küchenchefs und Kreuzfahrtschiffe kamen und gingen. Jeremiah Tower, der berühmte kalifornische Gastronom, kaufte den Pachtvertrag für das alte Gipfelcafé neben der Gipfelbahnstation und plant, es wunderschön zu gestalten. Der Schuhputzer vor dem Mandarin verlangt noch immer $HK 15 für das Polieren einer Aktentasche, und ein Richter des Hohen Gerichtshofes trat zurück, nachdem man ihn beim

Lesen eines Romans während einer Gerichtsverhandlung ertappt hatte. Kurz gesagt: während sich das Jahrzehnt seinem Ende zuneigte, war Hongkong immer noch unverkennbar Hongkong.

Trotzdem war nicht alles so, wie es dem Fremden erscheinen mag. Das Faktum 1997 verfolgt die Menschen, sobald sie ihren Gedanken freien Raum lassen. Selbst zum Zeitpunkt der größten Euphorie Hongkongs, als die Preise allem zum Trotz kletterten, als die Wolkenkratzer sich gegenseitig die Höhen abjagten – selbst in diesem Moment verbarg sich hinter der vorherrschenden Ansicht ein Bild Hongkongs, das durch den Kommunismus niedergedrückt und entwürdigt war: zu schäbiger Hinfälligkeit degradiert wie Shanghai, der Exchange Square eintönig und zerfallend, die Connaught Road ohne ihren Verkehr, die fröhlichen, beliebten Restaurants ihres Glanzes beraubt und Kowloons verlockende Geschäfte durch die Bürokratie ganz fade geworden.

Viele der berühmtesten Bürger Hongkongs hatten sich in der Tat bereits entschlossen, die Kolonie zu verlassen. Chinesische Plutokraten hatten ihr Geld schon lange bei den Banken anderer Länder angelegt, Häuser gekauft, sich um Reisepässe und Visa gekümmert und alle anderen Maßnahmen gegen Mißgeschicke ergriffen, soweit das mit genügend Geld zu machen war. Weniger begüterte Chinesen fanden jetzt auch ihren Weg nach Australien, Kanada oder in die Vereinigten Staaten – allein für das Jahr 1988 schätzte man, da keine offiziellen Zahlen verfügbar waren, die Abwanderung auf 50 000. Es gab sogar gut bezahlte Europäer und Amerikaner, die glaubten, daß die Zeit jetzt gekommen sei, zu gehen (»Wir können es nicht übers Herz bringen, Asien zu verlassen«, wie mir einer von ihnen sagte, »daher haben wir uns ein Haus für den Ruhestand in Thailand gekauft, aber natürlich haben wir auch in London eine kleine Wohnung ...«).

Die traurige Geschichte war, daß Hongkong gerade zu der Zeit, als man sich dem Rätsel 1997 näherte, soeben dem Schatten von 1949 entkommen war. Bis vor kurzer Zeit war es vor allem eine Stadt der Flüchtlinge, die, wie es alle Flüchtlinge tun, arbeiteten, um eine neue Existenz zu gründen. Die Volkszählung von 1981 stellte zum ersten Mal fest, daß mehr als die Hälfte der Einwohner Hongkongs auch in Hongkong geboren war, so daß der Stadtstaat endlich den Normalzustand erreicht hatte. Er entwickelte sich zu einer richtig etablierten Kommune, einer Kommune in jeder Beziehung. Gesellschaftlich wurde er humaner und zivilisierter, historisch erwarb er eine eigene Identität, selbst hinsichtlich der Baukunst schien er das Ärgste hinter sich zu haben, und erst in den letzten Jahren ist die bessergebildete junge Mittelklasse entstanden, die der wirkliche Stolz der Kronkolonie war und die jedem Land zur Ehre gereichen würde.

Kaum war all dies für die Kolonie in Erfüllung gegangen, da schrieben Deng und Mrs. Thatcher ihre Zukunft ab. Nichts in der Geschichte des britischen Empire scheint mir bewegender zu sein als die Verbindung dieser Ereignisse. Man stelle sich vor, daß all diese Energie, all diese Hoffnung in der Dunkelheit des chinesischen Kommunismus oder in der hoffnungslosen Starre chinesischer Tradition aufgehen sollen! Jene Familien, die endlich einen eigenen Hausstand haben, kehren wieder in die Verhältnisse numerierter Mieter des Staates zurück! Die so schnelle und aufnahmefähige Generation der jungen Hochschulabsolventen, die Wächter des liberalen Empire, sollen vielleicht in ihrer Reife zur Zwangsjacke totalitärer Gedankenwelt verurteilt oder zur schweren Last eines 5000 Jahre alten intellektuellen Überbaues werden![106]

---

106 Kürzlich durch den bedeutenden chinesischen Autor Bo Yang mit »einem in Fäulnis übergehenden Ozean von Sojasoße« verglichen.

Der neue siebenundzwanzigste Gouverneur und wahrscheinlich beste Schüler des Chinesischen traf 1988 ein, um Hongkong durch diese Zweifel zu führen. Sir David Wilson mag nicht der letzte Gounverneur bleiben, aber man geht allgemein davon aus, daß er der letzte mit wirklichen Machtbefugnissen ist – nach ihm, so scheint es, würde alles nur noch Protokoll sein.

Es scheint wie Ironie, daß er kein Mann des Empire war, hatte er doch seine ganze Laufbahn im Auswärtigen Dienst verbracht. Doch niemals hat ein Vertreter des britischen Empire eine derart imperiale Rolle gespielt. Die ersten Herrscher Anglo-Indiens glichen Racheengeln, die mit ihrer Vision von einem neuen Himmel und einer neuen Erde über Asien hinwegstürmten. Unter den Hochkommissaren Palästinas war mehr als ein Pilatus, der seine Hände in Unschuld wusch, die letzten Vizekönige von Indien waren Ikonen der Zeit und der schwindenden Macht. Es kam aber Sir David Wilson vom Auswärtigen Dienst zu, dem Empire einen letzten guten Ruf zu verschaffen. Der Eindruck, den Hongkong hinterläßt, wird der letzte Eindruck der Pax Britannica sein, und von seiner Amtszeit wird die Legende der Briten in China abhängen – ob es eine unwürdige oder eine großartige Legende wird, ob man sich ihrer mit Dankbarkeit oder mit Vorwürfen erinnern wird, als Bewahrer oder als Schänder des historischen *feng shui*.[107]

Wilson war einer von denen, die das Abkommen von 1984

---

107 Sein chinesischer Name ist für eine solch abergläubische Gesellschaft nicht ermutigend – im kantonesischen Dialekt wurde er als Ngai Tak-ngai ausgesprochen, und das soll übersetzt »Zwillingsgeister kommen klopfend« bedeuten. Felix Patrikeeff, dessen Buch *Mouldering Pearl* (London 1989) ich dies entnehme, fügt hinzu, daß sein Familienname in etwa »Sir Davids Blick in die Ferne und Blässe« entspricht.

ausgehandelt hatten, und als ich ihn einmal fragte, was er als seine historische Pflicht in Hongkong ansähe, sagte er, es gälte sicherzustellen, daß Hongkong den Chinesen in gutem Betriebszustand übergeben wird. Aber ich argwöhne, daß er sich vorsätzlich ambivalent ausdrückte. Viele Menschen glaubten, daß seine Pflichten weitergehend sein müßten. Auf besondere Anregung eines offenen und freimütigen Anwaltes und Mitgliedes des Legco, Martin Lee Chu-ming, verstärkte sich die Meinung, daß er es dem Gewissen der Briten selbst und ihrem verlorenen Empire schuldig war, an der Schaffung eines Hongkong mit eigener Regierung mitzuwirken, die sich aus Bewohnern Hongkongs zusammensetzt, von Bewohnern Hongkongs gewählt wurde und stark und erfahren genug wäre, um den chinesischen Kommunisten zu begegnen, wenn sie 1997 formell einträfen.

Im großen und ganzen war die britische Regierung in Hongkong, abgesehen von vielen Fehlern und Ausnahmen, eine gute Regierung. Sie entwickelte sich, wie ja auch das Empire selbst, aus dem Opportunismus der Anfänge und kam über den chauvinistischen Pomp ihres Höhepunktes zu einer Ebene allgemeiner Ehrbarkeit. Sie hat persönliche Freiheiten sichergestellt, Stabilität gewährt, in den letzten Jahren sogar der Sozialfürsorge zu einem guten Start verholfen und versucht, den eigentlichen moralischen Grundsätzen des britischen Empire, den Grundsätzen des Fair Play, gerecht zu werden. Sie hat demonstriert, daß unter gewissen seltenen Umständen der Imperialismus nicht notwendigerweise tyrannisch sein muß, sondern eine besondere Art der Partnerschaft oder eine technische Dienstleistung sein kann. Ein gelassener fremder Beobachter muß gewißlich einräumen, daß der kahle Felsen das Glück hatte, so vielem Elend und so vielen Entbehrungen des chinesischen Festlandes zu entgehen. Die einheimische Bevölkerung war sicherlich dieser Ansicht. Nach der Umfrage von 1982 wünschten 95 Prozent einen Erhalt des politischen Status quo.

Aber in einem wichtigen Punkt haben die Briten in Hongkong es versäumt, ihre besten Werte einzulösen. Sie haben es ständig abgelehnt, den Menschen politische Macht zu geben oder sie auch nur gründlich zu informieren. Verschlossen, väterlich, sich oftmals ganz offensichtlich distanziert und überlegen gebend, haben sie bis ins letzte Viertel des zwanzigsten Jahrhunderts die Methoden des wohlwollenden Imperialismus beibehalten. Die Regierung blieb, wie wir gesehen haben, die Regierung einer Kronkolonie in ihrer traditionellsten Form, ihre Oligarchie wurde auch durch eine wie auch immer geartete Form der Repräsentation des Volkes kaum gemildert.

Das war nicht imperiale Norm. Fast überall sonst in der Welt hinterließen die Briten, wenn sie sich aus ihren Dominien zurückzogen, den nachfolgenden Regierungen die Struktur einer parlamentarischen Demokratie. Die rückständigsten und ungebildetsten Stammesstaaten wurden mit Erfahrungen des Ein-Mensch-Eine-Stimme vertraut gemacht, selbst wenn die Wähler nur die Bilder von Fröschen oder Krokodilen als Embleme der sich bewerbenden Parteien erkennen konnten. Stammeshäuptlinge fanden sich in die Rolle eines Parlamentssprechers versetzt, trugen Perücken, und der Amtsstab wurde ihnen vorangetragen. Erskine May hat man in der äquatorialen Hitze gelehrtenhaft zitiert und alle Präzedenzfälle Westminsters unter den rotierenden Ventilatoren gewissenhaft beachtet.

Das fand nicht immer Anklang. Von Grenada bis Zimbabwe haben andere politische Formen bald die Macht übernommen. Aber es war ein ehrenhafter Versuch der scheidenden Briten, ihren einstigen Untertanen die politische Rechte zu hinterlassen, die sie für sich selbst so hoch schätzten – eine Art von

Friedensangebot, gewissermaßen, nach so viel Schikanen und Ausbeutung. Daß die Untertanen dieses Geschenk bald ablehnten, war vielleicht zum Teil ein Zeichen dafür, daß es zu spät gekommen war, aber es war wenigstens teilweise eine Widerspiegelung des Temperaments oder der historischen Umstände. Nicht jedem Volk hilft man mit Demokratie am besten, und je weniger entwickelt ein Volk ist, um so weniger wirksam ist sie.

Weit entfernt, am östlichen Ende ihrer Welt, hatten die Briten ein Gemeinwesen geschaffen, das weit höher entwickelt war als jene tropischen Kolonien. Aber in dieser einen Besitzung, vielleicht der prächtigsten von allen, blieben die alten Formen des autokratischen Empire bestehen. Im Jahre 1987 versprach die britische Regierung, ihre eigenen Vorstellungen über die politische Situation Hongkongs angesichts des näher rückenden 1997 zu veröffentlichen. Erst da wurde man sich der ganzen Bedeutung dieses imperialen Archaismus voll bewußt. Zum ersten Mal wurde Hongkong von einem Wirbel politischer Aktivität ergriffen. Viele Menschen glaubten, daß jegliche radikale Reform ein Spiel mit dem Feuer sei. Dadurch mag man sich nicht nur Beijing zum Gegner machen, sondern das bittere Geben und Nehmen widersetzlicher politischer Auffassungen, wahrscheinlich in Verbindung mit Korruption und möglicherweise durch die kommunistische Partei selbst manipuliert, würde das Vertrauen in Hongkong schwächen und das Geld vertreiben — das Hauptargument für Untätigkeit während der ganzen Geschichte der Kolonie.[108] Einige behaupteten, daß die Masse der Bevölkerung Hongkongs

---

108 »Man erzähle mir nichts über Demokratie«, war eine Bemerkung, die Ronald Li Fook Shiu, dem Vorsitzenden der Börse, zugeschrieben wird. »Das ist ein Wort, das man aus dem Lexikon entfernen sollte.«

ohnehin an Politik einfach nicht interessiert sei. Andere wiederum, sowohl Chinesen als auch Fremde, glaubten, daß es immer noch nicht zu spät sei, in der Kolonie eine ordentliche, repräsentative Demokratie einzuführen, im Gegenteil, nur ein Hongkong, das gewohnt sei, sich selbst zu regieren, wäre in der Lage, auch nach 1997 seine persönlichen Freiheiten beizubehalten.

So kam auf Hongkong etwas Neues zu, ein Gemeinwesen, das durch politische Argumente gepeinigt wird. Dutzende politischer Gruppierungen wurden geschaffen, wütende politische Karikaturen erschienen in der Presse, wirkliche politische Debatten begannen jetzt im Legislativrat. Martin Lee wurde einer der bekanntesten Männer Hongkongs und von einigen als derjenige betrachtet, der Hongkong in eine erfolgreiche Autonomie führen könne, so wie Lee Kuan Yew es mit Singapur tat. Aber schon jetzt wollten die Briten nichts unternehmen, ohne zuerst die Antwort Beijings zu erwägen. Auslandsbeziehungen und kommerzielle Aussichten kamen vor den kolonialen Idealen, und als das langerwartete Weißbuch die Pläne der Regierung umriß, wurde dort lediglich vorgeschlagen, nach 1992 zehn direkt gewählte Mitglieder im Legislativrat aufzunehmen, die die zehn durch lokale Körperschaften gewählten ersetzen sollten. Zehn öffentlich gewählte Mitglieder von einer Gesamtzahl von 57. Das ist noch ein sehr, sehr weiter Weg bis Westminster.

Zweifellos würde die Volksrepublik mehr auch nicht billigen – eine Konvergenz mit ihren eigenen Plänen war das erklärte Ziel Beijings, Londons und der Regierung der Kolonie. Hongkong akzeptierte diese Entscheidung mehr oder weniger fatalistisch als ein weiteres Symptom der schwindenden britischen Souveränität. Die Politiker waren für den Augenblick zur Ruhe gebracht, und das Territorium wartete, um zu sehen, was

China selbst zu bieten habe, wenn der Nationale Volkskongreß im Frühjahr 1990 sein Grundgesetz für das Besondere Verwaltungsgebiet Hongkong, China, veröffentlichen würde.

Eine Pause also, ein unspektakuläres Sichtreibenlassen, bis Deng Xiaopings Regierung im Juni 1989 fast jedermanns Empfindungen veränderte und Hongkong in einen noch nie gekannten Aufruhr der Emotionen stürzte. Der Auslöser war das Massaker auf dem Tiananmen [Platz des Himmlischen Friedens] in Beijing, als eine Studentendemonstration, die mehr Demokratie und weniger Korruption forderte, brutal durch die Volksbefreiungsarmee unterdrückt wurde – durch die gleichen Kräfte, die nach den Bestimmungen des anglo-chinesischen Abkommens das Recht haben sollen, sich in acht Jahren in Hongkong selbst in Garnison zu legen.

Die Demonstration selbst, die so ausdauernd und mutig war, hatte bislang in Hongkong nicht vermutete Leidenschaften wachgerufen. Hunderttausende von Menschen zogen mit großem Enthusiasmus, aber in absoluter Ordnung durch die Straßen und setzten in die Studentenbewegung die Hoffnung auf ein schließlich doch noch wirklich erneuertes China, ein China, das von seiner aussichtslosen Verbotspolitik befreit wäre – ein China, das mit einem demokratischen Hongkong eine durchaus zweckmäßige Verbindung eingehen könnte. Das mörderische Nachspiel auf dem Tiananmen trieb das Territorium in Verzweiflung. China, so schien es, war also doch noch immer das alte China. Plötzlich schien 1997 schrecklich nahe und seine Bedeutung furchtbar.

Theoretisch hatte sich an der Situation Hongkongs durch die Unterdrückung der Freiheitsbewegung nicht viel geändert. Niemand sollte wirklich überrascht gewesen sein. Falls Deng und sein Regime an ihrem eigenen Ruf vernünftiger Verhaltensweisen Verrat begingen, so war es in Wirklichkeit doch nur die Vernunft ihres eigenen Maßstabes. Ihr System der Gerechtigkeit, ihr System des Lebens selbst wurde immer noch durch eine esoterische Mischung kommunistischer und traditioneller Moralvorstellungen beherrscht. Tausende von Menschen wurden in jedem Jahr in China hingerichtet, oft für Verbrechen, die woanders kaum den Verbrechen zugerechnet würden, und die grausame Unterdrückung der Nationalbewegungen in Tibet war der Welt genau bekannt. Die Korruption in den Staatsämtern, gegen die die Studenten in Beijing protestierten, war zum großen Teil durch die freien Kräfte des Marktes verursacht worden, deren Meister ja Hongkong selbst war. Jedermann wußte auch ganz genau, daß das Abkommen von 1984 bestenfalls ein Glücksspiel war und daß die Chinesen, wenn die Zeit gekommen war und sie es für zweckmäßig erachteten, seine Bestimmungen zu ignorieren, doch tun würden, was sie wollten. Es war das zerbrechlichste aller Abkommen und gründete sich auf ein äußerst empfindliches Abwägen der Vorteile und auf dem Beharrungsvermögen der Geschichte selbst. Niemand gab vor, daß es aus Großzügigkeit oder Zusammengehörigkeitsgefühl erreicht worden war.

Wenn auch die Bewohner Hongkongs, sowohl die Chinesen als auch die Auswanderer, das alles verstandesmäßig erfaßten, so hatten sie emotional immer noch das Beste gehofft, während sie doch alle möglichen Vorbereitungen trafen, um dem Schlimmsten zu entgehen. Diejenigen, die einen Aufenthalt im Ausland vorbereitet hatten, kamen oft zurück, um in Hongkong zu arbeiten. Der Fluß der Emigranten richtete sich eher nach der Kalkulation als nach der Panik. Finanziell hatte Hongkong das Abkommen verhältnismäßig gut überstanden, und wenn auch viele Investoren sich dadurch absicherten, daß sie Verbindlichkeiten verteilten oder überflüssige Belastungen abstießen, so floß doch noch Kapital in das Territorium, und das Schwert des Kapitalismus schien nichts an Schärfe verloren zu haben.

Tiananmen änderte das alles. Erstmalig ergriff ein Anflug von Hysterie das Territorium. Zunächst drückte sich das in einer heftigen Reaktion aus. Riesige Menschenmengen demonstrierten gegen die chinesische Regierung, etwas, was in der gesamten Geschichte der Kolonie nie zuvor geschehen war, und das gesamte Territorium trauerte um die jungen Aktivisten, die in Beijing gestorben waren. Die Hongkonger Allianz organisierte zur Unterstützung der Patriotischen Demokratischen Bewegung in China Proteste und Demonstrationszüge, und die Würde und Autorität des kommunistischen China wurden rüde beleidigt. Dissidenten, die aus China entkamen, wurden aufgenommen, wie schon Sun Yat-sen und Zhou Enlai vor ihnen. Die Freiheitsstatue, die die Studenten in Beijing errichtet hatten, wurde nachgebildet. Die Taxifahrer der Stadt veranstalteten als Klage ein Hupkonzert von einer Minute Dauer. Im Victoria Park ließ ein unbekannter Künstler zeremoniell über vier Schalen, die die vier Hauptgrundsätze des chinesischen Kommunismus verkörpern sollten, die Hosen herunter und lud die Zuschauer ein, in die Behälter, ganz nach ihrer Wahl, zu spucken, zu urinieren oder ihren Stuhl zu entleeren. Antikommunistische Sprüche erschienen in den Fenstern der noch nicht fertiggestellten Bank von China. Ihr Architekt, I. M. Pei, der prominenteste der amerikanischen Chinesen, der durch Dengs Reformgesten dazu überredet werden konnte, in China zu arbeiten, dachte öffentlich darüber nach, ob er es je wieder über sich bringen könnte, hier tätig zu werden.[109]

---

109 Und der spektakuläre Wasserschwall, der von ihrem Dach fiel und den

Die durch Kommunisten finanzierte Zeitung *Wen Wei Po*, die 40 Jahre lang der Parteilinie getreulich folgte, nannte Deng und seine Genossen »eine Bande von Kriminellen«: Ihre Auflage verdreifachte sich prompt, und als ihr Redakteur entlassen wurde, gingen 30 Betriebsangehörige aus Sympathie freiwillig. Das Ehrenmal auf dem Statue Square, das im Gedenken an die Toten zweier Weltkriege errichtet worden war, wurde jetzt zum Altar der Opfer des 4. Juni, der täglich mit Blumen, chinesischen Texten, Bannern und Gedichten[110] geschmückt wird.

Hongkong hat sich so niemals zuvor gegeben und seinen aufgestauten Befürchtungen und Ressentiments erlaubt, so offen zutage zu treten oder sich politisch so bewußt zu äußern. Selbst der Gouverneur zeigte sich in der Öffentlichkeit über das Morden in Beijing schockiert und in Trauer. Sogar die Hongkonger Niederlassung der ehrenwerten und strikt apolitischen Royal Asiatic Society verlangte eine festere britische Haltung China gegenüber − Tiananmen, so sagte sie, hatte »jegliches Vertrauen in irgendwelche Garantien, die von der gegenwärtigen chinesischen Regierung gegeben würden, zerstört«. Niemand griff in die gigantischen Protestumzüge ein, die so bewußt offensiv gegen Beijing gerichtet waren, und die Polizei stand daneben, während jener Künstler im Victoria Park die Schale des Vierten Grundsatzes (»Überlegenheit der marxistisch-leninistischen Gedanken Mao Zedongs«) beschmutzte.

---

ich ein paar Seiten zuvor bewunderte, soll, so wurde später behauptet, ein Sabotageakt gewesen sein − verärgerte Bauarbeiter hätten die Absperrhähne aufgedreht, um so den Eindruck zu erwecken, als uriniere jemand auf das Ding.

110 Eines von ihnen, das ich zufällig sah, trug den Titel *Letzter Wille und Testament eines fünfzehnjährigen Jungen, der auf dem Tiananmen-Platz getötet wurde* und endete mit einer wahrhaft einheimischen Trivialität: *Übersetzung, Copyright 1989*

Auf dem Statue Square wurde jeden Tag die britische Flagge über den Traueremblemen um das Ehrenmal gehißt.

Alle Empfindungen änderten sich, und die Vorstellung, daß die Volksbefreiungsarmee beliebig auf dem Statue Square herumschießen könnte, schien sich noch lebendiger einzuprägen als die alte Vorstellung von einem Hongkong, das unter dem Kommunismus lediglich überflüssig und geschwächt sein würde – es blieb nicht unbemerkt, daß die Schießereien auf dem Tiananmen die Verfassung der Volksrepublik selbst verhöhnten. Tag um Tag wurden für die Zukunft des Territoriums neue Vorschläge gemacht. Das Abkommen von 1984 sollte aufgehoben und neu verhandelt werden – oder einfach nur aufgehoben werden, sagten einige Eiferer. Das Territorium sollte evakuiert werden und seine Bevölkerung irgendwo anders ganz neu beginnen, auf den Falkland-Inseln, auf den Andaman-Inseln, im schottischen Hochland (ein Gedanke, der durch das Adam Smith Institute, ein Quell kapitalistischer Ideologie, unterstützt wird), in den nördlichen Territorien Australiens (eine Vorstellung, die durch den Landesminister dieses Territoriums begrüßt wird, der sagte, daß eine derartige Besiedlung sehr bald Sydney und Melbourne als die Wirtschaftszentren ganz Australiens ersetzen würde – »sie könnten Victoria und Neusüdwales schließen«). Die Inseln Hongkong und Kowloon, die nicht Gegenstand des Pachtvertrages von 1897 sind, sollten aus diesem Vertrag herausgenommen und als private Gesellschaften freigegeben werden. Der Pachtvertrag sollte durch Übereinkunft mit Beijing verlängert werden.

Dann gab es noch diejenigen, die darauf bestanden, daß Großbritannien hier und jetzt die Pflicht habe, eine alternative Heimat für die Menschen Hongkongs vorzubereiten, besonders für jene drei Millionen, die britische Kolonialpässe besaßen. In den Tagen des *civis britannicus sum* entsprachen diese

Dokumente den Pässen des Vereinigten Königsreiches, aber ihre Privilegien sind schon seit langem beschnitten worden, und schon seit Jahren haben sie ihren Besitzern nicht mehr das Recht eingeräumt, sich in Großbritannien niederzulassen. Jetzt erging eine Forderung nach einer Berichtigung des Gesetzes, um den britischen Bürgern Hongkongs das Recht zu garantieren, im Mutterland, wie es von wenigen sentimentalen Imperialisten noch immer gern genannt wurde, ihren Wohnsitz zu nehmen. Wochenlang war das »Recht auf Wohnsitz« die große politische Forderung des Tages, die durch verschiedenartige Interessengruppen erhoben wurde – Freedom of Movement [Freiheit der Bewegung], Right of Abode, Ltd. [Recht auf Wohnsitz, G. m. b. H.], People Saving Hong Kong [Menschen für die Rettung Hongkongs] das Honour Hong Kong Committee [Ehrenkomitee Hongkong], das durch einige der großen *hongs* unterstützt wurde, British Citizens for Hong Kong [Britische Bürger für Hongkong], die durch einige betroffene Auswanderer ins Leben gerufen wurde, New Hong Kong Alliance [Neue Hongkong-Allianz], die die britische Regierung wegen des Entzugs von Bürgerrechten verklagen wollte. Alle argumentierten (nach meiner Ansicht optimistisch), daß eine Zusicherung nötig sei, die den Menschen das Vertrauen gab, in Hongkong zu bleiben, und daß nur wenige Bürger Hongkongs tatsächlich töricht genug wären, um im Vereinigten Königreich leben zu wollen. Selbst in Großbritannien fand die Kampagne viele Anhänger; es war seit Jahren die erste politische Forderung, die so direkt die nationale Ehre betraf und eine Ablehnung der Briten Hongkongs, so dachten viele Menschen, wäre eine Schande – eine Woche lang zierte den *Spectator* eine Titelseite mit der Abbildung des britischen Löwen und der Britannia, die Schild und Dreizack beiseite gelegt hatte und einen Kotau von Hongkong in Richtung Beijing vollführten.

Jedoch hat es keine der großen politischen Parteien Großbritanniens für notwendig gehalten, ein allgemeines Niederlassungsrecht zum Wohle der nationalen Selbstachtung zu gewähren. Die Regierung in London versprach lediglich eine gewisse Flexibilität bei den Einwanderungsbestimmungen und stellte damit eigentlich nur sicher, daß gewisse nützliche Gruppen Hongkonger Bürger die Gewißheit eines Zufluchtortes erhielten und in der Zwischenzeit an ihrem jetzigen Arbeitsplatz blieben. Im Territorium gab es statt dessen einen Run auf Visa anderer Staaten, und Dutzende von Agenturen und Rechtsexperten, einige fachkundiger als andere, boten ihre Dienste an. Solche mit genügend Geld konnten ihre Angelegenheiten noch immer leicht arrangieren − selbst Großbritannien würde einen Immigranten willkommen heißen, der £ 150 000 Kapital besitzt; diejenigen ohne Kapital stellten sich zu Tausenden vor den kanadischen, australischen und amerikanischen Konsulaten an. Jahrelang hatte halb Hongkong von Zeit zu Zeit immer wieder über Auswanderung gesprochen; jetzt hatte es den Anschein, daß jeder es in die Tat umsetzte − fast jedes multinationale Büro berichtete über den Verlust von Fachkräften, und es gab kaum eine wohlhabende chinesische Familie, selbst unter denen, die am eifrigsten das Regime in Beijing hofiert hatten, die nicht Vorbereitungen traf, um erforderlichenfalls in den Westen zu gehen. Auf seine kaufmännische Art hatte Hongkong wenigstens für den gegenwärtigen Zeitpunkt entschieden, daß 1997 das Ende seiner besonderen Zivilisation sein würde.

Alles in allem kam mir Hongkong im Spätsommer 1989 wie eine belagerte Stadt vor − aber zu einem sehr ungünstigen Zeitpunkt der Belagerung, wenn die Hoffnung auf Entsatz schwindet, wenn die gespielte Tapferkeit ihr Flair verliert, wenn Ausfälle nicht mehr so heroisch erscheinen, wenn die ersten verzagten Frauen es ablehnen, den Männern an den Mauern ihre Mahlzeiten zu kochen, und die ersten Gerüchte von Fahnenflucht, Kompromiß oder Kapitulation umgehen. Daß die Stadt in all ihrer Virtuosität fast so aussah wie immer, intensivierte nur das Gefühl der bitteren Krise. Vor Tiananmen hatte ich das Heraufkommen einer Fähigkeit gespürt, die ich nie zuvor in Hongkong empfunden habe – die Fähigkeit zur Bitterkeit. Nunmehr schien mir eine neue Empfindung offensichtlich zu sein: Furcht.

Während all dessen bewahrte sich das offizielle Großbritannien in seiner letzten großen überseeischen Besitzung in der Öffentlichkeit die Einstellung einer bedauernden Reserviertheit. Es war fast so, als hätte man die Flagge bereits eingezogen. Allmählich schien sich der Apparat der Kolonialregierung selbst aufzulösen. Die öffentlichen Auftritte des Gouverneurs waren weniger häufig und wurden auch weniger öffentlich bekanntgegeben, der Chief Secretary war auf Empfängen des Geldadels weniger oft zu sehen. Nur die militärische Garnison wurde für den Fall, daß öffentliche Unruhen zu öffentlichen Aufständen auswuchsen, auf voller Stärke gehalten.

Jetzt wandte sich die chinesische Regierung in der Tat direkt an die Bewohner Hongkongs und an ihre einheimischen Führer, so als sei sie bereits die Staatsmacht. Die Jagd auf Dissidenten in China wurde von verhüllten Drohungen gegen die Menschen Hongkongs begleitet, die sie unterstützt oder ihnen geholfen hatten, zu entfliehen. Die Allianz zur Stützung Demokratischer Bewegungen, zu deren Gründern auch Martin Lee gehörte, wurde als subversives Element der Volksrepublik gebrandmarkt, und es gab wiederholte Warnungen vor einer Beschleunigung des demokratischen Prozesses in der Kolonie vor 1997. Beijing war von der Stärke der Empfindung der Öffentlichkeit in Hongkong deutlich überrascht – und das aus bestimmtem Grund. Man schätzte, daß sich 600 000 Menschen, d. h. einer von zehn Bürgern Hongkongs, an den Protestmärschen nach dem Tiananmen-Zwischenfall beteiligt haben: Wären die Menschen in China selbst in gleichem Verhältnis marschiert, so hätte man 110 Millionen Menschen auf den Straßen angetroffen.

Aber es ist noch nicht vorüber. Der Union Jack weht noch über Hongkong, noch liegen acht Jahre Empire vor uns, und alles ist noch möglich. Dengs Clique der Alten kann schließlich doch noch durch ein Regime wirklich liberaler Gesinnung ersetzt werden. Der Drang zu emigrieren kann abnehmen. Hongkongs notorisch wankelmütige Stimmung kann sich wieder beruhigen, so wie auch die Ausschreitungen des Juni 1989 in das Gedächtnis der Geschichte zurückgetreten sind. Allgemeiner ausgedrückt steht Hongkong schließlich auf der Seite der Gewinner der zweiten Hälfte des zwanzigsten Jahrhunderts — der kapitalistischen Seite, die in Verbindung mit politischer Freiheit am besten funktioniert, und die gerade den Zusammenbruch ihres alten Feindes, des Marxismus-Leninismus, von Estland bis — nun, wenigstens bis zu den Toren Beijings erlebt.

Außerdem schärft nichts so sehr den Geist, wie die Aussicht, am Morgen gehängt zu werden. Die dramatische Krise der Empfindungen, die aus dem Massaker in Beijing resultierte, hat sicherlich das Bewußtsein Hongkongs geschärft, mehr vielleicht sogar noch das Bewußtsein der Briten, die es ins Leben gerufen und so lange Zeit regiert haben, jetzt aber seinem Schicksal überlassen, ohne, so scheint es oftmals, sehr viel darüber nachzudenken — eine letzte Bestätigung des alten Sprichwortes, daß das britische Empire »in einem Anfall geistiger Umnachtung« zustande gekommen ist. Jetzt beschäftigt sich die britische Öffentlichkeit zum ersten Mal mit dem Schicksal Hongkongs, und das offizielle Großbritannien, sei es in Hongkong selbst oder in London, ereilte eine neue Klarstellung seiner Handlungsmöglichkeiten.

Es scheint, als hätten die Briten geplant, in Hongkong bis 1997 nach dem Grundsatz der Konvergenz vorzugehen – der schrittweisen Verschmelzung britischer und chinesischer Absichten hinsichtlich der Kolonie, gelegentlich auch »vorgespiegelte Einbildung« genannt. Britische und chinesische Beamte trafen sich nach den Bestimmungen des Abkommens regelmäßig, um den Fortschritt zu überprüfen; die Briten wurden über die Erarbeitung des Grundgesetzes auf dem laufenden gehalten und entwarfen ihre eigenen Pläne für demokratische Reformen, die sich am Ende eingliedern sollten. Die Vorstellung einseitiger und tiefgreifender Änderungen in einem Hongkong, in dem die Dinge noch im Gange waren, wäre, obwohl nach den Bestimmungen des Vertrages durchaus legal, dem britischen Außenministerium wahrscheinlich zu provokativ und im Widerspruch zum Geist der Übereinkunft erschienen. Plötzlich muß die Vorstellung, sich jetzt dem System zu nähern, das seine eigenen Bürger in den Straßen mordet, auch dem ängstlichsten britischen Unterhändler eine beschämende Aussicht sein. Annäherung wurde zu einem schmutzigen Wort, und obwohl nur wenige ernsthaft glaubten, der Vertrag könnte einfach aufgehoben werden, wurden die Briten doch *nolens volens* mit der Notwendigkeit einer unerschrockeneren Handlungsweise konfrontiert.

Sie könnten sich natürlich dagegen verschließen und Hongkong schwimmen oder untergehen lassen. Vielen schien die Ablehnung, allen britischen Paßinhabern Aufenthaltsrechte zu gewähren, zu beweisen, daß dies in der Tat ihre Entscheidung war, und einige argumentierten, daß es angesichts des allgemeinen Geschichtsverlaufes eine richtige Entscheidung wäre. Nun, so oder so, Hongkong war dazu bestimmt, wieder in China aufzugehen, dessen Teil es ja in Freud und Leid ohnehin war. Es mag auf lange Sicht ratsam erscheinen, dem Unausweichlichen nicht zu widerstehen, sondern die Menschen anzuhalten, sich allein durchs Leben zu schlagen. Die Kolonie sei keine Wohltätigkeitsorganisation, so argumentierte man, sie sei für das Wohlergehen Großbritanniens selbst nicht wichtig, und ihre Bewohner seien nicht im Geist der Hingabe an die britische Flagge dorthin gegangen, sondern um einfach ihre eigenen Lebensumstände zu verbessern. Die Briten hätten ihr Bestes getan, um für die Zukunft der Bevölkerung Hongkongs Vorkehrungen zu treffen, die sich jetzt mit der Realität abfinden muß, Chinesen zu sein.

Sie könnten auch mehr oder weniger fortfahren wie bisher, mit Beijing pragmatisch umgehen und gleichzeitig sicherstellen, daß Hongkong mehr und mehr zu einer internationalen Verantwortung wird. Einerseits könnten sie einer moralisch und praktisch vertretbaren Anzahl von Immigranten – sagen wir 250 000 – Asyl gewähren und darüber hinaus versuchen, andere Länder zu verpflichten, 1997 erforderlichenfalls Asylbewerber aufzunehmen. Andererseits könnten die Briten die Unterstützung besonders interessierter Länder wie Japan oder die Vereinigten Staaten mobilisieren, um Druck auf die Chinesen auszuüben, damit sie im Geist des Abkommens handeln. Es sei für jedermann von Vorteil, daß Hongkong sein Vertrauen und seine Fähigkeiten bewahrt, nicht zuletzt auch im Interesse der Chinesen selbst, die es kaum wünschen könnten, 1997 das demoralisierte Gerippe einer Stadt zu übernehmen.

Die Briten konnten kühn und großzügig sein, ein Risiko eingehen und erforderlichenfalls allen irgendwo ein Asyl versprechen, und Hongkong vor 1997 die Selbstverwaltung übertragen. Chinesische Warnungen vor demokratischen Reformen sind lediglich Unverschämtheiten eines Regimes, das alle Ansprüche auf moralische Beurteilung und Vormundschaft verwirkt hat. Die Briten sind durchaus frei, das zu tun, was sie bis 1997 für Hongkong als das Beste erachten — ebenso wie sie, was besonders in Beijing oft vergessen wird, durchaus das Recht hätten, die ordnungsgemäße Anwendung des Abkommens bis zu seinem Auslaufen im Jahre 2047 zu überwachen. Die demokratische Lobby in Hongkong hat durch die Ereignisse in Beijing einen gewaltigen Auftrieb erhalten, und das Bedürfnis nach einer wahrhaft repräsentativen Regierung in Beijing, bislang eine Häresie, wurde fast zu einer allgemein anerkannten Weisheit. Der Sonderausschuß für Auswärtige Angelegenheiten des Unterhauses, der Hongkong im Sommer 1989 besuchte, schlug vor, ein bis 1997 funktionierendes, voll demokratisches System zu schaffen, in dem alle Mitglieder des Legislativrates durch allgemeines Wahlrecht gewählt werden. Die nichtamtlichen Mitglieder des Legislativrates waren fast einstimmig dafür, und es scheint gerade noch möglich, daß das britische Empire aus der Tragödie des Tiananmen sowie aus seiner eigenen offensichtlichen Ängstlichkeit doch noch eine große Lösung herbeiführen kann.

Wie die meisten Beobachter Hongkongs stelle auch ich fest, daß meine Beurteilungen von einem Monat zum nächsten variieren — dies ist bereits die zweite revidierte Version des letzten Kapitels meines Buches, und bis 1997 gehe ich davon aus, daß es noch einige mehr werden. Manchmal verzage ich, besonders in Augenblicken, in denen ich fühle, daß China zu unseren Lebzeiten niemals aus diesem chronischen und oftmals tückischen Durcheinander herauskommt, oder dann, wenn die Briten kälter als gewöhnlich erscheinen. Es gibt jedoch Zeiten, in denen ich spüre, daß es selbst jetzt, kurz vor Toresschluß und gegen derartig beachtliche Ungleichheiten, für das britische Hongkong doch noch ein Happyend geben könnte. Man stelle sich vor, daß die Briten zum Beispiel durch eine eigene großherzige Politik, durch Mobilisierung einer internationalen Unterstützung die Bevölkerung Hongkongs davon überzeugen könnten, daß es in ihrem Interesse wäre, in der Kolonie zu bleiben, sie aber dennoch das Recht hätten, an einen anderen Ort zu gehen. Angenommen, daß als Ergebnis das finanzielle Vertrauen wieder hergestellt würde und ausländische Investitionen anhielten. Und gehen wir weiter von der berechtigten Annahme aus, daß China selbst 1997 durch ein jüngeres und weniger reaktionäres Regime regiert wird, das die verdorbene Republik in Richtung auf einen modernen und liberalen Zustand hin zu steuern versucht.

Man stelle sich dann die Situation vor! Hongkong wäre der wahre Leitstern des chinesischen Fortschritts, der Brennpunkt der Erleuchtung! Dann mag sich die Geschichte dieses Territoriums letztlich als eine der besten aller Geschichten des Empire erweisen. Auf diesem unglaublichen Terrain, unter fremden Menschen, so weit von der Heimat entfernt eine Gesellschaft geschaffen zu haben, die nicht nur dauerhaft, gebildet, wohlhabend und frei, nicht nur im Besitze der Selbstbestimmung nach den eigenen hohen Grundsätzen der Imperialisten, sondern auch Beispiel und Ansporn für ihre Mutter China wäre, das könnte die letzte Rechtfertigung für den Gedanken des Imperialismus selbst sein. Selbst dann, wenn diese Erfüllung nur eine Generation lang überleben sollte, um durch eine andere, neue Brutalität zerstört zu werden, hätte sie wenigstens der Ästhetik des Empire eine traurige Erhabenheit verliehen – ein Denkmal dessen, was hätte gewesen sein können, als sich die Läden der einst üppigen Kolonie schlossen. Die Briten hätten ihre letzte Chance wahrgenommen, Hongkong ein Merkmal zu verleihen, das ihr immer fehlte — Würde, der Ausgleich zwischen Zweck und Gegebenheit, nach dem die Geomanten streben.

Es würde mehr Nerven, Gewandtheit, Selbstvertrauen und eine bestimmtere Haltung erfordern, als sie die Briten in Hongkong in der letzten Zeit gezeigt haben. Es würde bedeuten, Beijing und all seinen Unverschämtheiten entgegenzutreten und das Risiko der Folgen einzugehen. Die Bevölkerung Hongkongs sollte davon überzeugt werden, daß es wert sei, selbst für die Möglichkeit eines Erfolges zu kämpfen, der demokratischen Welt müßte zu Bewußtsein gebracht werden, daß das Territorium, jetzt in Wirklichkeit ein internationaler Stadtstaat, in internationale Verantwortung überführt werden müßte. Hätten die Briten bei dieser, ihrer letzten imperialen Aufgabe Erfolg, so könnten sie auf Hongkong als einen stolzen Abschied von einem gewaltigen Abenteuer historischen Ausmaßes blicken. Jener chinesische Dichter sah vor langer Zeit die Stadt im Glanz von Lichtern wie Sterne des Himmels funkeln, und seine Prophezeiung hat sich erfüllt. Weit bis nach China hinein und hinaus auf die offene See kann man den großen, roten Widerschein sehen, der wie der Fluß eines gewaltigen Hochofens der Inbegriff all dessen ist. In der Welt sprach man von den Reichtümern, Energien und Vergnügungen, von aller Vitalität und Initiative, die durch das Eintreffen der Briten vor 150 Jahren an diesem unglaublichen Platz gleich einem Feuer aufloderten. Es wäre ein schöner Abschluß für ein Buch wie auch für ein Empire, wenn beide in ihrer Nachwirkung eine bedeutendere Botschaft übermitteln würden.[111]

---

111 Mindestens ein Hotel in Hongkong macht zur Zeit Angebote für die letzte Nacht unter britischer Herrschaft (ich habe selbst ein Zimmer gebucht). Der verlangte Preis ist typisch für Hongkong: $HK 1997.

XIII.
ANHANG

Literaturhinweise

Über viele Aspekte Hongkongs ist umfassend geschrieben worden, vom Geld bis zu den Straßenbahnen, aber nie wurde eine ausführliche Übersicht gegeben. Die aufgeführten Bücher sind meist zeitgenössisch und, wenigstens in Hongkong, leicht erhältlich. Die meisten habe ich selbst herangezogen. Weitere sind in den Fußnoten meines Textes erwähnt.

Das umfassendste Geschichtswerk ist G. B. Endacotts *A History of Hong Kong*, London 1958, aber eine Überarbeitung dürfte es bald ersetzen. Zwei frühere Geschichtswerke, die noch erhältlich sind und viele Einzelheiten enthalten, sind E. J. Eitels *Europe in China*, Hongkong 1895, und die zwei Bände von G. R. Sayers *Hong Kong*, die getrennt 1937 und 1975 in Hongkong veröffentlicht wurden. Nigel Camerons *Hong Kong: The Cultured Pearl*, Hongkong 1978, ist eine allgemeine Studie der Kolonie und ihrer Vergangenheit.

Die historischen Ursprünge Hongkongs erläutert Maurice Collis' *Foreign Mud*, London 1946, der Erwerb der Neuen Territorien wird in *Unequal Treaty* von Peter Wesley-Smith, Hongkong 1980, erläutert und der Zeitabschnitt zwischen den beiden Weltkriegen in Paul Gillinghams illustriertem Album *At the Peak*, Hongkong 1983. Über Hongkong während des Zweiten Weltkrieges erschienen *Hong Kong Eclipse*, Hongkong 1978, von G. B. Endacott mit zusätzlichem Material von Alan Birch und *The Lasting Honour* von Oliver Lindsay, London 1978. *The Royal Navy in Hong Kong* von Kathleen Harland,

Liskeard 1985, belegt die Beziehungen zur Marine seit 1841.

Unschätzbar für den chinesischen Hintergrund sind zwei Bücher von James Hayes, *The Hong Kong Region 1850–1911*, Hongkong 1977, und *The Rural Communities of Hong Kong*, Hongkong 1983. Sehr lehrreich und unterhaltsam sind auch die drei Bände der Serie *Ancestral Images* von Hugh Baker, die in Hongkong zwischen 1979 und 1981 veröffentlicht wurden.

Ich habe viel von zwei soziologischen Studien von H. J. Lethbridge gelernt, einer Sammlung von Essays mit Namen *Hong Kong: Stability and Change*, Hongkong 1978, und *Hard Graft in Hong Kong*, ein Buch über die Korruption, veröffentlicht 1985 in Hongkong. Eine akademische Studie der Verwaltungssysteme ist Norman Miners *The Government and Policies of Hong Kong*, Hongkong 1975. Austin Coates sehr beliebtes *Myself a Mandarin*, London 1968, schildert die persönlichen Erlebnisse eines Verwaltungsbeamten.

Die Ursprünge der Geschäftswelt werden in dem Buch *The Taipans* von Colin N. Cresswell, Hongkong 1981, zurückverfolgt. An einer umfassenden Geschichte der Hongkong und Shanghai Bank wird gerade geschrieben. Bis dahin steht uns der Titel *Wayfoong* von Maurice Collins, London 1965, zur Verfügung. Die Geschichte des Hauses Jardine, Matheson ist in *The Thistle and the Jade*, verlegt durch Maggie Keswick, London 1982, prächtig dargestellt. *Taikoo*, von Charles Drage, London 1970, erzählt die Geschichte des Hauses Swire und *Power*, herausgegeben von Nigel Cameron, Hongkong 1982, befaßt sich mit den Kadoories und der China Light and Power Company. Gavin Youngs *Beyond Lion Rock*, ist die Geschichte der Cathay Pacific Airways.

Drei Architekturbücher, die von der Regierung herausgegeben wurden, sind *Temples* von Joyce Savidge, 1977, *The Story of Government House* von Katherine Mattock, 1978, und *Rural*

Architecture in Hong Kong, eine 1979 veröffentlichte Zusammenstellung. Die Hongkong Bank verlegte ein Buch über ihre eigenen Bauwerke, *One Queen's Road Central,* von Ian Lambot und Gillian Chambers, eine Festschrift zur Einweihung ihrer neuen Hauptverwaltung 1986. Peter Hall veröffentlicht ein wertvolles Kapitel über Hongkong in der dritten Auflage seines Buches *The World Cities,* London 1984. *Tall Storeys* von Malcolm Purvis ist eine Geschichte des Architekturbüros Palmer and Turner, die 1985 in Hongkong veröffentlicht wurde.

Der beste Reiseführer ist der *Insight Guide to Hong Kong,* der schon wiederholt aufgelegt wurde. Die besten Karten sind in der durch die Regierung verlegten zweibändigen Ausgabe der *Hong Kong Streets and Places* enthalten. Der offizielle *Annual Report* ist obligatorisch für jeden, der sich ernsthaft mit Hongkong beschäftigt, das gleiche gilt für das Jahrbuch der Hongkonger Zweigstelle der Royal Asiatic Society. Unter vielen Bildbänden ragen *Fragrant Harbour* von John Warner, Hongkong 1976, *The Hong Kong Album,* herausgegeben 1982 durch das Geschichtsmuseum Hongkong, und *Old Hong Kong* mit einem Text von Trea Wiltshire, Hongkong 1987, hervor.

Hongkong hat in der englischen Literatur, im Gegensatz zur kurzlebigen Romanliteratur, keine große Bedeutung erlangt. Ich kann nur vier Bücher zur Lektüre vorschlagen: Somerset Maughams *The Painted Veil* (1925), John Le Carrés *The Honourable Schoolboy* (1977) und zwei von Timothy Mo, *The Monkey King* (1978) und *An Insular Possession* (1986).

Zur Zukunft der Stadt gibt es *Mouldering Pearl* von Felix Patrikeeff, London 1989, und zwei Bücher von David Bonavia: *The Chinese,* erschienen 1985 in London, und *Hong Kong 1997: The Final Settlement,* im gleichen Jahr in Hongkong und dem Gedenken an Captain Charles Elliot in Dankbarkeit gewidmet – dem Mann, mit den alles begann.

Danksagung

Viele Hongkonger Freunde, Kollegen und Bekannte, sowohl Chinesen als auch Zuwanderer, haben mir bei diesem Buch großzügig geholfen. Zudem haben noch einige ihre Zeit aufgewendet, um den maschinegeschriebenen Text in Teilen oder vollständig für mich zu lesen, und mich dabei vor vielen Naivitäten bewahrt. Zu ihnen zählen (außer einem oder zwei, die nicht genannt sein wollen) Bernard Asher, James Hayes, H. J. Lethbridge, Neil Maidment, Peter Moss und Tak-lung Tsim.

Frank Fischbeck hat mir freundlicherweise gestattet, sein Bild vom Hafengebiet, Ken Haas sein Bild der beiden Auswanderer zu verwenden. Dem Hong Kong Public Record Office, der Hongkong und Shanghai Bank, dem Government Information Services Department, dem Hongkong-Club und dem Foreign Correspondent's Club danke ich für die freundliche Unterstützung. Und Beth Gubersky wie auch ihre Hunde, Katzen und Vögel erlaubten mir in großer Gastfreundschaft, ihr Haus in den New Territories zu benutzen.

Ich bin ihnen allen dankbar, habe aber niemandem erlaubt, mich in meinem Urteil zu beeinflussen.

Jan Morris, 1989

Register

531

Sachbuch

Als Band mit der Bestellnummer 60 308 erschien:

Ein Insider-Report über die gefährlichste Drogenmafia der Welt. Spannend wie ein Thriller — aber er beschreibt die nackte Wahrheit.

Fremde Länder

Als Band mit der Bestellnummer 60 267 erschien:

Der bekannte Asienkenner Helmut Uhlig hat auf vielen Reisen die Haupt- und Nebenrouten der Seidenstraße kenngelernt. In seinem Buch erzählt er die lange Geschichte dieser ältesten Ost-West-Verbindung und beschreibt die Zeugnisse vergangener Pracht, kultureller Blüte und pulsierenden Lebens.